A CONTRE-COURANT
GEGEN DEN STROM

La collection **CONVERGENCES,** publiée avec l'appui d'un comité de lecture franco-allemand, réserve une place privilégiée à des ouvrages relatifs aux périodiques culturels et politiques considérés comme expressions de l'opinion publique, des mouvements d'idées, des mentalités ainsi que des phénomènes culturels et sociaux pris dans leur ensemble.

CONVERGENCES est une collection d'esprit pluraliste et interdisciplinaire. Elle est vouée à la fois à la rencontre des méthodologies et des champs disciplinaires en lettres et sciences humaines ainsi qu'à l'étude des phénomènes d'interculturalité envisagés sous leurs formes les plus diverses.
La collection est ouverte à des travaux qui concernent de manière prioritaire – mais non exclusive – l'aire culturelle germanique, les relations franco-allemandes et les transferts culturels.

Collection publiée sous la direction de Michel Grunewald

C O N V E R G E N C E S

Vol. 81

A CONTRE-COURANT
GEGEN DEN STROM

Résistances souterraines à l'autorité et construction de contrecultures dans les pays germanophones au XXe siècle

Untergrundbewegungen und Gegenkulturen in den deutschsprachigen Ländern des 20. Jahrhunderts

Cécilia Fernandez & Olivier Hanse (éds.)

PETER LANG
Bern • Berlin • Bruxelles • Frankfurt am Main • New York • Oxford • Wien

Information bibliographique publiée par «Die Deutsche Nationalbibliothek»
«Die Deutsche Nationalbibliothek» répertorie cette publication dans la «Deutsche Nationalbibliografie»; les données bibliographiques détaillées sont disponibles sur Internet sous ‹http://dnb.d-nb.de›.

Ouvrage réalisé grâce au soutien de la Région Rhône-Alpes, de l'université Jean Monnet, du CELEC et du CEGIL (université de Lorraine).

Illustration de couverture : Kolomann Moser, Der Wanderer (environ 1915).

ISBN 978-3-0343-1493-0 br.
ISSN 1421-2854 br.

ISBN 978-3-0352-0251-9 eBook
ISSN 2235-5960 eBook

Hochfeldstrasse 32, CH-3012 Berne
info@peterlang.com, www.peterlang.com, www.peterlang.net

Table des matières

Entre résistance à l'uniformité, attitude non conformiste et ambiguïté du rapport au mainstream

Lectures rétrospectives

AVANT-PROPOS

Avant-Propos

Cécilia FERNANDEZ / Olivier HANSE

> Etre colon signifie […]: vouloir instaurer comme fondement de la vie une forme d'économie nouvelle, à la fois plus noble et plus juste. On peut se demander si, de nos jours, tous les fondateurs de colonies sont conscients de cela et agissent en parfaite conséquence par rapport à cette conscience. Il faut un sacré courage pour extirper de soi le capitalisme; car c'est de nous-mêmes qu'il doit en premier lieu être banni, si nous voulons poursuivre notre action. C'est précisément en cela que résident les points de contact entre l'économie et l'éthique. Et la plupart des colons amateurs échouent davantage à ce niveau, celui du travail sur eux-mêmes, qu'à cause de circonstances extérieures défavorables.[1]

Par ces phrases extraites d'un bilan méthodologique tiré de sa propre tentative, Marie Buchhold (1890-1983), cofondatrice en 1923 de la colonie de femmes et future école de danse Schwarzerden (dans la Rhön), évoque indirectement les difficultés rencontrées lors de la courte expérience de la Jugendsiedlung Frankenfeld, qui fut constituée en 1921 à Gernsheim am Rhein par une soixantaine de jeunes gens (30 filles et 30 garçons) issus du «mouvement de jeunesse» [Jugendbewegung] et qui fut dissoute environ un an plus tard. L'échec de cette colonie agraire s'expliqua non seulement par les connaissances insuffisantes de ses membres en agriculture, mais aussi par des conflits entre personnes, ce qui ne découragea pas pour autant la jeune enseignante de 32 ans de retenter rapidement une expérience du même type. Parallèlement aux leçons pratiques tirées d'un projet initial qui a tourné court (car pour Marie Buchhold, les «éternels idéalistes» ne vont jamais très loin), elle tient un discours qui, des divers projets de la Lebensreform au centre alternatif du ZEGG (situé à Bad Belzig dans le Brandebourg) en passant par les multiples communes soixante-huitardes, a connu en Allemagne une vogue certaine: à savoir l'idée selon laquelle une réforme sociale de grande envergure doit avant tout commencer à petite échelle, c'est-à-dire par une auto-réforme, un travail très concret sur les modes d'existence (habitat, alimentation, sexualité) et de pensée, et par la formation progressive d'individus «nouveaux», aptes à construire ensemble de nouvelles formes de

1 Marie BUCHHOLD, «Bildungselemente beim ländlichen Wirtschaften», *in: Die Schulbewegung. Blätter vom Werden neuer Schule*, août 1922, pp. 19-21. Cité d'après: Christoph CONTI, *Abschied vom Bürgertum. Alternative Bewegungen in Deutschland von 1890 bis heute*, Reinbeck 1984, p. 236. Trad. O.H.

vie collective. Pour «extirper de soi le capitalisme», il faut opérer un long retour sur soi, se soumettre à une éducation particulière, et créer les conditions matérielles qui permettent, avec d'autres, d'expérimenter les modalités et les bienfaits d'une autre forme de vie communautaire. Cette attitude, parfois teintée d'un certain rigorisme moral dans lequel on a souvent vu les traces de l'influence protestante (même si la morale chrétienne n'en constitue pas nécessairement le fondement idéologique), aboutit dans certains cas à la mise en place de véritables noyaux de résistance souterraine et à des logiques d'expérimentation sociale en vue de la préparation d'une alternative largement utopique. Pour des raisons différentes selon les époques, les représentants et acteurs des contrecultures se placent volontairement en marge de la société bourgeoise voire se réfugient dans une attitude ambiguë: face à une situation qu'ils jugent bloquée, ils renoncent au combat politique traditionnel et cherchent à ébranler en profondeur les fondements du régime institué par des modes d'action alternatifs ou l'expérimentation de contre-modèles.

Le projet végétarien du début du XXe siècle, modèle déjà fort bien étudié,[2] pourrait constituer en quelque sorte le prototype d'un mode d'action indirecte sur la réalité sociale. Les raisonnements justifiant de tels projets peuvent largement prêter à sourire dès lors qu'on les réduit à leur plus simple expression:[3]

- Premièrement, le meurtre des animaux transforme l'homme en brute, ce qui conduit à un état de guerre permanente entre les individus et les groupes sociaux.
- Deuxièmement, la consommation de plantes adoucit les affects; des végétariens seront donc mieux à même de fonder ensemble une société fraternelle.
- Troisièmement, l'homme n'étant à l'origine pas carnivore, la nourriture végétarienne améliorera sa santé; des hommes sains seront bien mieux à même de construire une société saine.

2 Lire en particulier: Janos FRECOT, Johann Friedrich GEIST, Diethart KERBS (éds.), *Fidus 1868-1948. Zur ästhetischen Praxis bürgerlicher Fluchtbewegungen*, München 1972, pp. 32-34. Ainsi que: Michael KUNZE, *Der Freiheit eine Gasse. Traum und Leben eines deutschen Revolutionärs*, München 1990.

3 *Cf.* Wolfgang R. KRABBE, «Die Lebensreformbewegung», *in:* Kai BUCHHOLZ / Rita LATOCHA / Hilke PECKMANN / Klaus WOLBERT (éds.), *Lebensreform. Entwürfe zur Neugestaltung von Leben und Kunst um 1900*, vol. 1, Darmstadt 2001, pp. 25-29, ici p. 26.

Il n'empêche que ce mouvement supposé apolitique, dont les premiers fondateurs, en particulier Gustav Struve (1805-1870),[4] ont été des déçus de la Révolution manquée de 1848 et des adeptes inavoués de la notion de «voie détournée» [Umweg] développée par Friedrich Schiller (1759-1805) dans ses *Lettres sur l'éducation esthétique de l'homme* (1795),[5] a été, combiné avec l'idée de réforme foncière, à l'origine de microsociétés d'envergure tout à fait impressionnante, comme par exemple la Obstbausiedlung Eden, qui ne se composait en 1924 de pas moins de 173 familles. La colonie, dont le succès s'explique aussi largement par les compromis qu'elle s'est résigné à faire pour attirer de nouveaux membres, a largement contribué à rendre populaires des produits comme la margarine ou encore tous les succédanés de viande (Pflanzen-Fleisch, ancêtre du Tofu-Burger) que l'on trouve aujourd'hui dans n'importe quel supermarché bio. Par-delà l'ambiguïté constitutive de ces mouvements alternatifs du début du siècle, et en particulier de l'inversion de la morale chrétienne qu'induisait leur concentration sur la santé physique et les corps en tant que leviers d'action sociale, la modernité de la Lebensreform et sa valeur authentiquement «pré-écologiste» définie par le germaniste Jost Hermand (*1930) comme «conscience des fondements biocentriques de la survie de l'humanité»[6] sont actuellement en train d'être redécouvertes par les historiens de la pensée. Au vu des nombreuses analogies qui peuvent être constatées entre l'écologie moderne et certaines pratiques élaborées autour de 1900, il nous semble opportun de conclure avec l'historienne Florentine Fritzen (*1976) et une part importante des collaborateurs au numéro de *Die Zeit Geschichte* de 2013 consacré aux alternatifs du début du XXe, que «les mouvements de la Lebensreform n'étaient pas seulement une réaction aux processus de modernisation, mais également moteurs de la modernité. La Lebensreform a certes gagné à ses idées des individus qui désespéraient de trouver leur place dans le nouveau monde moderne. Mais elle doit elle-même être considérée comme un concept moderne. Sa prise de distance à l'égard de la modernité produit elle-

4 Au sujet de cet auteur, lire: Cécile VANTARD, «Le végétarisme occidental oriental de Gustav Struve», *in:* Marc CLUET (éd.), *La fascination de l'Inde en Allemagne*, Rennes 2004, pp. 155-163.

5 *Cf.* la préface de l'ouvrage collectif: Catherine REPUSSARD / Marc CLUET (éds.), *Die Lebensreform oder die soziale Dynamik der politischen Ohnmacht*, Tübingen 2013, pp. 11-48.

6 Jost HERMAND, «Ökologische Aspekte der Lebensreformbewegung», *in:* BUCHHOLZ *et al.* (note 3), pp. 411-415, ici p. 414.

même, par un effet de rétroaction et de renforcement, de la modernité – une modernité qui n'était pas moderne au sens de la ‹modernité classique›».[7]

Tandis qu'un numéro du *Spiegel* de 1966 n'hésite pas à replacer les «Gammler», cette jeunesse contestataire et désœuvrée à qui la presse conservatrice de l'ère Ludwig Ehrhard voulait tondre les cheveux et imposer des travaux forcés, dans la continuité historique des Stürmer und Dränger et du Wandervogel en lutte contre les normes rigides et artificielles de leurs parents et éducateurs,[8] tout lien établi entre Lebensreform d'un côté et les mouvements alternatifs qui ont vu le jour autour de la révolution étudiante de la fin des années 60 de l'autre est longtemps apparu comme réducteur et pour le moins problématique à la recherche portant sur ces phénomènes. Toute tentative de dresser l'historique des mouvements alternatifs allemands au XXe siècle qui fasse ressortir un certain nombre de continuités et de lignes idéologiques fortes se heurte en effet à d'importantes difficultés. Ainsi que le souligne l'historien Christoph Conti (*1950), qui a lui-même tenté cette expérience dans les années 1980 par un petit ouvrage de vulgarisation intitulé *Abschied vom Bürgertum. Alternative Bewegungen in Deutschland von 1890 bis heute*,[9] les principaux représentants des mouvements qui nous intéressent se réfèrent rarement à ceux qui les ont précédés et tendent généralement à vouloir souligner le caractère éminemment nouveau voire inédit de leurs projets, et à se démarquer très fortement des expériences précédentes de résistance souterraine à l'autorité du mainstream, afin de se laver définitivement de tous les soupçons qui pourraient y être liés.

> L'influence que les différents [...] groupes – bohème, Lebensreform, mouvement de jeunesse, nouveaux mouvements alternatifs – ont exercée les uns sur les autres, est réduite. La bohème et le mouvement de jeunesse sont restés étrangers l'une à l'autre. La Lebensreform et la bohème se sont croisées à Ascona, mais ne semblent pas avoir davantage en commun que le refus du monde bourgeois. Les mouvements des quinze dernières années [il parle au début des années 80] n'ont fait que ponctuellement référence à leurs ‹prédécesseurs› et se concevaient comme des phénomènes fondamentalement nouveaux. Il n'existe pas de tradition continue des mouvements alternatifs,

7 Commentaire tiré de: Florentine FRITZEN, *Gesünder leben. Die Lebensreformbewegung im 20. Jahrhundert*, Stuttgart 2006. Cité d'après: Franz WALTER, «Tanzen sieben Zwerge, bummsfallera», *in: FAZ*, 9.6.2013.

8 Voir la Titelstory «Gammler: Schalom aleichem», *in: Der Spiegel* 39/1966, pp. 70-80. Pour une présentation synthétique de ce phénomène, se reporter à: Walter HOLLSTEIN, *Der Untergrund*, Berlin 1970, pp. 37-46.

9 Christoph CONTI, *Abschied vom Bürgertum: alternative Bewegungen in Deutschland von 1890 bis heute*, Reinbeck 1984.

> chaque groupe a émergé de manière autonome. Une histoire des alternatifs qui se serait développée de manière continue est inexistante.[10]

Et pourtant, les parallèles – même s'il est important de les relativiser en replaçant systématiquement les phénomènes étudiés dans leur contexte idéologique et en faisant ressortir toutes leurs implications concrètes – ne peuvent être ignorés, ce que Christoph Conti ne manque pas également de relever et d'illustrer: une continuité indéniable, demande-t-il, ne peut-elle être reconnue entre le psychiatre Otto Gross, membre de la bohème anarchiste de Schwabing qui, notamment lors de son séjour à Ascona, a prôné (et partiellement mis en pratique) la libération des mœurs et la polygamie volontaire, et les maîtres à penser de la révolution sexuelle qu'ont été Wilhelm Reich (1897-1957) et Herbert Marcuse (1898-1979)? Franziska zu Reventlow (1871-1918), la fameuse «Skandalgräfin» de Schwabing et femme fatale de la bohème munichoise, n'a-t-elle pas, comme incarnation de la femme libérée et digne représentante d'une «révolte érotique»[11] ayant malgré tout su rester mère, été redécouverte cinquante ans après sa mort par les féministes de la «deuxième vague»? La pédagogie réformée développée autour de 1920 ne connaît-elle pas une impressionnante renaissance dans le renouvellement qu'ont connu les pratiques scolaires à partir des années 70? L'esprit fondateur de la «Neue Gemeinschaft» de Berlin-Schlachtensee, fondée en 1899 par les poètes du «Friedrichshagener Dichterkreis» rejoints par un nombre important d'anarchistes et d'adeptes du concept britannique de la garden city, ne s'est-il pas réincarné dans les nombreuses communautés intentionnelles qui se sont créées jusqu'à nos jours? Les exemples révélant des parallèles évidents entre les différents mouvements alternatifs allemands au XXe siècle pourraient, comme le souligne également Christoph Conti,[12] pratiquement être multipliés à l'infini.

En outre, même si l'héritage de la révolte étudiante, de l'opposition extraparlementaire, des «initiatives citoyennes» [Bürgerinitiativen] ou encore des communes agraires des années 70-80 est largement reconnu comme partie intégrante de la «préhistoire» de l'écologie politique actuelle, intégrer cette dernière comme ligne de fuite d'un tel tableau historique allant grosso modo du mouvement de retour à la nature de l'époque wilhelminienne jusqu'à la confrontation au sein des GRÜNEN entre Fundis et Realos pose évidemment encore davantage problème et suscite – régulièrement et à juste titre – de vives réactions, notamment à une époque où le «parti anti-partis», ayant

10 *Ibid.*, p. 193.

11 *Cf.* Helmut FRITZ, *Die erotische Rebellion. Das Leben der Franziska Gräfin zu Reventlow*, Frankfurt am Main 1980.

12 *Cf.* CONTI (note 9), p. 193.

fourni avec Winfried Kretschmann (*1948) en Bade-Wurtemberg le premier ministre-président vert de l'histoire de la RFA, semble pouvoir se profiler durablement outre-Rhin comme le troisième Volkspartei de la politique allemande, c'est-à-dire en quelque sorte le contraire absolu de ce que l'on peut entendre communément par les termes de «contreculture», «subculture» ou encore la notion de «résistance souterraine».

Néanmoins, par-delà l'aspect plaisant qu'a indubitablement tout panorama des tentatives contre-culturelles du Reich Wilhelminien, de la République de Weimar, de celle de Bonn puis de Berlin, ou des totalitarismes qu'ont été le IIIe Reich et la RDA, la simple juxtaposition et l'étude a-historique des mouvements alternatifs et des logiques contestataires ne peuvent être pour nous une alternative satisfaisante, dans la mesure où, sous prétexte de refus d'amalgame, elle occulterait la persistance, le retour régulier et l'évolution de modes d'action et de thématiques fondamentales qui ont pleinement leur place dans l'histoire de la pensée occidentale à l'époque moderne et contemporaine. Même un adversaire déterminé de toutes formes de mise en parallèle hâtives comme l'historien Ulrich Linse (*1939) le reconnaît: le déni d'histoire longtemps pratiqué par les GRÜNEN en matière de conscience écologique tend à occulter un certain nombre de réalités, comme par exemple la notion de «frustration sociale relative»[13] d'une frange de la bourgeoisie en proie à des peurs de déclassement (les «porteurs de titres universitaires dévalués situés en position ambivalente dans la structure sociale»)[14] et qui a sans doute joué un rôle moteur dans la genèse de nombreux discours contestataires des années 60 comme du début du siècle, ou encore le fait que «pensée 68» et Lebensreform sont toutes deux le produit de périodes économiquement plutôt prospères et ont elles-mêmes établi un lien singulier entre cette opulence croissante et le sentiment d'une crise des valeurs appelant à un retour aux choses essentielles.

> Dans les années 60 régnait encore le miracle économique. Autour de 1900, les gens mangeaient de plus en plus de sucre et de viande, le niveau de vie augmentait, ce qui fit émerger les maladies civilisationelles: la malnutrition comme conséquence de l'abondance. C'est ce qui a suscité une aspiration envers la richesse de la vie simple, le monde préindustriel prenant soudain les traits d'un paradis perdu. Là où le manque résulte de l'abondance, la renonciation est vécue comme un gain. Christian Kracht décrit ce phénomène de manière impressionnante dans son roman *Imperium*, qui

13 *Cf.* Hubert BILLEMONT, *L'écologie politique: une idéologie de classes moyennes*, Thèse Evry Val d'Essonne 2006, en particulier pp. 81-98.

14 *Ibid.*, p. 15.

raconte l'histoire d'un homme décidant de ne plus se nourrir que de noix de coco et de vivre en marge de la civilisation.[15]

Dès lors qu'il prend soin d'éviter toute forme de «décontextualisation» historique, sociale et idéolo01gique, le regard croisé que propose d'adopter le présent ouvrage collectif, permet, au-delà des similitudes et éléments d'une incontestable continuité, de mettre en évidence toute une série d'oppositions et de changements de paradigmes essentiels et ouvre ainsi modestement la voie à une meilleure compréhension des phénomènes contre-culturels.

C'est dans un souci analogue d'éviter précisément que le fait d'englober artificiellement sous une même étiquette de «sous-culture» [Subkultur] des mouvements variés et même opposés aboutisse, à l'instar de ce qu'il appelle la «sociologie dominante», à décrédibiliser ces derniers dans leur ensemble et à réduire leur message à quelques traits communs présentés comme fondamentalement «antimodernes», que l'écrivain autrichien, chansonnier, théoricien des sous-cultures et lui-même acteur de la scène alternative Rolf Schwendter (1939-2013) insiste dans son étude *Theorie der Subkultur* sur la nécessité de distinguer très clairement les sous-cultures réactionnaires (ou régressives) des sous-cultures progressistes (les seules, selon lui, à mériter la dénomination de «contreculture»), sans pour autant chercher à nier que les deux groupes en marge de la «majorité compacte» puissent interagir dans leur combat et même se transmettre des valeurs, des concepts et des modes d'action. Tandis que les «sous-cultures progressistes» ont, d'après Schwendter, pour objectif final d'«abolir l'état actuel de la société» pour le remplacer par un état «fondamentalement nouveau», les «sous-cultures régressives», fondamentalement portées à tourner leur hostilité vers des «objets substitutifs» plutôt que de lutter directement contre l'establishment en place, ne chercheraient au fond qu'à «restaurer un état antérieur» et ne pourraient aboutir qu'à la constitution d'une «nouvelle élite»[16] présentée comme plus légitime et plus bénéfique à l'édifice social que celle en place au sein de l'ordre combattu. Par opposition aux avant-gardes progressistes travaillant avant tout en vue de leur autodissolution en tant qu'avant-gardes au sein d'un nouvel ordre plus libre et plus égalitaire, elles viseraient avant tout à remplacer durablement, et en leur faveur, les principaux bénéficiaires du système au nom du rétablissement d'une hiérarchie prétendue naturelle.

Au sujet des valeurs spécifiques aux sous-cultures dites réactionnaires ou régressives – les principaux exemples concrets sont: le mouvement de

15 Voir l'interview d'Ulrich LINSE et Antje VOLLMER, dans: *Die Zeit. Geschichte* 2/2013, pp. 100-105, ici p. 104.

16 Rolf SCHWENDTER, *Theorie der Subkultur*, Frankfurt am Main 1978, p. 37 et pp. 48-50.

jeunesse, les membres de la bohème au tournant du XIXe et XXe siècle, le cercle de Stefan George (1868-1933) et l'anthroposophie de Rudolf Steiner (1861-1925) – Schwendter énumère les préceptes et concepts suivants: «ré-agrarisation, mouvement de fondation de colonies, colonisation de l'Est, hiérarchie sociale des classes, volonté de pouvoir ou volonté divine, anti-rationalisme [...], idée de Reich [...], romantisme politique (communauté au lieu de société) [...]». Certaines normes fondamentalement régressives comme «autarcie économique, économie technique planifiée, notion de cellule d'élite, état autoritaire»[17] auraient, quant à elles, largement été reprises à leur compte par certains milieux progressistes, ce qui peut, d'après Schwendter, être vu comme la preuve d'une vive interaction entre milieux contre-culturels de gauche et de droite, mais non comme le signe de l'invalidité des deux catégories définies.

Aussi citée soit-elle, la théorie de Rolf Schwendter ne peut que difficilement être considérée comme objective et impartiale. A l'instar des célèbres développements de l'Américain Theodore Roszak (1933-2011) sur la rébellion des «enfants de la technocratie» contre le «mythe d'une conscience objective»,[18] elle s'accompagne très nettement, d'une part, d'une habile plaidoirie en faveur des «sous-cultures progressistes» conçues comme dynamiques de progrès social, résistances au pouvoir de l'establishment et à l'uniformisation, et comme avant-gardes d'un ordre nouveau. D'autre part, l'ouvrage de Schwendter véhicule une volonté non dissimulée de préserver ces dernières de tout rapprochement réducteur avec toutes les expériences communautaires du début du siècle, largement décriées dans l'après-guerre comme ayant fait le lit de l'idéologie national-socialiste. Néanmoins, les catégories esquissées par l'auteur de la *Theorie der Subkultur* sont dignes aujourd'hui encore de discussion; elles ont le mérite indubitable de ne pas chercher à esquiver les difficultés inhérentes à une telle répartition, mais de mettre au contraire le doigt sur les ambiguïtés fondamentales auxquelles se trouve inévitablement confronté tout chercheur qui étudie ces expériences et idéologies se plaçant volontairement en marge de l'échiquier politique. Quasi omniprésente au sein des mouvements de résistance souterraine à l'autorité du mainstream, cette ambivalence a, pour ce qui est de la Lebensreform ou encore du fameux pamphlet *Rembrandt éducateur* de Julius Langbehn (1851-1907), été parfaitement rendue par l'étiquette de «réaction progressiste» [«fortschrittliche Reaktion»] accolée en son temps par Richard Hamann

17 *Ibid.*, pp. 57 *sq.*

18 Theodore ROSZAK, *Gegenkultur. Gedanken über die technokratische Gesellschaft und die Opposition der Jugend*, Düsseldorf 1971, en particulier pp. 17-71 et pp. 293-337.

(1879-1961) et Jost Hermand aux discours contestataires et violemment antilibéraux qui avaient cours dans ces milieux. Dans une même dénonciation du matérialisme moderne, ces mouvements contre-culturels contestaient tout autant les revendications de la classe ouvrière que le «mammonisme» des cercles capitalistes, supposés travailler conjointement à la déshumanisation des individus, à l'épuisement de l'instinct racial et des «forces de l'âme» et à l'implosion prochaine de la communauté nationale.[19]

Pour ce qui est des années 70, les débats concernant le machisme délibéré de certains habitants de la Kommune 1 ainsi que les abus sexuels commis par des leaders de la révolution étudiante à l'encontre d'enfants ont montré à quel point la destruction de tabous au nom d'une doctrine ouvertement hédoniste pouvait facilement ouvrir la voie à «de nouveaux abus de pouvoir».[20] De même, la présence de dérapages antisémites dans le cadre de discours antisionistes au sein de l'opposition extra-parlementaire voire l'antisémitisme franc relevé dans de nombreux tracts du «Frankfurter Häuserkampf» et dans l'incrimination récurrente de «spéculateurs» juifs par certaines branches du mouvement de squat [Hausbesetzungsbewegung] jettent une ombre sur leur combat et prouvent le rapport complexe que ces dernières entretenaient à l'égard de l'histoire allemande. Le psychanalyste Reimut Reiche (*1941), lui-même ancien activiste de la gauche antiautoritaire et membre de l'organisation «Revolutionärer Kampf» aux côtés de Daniel Cohn Bendit (*1945) et Joschka Fischer (*1948), proposa dans les années 80 une lecture psychanalytique convaincante de cet antisémitisme de gauche, qu'il explique essentiellement par le conflit de génération et la volonté paradoxale de la part de la jeunesse rebelle de laver ses parents d'une part de leur culpabilité.[21] Quel que soit le crédit que l'on apporte à cette interprétation, de tels discours font clairement apparaître un «mélange des genres» prouvant la perméabilité de

19 Richard HAMANN / Jost HERMAND, *Stilkunst um 1900*, Frankfurt am Main 1977, en particulier p. 9.

20 Matthias DROBINSKI, «Tabu und Toleranz», *in: Süddeutsche Zeitung*, 26.5.2013. Cité également par Ulrich PFEIL dans sa contribution à cet ouvrage.

21 «Reiche zufolge entsprang die [...] Gewohnheit der Achtundsechziger, zwanghaft die Sexualpartner zu wechseln, dem Versuch, sich gegen die zermürbende Verzweiflung zu schützen. Außerdem ging Reiche davon aus, dass die studentischen Linken ihre Eltern sowohl hassten als auch liebten. Einerseits trieb es sie zur Rache für den Holocaust, indem sie gewissermaßen ihre Eltern zu ermorden suchten. Andererseits hegten sie den verzweifelten Versuch, ihre Eltern freizusprechen. Diesen Widerspruch aus Rache und Wiedergutmachung, dieses Bemühen, das Verhältnis zu den eigenen Eltern umzukehren und zu korrigieren, hätten schließlich ihre eigenen Kinder zu spüren bekommen.» Dagmar HERZOG, *Die Politisierung der Lust*, München 2005, p. 217 *sq.*

certains milieux contestataires de gauche à des argumentations empruntées à l'extrême-droite.[22]

Enfin, pour citer un dernier exemple particulièrement éloquent d'ambiguïté idéologique, on peut se reporter à la propension bien réelle qu'ont eue certaines communes soixante-huitardes à adopter progressivement des structures sectaires et autocratiques. La célèbre commune du Friedrichshof dans le Burgenland près de Vienne, dirigée par Otto Muehl (1925-2013), a par exemple abouti à de tels abus: les hiérarchies prétendument négociées, souvent liées aux performances sexuelles, s'y sont avérées extrêmement oppressantes. Muehl, représentant éminent de l'actionnisme viennois, qui se présentait avant tout comme un anarchiste et un disciple de Wilhelm Reich, avait notamment introduit une sorte d'uniforme imposé à ses communards (crâne rasé et salopettes rayées bleues et blanches); devenu célèbre pour les débordements de son autoritarisme et les humiliations qu'il a personnellement fait subir à plusieurs de ses adeptes, l'artiste a été condamné en 1991 à sept ans de prison pour manipulation et abus sexuels sur mineurs. Sans aller jusqu'à de telles attitudes criminelles, tendances élitistes et reconstruction de hiérarchies sur des bases idéologiques ou physiologiques douteuses ne sont pas rares dans les projets de communes qui se prétendent de gauche. Les exemples de ce type, qui pourraient être multipliés, prouvent à quel point l'étude des contrecultures oblige à naviguer sur un terrain idéologiquement complexe, au sein duquel les frontières entre la gauche et la droite politiques, de même que celles qui distinguent la contestation légitime de la manipulation criminelle, ne sont pas toujours évidentes à tracer.

Voir dans le peintre Fidus (1868-1948) une sorte de «hippie avant l'heure» ou encore «Jugendstil-Hippie», pour reprendre l'expression de Jost Hermand,[23] n'est pas sans poser problème. Celui qui est considéré aujourd'hui comme le principal «designer» de la Jugendbewegung, notamment grâce à l'immense succès de sa gravure «Lichtgebet», a en effet non seulement embrassé un nombre important des aspects du programme de la Lebensreform (nudisme, végétarisme, réforme foncière, réforme de l'habitat et du vêtement), mais il est aussi un éminent représentant du culte de la race nordique, un adepte de spiritualités néo-païennes et un sympathisant de la première heure du parti national-socialiste. Un point commun pourtant s'impose à nous, lequel constitue sans doute une des thématiques centrales de la comparaison entre les contrecultures du début du siècle et celles des

22 *Cf.* Peter ULLRICH, *Deutsche, Linke und der Nahostkonflikt. Politik im Antisemitismus- und Erinnerungsdiskurs*, Göttingen 2013.

23 *Cf.* Jost HERMAND, «Vom Jugendstil-Hippie zum Germanenschwärmer», *in:* ID. (éd.), *Der Schein des schönen Lebens*, Frankfurt am Main 1972, pp. 55-127.

années 60-70: celui-ci est exprimé par la célèbre formule, qui sera reprise plus tard par le mouvement féministe: «le privé est politique» [«Das Private ist politisch»]. D'un côté, le fondateur du St. Georgs-Bund accorde à la question sexuelle une place centrale, prend position en faveur du libre choix des partenaires (facilité par l'abandon du port permanent du vêtement) mais aussi d'une sexualité contrôlée, sublimée et célébrée à la manière d'un acte religieux au service du destin de la race. Au sein de la Lebensreform, la réforme sexuelle et d'autres éléments constitutifs de la vie privée (habit, habitat, alimentation, hygiène, médecines naturelles) sont considérés comme le fondement d'une réforme sociale de grande envergure, tandis que toute action politique qui ne se fonderait pas sur la quête préalable d'un «homme nouveau» avait tendance à être considérée comme vaine. De l'autre, pour certains tenants de la Nouvelle Gauche, et en particulier les habitants de la fameuse Kommune 1 (ou K1), fortement influencés sur ce point par les théories du psychanalyste Wilhelm Reich, la nécessaire libération sexuelle et la critique de la famille bourgeoise traditionnelle se trouvent intimement liées à la lutte contre ce qu'ils ressentent comme les tendances «fascistes» persistantes de l'après-guerre.[24] Le lien qu'ils établissent entre sadisme et insatisfaction sexuelle aboutit non seulement à considérer les crimes nazis comme la conséquence directe de la répression de la sexualité et du puritanisme ambiants, mais aussi à dénoncer dans la RFA de l'ère Adenauer l'héritière du régime hitlérien, un système propre à former une jeunesse disciplinée, docile et fondamentalement réceptive à toute idéologie fasciste. La logique de la révolution sexuelle est exprimée sans détour par la formule suivante dans la revue étudiante *Diskus*: «Sans tabou, pas de renoncement pulsionnel, pas d'agression accumulée, qui pourraient être dirigés le moment venu contre des minorités ou des ennemis extérieurs: juifs, capitalistes, communistes.»[25] La pédagogie alternative et antiautoritaire des «Kinderläden», ces crèches alternatives autogérées fondées sous l'impulsion de Monika Seifert (1932-2002) dans le but d'encourager les penchants «naturels» de l'enfant, de même que l'expérimentation à petite échelle de formes de vie communautaire alternatives, dans lesquelles la sexualité devait être totalement libérée, se conçoivent en outre comme de véritables laboratoires visant à éduquer les individus à la désobéissance, mais aussi à les libérer de leurs agressivités en créant les bases d'une sexualité plus libre et plus épanouie présentée comme le fondement d'un avenir meilleur.

24 HERZOG, *Die Politisierung der Lust* (note 21), pp. 173-222.

25 Cité d'après: Beate SCHNAPPACH / Andreas SCHWAB, «Antifaschismus im Bett», *in: Frankfurter Rundschau*, 10.4.2008.

Composition de l'ouvrage

Issu d'un programme de recherche quinquennal conduit par l'équipe de recherche du CELEC autour du concept d'«autorité», le colloque international des 5, 6 et 7 avril 2012, qui a donné lieu à la présente publication collective, ne pouvait prétendre à l'exhaustivité. Son principal objectif est de lancer un certain nombre de pistes de recherche prouvant la pertinence d'une étude croisée des contrecultures qui se sont développées au XXe siècle dans les pays germanophones, ainsi que la richesse d'un tel champ d'investigation.

Un premier groupe d'études s'est appliqué à battre en brèche l'idée selon laquelle les contrecultures se construisent uniquement par la rupture vis-à-vis des modèles transmis. Dans leur contestation des modes de vie et de pensée majoritaires, les porteurs de voies alternatives cherchent au contraire bien souvent à «ressourcer» le monde qui les entoure en accumulant les références au passé et en renouant avec des traditions qu'ils jugent opposées aux valeurs devenues dominantes. Ainsi a-t-on pu voir la «Neue Schar» conduite par le «Saint de l'Inflation» [«Inflationsheiliger»] Friedrich Muck-Lamberty (1891-1984), personnage charismatique annonciateur dans les années 20 d'une «révolution de l'âme» et souvent comparé au joueur de flûte de Hamelin en raison des centaines de jeunes gens qu'il est parvenu à entraîner dans ses gigantesques marches à travers la Thuringe, reprendre à son compte une tradition de la «Wanderung» contestataire dont un des premiers chaînons peut être vu dans le *Taugenichts* du romantique Joseph von Eichendorff (1788-1857) et sa tentative d'«élever l'oisiveté vagabonde au rang de principe existentiel».[26] Par-delà la fréquente conjonction établie entre errance et marginalité et outre la volonté affirmée de «mettre en mouvement» une jeunesse livrée au bon vouloir des industriels, des prêtres et des banquiers, la pérégrination de la «Neue Schar» s'inscrit très clairement dans la tradition de la prédication itinérante, mais aussi dans l'esprit d'un déplacement conçu comme la concrétisation d'une conversion spirituelle appelée à s'étendre au plus grand nombre. Cette dimension religieuse, plus perceptible encore que celle des croisades menées quelques années auparavant par le premier «mouvement de jeunesse» contre la culture philistine et le matérialisme, est sans doute – en dehors du lien avec le célèbre Gusto Gräser (1879-1958), qui était un ami de Muck-Lamberty et fut admiré par Hermann Hesse (1877-1962) – le principal point commun entre cette contre-culture itinérante et la réception de l'auteur de *Siddharta* (1922) et du *Loup*

26 *Cf.* dans le présent ouvrage l'étude de Patricia VIALLET.

des steppes (1927) par les participants au «hippie trail» des années 70.[27] Véritable ruée vers l'Inde et ses Etats voisins, ce mouvement initié et suivi par de nombreux «Blumenkinder» des années 70, était en effet non seulement motivé par le refus de la vie bourgeoise sédentaire et l'accès à la vente libre de drogues, mais aussi par une réelle fascination pour les spiritualités orientales jugées mystérieuses, authentiques et sensuelles, et supposées servir une quête de soi à travers la méditation. Cette génération révoltée, qui tentait avant tout de fuir la rigidité de l'Allemagne d'après-guerre, élut au rang de culte l'œuvre de Hesse, dont elle se livra à une lecture partiellement extrapolée et en tout cas simpliste, même si certains points de convergence (refus du modèle bourgeois de la famille, du culte de la technique, élargissement de la conscience par la consommation de drogues et fascination pour la sagesse orientale) apparaissent indéniables.

La quête de références passées peut, par exemple dans le cas de la contreculture ésotérique néonazie organisée autour des (pseudo-)romans de l'ancien SS Wilhelm Landig (1909-1997), passer par l'instrumentalisation de mythes tels que l'Age d'or, le Saint-Graal, le mythe de l'Atlantide ou des Hyperboréens, qui, mêlés de manière plus ou moins arbitraire, concourent à la constitution d'une histoire alternative de l'humanité, opposée à une histoire officielle supposée contrôlée par la «domination judéo-américaine».[28] Résidu d'une ancienne culture majoritaire (le national-socialisme et ses racines occultes) passée dans la clandestinité, cette littérature évoluant aux marges du New Age et de l'extrême droite, vise, sous couvert de la dénomination de «roman», à attirer vers elle les amateurs d'histoire mystérieuse, de conspirationnisme et d'ufologie, et, à l'instar de l'action du livre de Landig *Les Rebelles de Thulé* (1991), à nourrir auprès de la jeunesse une révolte qui ferait ressurgir un passé mythique glorieux étouffé par une «conspiration juive mondiale». L'infiltration de la bande dessinée par certains de ces motifs ainsi que l'œuvre de traduction engagée dans plusieurs langues européennes prouve le succès et la vivacité de cette culture antisémite radicale qui, sous couvert de science-fiction, parvient à s'exprimer au grand jour en toute légalité.

Même si cela peut surprendre, une telle démarche contestataire et fondamentalement régressive trouve également son expression dans un certain discours colonial allemand, tel qu'il a pu être développé au début du siècle dans des revues comme *Kolonie und Heimat in Wort und Bild*.[29] Dans l'esprit de l'idéologie antimoderne d'inspiration völkisch perceptible dans

27 *Cf.* dans le présent ouvrage l'étude de Sabine WINTGEN.

28 *Cf.* dans le présent ouvrage l'étude de Stéphane FRANÇOIS.

29 *Cf.* dans le présent ouvrage l'étude de Catherine REPUSSARD.

ces publications, un certain nombre de constellations mythiques sont corrompues en vue de produire une sorte de projection de l'avenir allemand dans le passé. L'aventure coloniale ne sert alors pas uniquement à l'Allemagne à conquérir sa «place au soleil», mais apparaît comme le lieu de la possible construction d'une modernité repensée, permettant le retour d'une religiosité de l'«éternelle germanité» et qui mettrait fin à un état déploré de décadence spirituelle et politique, supposé caractériser l'Allemagne wilhelminienne.

Un deuxième groupe d'études s'est penché sur quelques tentatives de concrétiser un rêve utopique par la construction de véritables microsociétés idéales. D'envergure et d'idéologie variables, les communautés alternatives conjuguent le plus souvent deux attitudes distinctes mais en aucun cas contradictoires. Confrontés à un ordre oppressant ou injuste qu'ils n'osent ou ne peuvent pas renverser, leurs fondateurs et membres tentent d'une part de se dédommager, dans un cadre restreint qui peut prendre la signification d'une «niche», de la liberté et de l'harmonie solidaire bafouées par l'ordre dominant. D'autre part, la construction d'un contre-modèle en miniature donne l'occasion d'instaurer une logique de «laboratoire social» visant à expérimenter de manière très concrète des modes de vie alternatifs tout en s'appliquant à éduquer ses habitants, appelés à devenir les porteurs d'un ordre nouveau. L'alternative, dès lors qu'elle se réalise à petite échelle, prouve de manière concrète qu'un autre avenir est possible et que sa mise en œuvre dans une dimension plus large ne dépend que de l'engagement de ceux qui ne se satisfont pas des structures en place. Exemple particulièrement intéressant d'un tel réformisme, le lotissement coopératif du Freidorf en Suisse, dont la construction fut confiée entre 1919 et 1921 à l'architecte bâlois Hannes Meyer (1889-1954), qui a combiné dès sa conception plusieurs paradigmes comme la réforme foncière, le modèle de la cité-jardin ainsi qu'un idéal d'autogestion fondée sur la prise de décision collective et démocratique. Construit autour d'une coopérative d'achat, le Freidorf avait entre autres été conçu par ses pères fondateurs comme une preuve vivante de la possibilité de mettre fin à l'exploitation des ouvriers sans passer par de sanglants soulèvements révolutionnaires;[30] il misait à la fois sur les bienfaits d'un habitat fonctionnel et verdoyant sur les individus, mais aussi sur la possibilité, par le biais d'une éducation des habitants ainsi que d'une vie associative foisonnante et d'une organisation collective efficace, d'opposer à la logique concurrentielle du capitalisme comme au dirigisme des Etats socialistes un idéal d'habitat coopératif solidaire que l'on cherchait à étendre, notamment par la constitution d'un fond financier en vue de la construction

30 *Cf.* dans le présent ouvrage l'étude de Matthias MÖLLER.

de nouveaux lotissements réformés. Au-delà de l'intérêt personnel que chaque famille pouvait tirer de son intégration dans de telles structures, il s'agissait donc, au moins durant la période de l'entre-deux-guerres, d'œuvrer en faveur d'un renversement progressif du modèle économique dominant.

Convaincus quant à eux que la vie privée plus encore que l'ordre économique était la clé de tout bouleversement social de grande envergure, les représentants du courant radical de l'opposition extra-parlementaire qu'ont été les habitants de la Kommune 1, ont cherché non seulement à opposer au modèle de la famille bourgeoise supposé nocif un idéal de libération sexuelle, mais aussi conçu leur communauté comme un véritable laboratoire d'action subversive, qui cherchait à faire sortir la Nouvelle gauche de ses débats théoriques pour la faire entrer dans une logique de lutte active, non-conventionnelle et non-violente contre le «système» et son oppression des libertés individuelles.[31] Parmi les modes de lutte préconisés, la provocation, déclinée sous de multiples formes, visait à la fois à révéler la vraie nature des normes conservatrices héritées de l'ère Adenauer, à faire éclater au grand jour les contradictions sociales, et à attirer sur ce combat et ses acteurs l'attention des médias, qui devenaient (partiellement à leur insu) les instruments d'une véritable mise en scène d'une révolution de la vie privée, et firent d'ailleurs de certains membres, comme le couple formé par Rainer Langhans (*1940) et Uschi Obermaier (*1946), de véritables stars. Au vu de ce rapport éminemment ambigu à la presse «majoritaire», de la dépendance financière que celle-ci nourrit en offrant des sommes démesurées pour la moindre interview ou moindre prise de vue, mais aussi des abus et démonstrations de machisme auxquels la «libération sexuelle» donna lieu, il convient aujourd'hui sans doute d'interroger la dimension réellement émancipatrice d'une entreprise de création d'un «homme nouveau», au sein de laquelle l'hédonisme des meneurs et le souci permanent de l'écho médiatique ont rapidement pris le pas sur le militantisme.

Héritières de la même révolte anti-bourgeoise même si l'idée de rupture et la provocation y ont été remplacées par un idéal de conciliation des extrêmes et de dépassement des contradictions, certaines communautés apparentées au New Age comme le ZEGG de Bad Belzig prétendent tirer les conclusions de l'échec de la contreculture soixante-huitarde en associant au discours émancipateur de cette dernière une dimension spirituelle qui lui aurait cruellement fait défaut.[32] Au sein des «utopies concrètes» initiées par Dieter Duhm (*1942), cette recherche d'une voie alternative aboutit à concevoir de nouvelles expérimentations communautaires comme les manifesta-

31 *Cf.* dans le présent ouvrage l'étude d'Ulrich PFEIL.

32 *Cf.* dans le présent ouvrage l'étude d'Olivier HANSE.

tions d'une vaste thérapie planétaire reliant de manière assez paradoxale un projet d'action indirecte sur la réalité sociale à la croyance en un vaste «changement de paradigme» supposé être à l'œuvre dans les civilisations occidentales. Par l'accent qu'il met sur l'expérimentation collective, sa quête d'une communauté fusionnelle opposée à la froideur des sociétés modernes, ainsi que l'importance accordée à l'idée d'auto-réforme (liée, dans le cas présent, à un projet d'élargissement des consciences et une recherche d'intégration harmonieuse dans l'ordre naturel et cosmique), le succès du projet du ZEGG prouve la persistance dans l'Allemagne contemporaine de logiques contestataires comparables, jusque dans certaines de leurs ambiguïtés, à celles qui ont été développées autour de 1900 dans le cadre de la Lebensreform.

La troisième section de notre ouvrage se consacre à une série de phénomènes artistiques, culturels et idéologiques qui, malgré leur objectif affiché de naviguer «à contre-courant» du modèle prédominant, s'avèrent difficilement classables à l'intérieur d'une dichotomie mainstream / contreculture, dans la mesure où leur opposition se cantonne pour l'essentiel à vouloir placer leur mode de vie ou leur création en dehors du conformisme ambiant, ou bien parce que les liens ambigus qu'ils entretiennent avec le «système» peut laisser planer un doute quant au caractère réellement subversif de leurs intentions. Ainsi, sur le plan de la création littéraire, la scène ouest-allemande de littérature pop des années 1965 à 2000 apparaît comme un exemple particulièrement éloquent de résistance purement esthétique contre les valeurs, les conventions et rituels de la société bourgeoise, ainsi que la sclérose ressentie du marché littéraire occidental.[33] Longtemps présentée comme dominée par l'influence de Rolf Dieter Brinkmann (1940-1975) qui, lui-même profondément marqué par le style de la «Beat generation» américaine, publiait pour l'essentiel chez des éditeurs ayant pignon sur rue, la littérature underground s'est en réalité principalement développée en dehors des réseaux majoritaires et dotée de ses propres maisons d'édition et revues. Ses auteurs, parmi lesquels Jürgen Ploog, Hadayatullah Hübsch (*1935) et Jörg Fauser (1936-2011) ont entretenu des relations étroites avec certains communards (entre autres avec les protagonistes de la K1) et la scène alternative, sont pour la plupart restés totalement à l'écart de la sphère politique, supposée intégralement subordonnée au «système», et ont mené leur combat jouissif en marge de l'opinion publique. Bien qu'encore assez peu étudiés, ils ont, par leur traitement provocateur de la sexualité et de la drogue et plus encore par l'utilisation de la technique du «cut-up» ou leur intérêt pour l'art de la performance, fondé une tradition de littérature alternative qui se poursuit

33 *Cf.* dans le présent ouvrage l'étude d'Enno Stahl.

jusque dans la pratique de la poésie slam, la littérature trash et certaines tendances actuelles de la poésie et de la littérature de scène contemporaines.

Contrairement à la littérature underground de RFA, les pionniers de l'art informel en RDA n'ont pas délibérément fui les principaux canaux de diffusion artistique mais se sont retrouvés les victimes d'une assimilation quasi globale de l'art est-allemand au réalisme socialiste au nom d'une exigence de mobilisation totale contre l'impérialisme occidental.[34] Accusé de «formalisme» et d'inféodation au système capitaliste, l'art abstrait a suscité la méfiance des fonctionnaires culturels, qui ont peu à peu réduit l'artiste à un rôle de «prestataire de service». Longtemps bannis de toutes les grandes expositions et des collections de musées, des artistes comme Hermann Glöckner (1889-1987) et Hans Jüchser (1894-1977) ont, dans la clandestinité, réussi à produire une œuvre abstraite qu'ils concevaient à la fois comme une offensive souterraine contre l'instrumentalisation de l'art et comme le maintien, en particulier dans une ville comme Dresde, d'une tradition de novation artistique intimement liée à la mémoire des peintres de «Die Brücke» et au centre culturel avant-gardiste qu'avait été la cité-jardin de Hellerau. Œuvrant dans un relatif isolement, ils ont néanmoins bénéficié du maintien de certaines formes de sociabilité bourgeoise en des lieux comme le cabinet des estampes [«Kupferstichkabinett»] et la Galerie Kühl de Dresde, fréquentés uniquement par un public d'initiés et qui restèrent relativement épargnés par la surveillance de la Stasi. Malgré la répression, ces artistes ont contribué à préserver de l'uniformité une scène culturelle privée du marché des galeries d'art, comme de ses principaux contacts avec les avant-gardes internationales.

Parmi les phénomènes oscillant entre contreculture et mainstream, les médecines alternatives se caractérisent à la fois par une volonté de «respiritualiser» la science, de contester une vision matérialiste et utilitariste du corps visant à le réduire à sa force de travail, et par une diffusion très large au sein de la bourgeoisie allemande, qui croyait bien davantage à son potentiel de guérison qu'elle ne s'intéressait à son discours contestataire.[35] De cette situation particulière résulte l'hésitation de plusieurs chercheurs quant à la classification des médecines naturelles au cœur ou en marge de la Lebensreform: si leur opposition philosophique à la culture scientifique dominante et à sa prétendue soumission au capital nourrissait bien le rêve d'une société plus saine, changée «de l'intérieur», la majorité de ses adeptes demeurait beaucoup moins touchée par cette dimension d'utopie sociale que ce fut par exemple le cas des végétariens. Sous le IIIe Reich, les naturopathes, qui avaient déjà remporté de nombreuses victoires depuis les années 1920 et

34 *Cf.* dans le présent ouvrage l'étude de Patrice NEAU.

35 *Cf.* dans le présent ouvrage l'étude d'Anne QUINCHON-CAUDAL.

partageaient avec les nazis la conviction de la primauté de l'instinct sur le savoir livresque, jouèrent la carte d'une médecine authentiquement allemande, libérée des influences juives et capitalistes. De ce fait, sous l'impulsion du Reichsärzteführer Gerhard Wagner (1888-1939), ils accédèrent pratiquement au rang de culture dominante, une politique qui fut abandonnée dès 1937 pour des raisons essentiellement stratégiques.

Les socialistes-réformateurs de RDA qu'ont été entre autres Wolfgang Harich (1923-1995), Robert Havemann (1910-1982) et Rudolf Bahro (1935-1997) méritent également un traitement à part en raison du positionnement fondamentalement marxiste qui était le leur et de leur relative proximité à l'égard des élites de la SED.[36] Poussés par le régime dans leur attitude contestataire, ils ne constituèrent pas à proprement parler un mouvement de résistance anti-communiste mais luttèrent de manière assez isolée et plus ou moins clandestine en faveur d'une réforme fondamentale du régime est-allemand, lequel était supposé évoluer dans le sens d'un «véritable» socialisme démocratique. Convaincus que la RDA ne survivrait qu'au prix d'une auto-analyse rigoureuse inspirée de Marx et de Lénine, d'une évolution de ses structures et d'un retour à ses idéaux fondateurs, ces auteurs furent accusés de vouloir soutenir la propagande occidentale et de discréditer le régime en place, et contraints de publier leurs ouvrages à l'Ouest, ce qui était pour eux le seul moyen de les rendre également accessibles à quelques citoyens est-allemands. R. Bahro, dont la rupture avec le régime se consomma au moment du Printemps de Prague et qui quitta la RDA en 1979, refusa jusque dans son exil d'adopter sur le régime qui l'avait persécuté la perspective ouest-allemande. En ce sens, les réflexions de ces auteurs marxistes sur la construction d'une alternative socialiste en RDA préparèrent la voie aux mouvements citoyens d'opposition des années 80, qui jouèrent un rôle moteur dans l'effondrement du régime en 1989 mais dont les rêves de troisième voie ne parvinrent pourtant guère à convaincre les électeurs au sein de l'Allemagne réunifiée.

A la différence de l'opposition constructive affichée par les socialistes-réformateurs, l'étude du personnage de Bert Papenfuß (1956), un des rares artistes de la scène non officielle de RDA à s'être maintenu, après la réunification et surtout après le scandale des indicateurs de la Stasi, comme un représentant incontournable de la scène underground berlinoise, révèle le rôle de soupape et donc de «stabilisateur du régime» qu'a pu jouer d'une certaine manière la Bohème du Prenzlauer Berg dans les années 70 et 80.[37] En prenant le parti de la non-confrontation avec le pouvoir et de l'«hété-

36 *Cf.* dans le présent ouvrage l'étude de Susanne GÖTZE.

37 *Cf.* dans le présent ouvrage l'étude de Sibylle GOEPPER.

rotopie», cette scène portée pour l'essentiel par des enfants de privilégiés, s'est dotée d'organes de communication indépendants et constituée en microcosme pour tenter, dans la mesure du possible, de fonctionner d'après ses propres règles et de proposer, au-delà de tout positionnement politique, une réforme du style de vie en RDA. Ce n'est qu'après la réunification que, contraint de se renouveler, un personnage comme Bert Papenfuß va radicaliser son propos pour passer d'une «sous-culture déviante» à une attitude de contreculture plus politisée. Critiquant ouvertement le pouvoir de l'argent et l'historiographie officielle, il a entre autres recours aux méthodes de travail développées dans les années 70 pour faire de sa poésie un acte d'insoumission et un discours profondément subversif.

La quatrième et dernière section de l'ouvrage est consacrée à une série de lectures rétrospectives prouvant entre autres le rôle essentiel de la perspective historiographique et de la mémoire dans le traitement des phénomènes contre-culturels. Le Monte Verità, cette colline du Tessin qui a accueilli au début du siècle un nombre considérable d'artistes avant-gardistes, de marginaux célèbres et d'intellectuels germanophones passe par exemple aujourd'hui souvent pour être une sorte de berceau des mouvements alternatifs allemands et germanophones. Le travail impressionnant du curateur suisse Harald Szeemann (1933-2005) lors de l'élaboration de son exposition «Mammelle della verità» de 1978, qui depuis le rachat d'une partie des archives de Szeemann par la Fondazione Monte Verità peut être reconstituée dans ses moindres détails, a fortement contribué à cette mystification.[38] Dans l'esprit de Szeemann lui-même, très attaché à son identité de curateur libre et alternatif, insoumis aux normes des musées traditionnels, il s'agissait par cette exposition non seulement de faire goûter au grand public l'immensité des projets utopiques qui y ont été élaborés, mais aussi de parachever cette «œuvre d'art totale» jusque-là condamnée à rester fragment. Le monument qu'il a ainsi contribué à créer ainsi que les nombreux témoignages littéraires portant sur la colonie constituent en quelque sorte le point de départ d'une fascination qui subsiste jusqu'à nos jours et explique en partie le foisonnement d'études consacrées à Ascona et la vivacité touristique et culturelle persistante du lieu.

Le rôle ambivalent de la mémoire est abordé dans le cadre d'une analyse critique du nudisme est-allemand, régulièrement ressenti comme empreint d'une certaine transgressivité et que certains pratiquants d'alors et commentateurs rétrospectifs qualifient sans doute un peu trop rapidement de «niche» ou de subculture distincte de la culture officielle.[39] Largement inféodé au

38 *Cf.* dans le présent ouvrage l'étude d'Andreas SCHWAB.

39 *Cf.* dans le présent ouvrage l'étude de Marc CLUET.

régime communiste et même soutenu par lui, le nudisme est-allemand est au contraire devenu, à partir des années 70, un phénomène de masse et semble même avoir rempli en RDA une véritable fonction «systémique», comme le laissent supposer les fréquentes interviews de l'émission culte de la télévision d'Etat «Außenseiter – Spitzenreiter». Fabriquée de toute pièce, l'idée d'une marginalité subversive des nudistes participait plus ou moins consciemment d'une stratégie du pouvoir pour faire oublier les contraintes du régime et l'enfermement dans les frontières de la RDA et des Républiques sœurs. Fondamentalement lié à un imaginaire cosmique propre au naturisme, le sentiment de joie et de liberté souvent relaté par les nudistes a largement contribué à faire de cette pratique un véritable «opium du peuple», prescrit à des fins stabilisatrices.

Pour finir, la distance satirique adoptée par le dessinateur Chlodwig Poth (1930-2004) dans certaines de ses bandes-dessinées montre à quel point, dans des domaines comme l'égalité des sexes, l'éducation antiautoritaire ou encore la libération sexuelle, le difficile passage de la théorie à la pratique peut conduire les «Progressiven», une fois de retour dans le quotidien, à se fourvoyer dans leurs propres idéaux, mais aussi à rire d'eux-mêmes, de leurs échecs et de leurs compromis.[40] Rapidement, la mise en place concrète de modes de vie familiaux «contreculturellement corrects» se heurte aux inhibitions personnelles, aux réflexes transmis par les parents (notamment en ce qui concerne la sexualité de ses propres enfants) et aux rôles profondément intériorisés. Face à une vie de famille considérablement compliquée par les multiples tentatives larvées menées par les parents antiautoritaires pour vivre en conformité avec leurs préceptes, les enfants apprennent bien souvent à tourner en dérision et à manipuler des adultes dont ils obtiennent au final presque systématiquement tout ce qu'ils désirent. Loin de condamner ces militants pour leurs tâtonnements et leurs doutes, Poth rend par son œuvre un hommage partiellement désabusé à tous ceux qui croient en leurs convictions et tentent, le plus souvent sans succès, de les réaliser au quotidien.

Remerciements

Pour clore cet avant-propos, nous voudrions remercier tous ceux qui ont, par leur aide très concrète et leurs encouragements, fortement contribué à ce que cet ouvrage puisse voir le jour: Nadine Leveque-Lair, Bernadette Debiasi, Agnès Morini, Patricia Viallet, Reiner Marcowitz et Michel Grunewald.

40 *Cf.* dans le présent ouvrage l'étude d'Ingeborg RABENSTEIN-MICHEL.

A LA RECHERCHE DE MYTHES ET DE TRADITIONS ALTERNATIVES

Du *Taugenichts* à la «Neue Schar» de Friedrich Muck-Lamberty dans les années 20: la (contre)-culture du vagabondage

Patricia VIALLET
Université J. Monnet Saint-Etienne

> Pour bien vagabonder, il faut peu de choses: un terrain propice et un état d'esprit juste, mélange d'humeur joyeuse et de détestation envers l'ordre établi.
>
> S. Tesson, *Petit traité sur l'immensité du monde.*[1]

Pour Sylvain Tesson,[2] l'expression d'une opposition consciente à une forme d'autorité généralement admise est un des ingrédients indispensables au «bon vagabondage» – en d'autres termes, toute *Wanderung* serait donc à ses yeux potentiellement contestataire. En témoigne notamment le périple qu'effectue cet «écrivain-voyageur»,[3] la majeure partie du temps à pied ou à vélo, de Bakou vers la Turquie, via la Géorgie, suivant l'itinéraire préalablement tracé par l'oléoduc Bakou-Tbilissi-Ceyhan, et qu'il rapporte dans l'*Eloge de l'énergie vagabonde.*[4] Cette *Wanderung* est destinée à «réfléchir au mystère de l'énergie»,[5] celle que procure l'or noir extrait en haute Asie et convoyé jusqu'en Méditerranée par pipelines, tout comme celle de l'homme, ce «moteur insaisissable qui génère les actions, les paroles, les pensées».

1 Sylvain TESSON, *Petit traité sur l'immensité du monde*, Sainte-Marguerite-sur-Mer 2005, p. 51 (chap. «Le *wanderer*»).

2 Sylvain Tesson a reçu en 2011 le Prix Médicis pour son essai *Dans les forêts de Sibérie* (Paris 2011), que l'on pourrait considérer comme le pendant russe et sylvestre du célèbre *Walden* (1845) d'Henry David Thoreau.

3 On peut se référer pour ce concept-composé à la définition proposée par Jacques Meunier et rappelée par Michel Le Bris dans son dernier essai en forme d'abécédaire, *Rêveur de confins*, précisément pour l'entrée «Ecrivain-voyageur (A quoi l'on reconnaît l')»: «Si vous le coupez en deux, vous ne trouvez pas d'un côté un voyageur et de l'autre un écrivain, mais deux moitiés d'écrivain-voyageur» (Michel LE BRIS, *Rêveur de confins*, Waterloo 2011, p. 78).

4 Sylvain TESSON, *Eloge de l'énergie vagabonde*, Sainte-Marguerite-sur-Mer 2007.

5 *Ibid.*, p. 16.

> J'avais deux solutions pour mener ces réflexions: poser mon cul sur une chaise de bois et, la tête dans les mains, creuser la question avec la pelle du silence et du temps. Ou bien actionner les rouages de mon corps, battre le tapis des steppes, recourir à mes ressources physiques pour tailler la route à travers un univers de prédation des réserves naturelles et nourrir mes interrogations. J'ai parié que le mouvement est le derrick de la pensée. Les idées jailliront mieux sous les pas du vagabond que sous le couvercle de la méditation.[6]

Wanderer moderne, Sylvain Tesson se livre donc à une déambulation réflexive au gré des gisements pétroliers; sa marche délibérément ralentie s'oppose à celle, sans cesse accélérée, du progrès, insultant, écrit-il, «[son] désir romantique d'un monde reposant à l'ombre douce des traditions».[7]

C'est à cet aspect contestataire de la *Wanderung*, foncièrement antimatérialiste, anticapitaliste pour Tesson, et, plus largement, au lien souligné par ce dernier entre mouvement volontaire et pensée contestataire, que nous nous proposons de réfléchir ici. Une étape obligée est celle du traitement romantique de la *Wanderung*, non pas tant chez des représentants de la première génération – trop idéale, voire idéalisante, pour que la *Wanderung* soit saisie dans sa dimension sociale – que chez un auteur plus tardif, Joseph von Eichendorff, plus sensible aux dangers d'une existence vagabonde, mais également réfractaire au simple refuge dans la sédentarité philistine.[8] Surtout, dans les *Scènes de la vie d'un propre à rien* (*Aus dem Leben eines Taugenichts*, 1822) du même auteur apparaît un *Wanderer* d'un nouveau genre, affranchi de toute obligation familiale et sociale, et à propos duquel on se demandera pour commencer s'il ne constitue pas le premier chaînon d'une évolution qui assimilerait la pratique de la *Wanderung* à un mode d'expression spécifique – résolument actif, mobile – d'une contre-culture.

Les premiers *Wandervögel* apparus dès la fin du XIXe siècle, en réaction eux aussi à leur environnement social et culturel, revendiquent, on le sait, cet héritage romantique – ce n'est pas un hasard si, comme le rappelle Marc Cluet, le *Propre-à-rien (Taugenichts)* d'Eichendorff avait «statut de ‹roman culte› chez les ‹jeunes en mouvement›».[9] La composante militante de la

6 *Ibid.*, p. 17.

7 *Ibid.*, p. 139.

8 Nous renvoyons ici notamment au poème «Die zwei Gesellen», qui propose finalement de dépasser l'opposition entre ces deux pôles existentiels par le choix d'une voie médiane, celle du chemin menant vers Dieu («Es singen und klingen die Wellen / Des Frühlings wohl über mir; / Und seh ich so kecke Gesellen, / Die Tränen im Auge mir schwellen – / Ach Gott, führ uns liebreich zu Dir!», Joseph von EICHENDORFF, *Gedichte*, *in: Werke*, Munich 1966, p. 57).

9 Marc CLUET, «Jeunes en mouvement ou adultes en effervescence?», *in:* Marc CLUET et Monique MOMBERT (éds.), *Mouvements de jeunesse / Jeunes en mouvement*, *Re-*

Wanderung va se renforcer dans les années 20, à un moment de crise propice à une «quête de salut»[10] irrationnelle – les «Saints de l'Inflation» *(Inflationsheilige)* qui font alors le choix d'une forme d'ascèse itinérante en sont l'illustration la plus marquante. Au nombre de ces «prophètes aux pieds nus», comme les appelle Ulrich Linse,[11] figure Friedrich Muck-Lamberty qui, dans la mouvance de la *Lebensreform*, emmène à sa suite, sur les routes de Thuringe, un cortège de jeunes gens dans le but de littéralement mettre en marche une «révolution de l'âme».

Stoppé dans son élan par ce que l'on pourrait appeler une affaire de mœurs, le périple de la «Neue Schar» («Troupe nouvelle») ne durera en fait que quelques mois; dix ans plus tard, Hermann Hesse, dont on sait quels furent ses liens avec Gusto Gräser,[12] publie *Die Morgenlandfahrt*, récit d'un pèlerinage fantastique vers un Orient mythique et idéalisé, mais ancré dans le contexte spécifique de l'Allemagne des années 20:

> A l'époque où j'eus le bonheur d'être admis dans l'Ordre, c'est-à-dire immédiatement après la fin de la Grande Guerre, notre pays fourmillait de sauveurs, de prophètes et de disciples, de prophéties sur la fin du monde ou d'espoirs dans l'avènement d'un Troisième Reich. Ebranlé par la guerre, désespéré par la misère et la faim, profondément déçu par l'apparente inutilité de tant de sacrifices dans sa chair et dans ses biens, notre peuple fut accessible à maintes chimères, mais aussi à mainte réelle élévation de l'âme [...].[13]

---

cherches Germaniques, hors-série n° 6, 2009, pp. 49-70, cit. ici p. 60. L'auteur rappelle également que la «Chanson de route des étudiants de Prague» *(Wanderlied der Prager Studenten)*, entonnée par des «étudiants» croisant le chemin du Propre-à-rien, servait traditionnellement de signe distinctif aux *Wandervögel*: en reprenant, en guise de salut, les premiers vers d'un chant plus adapté à une pratique de l'école buissonnière qu'à la poursuite de véritables études – le modèle médiéval de l'«escolier itinérant» est ici assez lointain –, ils affichaient aussi leur refus de suivre la voie «normale» et donc, plus ou moins consciemment, leur marginalité.

10 *Cf.* à ce sujet Ulrich LINSE, *Geisterseher und Wunderwirker. Heilsuche im Industriezeitalter*, Francfort 1996.

11 Ulrich LINSE, *Barfüßige Propheten. Erlöser der zwanziger Jahre*, Berlin 1983.

12 *Cf.* notamment l'ouvrage d'Hermann MÜLLER, *Der Dichter und sein Guru. Hermann Hesse – Gusto Gräser eine Freundschaft*, Werdorf 1979 (2e édition).

13 Hermann HESSE, *Le Voyage en Orient*, traduit de l'allemand par Jean LAMBERT, préface d'André GIDE, Paris 1948, pp. 23-24. Texte original: «Zu jener Zeit, da ich dem Bunde beitreten zu dürfen das Glück hatte, nämlich unmittelbar nach dem Ende des großen Krieges, war unser Land voll von Heilanden, Propheten und Jüngerschaften, von Ahnungen des Weltendes oder Hoffnungen auf den Anbruch eines Dritten Reiches. Erschüttert vom Kriege, verzweifelt durch Not und Hunger, tief enttäuscht durch die anscheinende Nutzlosigkeit all der geleisteten Opfer an Blut

L'allusion aux pratiques quasiment cultuelles de la «Neue Schar» devient explicite lorsqu'est donné ensuite l'exemple du développement de «communautés de danses analogues à celles des bacchantes», révélateur de «l'attrait de l'au-delà et du miracle»[14] dans l'Allemagne de l'après-guerre.

Traduisant une disposition à vivre «mainte réelle élévation de l'âme», la «Neue Schar» pose essentiellement la question du sens de l'itinérance, quand celle-ci peut devenir le support d'un contre-projet utopique.

L'héritage romantique

Le «Taugenichts»: un modèle littéraire de *Wanderer* (pré)contestataire?

L'intérêt ‹sociologique› du *Taugenichts* ne doit certainement pas occulter l'omniprésence de figures du *Wanderer* dans la production romantique, qu'ils reprennent la tradition du «Grand Tour» en faisant la part belle aux maîtres de la Renaissance comme chez Ludwig Tieck (*Franz Sternbalds Wanderungen*, 1798) ou qu'ils pratiquent une forme plus ancienne de vagabondage sur le modèle des *scholares vagantes* (par exemple pour Clemens Brentano et sa *Chronika des fahrenden Schülers*, 1818). On connaît aussi la prédilection des romantiques pour la figure du bohémien, essentiellement parce qu'elle traduit un rapport privilégié à la nature[15] – chez Achim von Arnim,

---

und Gut, war unser Volk damals manchen Hirngespinsten, aber auch manchen echten Erhebungen der Seele zugänglich [...]», Hermann HESSE, *Die Morgendlandfahrt*, *in: Gesammelte Schriften*, Berlin 1968, vol. 6, p. 13.

14 «[...] es gab bacchantische Tanzgemeinden und wiedertäuferische Kampfgruppen, es gab dies und jenes, was nach dem Jenseits und nach dem Wunder hinzuweisen schien [...]». *Ibid.* Le terme même de «bacchante» rappelle la dénomination introduite à l'origine par Karl Fischer pour désigner des membres du mouvement des *Wandervögel*, non par référence, selon lui, à Bacchus, mais aux *scholares vagantes* de l'époque médiévale.

15 *Cf.* à ce sujet Claudia BREGER, *Ortlosigkeit des Fremden. «Zigeunerinnen» und «Zigeuner» in der deutschsprachigen Literatur um 1800*, Cologne / Weimar / Vienne 1998. L'auteur évoque notamment, à propos des «histoires de bohémiens» que l'on trouve chez A. v. Arnim (*Isabella von Ägypten*, *Geschichte der Zigeuner; ihre Herkunft, Natur und Art*), les processus de «couplage discursif des ‹bohémiens› et de la ‹nature›», caractéristiques de la production littéraire autour de 1800 («Prozesse der diskursiven Kopplung von ‹Zigeunern› und ‹Natur› um 1800», *in: ibid.*, p. 266). Signalons également la tenue, du 26 septembre 2012 au 14 janvier 2013, au Grand Palais à Paris, d'une exposition consacrée aux *Bohèmes*; il est rap-

les bohémiens sont élevés au rang de *Naturvolk* –, mais également parce qu'elle cristallise l'aspiration à une vie sans attaches et affranchie de toute norme.

C'est précisément cette conjonction entre errance et marginalité que traduit de manière exemplaire le parcours du «Taugenichts», un «propre à rien» qui élit le vagabondage comme mode existentiel et, de fait, s'écarte du droit chemin que serait la ‹normalité› bourgeoise. L'«humeur joyeuse» qui, selon Sylvain Tesson, est constitutive de l'art du ‹bon vagabondage› et semble être un trait de caractère de notre «troubadour moderne»,[16] si l'on en juge déjà par l'illustration d'Adolph Schrödter,[17] s'allie également chez le «Taugenichts» à une forme de «détestation envers l'ordre établi», particulièrement manifeste dans le texte d'ouverture de la nouvelle:

Reproduction n° 1: Adolph SCHRÖDTER,
Illustration pour le «Taugenichts» (Illustration zum «Taugenichts»), 1842

Déjà le joyeux murmure du moulin de mon père avait repris, et sa roue s'était remise à ronronner. La neige gaillardement dégouttait du toit. Les moineaux, de leur ga-

---

pelé notamment qu'au XIXe siècle, la médecine chercha à ramener l'inadaptation foncière du «vagabond» aux structures sociales à une pathologie spécifique, identifiée sous le nom de «dromomanie» ou «folie des routes».

16 *Cf. infra.*

17 *Cf.* reproduction n°1. Cette illustration est l'une de celles qui accompagnent l'édition berlinoise de la nouvelle en 1842: au premier plan apparaît le «Taugenichts» dansant et jouant du violon avec entrain dans un cadre champêtre et festif.

zouillis et de leurs ébats, s'associaient à cette activité. Quant à moi, assis sur le seuil, je me frottais les yeux pour en chasser le sommeil. Dieu! que je me sentais bien, au chaud sous le soleil!
C'est alors que mon père sortit de la maison, le bonnet de nuit de travers: depuis l'aube il n'avait cessé de s'agiter dans le moulin.

– Hé, le propre à rien! me dit-il. Te voilà encore à te prélasser au soleil, tu t'étires à te rompre les os et tu me laisses toute la besogne! J'en ai assez de te nourrir! Le printemps s'annonce, toi aussi sors un peu de ta coquille et va-t-en de par le monde gagner ton pain toi-même!
– Bon, fis-je. Si je suis un propre à rien, je m'en vais courir le monde et y chercher fortune.

Dans le fond, cela m'allait très bien; il y avait quelque temps, j'avais eu de moi-même le projet de partir. [...]
Je rentrai donc et allai prendre au mur mon violon, instrument dont je jouais, ma foi, assez joliment. Mon père me gratifia encore de quelques sous pour la route; sur ce, sans me presser, je traversai le village de bout en bout et le quittai. Je ne m'amusais pas peu de voir, à gauche comme à droite, voisins et amis de toujours se rendre comme hier, comme avant-hier, comme chaque jour, à leur travail, et bêcher et labourer: «A moi le vaste monde!», me disais-je. Tout content, je semai aux quatre vents mes adieux à ces infortunés, qui s'en souciaient comme d'une guigne. Je me sentais le cœur en fête pour l'éternité [...].[18]

18 Joseph von EICHENDORFF, *Scènes de la vie d'un propre à rien*, texte français par Madeleine LAVAL et Robert STRICK, Paris 1990, pp. 13-14. Texte original: «Das Rad an meines Vaters Mühle brauste und rauschte schon wieder recht lustig, der Schnee tröpfelte emsig vom Dache, die Sperlinge zwitscherten und tummelten sich dazwischen; ich saß auf der Türschwelle und wischte mir den Schlaf aus den Augen, mir war so recht wohl in dem warmen Sonnenscheine. Da trat der Vater aus dem Hause; er hatte schon seit Tagesanbruch in der Mühle rumort und die Schlafmütze schief auf dem Kopfe, der sagte zu mir: ‹Du Taugenichts! Da sonnst du dich schon wieder und dehnst und reckst dir die Knochen müde, und läßt mich alle Arbeit allein tun. Ich kann dich hier nicht länger füttern. Der Frühling ist vor der Türe, geh auch einmal hinaus in die Welt und erwirb dir selber dein Brot.› – ‹Nun›, sagte ich, ‹wenn ich ein Taugenichts bin, so ist's gut, so will ich in die Welt gehen und mein Glück machen›. Und eigentlich war mir das recht lieb, denn es war mir kurz vorher selber eingefallen, auf Reisen zu gehn [...] – Ich ging also in das Haus hinein und holte meine Geige, die ich recht artig spielte, von der Wand, mein Vater gab mir noch einige Groschen Geld mit auf den Weg, und so schlenderte ich durch das lange Dorf hinaus. Ich hatte recht meine heimliche Freud', als ich da alle meine alten Bekannten und Kameraden rechts und links, wie gestern und vorgestern und immerdar, zur Arbeit hinausziehen, graben und pflügen sah, während ich so in die freie Welt hinausstrich. Ich rief den armen Leuten nach allen Seiten recht stolz und zufrieden Adjes zu, aber es kümmerte sich eben keiner sehr darum. Mir war es wie

D'emblée, la *Wanderung* du «Taugenichts»[19] est placée sous le signe de la rupture:

- Rupture, tout d'abord, avec la tradition familiale, incarnée par le moulin paternel. A l'activité incessante du père, debout depuis l'aube et vaquant bruyamment à ses occupations, est clairement opposée l'oisiveté du fils, qui ne songe qu'à s'étirer au soleil et laisse son père effectuer seul «tout le travail». Ce ‹remue-ménage› semble même détonner dans l'ensemble que composent, au sens aussi bien spatial que musical,[20] les différents éléments naturels, nommés par le biais de déictiques et juxtaposés sur le mode de la parataxe comme des entités en soi («la roue», «la neige», «le toit», «les moineaux»).
- Rupture, ensuite, avec le monde du travail, marqué par l'éternel retour des jours ouvrés – une monotonie que symbolise la roue du moulin – et des contraintes qui lui sont associées. «Je me sentais le cœur en fête pour l'éternité», proclame l'apprenti *Wanderer*, en opposition consciente à ses «voisins et amis de toujours» qui, eux, restent soumis au rythme invariable du calendrier et ne relèvent même pas le départ de celui pour qui, désormais, c'est ‹tous les jours dimanche›.[21]

Qualifié donc de «propre à rien» par son père et même montré du doigt en tant que tel («Hé, le propre à rien!» l'apostrophe-t-il), le jeune homme ne se laisse pas dérouter; il accepte au contraire la dénomination, insultante au premier abord, qui lui est accolée et en fait l'essence de son identité. Il est donc un *Sonntagskind* à la fois littéralement – un «enfant du dimanche» – et symboliquement – un «enfant né coiffé», à qui Dieu fait la grâce de «l'envoyer de par le monde» – comme l'indique, à un niveau supérieur car poétique, le *Lied* final chanté à tue-tête par le «Taugenichts»:

> Celui qu'il veut combler de ses faveurs,
> Dieu l'envoie par le vaste monde
> Par monts et forêts, rivières et champs

---

ein ewiger Sonntag im Gemüte» (Joseph von EICHENDORFF, *Aus dem Leben eines Taugenichts, in: Werke*, éd. par Wolfdietrich RASCH, Munich 1966, p. 1061).

19 On relèvera au passage, dans le texte allemand, l'allitération en -w («so will ich in die weite Welt gehen») qui, chez Eichendorff, est en quelque sorte la marque de fabrique visuelle et acoustique de la *Wanderung*.

20 Le son est rendu, dans le texte allemand, par l'association redondante et allitérante des termes «brauste und rauschte», ainsi que par le verbe onomatopéique «zwitschern», tandis que «tröpfeln» («tomber goutte à goutte») donne le rythme.

21 Cette expression nous paraît plus à même de rendre compte de la formule utilisée, dans le texte allemand, par le «Taugenichts» – «[M]ir war es wie ein ewiger Sonntag im Gemüte» – pour exprimer son sentiment d'éternelle ‹vacance›.

Pour lui montrer tous ses prodiges.

Les paresseux dans leur vie casanière
Ne jouissent pas des clartés de l'aurore;
Ils ne connaissent qu'enfants à bercer
Que tracas, que corvées et que pain à gagner.

[...]

Que le bon Dieu fasse à sa guise!
Lui qui veille sur champs, forêts,
Ruisseaux, oiseaux, et ciel et terre
Règle au mieux aussi mon destin.[22]

A la passivité initiale du «Taugenichts» se substitue une réceptivité motrice, à la sédentarité philistine une mobilité poétique,[23] comme finit par se substituer à l'autorité du père celle de Dieu lui-même, seule instance reconnue par le jeune réfractaire.

Ainsi, la *Wanderung* romantique se construit en opposition délibérée au ‹modèle› philistin normatif, ce qui n'échappe pas à Ludwig Adrian Richter lorsqu'il grave, quelques décennies plus tard, sa célèbre *Wanderschaft*:[24] en s'élançant sur les routes, les deux *Wanderer* représentés au centre de

22 EICHENDORFF, *Scènes de la vie d'un propre à rien* (note 18), pp. 14-15.
Texte allemand:
«Wem Gott will rechte Gunst erweisen,
Den schickt er in die weite Welt
Dem will er seine Wunder weisen
In Fels und Wald und Strom und Feld.

Die Trägen, die zu Hause liegen,
Erquickt nicht das Morgenrot,
Sie wissen nur vom Kinderwiegen
Von Sorgen, Last und Not um Brot.
[...]
Den lieben Gott laß ich nur walten;
Der Lerchen, Bächlein, Wald und Feld
Und Erd' und Himmel will erhalten,
Hat auch mein' Sach' aufs Best' bestellt!»
EICHENDORFF, *Aus dem Leben eines Taugenichts* (note 18), p. 1062.

23 On relèvera l'opposition diamétrale des deux vers (4 et 8) uniquement composés de substantifs monosyllabiques, qui lexicalisent en quelque sorte deux modes existentiels divergents, comme par ailleurs dans le poème «Die zwei Gesellen».

24 *Cf.* reproduction n° 2 (*in:* Winfried MOGGE, *«Ihr Wandervögel in der Luft...». Fundstücke zur Wanderung eines romantischen Bildes und zur Selbstinszenierung einer Jugendbewegung*, Würzburg 2009, p. 75).

l'illustration évitent l'enfermement d'une vie bourgeoise (symbolisé par la cage dans la vignette inférieure) et sa dérive philistine (signifiée ici, comme chez Eichendorff, par le bonnet de nuit dont est coiffé l'homme).

reproduction n° 2:
Ludwig Adrian RICHTER, *Vagabondage (Wanderschaft)*, 1859

Serait-il possible alors d'aller plus loin encore et de qualifier cette *Wanderung*, sans craindre l'anachronisme, de ‹contestataire› au sens moderne du terme, soit comme l'expression d'une «remise en cause des idées reçues dans un groupe social», d'un «refus de l'idéologie régnante»?[25] L'attitude antiphilistine du «Taugenichts» – même si elle n'exclut pas, aussi paradoxal que cela puisse paraître, un penchant bourgeois – et, plus largement, le rejet d'un «ordre établi» pour reprendre l'expression de Sylvain Tesson qui serait, dans le cas présent, celui d'une société matérialiste et pré-capitaliste (la roue du moulin comme lieu de productivité et de rendement) nous pousseraient à le penser; nous adopterions alors la vision assez largement répandue[26] d'un romantisme ‹militant› qui opposerait à une forme de modernité vécue et dénoncée comme aliénante des valeurs et des idéaux pré-capitalistes – voire

25 Nous nous référons ici simplement à la définition proposée par le *Petit Robert*, attestée à partir de 1968.

26 *Cf.* notamment chez Michael LÖWY et Robert SAYRE, *Révolte et mélancolie. Le romantisme à contre-courant de la modernité*, Paris 1992.

archaïques. Rappelons que le titre originel de la nouvelle d'Eichendorff était *Le nouveau troubadour (Der neue Troubadour)*, appellation rapidement abandonnée au profit de celle qui parut à l'auteur plus à même de faire apparaître le caractère anticonformiste de son héros.[27] Dans cette perspective, la *Wanderung* du «Taugenichts» pourrait alors être perçue comme l'expression de cette forme «primitive» ou «archaïque» d'agitation sociale qu'analyse, dans un contexte certes bien différent, l'historien Eric J. Hobsbawn[28] et qui traduirait l'inadaptation d'individus ou de groupes à la civilisation moderne.

Toutefois, force est de constater que le ‹parcours› du «Taugenichts» n'est pas sous-tendu par un programme, ni même par la volonté constructive de proposer un (contre-)modèle social et / ou moral. L'impulsion du départ – et donc de la potentielle résistance – est donnée de l'extérieur, par un père qui met son fils à la porte – il faut dire que ce dernier se trouve déjà «sur le seuil» – et lui permet ainsi de réaliser (dans les deux sens du terme) son désir d'existence vagabonde, qu'il mène alors ‹au petit bonheur› et à la (seule) grâce de Dieu. N'étant pas porteur d'un réel projet, le «Taugenichts» est et reste un vagabond marginal (un «Aussteiger» dirait-on en allemand, là

27 Ce choix s'explique aussi en grande partie par la réhabilitation du terme qu'opère dès 1805 Achim von ARNIM dans l'essai *Von Volksliedern* (paru en annexe du premier volume du recueil *Des Knaben Wunderhorn*). Si un «Taugenichts» est encore présenté dans le dictionnaire d'Adelung en 1801 comme un synonyme de «Strauchdieb» («chenapan») et de «Gauner» («escroc»), il se définit pour la première fois chez Arnim par son inadaptation foncière aux modèles sociaux prévalants: «[...] weil der Nährstand eines festen Hauses bedarf, so wurde jeder als Taugenichts verbannt, der umherschwärmte in unbestimmtem Geschäfte, als wenn dem Staate und der Welt nicht gerade diese schwärmenden Landsknechte und irrenden Ritter, diese ewige Völkerwanderung ohne Grenzverrückung, diese wandernde Universität und Kunstverbrüderung zu seinen besten schwierigsten Unternehmungen allein taugten. Es ist genug träger Zug im Menschen gegen einen Punkt, aber selten ist die Thätigkeit, welche durch Einöden zieht und Samen wunderbarer Blumen ausstreut, zy beyden Seiten des Weges, wo er hintrifft, allen gegeben, wie der Thau, wie der Regenbogen: doch wo er, vom Winde getragen, hinreicht, da endet die unmenschliche Einöde, es kommen gewiß, die sich unter den Blumen ansiedeln, um aus ihnen Lust und Leben zu saugen» (cit. d'après Clemens BRENTANO, *Sämtliche Werke und Briefe*, éd. critique établie par J. BEHRENS, K. FEILCHENFELDT, W. FRÜHWALD, C. PERELS und H. SCHULZ, vol. 1 *sq.*, Stuttgart 1975 *sq.*, vol. 6, p. 420). Un «Taugenichts» n'est donc plus vu comme un parasite, mais comme un artiste capable de faire fleurir le «désert humain», c'est-à-dire d'humaniser le monde – on se souviendra ici que l'une des activités temporaires du «Taugenichts» d'Eichendorff est celle de jardinier et qu'elle consiste pour l'essentiel à faire pousser des fleurs dans le «jardin» philistin...

28 Eric J. HOBSBAWN, *Les primitifs de la révolte dans l'Europe moderne*, Paris 1966.

encore en ayant recours à une terminologie moderne), mais qui élève ce vagabondage solitaire à un niveau supérieur, poétique: il est un «vazierendes Genie», soit un «génie vacant»[29] comme le définit, non sans ironie, le jeune peintre rencontré lors d'une soirée italienne, précisément en le distinguant d'un vulgaire «vagabond» («Landstreicher»). Ainsi, c'est dans ce lien, attesté par le terme même de «vazierend», entre errance et vacance que résiderait le potentiel contestataire du «Taugenichts»: une forme de (contre-) culture de l'oisiveté, individuellement et surtout gratuitement expérimentée – foncièrement utopique aussi, comme nous le verrons par la suite.

«Notre royaume n'est pas de ce monde!»,[30] s'exclame le «Taugenichts» en s'adressant à son «cher instrument», au moment où il décide de se délester de tous ses attributs philistins pour reprendre la route:

> Je décrochai donc le violon, plantai là registre, robe de chambre, pantoufles, pipe et parasol, quittai ma maisonnette aussi pauvre que j'y étais entré, et me retrouvai sur la route lumineuse.[31]

La reprise de la parole de Jésus face à Ponce Pilate (Jean 18, 36), appliquée ici au domaine de la musique (supraterrestre donc, spirituel, dans l'esprit du premier romantisme), puis la relation instaurée entre itinérance et pauvreté, plus manifeste encore dans le texte allemand,[32] sont significatives: c'est bien à un niveau transcendant que se situe la *Wanderung*, qu'elle soit menée isolément en opposition à un environnement familial et social dans lequel l'individu n'a ou ne trouve plus sa place, ou bien collectivement en réaction à une culture dominante, ainsi qu'en témoigne, dès la fin du XIXe siècle, le mouvement des *Wandervögel*.

29 Nous reprenons ici la traduction de Madeleine Laval (*cf.* note 18, cit. ici p. 118 / p. 1123 dans le texte allemand); toutefois, à bien y réfléchir, le terme de «vaquant» serait peut-être plus à même de rendre la polysémie du verbe «vazieren» en allemand, signifiant non seulement «[dienst]frei sein», mais également, dans un usage ancien, «[als Händler, Handwerker] herumziehen».

30 EICHENDORFF, *Scènes de la vie d'un propre à rien* (note 18), p. 43 («Unser Reich ist nicht von dieser Welt!» ID., *Aus dem Leben eines Taugenichts* (note 18), p. 1080).

31 *Ibid.* («Und so nahm ich die Geige von der Hand, ließ Rechnungsbuch, Schlafrock, Pantoffeln, Pfeifen und Parasol liegen und wanderte, arm wie ich gekommen war, aus meinem Häuschen und auf der glänzenden Straße von dannen»).

32 «[...] wanderte, arm wie ich gekommen war [...]»: comme chez les *Wanderpropheten* des années 20, nous le verrons, la déambulation devient ici une forme d'ascèse.

Du vagabondage à la marche: le (premier) mouvement des *Wandervögel*

Il ne serait ici question de revenir sur la genèse de la *Jugendbewegung* («Mouvement de la Jeunesse allemande»), relatée, comme le rappelle avec humour Marc Cluet, «aussi souvent et avec autant de verve hagiographique que la traversée de la Manche par Blériot».[33] Il importe en revanche de souligner, toujours avec Marc Cluet, la filiation naturellement établie entre le romantisme et la première phase du mouvement «juvéniliste»,[34] marquée par le développement de l'association de randonnée *Wandervogel* (littéralement, «L'oiseau pèlerin»),[35] essentiellement en raison d'un même rapport «tendu» au monde moderne. La «mise en mouvement» de l'adolescence et de la jeunesse à l'époque wilhelminienne est une forme de réaction aux transformations qu'a entraînées la révolution industrielle, certainement plus brutalement en Allemagne qu'ailleurs, dans la mesure où le démarrage industriel y fut plutôt tardif et la croissance, par conséquent, nécessairement accélérée. Le sentiment grandissant d'une perte à la fois d'espace et de repères est clairement exprimé par Werner Helwig, membre actif du «Nerother Wandervogel»,[36] dans l'essai-témoignage qu'il consacre à cette association de randonnée scissionniste:

> Les *Gründerjahre* [années de fondation de l'Empire], qui avaient apporté l'essor puissant de l'industrialisme [...], allaient de pair avec un étrange dépérissement des valeurs existentielles. La jeunesse se sentait chassée de son royaume. Les espaces verts disparaissaient; des terrains de jeux naturels, des forêts, des bois tout autour des villes grandissantes se réduisaient d'un coup. Dans les écoles régnait un esprit qui étouffait toute nature juvénile. La simple existence en tant que telle était devenue ennuyeuse, stérile. La joie de voir jaillir de terre, en tous lieux, murs d'usine et cheminées n'était pas du goût de tout le monde.[37]

33 De fait, c'est à une «brève histoire de la *Jugendbewegung*», présentée dans les grandes étapes de son évolution jusqu'au moment de son intégration forcée dans la Jeunesse hitlérienne, que se livre l'auteur en ouverture du volume coédité sur la question avec Monique Mombert (Cluet, Mombert, *Mouvements de jeunesse / Jeunes en mouvement* (note 9), p. 3 *sq.*).

34 Nous adoptons ici la traduction proposée par Monique Mombert et Marc Cluet pour le terme de «Jugendbewegung».

35 Cette appellation, qui officialise le mouvement, date de 1901.

36 Le nom de «Nerother Wandervogel» vient de l'endroit où fut fondé, par Robert Oelbermann et son frère jumeau Karl, à la charnière des années 1919-1920, le «Geheimbund der Nerommen» soit une grotte basaltique près de Neroth dans l'Eifel.

37 «Den Gründerjahren, die den mächtigen Aufschwung des Industrialismus [...] gebracht hatten, ging ein merkwürdiges Absterben der Lebenswerte parallel. Die

L'évolution moderne de la société wilhelminienne, dans ses formes extérieures comme dans ses institutions officielles, est ressentie comme aliénante et sclérosante par une jeunesse dépossédée de son «royaume» – on songe ici au ‹cri du cœur› du «Taugenichts». De ce rejet (re)naît une nostalgie romantique de la nature,[38] qui donne au «juvénilisme» son impulsion originelle: la «jeunesse, rassemblée en un grand mouvement romantique, n'est rien d'autre que ce retour à la nature»,[39] résume Hans Blüher, un des principaux acteurs du premier mouvement *Wandervogel* dont il entreprend de retracer l'histoire dès 1910, notamment dans le but de réhabiliter son fondateur Karl Fischer.[40]

La pratique de la marche «de la ville vers la campagne», associée au développement de «formes de vie alternatives» en pleine nature, devient alors un moyen de marquer symboliquement la distance recherchée par rapport aux «institutions éducatives établies»[41] et de combler un «vide éducatif»[42] parti-

---

Jugend fühlte sich aus ihrem Reich verdrängt. Die Grünflächen verschwanden, natürliche Spielplätze, Forste, Gehölze um die wachsenden Städte herum verringerten sich sprunghaft. In den Schulen waltete ein Geist der Erstickung alles jugendhaften Wesens. Das nackte Dasein als solches war langweilig, steril geworden. Die Freude an den allenthalben aufsprießenden Fabrikmauern und Schloten war nicht jedermann Sache» (Werner HELWIG, *Die Blaue Blume des Wandervogels. Vom Aufstieg, Glanz und Sinn einer Jugendbewegung*, Heidenheim an der Brenz 1980, p. 7). Nous proposons ici notre propre traduction (sauf indication contraire, ce sera le cas pour tous les autres passages cités en note dans la langue d'origine).

38 A cet égard, le titre donné par Werner Helwig à son essai, *Die blaue Blume des Wandervogels [...]*, est tout à fait significatif.

39 «Die Jugend in einer großen romantischen Bewegung zusammengetan ist nichts anderes, als diese Rückkehr zur Natur», Hans BLÜHER, *Wandervogel. Geschichte einer Jugendbewegung (1912-1913), in: Grundschriften der deutschen Jugendbewegung,* Düsseldorf/Köln 1963, cit. ici p. 46.

40 *Cf.* sur ce point Gilbert KREBS, «Blüher, Wyneken et l'invention de la *Jugendbewegung*» *in:* CLUET, MOMBERT (éds.), *Mouvements de jeunesse / Jeunes en mouvement* (note 9), pp. 29-48, notamment pp. 37-38. Entré en 1902 au *Wandervogel AfS*, Hans Blüher (1888-1955) dénonce très tôt la dénaturation de l'esprit originel du mouvement, devenu «une association bien sage, respectueuse des règlements, soucieuse de ne pas déplaire aux autorités»; il quitte le *Wandervogel* dès 1909, tout en restant idéologiquement proche de la branche *Jungwandervogel.*

41 Nous nous référons ici à l'article de Hans-Ulrich THAMER, «Autonomie und Gemeinschaft. Wertmuster und Lebensformen der deutschen Jugendbewegung vom Wandervogel bis zur Bündischen Jugend», *in:* CLUET, MOMBERT, *Mouvements de jeunesse / Jeunes en mouvement* (note 9), pp. 71-82, cit. ici p. 76 («Programmatisch forderte der ‹Wandervogel› [...] die jugendliche Selbsterziehung in strenger Distanz zu etablierten Erziehungsinstitutionen. Symbolischen Ausdruck fand diese Distanz im Wandern von der Stadt aufs Land und in der Entfaltung alternativer Lebensformen in der Natur»).

culièrement sensible en zone urbaine. Il ne s'agit donc pas seulement d'un déplacement physique, dicté à l'origine par un sentiment de révolte – «des fils contre les pères, des élèves contre les maîtres», comme tient à le rappeler «l'imprécateur» Hans Blüher –,[43] mais également d'une (ré)orientation morale et / ou spirituelle.[44] Cette dualité de la *Wanderung*, non plus simple ‹vagabondage› mais véritable ‹mise en marche› du corps et de l'esprit, est clairement affirmée par Frank Fischer, adhérent du *Wandervogel e. V. zu Steglitz* dès les premières semaines de sa fondation et éditeur d'un recueil de chants largement répandu à l'époque dans les associations de randonnée, le *Wandervogel-Liederbuch*, dans un petit texte *(Unser Wandern)* qui a valeur de manifeste.[45] En s'interrogeant sur la nature et le but de la pratique de la randonnée, ce *Wandervogel* de la première heure souligne la conjonction de deux mouvements, l'un orienté «vers l'extérieur», l'autre «vers l'intérieur», tous deux «aussi difficiles qu'attrayants» dans leur mise en œuvre.[46] Ainsi, il ne s'agirait pas seulement de parcourir librement (et gratuitement) le monde, mais aussi et surtout de lui «donner forme» et donc sens, en associant à ce déplacement une quête de cohésion interne et morale.[47] La marche s'entend comme une «activité existentielle, libre et spirituelle», empreinte «tout autant de pureté que de simplicité».[48] Les quelques vers mis en exergue au texte de Frank Fischer pourraient alors apparaître comme la devise des *Wandervögel* – celle, aussi, du «Taugenichts», l'aspect collectif en moins:

---

42 KREBS, «Blüher, Wyneken et l'invention de la *Jugendbewegung*» (note 40), p. 30.

43 *Ibid.*

44 *Cf.* également sur ce point Hans BLÜHER: «Es ist ein Naturprozeß, eine Regeneration, eine große Reinigung des Gemütes, und so muß man den Wandervogel in seinem tiefsten Innern verstehen, wenn man ihm nicht fremd bleiben will» (*Wandervogel* (note 39), p. 44).

45 Frank FISCHER, «Unser Wandern», *in: Grundschriften der deutschen Jugendbewegung* (note 39), pp. 79-82.

46 «Was sollen unsere Wanderungen sein und was wollen wir im Wandern? Das Wandern hat für uns zwei Seiten, nach außen und innen eine, gleich schwer und gleich reizvoll verlockend beide». *Ibid.*, p. 80.

47 «Es heißt, eine zufällige Gemeinschaft von Älteren und Jüngeren schonend und fest in eine Einheit zu verschmelzen, die gemeinsam mit dem Leben draußen fertig wird. Und es heißt, aus dieser Einheit heraus und mit ihr fühlend, ein Lebensbild der durchwanderten Welt zu gestalten, die Eindrücke und Wechselfälle einzelner Tage in der Erinnerung zu festen Werten zusammenzuschließen. Das doppelte Gefühl vollkommener Einheit krönt eine Wanderung erst [...]». *Ibid.*

48 «Wir meinen also im Wandern eine freie und geistige Lebensbetätigung, ebenso rein wie schlicht». *Ibid.*

Le cœur plein,
La main libre,
L'action vive,
Marche au loin![49]

C'est bien dans cette double direction – vers l'extérieur et vers l'intérieur, pour reprendre les termes de Frank Fischer – que compte marcher la «Neue Schar», ce groupe de jeunes gens emmenés sur les routes par Friedrich Muck-Lamberty, le «Messie de Thuringe».

La «Neue Schar» ou marcher pour une «révolution de l'âme»

Du «petit Muck» au «prophète aux pieds nus»

Dans la mesure où une présentation exhaustive de la biographie de Friedrich Muck-Lamberty dépasserait largement le cadre de cette étude, nous nous contenterons ici de relever quelques faits marquants pour notre propos. Friedrich Lamberty est né à Strasbourg le 14 juillet 1891 et «Muck» est le surnom que lui ont donné ses camarades en raison de la taille manifestement disproportionnée de sa tête par rapport au reste du corps – on se souvient que Muck est le héros du conte éponyme de Wilhelm Hauff *Die Geschichte von dem kleinen Muck*,[50] jeune homme naïf chassé par ses proches après la mort de son père en raison de son incapacité à apprendre un métier. Ce désavantage physique – et le fait aussi qu'il ait été un enfant de santé délicate,

49 «Voll das Herz, Frei die Hand, Wach die Tat, Wandre fort!» *Ibid.*, p. 79.

50 «Kleiner Muck, kleiner Muck,
Wohnst in einem großen Haus,
Gehst nur all vier Wochen aus,
Bist ein braver, kleiner Zwerg,
Hast ein Köpchen wie ein Berg;
Schau' dich einmal um und guck',
Lauf und fang uns, kleiner Muck»
Wilhem HAUFF, *Romane, Märchen, Gedichte*, Stuttgart 1961, p. 645 *sq.* Par ailleurs, le «petit Muck» est lui aussi, à ses heures, un type de *Wanderer* particulier: chaussé non de bottes de sept lieux, mais d'une paire de pantoufles magiques (emportées en guise de dédommagement des services rendus à sa patronne, une mystérieuse madame Ahavzi), il peut courir plus vite que quiconque et voler là où bon lui semble.

né peu de temps après l'un de ses frères – pourrait expliquer la forte et précoce implication du jeune homme dans le mouvement de la *Lebensreform*, ainsi que son penchant pour l'ascèse, propre à renforcer le caractère.[51] Ses années de jeunesse sont marquées par le choix d'une existence mi-sédentaire mi-vagabonde, dès 1904 – date à laquelle il quitte la maison paternelle alors qu'il n'a que 13 ans – et au moins jusqu'à l'implantation d'une première «communauté de vie rurale» («Siedlungsgemeinschaft») en 1920. Surtout, Friedrich Muck-Lamberty est connu pour avoir été l'initiateur et le meneur de la «Neue Schar», un mouvement très fortement nourri par les écrits de Willibald Hentschel et de Ernst Hunkel.[52] Le 14 mai 1920 donc, un groupe de jeunes gens s'élance de la ville de Hartenstein[53] dans les Monts Métallifères pour sillonner la Franconie et la Thuringe; à sa tête, Friedrich Muck-Lamberty qui met à profit son expérience du mouvement *Wandervogel* (de premiers contacts ont été noués dès 1909) et ses liens, établis dès 1907, avec Gusto Gräser, dont on retrouve les paroles et poèmes sur les banderoles portées par la «Neue Schar». L'objectif de cette *Wanderung* contestataire est clairement défini en avant-propos du *Wanderbuch* que rédige, peu avant son départ, Muck-Lamberty: «But de la marche: rassemblement de tous les jeunes gens et combat pour la communauté populaire contre tout ce qu'il y a de commun, contre l'exploitation.»[54]

C'est lors de l'étape suivante, dans la petite ville de Kronach où se tient au même moment la rencontre de Pentecôte des anciens combattants du *Wandervogel*,[55] qu'est donnée l'impulsion décisive à la création de la «Neue Schar», par l'appel que lance Muck-Lamberty à l'issue de la rencontre.

51 *Cf.* sur ce point LINSE, *Barfüßige Propheten* (note 11), p. 109: «In der körperlichen Benachteiligung müssen sein Drang nach persönlicher Durchsetzung wie sein Hang zur gesundheitsfördernden Lebensreform und willenskräftigender Askese ihre Wurzeln haben».

52 *Cf.* sur ce point Anne QUINCHON-CAUDAL, «Les haras humains, ou comment arracher la vraie vie à l'abîme de la décadence», *in:* Marc CLUET, Catherine REPUSSARD (éds.), *«Lebensreform» – Die soziale Dynamik der politischen Ohnmacht. La dynamique sociale de l'impuissance politique*, Tübingen 2013, pp. 283-316.

53 Le choix de ce lieu est symbolique: sur la place du marché de Hartenstein se trouvait le Bureau fédéral du *Wandervogel* e.V., organisme de consultation et de médiation pour toutes associations liées au mouvement de jeunesse.

54 «Zweck der Wanderung: Sammlung aller jungen Menschen und Kampf für die Volksgemeinschaft gegen alles Gemeine, gegen Ausbeutung», *Wanderbuch von Friedrich Lamberty genannt Muck (1920-1922)*, Privatbesitz, cit. *in:* LINSE, *Barfüßige Propheten* (note 11), p. 97.

55 A cette occasion est créé le *Kronacher Bund der alten Wandervögel.*

Harry Paul Schulze (ou Harry Wilde)[56] fait alors partie de l'auditoire et il témoigne:

> Après la tombée de la nuit, environ 40 à 50 jeunes gens se rassemblèrent en haut sur le site de l'ancienne forteresse. Ils étaient étendus sur le pré et au milieu d'eux se tenait Muck-Lamberty. Son profil accusé se détachait dans la lumière du soleil couchant et tous écoutaient avec recueillement. Aujourd'hui encore, je le vois devant moi, sans pouvoir dire ce qui – moi et les autres – nous fascinait tant à cette époque. Il parla de Dieu et du monde, de la ‹Nouvelle Ere›, qui était une «Ere d'urgence» et que l'on devait arriver à un ‹tournant d'urgence› en allant à l'encontre de tendances nuisibles telles que l'alcool et le tabac, le ‹Trottel-Fox›[57] (il s'agissait de la danse, alors à la mode, du fox-trot) et la ‹casquette à large calotte› (l'American Style était du dernier cri). Avec sa troupe, il voulait alors battre la campagne et appeler les gens à opérer un retour sur eux-mêmes. Qui était prêt à partir avec lui, devait jeter son argent dans la toile de tente tendue à cet effet.[58]

La consommation d'alcool et de tabac, tout comme l'importation de la musique et de la mode américaines sont considérées comme des pratiques décadentes, caractéristiques d'une forme de civilisation et de culture modernes qu'il paraît «urgent» de combattre – en conformité avec les principes de la *Lebensreform*, Muck-Lamberty est, très tôt, un adepte du végétarisme.[59] Son ‹arme› principale est un appel à une conversion spirituelle, sa *demonstratio* une pratique de la marche résolument militante.

56 Ce journaliste et écrivain allemand (1899-1978) s'est rallié très tôt aux «Saints de l'Inflation» Muck-Lamberty et Haeusser.

57 Littéralement, «fox d'imbécile», l'orateur jouant ici sur la parenté lexicale entre «Trott» («petit trot») et «Trottel».

58 «Nach Einbruch der Dunkelheit sammelten sich oben auf der ehemaligen Festung etwa 40 bis 50 junge Menschen. Sie lagerten auf der Wiese, und mitten unter ihnen stand Muck-Lamberty. Sein scharfes Profil hob sich gegen die untergehende Sonne ab, und alle lauschten andächtig. Noch heute sehe ich ihn vor mir, ohne sagen zu können, was mich – und die anderen – seinerzeit so faszinierte. Er sprach über Gott und die Welt, über die ‹Neue Zeit›, die eine ‹Not-Zeit› sei und daß man zu einer ‹Not-Wende› kommen müsse, indem man den verderblichen Strömungen begegne, als da seien: Alkohol und Tabak, ‹Trottel-Fox› (gemeint war der Modetanz Foxtrott) und die ‹Schiebermütze› (American Style war allerletzter Schrei). Mit einer Schar wolle er nun durch die Lande ziehen und die Menschen zur Besinnung aufrufen. Wer bereit sei, mit ihm zu gehen, solle sein Geld in die ausgebreitete Zeltbahn werfen», cit. *in:* LINSE, *Barfüßige Propheten* (note 11), p. 96.

59 Muck-Lamberty obtient son premier travail, en 1904, dans une «Reformhaus» à Stuttgart et en 1914, on le retrouve comme engagé volontaire dans ce bataillon de soldats de marine qui est envoyé sur l'île d'Helgoland pour y être formé et n'est ravitaillé qu'en nourriture végétarienne.

De fait, le petit groupe repart dès le lendemain, en chansons et au son de la guitare et du violon, en direction de Eisenach et du château de la Wartbourg, lieu symbolique s'il en est et qui est atteint en septembre. L'itinéraire emprunté avant la pause hivernale dans la forteresse du Leuchtenburg près de Kahla relie tout d'abord la ville de Kronach à celle de Sonneberg, permet ensuite de rejoindre Rudolstadt et Iéna en traversant la vallée de la Saale, puis d'atteindre pour finir Weimar, Erfurt, Gotha et Eisenach. Cette marche à travers la Franconie et la Thuringe est loin, on s'en doute, de passer inaperçue, ne serait-ce qu'en raison de l'uniforme dont sont revêtus les jeunes membres de la «Neue Schar»: robes en lin grossier et corselets pour les filles, tête et pieds nus ou portant des «sandales de Jésus» («Jesuslatschen») confectionnées par les membres de la «Neue Schar» eux-mêmes, et habillement plus inhabituel encore pour les garçons, vêtus de blouses en lin écru, brodées et maintenues à la taille par une ceinture, portant les cheveux longs et allant également pieds nus la plupart du temps.

A chaque pause de quelques jours dans les villes-étapes, la ‹manifestation› de la «Neue Schar» s'organise de manière similaire, quasiment ritualisée. Des tracts, adressés à «tous les jeunes gens»[60] sont tout d'abord distribués, exhortant ces derniers à «lutter contre les distractions de tout ordre» et à participer aux ‹activités› proposées. Ainsi que l'indique très précisément le programme figurant sur le tract, il s'agit essentiellement de danses et de «jeux populaires» («Volksspiele»),[61] pratiqués avec «petits et grands»; pour le dernier jour est annoncé un «discours» de clôture, prononcé soit dans une église soit dans une salle mise à disposition pour l'occasion sur le thème de la «révolution de l'âme»:[62] «Laissez chez vous esprit de parti et fatuité» est le mot d'ordre adressé aux jeunes auditeurs (et à ceux «qui le sont restés»), priés aussi au passage de «donner leur obole» pour aider à «couvrir les dépenses» engendrées.

60 Nous nous appuyons ici sur l'exemple du tract distribué à Iéna, document que l'on peut retrouver – ainsi que des photos, des affiches et d'autres textes relatifs à la personne de Muck-Lamberty et sa «Neue Schar» – sur le site http://www.societyofcontrol.com/reform/propheten/pages/muck_31.htm (*cf.* muckflugbl3 pour le document concerné); dernière consultation le 2/12/2013.

61 Nous reviendrons plus loin sur la signification symbolique de la ronde. En 1922 sera même publié un recueil de «jeux de danse et airs populaires», tels que les ont «chantés et dansés» les membres de la «Neue Schar» lors de leur passage dans les villes de Thuringe (*Unter der Linde. Tanzspiele und Volksweisen, gespielt und gesungen von der «Neuen Schar» in Thüringen*, Weimar 1922, *cf.* http://www.societyofcontrol.com/reform/propheten/pages/mucklind.htm).

62 *Cf. ibid.*/muckflugbl1b.

Le passage de la «Neue Schar» à Erfurt constitue une sorte de point d'orgue dans l'histoire de son périple,[63] à la fois par la taille de l'auditoire – environ 10 000 personnes au total – et par le choix de la «Barfüßer Kirche» («Eglise des déchaux») comme lieu de ‹prêche› final. Un témoignage très précieux – très vivant aussi, car relaté sur le vif – nous est offert par le pasteur Adam Ritzhaupt, alors présent à Erfurt. Bien que manquant, forcément, de distance, son récit permet de resituer le mouvement dans le contexte qui est le sien: la Thuringe, «pays de passage et de communication»[64] ouvert à toutes sortes d'influence selon l'auteure de contes Lisa Tetzner qui sillonne également la région au même moment que Muck-Lamberty et sa «Neue Schar»,[65] et les années 1920, «époque des sentiments»[66] pour le pasteur Ritzhaupt, qui ne peut s'expliquer autrement la reprise pour le moins étonnante, mais passant alors pour ‹naturelle›, de chants mariaux dans l'église protestante d'Erfurt.

Une ‹croisade› antimatérialiste à la gloire de l'esprit

La célébration qui a lieu le dernier jour dans la «Barfüßerkirche» s'ouvre, nous rapporte Adam Ritzhaupt, par un mot d'accueil prononcé par un jeune membre de la «Neue Schar»: «Nous aimerions vous prendre dans nos bras et vibrer avec vous», «nous nous laissons porter par les vibrations de l'éternité»,[67] lance-t-il à l'assemblée. C'est bien une forme de «religiosité exta-

63 Nous renvoyons ici à l'illustration reproduite dans l'ouvrage d'U. Linse et intitulée, de manière significative, *Tanztaumel in Thüringen*. *Cf.* LINSE, *Barfüßige Propheten* (note 11), p. 103.

64 «Durchgangs- und Verbindungsland»: c'est dans l'ouvrage d'Ulrich Linse (*ibid.*, note 41) qu'est mentionné ce passage de l'essai de Lisa Tetzner paru en 1926 sous le titre *Im blauen Wagen durch Deutschland*.

65 Comme le rappelle également Ulrich Linse (*ibid.*, p. 100), elle est alors surnommée la «Schéhérazade ambulante» («wandernde Scheherazade»). Sur son chemin, elle croise la «troupe» emmenée par Muck-Lamberty et témoigne elle aussi de l'effet saisissant que ne manque pas de produire «l'apparition» de ce dernier: «Est-il [le Nazaréen] revenu sous la forme d'un nouveau prophète? Est-ce l'avènement du temps des signes et des miracles?» («Ist er [der Nazarener] wiedergekommen in Gestalt eines neuen Propheten? Ist die Zeit erschienen, in der Zeichen und Wunder geschehen sollen?» (cit. *in: ibid.*, p. 100).

66 «Wir leben einmal in einer Zeit der Gefühle», *in:* Adam RITZHAUPT, *Die «neue Schar» in Thüringen*, Iéna 1921, p. 11.

67 «Wir möchten euch in die Arme nehmen und mit euch schwingen», «wir lassen uns tragen von den Schwingungen der Ewigkeit», *in: ibid.*

tique», comme le formule Ulrich Linse,[68] qui est ici recherchée, comme dans et par les danses pratiquées avant la célébration finale. Rappelons que le terme «schwingen» en allemand (ou le substantif correspondant «Schwingung,-en») associe le mouvement («schwingen» signifiant tout d'abord, dans son usage transitif, «agiter», «brandir») à quelque chose d'immatériel, car relevant du registre acoustique (l'autre signification de «schwingen», comme verbe intransitif cette fois, étant «vibrer»); l'assemblée réunie dans la «Barfüßerkirche» est donc appelée à ressentir, dans un même élan commun, des «vibrations» spirituelles. En plaçant son programme sous le signe de cette «vibration» collective, le mouvement de la «Neue Schar» réanime le vieil héritage piétiste[69] de la Thuringe; on peut voir alors dans cette «ivresse de la danse»[70] qui saisit les participants une résurgence de l'extase religieuse des nombreuses partisanes de August Hermann Francke à Erfurt et, plus largement, d'une forme d'exaltation répandue à cette époque-là en Thuringe.

Par ailleurs, l'extraordinaire adhésion au mouvement de la «Neue Schar» s'explique aussi par le contexte de l'immédiat après-guerre – une époque caractérisée par un «état d'urgence» spirituel («[eine] Not-Zeit»), martèle Muck-Lamberty dans ses discours) – clairement exposé dans le récit de Hermann Hesse.[71] Ainsi que l'analyse Ulrich Linse, les années d'inflation donnent plus de force encore aux propos de ceux que l'on allait appeler les «saints de l'Inflation»: en opposition affichée aux profiteurs de guerre, à ceux qui misent sur l'inflation pour s'enrichir, ces derniers font ostensiblement le choix de l'antimatérialisme et de la pauvreté et, déchaux, partent sur les routes. Leur contestation de «l'ordre établi» se traduit donc par une forme d'itinérance ascétique, professée par exemple en ces termes par Leonhard Stark, autre «saint de l'inflation» de l'époque:

> Pour le combat de l'esprit, j'ai sacrifié tous les biens de mon épouse, tout comme, en février 1920, mon poste d'Etat [comme professeur, N. D. A.]. Depuis, je sillonne l'Allemagne comme le Christ le pays des Juifs, Bouddha son Inde. Aujourd'hui encore prêchant, mais demain régnant.[72]

68 LINSE, *Barfüßige Propheten* (note 11), p. 102.

69 *Cf.* Theodor WOTSCHKE, «Der Pietismus in Thüringen», *in: Thüringisch-sächsische Zeitschrift für Geschichte und Kunst* 18 (1928), pp. 1-55.

70 «Tanztaumel», *in:* LINSE, *Barfüßige Propheten* (note 11), p. 103.

71 *Cf. supra.*

72 «Für den Geistes-Kampf habe Ich das ganze Vermögen Meiner Frau geopfert, im Februar 1920 auch meine Staatsstellung [als Lehrer, d. Verf.]. Seitdem durchwanderte Ich Deutschland wie Christus das Judenland, Buddha sein Indien. Heute noch predigend, morgen aber herrschend», cit. *in:* LINSE, *Barfüßige Propheten* (note 11), p. 48.

On voit bien ici comment ces «saints de l'Inflation» réactivent cette forme «d'apostolat itinérant», selon l'expression d'André Vauchez,[73] que pratiquèrent dès la fin du XIe siècle des prédicateurs en réaction contre leur milieu et dont le but était de «sensibiliser le clergé et les fidèles aux valeurs évangéliques, en particulier la pauvreté, la charité et la chasteté».[74]

Certes, le dernier terme de cette triade ne s'applique guère au mouvement de la «Neue Schar», puisque c'est précisément en professant – et en pratiquant! – l'inverse que Muck a «chuté», pour reprendre la formule d'Ulrich Linse;[75] on sait que le projet du groupe de ‹repartir en campagne› après la pause hivernale dans le château du Leuchtenburg tourna court, Muck-Lamberty ayant été accusé par une jeune adepte, puis par les autorités judiciaires devant lesquelles l'affaire fut portée, de mener un véritable «harem».[76] Néanmoins, c'est bien à une ‹croisade› spirituelle qu'appelle Muck-Lamberty, notamment lorsqu'il s'adresse en ces termes aux «prédicateurs vivants» que doivent devenir les «jeunes»:

> Vous les jeunes, pénétrez dans le peuple, dans la cathédrale du peuple, mettez les lois divines au-dessus du quotidien. [...] Vous êtes les guerriers dans le domaine de l'esprit. – Créez des fiefs de l'esprit dans tout le pays. – Allez dans les forteresses utilitaires diverses et variées des Hautes Ecoles et renversez la caste des grands prêtres,

73 *Cf. Histoire du christianisme des origines à nos jours*, sous la direction de Jean-Marie Mayeur, Charles et Luce Pietri, André Vauchez et Marc Venard, Paris 1993, vol. 5 (*Apogée de la papauté et expansion de la chrétienté, 1054-1274)*, chap. III («L'Eglise et la culture: mutations et tensions»), notamment p. 451 *sq.*, cit. ici p. 462.

74 *Ibid.*

75 Un des chapitres consacrés au parcours de Muck-Lamberty est en effet intitulé: «Sündenfall und Vertreibung» (Linse, *Barfüßige Propheten* (note 11), p. 118).

76 Loin de s'en défendre, Muck-Lamberty justifia la pratique d'un amour libre au sein de sa petite communauté comme un moyen de libérer les femmes de leur «détresse sexuelle» («geschlechtliche Not»). Il faut rappeler ici le rôle joué par les femmes dans le processus de révolution religieuse et *völkisch* que Muck-Lamberty entend mettre en œuvre: c'est à elles qu'échoit la ‹mission› d'engendrer de nouveaux Christs appelés à sauver le monde de la décadence présente, ainsi que l'expose très clairement Muck-Lamberty dans son programme en 13 points intitulé *Deutsche Volksgemeinschaft* («Communauté du peuple allemand»). Pour une mise en contexte de ce programme, *cf.* Quinchon-Caudal, «Les haras humains» (note 52), notamment pp. 310-312, et pour un aperçu de son contenu *cf.* http://www.naumburg/geschichte/mucklamberty.htm.

renversez les philosophes des calculs intéressés, les scientifiques de parti. Renversez ce qui est pourri, ce qui est impie.[77]

La référence à Luther est ici manifeste: on songe bien sûr au cantique «Eine feste Burg ist unser Gott» («C'est un rempart que notre Dieu»), hymne de bataille de la Réforme, et plus largement à une même dénonciation de l'esprit du temps dans les écrits réformateurs. Comme le rappellent Michael Löwy et Robert Sayre, on trouve déjà chez Luther une «condamnation de l'usure, de l'avarice et de l'esprit du gain».[78] Dès lors, il n'est guère étonnant de voir comment Muck-Lamberty, dans un de ses ‹prêches› prononcés à Erfurt,[79] s'appuie sur la péricope des Marchands chassés du Temple[80] pour dénoncer la spéculation et appeler à une ‹réforme› de la «patrie».

Ainsi, la révolution prônée par Muck se situe à un niveau non pas (ou non plus) politique, mais spirituel: il s'agit essentiellement d'une «révolution de la culture et de la conscience»,[81] considérée comme le point de départ d'une renaissance nationale – c'est également comme parousie qu'est imaginée cette révolution intérieure, puisqu'elle doit conduire à l'avènement

77 «Ihr Jungen, geht hinein in das Volk, in den Volksdom, haltet die Gottesgesetze über den Alltag. […] Ihr seid die Kämpfer im Geiste. – Schaffet Hochburgen des Geistes im ganzen Lande. – Gehet in die bunten Nutzburgen der Hohen Schulen und stürzet die Kaste der Hohepriester, stürzet die Philosophen der Berechnungen, die Parteiwissenschaftler. Stürzet das Morsche, das Gottlose», Friedrich MUCK-LAMBERTY, *An die lebendigen Prediger* (1918), cit. *in:* LINSE, *Barfüßige Propheten* (note 11), p. 115.

78 LÖWY et SAYRE, *Révolte et mélancolie* (note 26), p. 69.

79 «Er spricht zuerst persönlich: Daß man nicht hetzen möge gegen ihn, daß man nicht an äußeren Dingen herumkritisieren soll, man solle lieber mithelfen, das Volk frei machen von allem Bösen und Häßlichen. […] Aus den kranken Tagen der Zivilisation ruft er das Volk heraus zur Genesung in der Natur. Zurück zu Gott. Die Jungen sollen die neuen Wege weisen durch ein Leben nach den Gesetzen Gottes durch harte Zucht, Arbeit und Not, damit die Heimat genese und nicht größere Not komme. Er spricht auch von Jesus, der die Wucherer und Schieber aus dem Tempel getrieben habe und droht, wenn man ihnen zu frech komme, dann wüßten sie auch ihre Fäuste zu gebrauchen», cit. *in:* RITZHAUPT, *Die «Neue Schar» in Thüringen* (note 66), p. 10.

80 Comme le rappelle Emmanuel Bain, cette péricope présente dans les quatre Evangiles est fréquemment et différemment utilisée entre le VIe et le XIIIe siècle, pour appeler à la lutte contre la simonie, à la réforme de l'Eglise ou même aux croisades (Emmanuel BAIN, «Les marchands chassés du Temple, entre commentaires et usages sociaux», *in: Médiévales. Langues, Textes, Histoire* 55 (2008), pp. 53-74).

81 «Eine Kultur- und Bewußtseinsrevolution», LINSE, *Barfüßige Propheten* (note 11), p. 114.

de «nouveaux Christs», enfantés précisément par ces «jeunes en mouvement» («Jugendbewegte») qui pourfendent le matérialisme au nom de l'esprit.

Quelle peut être alors la fonction de la *Wanderung* dans la réalisation d'un projet non seulement intérieur, mais également – si l'on considère son fondement idéologique (l'idée d'une «communauté populaire» ou «Volksgemeinschaft») – foncièrement utopique?

Contre-culture et utopie: la *demonstratio* de la *Wanderung*

Le projet d'une «communauté populaire» idéale

Revenons au témoignage du pasteur Adam Ritzhaupt, qui s'avoue frappé par l'extraordinaire effet d'entraînement qu'ont les chants et les danses de la «Neue Schar»: une «ivresse», écrit-il, s'empare de la ville d'Erfurt tout entière; la «place gigantesque» est animée par des «cercles dansant et vibrant»,[82] poursuit le chroniqueur en utilisant lui aussi le terme «schwingend» comme s'il était tenté, en dépit de sa fonction et de ses réserves protestantes, de se laisser aller à l'élan collectif. Werner Helwig, qui reprend pour une large part le récit du pasteur Ritzhaupt, sans prendre d'ailleurs toujours le soin de le citer nommément, évoque à son tour une «frénésie de danse» saisissant uniformément les gens «comme au temps des flagellants».[83] Surtout, l'ancien *Wandervogel* souligne l'extension du mouvement à tout type d'institution, indépendamment de son rattachement confessionnel, et à toute catégorie sociale:

82 «Das sichere Auftreten der Schar zieht immer mehr Menschen in den Kreis. Die umstehenden jungen Leute werden mit ‹Du› angeredet. Man lacht, man macht mit, man findet es ganz vergnüglich. Die einen nehmen es als Spaß, die anderen nehmen es ernst. Am zweiten, am dritten Tag ist die ganze Stadt von einem Taumel erfaßt. Die Kreise sind gewachsen. Bei uns in Erfurt war der Riesenplatz vor dem Dom der Versammlungsort. Er war belebt von tanzenden, schwingenden Kreisen. Tausende sammeln sich, um zu sehen. [...]», RITZHAUPT, *Die «Neue Schar» in Thüringen* (note 66), p. 8.

83 «Diese Tänze hatten eine unglaubliche Wirkung. Auch die zunächst Widerstrebenden wurden mit in den Strudel gerissen, es war, als sei die Zeit der Flagellanten und der kultischen Tänze wiedergekehrt», HELWIG, *Die blaue Blume des Wandervogels* (note 37), p. 139.

> Qu'il s'agît d'orphelins catholiques, d'associations de jeunes femmes évangéliques, d'adultes, de mauvais garçons, de prolétaires ou de nobles – tous et tout furent saisis par cette frénésie de danse, même des princesses en personne y auraient participé.[84]

Cet effacement des frontières de classes, fondues dans un même ensemble, est suffisamment marquant pour être relevé dans les journaux de l'époque, comme dans cet article cité par Ulrich Linse:

> Toutes les distinctions sociales et de classe sont effacées par le fait que joueurs et danseurs se retrouvent constamment mêlés au hasard et que, de cette manière, de jeunes filles nobles soient contraintes de jouer et danser avec de jeunes ouvriers, comme des filles de bourgeois avec des fils de paysans.[85]

Dans un contexte d'aspiration générale à une nouvelle forme d'unité à la fois morale et *völkisch*, par-delà les antagonismes devenus particulièrement manifestes lors de la Révolution,[86] la «Neue Schar» cherche à offrir le (contre-)modèle d'une «communauté» («Gemeinschaft») idéale et à susciter finalement un sentiment similaire à celui que fit naître, à la veille de la Grande Guerre, l'Union sacrée:

> Haine de classe et guerre fratricide propres à la révolution furent surmontées par la prédication, la danse et le jeu populaire. La Troupe nouvelle fit resurgir au sein de la population l'expérience communautaire d'août 1914.[87]

Le projet de Muck-Lamberty de voir naître une «communauté populaire» («Volksgemeinschaft») transcendant les divisions en classes et catégories sociales est clairement explicité dans son manifeste publié le 1er janvier

84 «Alles, ob katholische Waisenkinder, ob evangelische Jungfrauenvereine, ob Erwachsene, ob Halbstarke, ob Proletarier oder Adlige – alles wurde von der Tanzwut ergriffen, sogar leibhaftige Prinzessinnen sollen mitgemacht haben», *ibid.*

85 «Alle gesellschaftlichen und Standesunterschiede werden dadurch verwischt, daß Spieler und Tänzer dauernd durcheinandergewürfelt und auf diese Weise adlige Fräulein gezwungen werden, mit Arbeiterjungen, Bürgerstöchter mit Bauernsöhnen zu spielen und zu tanzen», LINSE, *Barfüßige Propheten* (note 11), p. 106.

86 Il faut rappeler ici que Muck-Lamberty n'assiste que de loin à la Révolution puisqu'il se trouve alors dans un hôpital militaire de réserve à Hannoversch Münden (entre Kassel et Göttingen) après s'être blessé au pied lors de la «Völkische Woche» organisée en été 1918 à Witzenhausen sur la Werra (Muck-Lamberty s'y rend lors de sa première permission après trois années de service de garde sur Helgoland).

87 «Klassenhaß und Bruderkampf der Revolution wurden durch Predigt, Tanz und Volkspiel überwunden. Die Neue Schar verschaffte der Bevölkerung noch einmal das Gemeinschaftserlebnis des August 1914», LINSE, *Barfüßige Propheten* (note 11), p. 106.

1919[88] sous le titre *Deutsche Volksgemeinschaft*: il s'agit d'une entité conçue non seulement comme suprapolitique et nationale, mais également – et toujours dans l'esprit de la *Lebensreform* – comme une «communauté éducative» («Erziehungsgemeinschaft») prônant l'abstinence et (re)valorisant le travail de qualité («Wertarbeit»), sans oublier le rôle-clé qui reviendrait à la religion («Ohne Religion kein Volkstum»).

L'aspiration à une possible harmonisation ou totalisation sociale,[89] traduite par la recherche d'une unité idéale entre le corps et l'esprit – en renonçant notamment à la consommation d'alcool et de tabac ou en s'adonnant au nudisme – tout comme par la pratique généralisée par la «Neue Schar» de la danse en rondes, expression symbolique de la «clôture de la société»,[90] est une des lignes de force du mouvement juvéniliste, par essence utopique. Si l'on rappelle que le «refus d'être asservi ou de s'asservir soi-même à des fins matérielles»[91] en est à l'origine, on voit bien comment contre-culture et utopie se rejoignent, en une connexion qui apparaît plus nettement encore si l'on se réfère à la définition de l'utopie que propose notamment Hans-Joachim Mähl:

> Esquisse d'un monde hypothétiquement possible, c'est-à-dire que l'on peut penser/se représenter en posant certains axiomes (constitution sociale, forme de vie), conçue par effet de projection temporelle ou spatiale en opposition aux dysfonctionnements sociaux de l'époque concernée et faisant l'objet d'une critique implicite ou explicite.[92]

Ainsi, c'est à la fois par son caractère oppositionnel – d'où son lien ‹naturel› avec l'expression d'une contre-culture – et par la mise à distance temporelle

88 Plus tard, Muck-Lamberty désignera ce texte comme «premier tract *völkisch* de l'après-guerre» (*cf.* LINSE, *ibid.*, p. 114). Nous renvoyons également sur ce point à la note 76.

89 *Cf.* Marc CLUET, «Jeunes en mouvement ou adultes en effervescence?», *in: Mouvements de jeunesse / Jeunes en mouvement* (note 9), p. 65 *sq*.

90 *Ibid.*

91 *Ibid.*, p. 63.

92 «Entwurf einer hypothetisch möglichen, d. h. unter Setzung bestimmter Axiome denkbaren/vorstellbaren Welt (Gesellschaftsverfassung, Lebensform), entworfen in zeitlicher oder räumlicher Projektion als Gegenbild (Negation) zu den implizit oder explizit kritisierten gesellschaftlichen Mißständen der jeweiligen Zeit», Hans-Joachim MÄHL, «Der poetische Staat. Utopie und Utopiereflexion bei den Frühromantikern», *in:* Wilhelm WOßKAMP (éd.), *Utopieforschung*, 3 vol., Munich 1983, p. 274 (cit. *in:* Nicholas SAULET, Susan TEBUTT, «Gypsies, Utopias and Counter-Cultures in Modern German Cultural History», *in:* Steve GILES, Maike ŒRGEL (éds.), *Counter-Cultures in Germany and Central Europe. From* Sturm und Drang *to Baader-Meinhof*, Berne 2003, pp. 43-60).

ou spatiale de l'objet de sa représentation que se caractérise selon Hans-Joachim Mähl toute construction utopique.

Or, la spécificité du mouvement de la «Neue Schar» – et sa modernité aussi – réside dans le traitement du projet utopique, non plus mis à distance par le choix d'une temporalité ou d'un lieu éloignés mais pour ainsi dire ancré dans un espace suffisamment ouvert – la route – et ‹véhiculé› par un mode de déplacement délibérément ralenti, nous l'avons vu – celui de la *Wanderung*:

> Les saints errants reprirent dans leur errance des éléments du périple des artisans, de l'approche juvéniliste de la nature et du vagabondage. C'est précisément dans leur ascèse – volontaire dans leur cas – qu'ils se retrouvèrent toutefois avec les «clients» de la route. Et pourtant, ils se distinguaient du gros de ceux qui allaient à pied par le fait qu'ils n'étaient pas de simples frères d'armes et vagabonds, mais [...] recherchaient sur la route l'utopie d'une nouvelle communauté humaine.[93]

Plus encore que ne l'illustre l'excursionnisme juvénile des *Wandervögel*, adossé à d'autres pratiques destinées à (re)découvrir les valeurs d'une vie au contact de la nature, la *Wanderung* devient pour les membres de la «Neue Schar» une quête spirituelle, sur le(s) sens de laquelle il convient de s'interroger pour finir, en revenant aux origines mêmes du mot «wandern».

Le(s) sens de l'itinérance

Qui «wandert» à l'origine, se demande à juste titre Heinrich Bosse dans son étude sur «l'histoire sociale du *Wanderlied*»: à l'exception des jeunes artisans auxquels était imposé le «devoir de voyage» («Wanderpflicht») dans leur période de formation, il s'agit de ceux qui «ne font absolument plus partie de la société», qui appartiennent à cette «sous-couche» sociale des «non sédentaires, des pauvres et des gens du voyage».[94] Dans les années 20 en

93 «Die Wanderheiligen übernahmen bei ihrer Wanderschaft Elemente der Handwerkerwalz, der jugendbewegten Naturschau und der Vagabondage. Gerade in ihrer – allerdings freiwilligen – Askese trafen sie sich doch mit den ‹Kunden› der Landstraße. Und doch unterschied sie sich wieder vom Gros der Tippelnden, daß sie keine bloßen Fechtbrüder und Speckjäger waren, sondern [...] auf der Straße die Utopie einer neuen Menschengemeinschaft suchten.» LINSE, *Barfüßige Propheten* (note 11), p. 48.

94 «Gewandert wurde in der ständischen Gesellschaft einmal von denen, die überhaupt nicht mehr zur Gesellschaft gehörten, der Unterschicht der Nicht-Seßhaften, Armen und Fahrenden», Heinrich BOSSE, «Zur Sozialgeschichte des Wanderlieds», *in:* Wolfgang ALBRECHT, Hans-Joachim KERTSCHER (éds.), *Wanderzwang – Wan-*

Allemagne, le lot de ces marginaux est grossi par tous ceux que la Grande Guerre a jetés sur les routes – Ulrich Linse utilise à ce propos l'expression de «mobilité contrainte», beaucoup de soldats et de civils se retrouvant littéralement «sur le pavé».[95] Toutefois, l'espace ouvert de la route n'est pas seulement un lieu de vie rendu nécessaire par des contingences matérielles; il devient également un nouveau «forum public»[96] qui sert en quelque sorte de support à une nouvelle forme de contestation sociale. Pour les «prophètes aux pieds nus», la route est un lieu de propagande et le déplacement l'expression d'une résistance opposée à «l'esprit du temps». Le lien entre itinérance et prédication, attesté en allemand par le composé lui-même de «Wanderprophet» («prophète itinérant»), est relevé par le pasteur Ritzhaupt lorsqu'il évoque, à partir de sa propre expérience de prédicateur, l'impression produite par le discours final de Muck-Lamberty dans l'église d'Erfurt:

> Quelle joie aurait éprouvé le professeur Niedergall, professeur de théologie pratique, à l'écoute de ce discours. Il aurait dit: ‹Voilà une façon de parler, et non d'écrire›. Il aurait dit: ‹Seigneur, si vous les pasteurs pouviez parler ainsi›. Ou plutôt non: peut-être n'aurait-il pas dit ces mots-là, tout au moins non sans les nuancer. Nous ne serions alors plus des pasteurs. Seuls peuvent parler ainsi des gens qui sont sur la route, qui peuvent dire partout la même chose. Si nous discourions ainsi tous les dimanches, on aurait tôt fait d'en avoir assez. Des critiques ont dit: c'est un extatique que l'on a entendu. Ils n'ont pas tort.[97]

La mobilité constante autorise la répétition d'un même discours, voire sa réduction à une forme simplifiée, sous-tendue par quelques grandes lignes de force (comme la nécessité d'un «retour sur soi», menant à la constitution

---

derlust. Formen der Raum- und Sozialerfahrung zwischen Aufklärung und Frühindustrialisierung, Tübingen 1999, pp. 135-157, cit. ici pp. 135-136.

95 «Der Weltkrieg führte bei Soldaten und Teilen der Zivilbevölkerung zu einer Dislozierung größten Ausmaßes, und diese erzwungene Mobilität wurde durch die Inflationszeit verstärkt, da viele Existenzen ‹auf den Straßen lagen»›, LINSE, *Barfüßige Propheten* (note 11), p. 49.

96 «[ein] neue[s] Öffentlichkeitsforum», *ibid.*, p. 48.

97 «Was würde Professor Niedergall, der Professor der praktischen Theologie, für eine Freude gehabt haben an dieser Rede. Er würde gesagt haben: ‹Das ist eine Rede, keine Schreibe›. Er würde gesagt haben: ‹Herrgott, würdet ihr Pfarrer doch so reden können.› Oder nein: Vielleicht hätte er das letztere auch nicht, wenigstens nicht ohne Einschränkung gesagt. Dann wären wir nicht Pfarrer mehr. So können nur Leute reden, die auf der Wanderung sind, die allerorten dasselbe sagen können. Wenn wir allsonntäglich so redeten, dann hätte man es bald satt. Kritiker haben gesagt: Es hat ein Ekstatiker geredet. Sie haben nicht unrecht», RITZHAUPT, *Die «Neue Schar» in Thüringen* (note 66), p. 12.

d'une «communauté populaire»), et a pour effet d'intensifier la parole prononcée à l'identique, ici comme ailleurs.

Cette corrélation, remontant à l'époque médiévale, entre la mobilité – choisie cette fois – et l'appel – sans cesse répété – à la conversion est renforcée par une des significations possibles du terme allemand «wandern» (ou du substantif correspondant «Wanderung»), proposée en 11e position dans le dictionnaire des frères Grimm:[98] «wandern» au sens de «avoir un mode de vie, se conduire dans la vie sur le plan moral ou religieux» est en usage jusqu'au XVIe siècle et désigne donc, en même temps qu'un déplacement physique de l'individu «allant çà et là», «parcourant un chemin», «se rendant quelque part»,[99] un ‹parcours› intérieur, guidé par le choix de certaines valeurs.

Là est, indéniablement, la spécificité du mouvement initié par Friedrich Muck-Lamberty, qui en quelque sorte réactive cette signification ancienne et l'actualise en l'associant à une quête utopique, celle d'une nouvelle «communauté populaire». Ainsi, la distance temporelle ou spatiale qui, selon Hans-Joachim Mähl, est la marque de fabrique de toute construction utopique semble ici être abolie: c'est ‹ici et maintenant› et par le choix d'un déplacement tant «extérieur» qu'«intérieur» selon les termes de Frank Fischer que la «Neue Schar» cherche à constituer une nouvelle communauté humaine, dans cet espace infiniment ouvert que lui offre la route.

Nous voilà donc revenus, semble-t-il, à notre point de départ: en élevant le vagabondage au rang ‹d'activité› artistique – rappelons son statut de «génie vacant» («vazierendes Genie») –, le «Taugenichts» tente, aussi, de concrétiser l'utopie d'une vie purement oisive, menée au gré de ses envies. Il y échoue, on le sait – et le retour final à une sédentarité bourgeoise, incarnée par le «petit castel blanc»[100] offert par le comte en cadeau de mariage, suffit à le confirmer, même si cette perspective est de suite annihilée par les nou-

98 *«An 10 a) [häufiger wird wandern auf das menschliche leben und sterben bezogen a) vom gang durchs leben, den lebensverhältnissen und lebensschicksalen] schließt sich ein* wandern an, das die art der lebensführung *bezeichnet.* wandern *‹einen lebenswandel führen, sich in moralischer oder religiöser beziehung im leben verhalten› kommt neben* wandeln bis ins 16. jahrh. vor [...]», *Deutsches Wörterbuch von Jacob und Wilhelm Grimm*, Leipzig 1922 (vol. 13), p. 1678. On trouve également pour le terme «Wanderung», en 7e position, la définition suivante: *«in quellen des 14., 15. Jahrh. findet sich* wanderung *öfter in der bedeutung ‹lebenswandel, verhalten im leben»* (*ibid.*, p. 1706).

99 *«Hin und her ziehen, einen Weg zurücklegen, sich irgendwohin begeben», ibid.*

100 EICHENDORFF, *Scènes de la vie d'un propre à rien* (note 18), p. 155 («[...] das weiße Schlösschen, [...] das hat uns der Graf geschenkt [...]», EICHENDORFF, *Aus dem Leben eines Taugenichts* (note 18), p. 1145).

veaux projets de voyage du futur marié –;[101] mais au-delà de cet échec, c'est bien la fonction de la *Wanderung* comme démonstration – au sens étymologique de «demonstrare» – et activation de l'utopie qui apparaît ici, individuelle et – si l'on s'autorise un terme moderne – libertaire dans le cas du «propre à rien», collective et contestataire dans celui de Muck-Lamberty et de sa «Neue Schar».

Vagabondage, marche, itinérance: ces trois équivalents que l'on pourrait proposer pour le terme de *Wanderung*, sans épuiser pour autant sa polysémie, marquent également les trois étapes de son évolution contestataire et, de fait, de son appropriation à l'expression d'une contre-culture. La première, à un stade encore embryonnaire, associe le déplacement à la vacance en opposition consciente à la norme philistine et précapitaliste de l'époque; la seconde, de manière plus programmatique, donne au déplacement un caractère résolument militant par la revendication d'un retour autant physique que moral à la Nature; la dernière enfin, sous la forme la plus accomplie, crée un lien d'interdépendance entre déplacement et prédication qui rappelle les mouvements paupéro-évangéliques de l'époque médiévale et s'ancre dans le projet singulier d'un homme rejetant les antagonismes de son époque et cherchant à créer une «communauté populaire» («Volksgemeinschaft») idéale.

En dépit du scandale qui naît de l'accusation portée contre Muck-Lamberty et contraint la «Neue Schar» à l'arrêt, un nouveau départ ne semble pas exclu. Ainsi, dans une lettre adressée à Gertrud Prellwitz[102] le 27 mai 1921, soit environ un an après le début du mouvement, Muck-Lamberty écrit: «De même, je le sens et le vois ainsi: Naumbourg lieu de rassemblement et ‹salle d'attente› – la Thuringe, le cœur»,[103] celui peut-être de la «Communauté Populaire Allemande à venir», se demande avec raison Ulrich Linse.[104] Quoi qu'il en soit, Naumbourg constitue une «position de repli idéologique»[105] et c'est aussi, si l'on considère la «communauté de vie rurale» («Siedlungsgemeinschaft») qu'y installe Muck-Lamberty, la version

101 «[...] gleich nach der Trauung reisen wir fort nach Italien, nach Rom, da gehen die schönen Wasserkünste, und nehmen die Prager Studenten mit und den Portier!» (*ibid.*, pp. 1145-1146).

102 Gertrud Prellwitz (1869-1942) est l'auteure de *Mein Bekenntnis zu Muck-Lamberty* (Oberhof 1921), autre témoignage majeur sur la «Neue Schar» et son «guide» spirituel.

103 «Auch ich fühle und schaue so: Naumburg Sammelpunkt und ‹Warteraum› – Thüringen das Herz», cit. *in:* LINSE, *Barfüßige Propheten* (note 11), p. 123.

104 «[...] Thüringen das Herz (der kommenden ‹Deutschen Volksgemeinschaft›?)», *ibid.*

105 «Eine ideologische Rückzugsposition» *(ibid.)*.

pour ainsi dire sédentarisée de la «Neue Schar»: (re)baptisée «Werkschar», cette nouvelle communauté se conçoit davantage comme fondamentalement artisanale et moins idéalement «populaire», ce qui est certainement la clé de son développement – en 1930, la «Werkschar», qui compte 32 jeunes employés, est le plus grand atelier de tourneur d'Allemagne – et de son succès durable – l'entreprise, refondée en 1947 sous l'appellation «Articles en bois à visée domestique et économique» («Holzwaren für Haus und Wirtschaft»), est même distinguée en 1948 par le Ministère de l'Économie. Toutefois, un dernier grand périple organisé par Muck-Lamberty de début mai à fin novembre 1922 et centré essentiellement sur le bassin industriel de Rhénanie-Westphalie ne changera rien à l'affaire: «l'élan missionnaire du mouvement», comme le conclut Ulrich Linse, semble alors bien «éteint».[106]

Reste l'esprit «romantique», au sens où l'entend et l'analyse Rüdiger Safranski dans la seconde partie de son dernier essai,[107] de l'aventure entreprise. La critique d'une forme de modernité n'est pas opérée par le biais d'une vision détachée, «venue d'un ‹ailleurs› quelconque» comme le formulent Michael Löwy et Robert Sayre, mais elle est pensée et posée «en termes modernes».[108] Et c'est finalement ce que permet aussi l'*hic et nunc* de la *Wanderung* contestataire, en abolissant, ne serait-ce que pour un temps, la «distance oppositionnelle» apparemment constitutive de toute construction utopique – et, certainement aussi, de toute contre-culture.

Résumé

Du modèle littéraire du *Taugenichts* (1822) au mouvement, d'inspiration juvéniliste, de la «Neue Schar» dans les années 1920 se décline une forme de *Wanderung* que l'on pourrait qualifier, sans craindre l'anachronisme ni le

106 «Doch mit der Niederlassung und Mucks Heirat 1922 war letztlich doch der missionarische Schwung der Bewegung erloschen», *ibid.*, p. 125.

107 Rüdiger SAFRANSKI, *Romantik. Eine deutsche Affäre*, Munich 2007 (*cf.* Livre 2, «*Das Romantische*», notamment p. 334 suiv.)

108 «Il est également à noter que le romantisme est, qu'on le veuille ou non, une critique *moderne* de la modernité. C'est dire que, même en se révoltant contre lui, les romantiques ne sauraient manquer d'être profondément formés par leur temps. Ainsi, en réagissant affectivement, en réfléchissant, en écrivant contre la modernité, ils réagissent, réfléchissent et écrivent en termes modernes. Loin de porter un regard extérieur, d'être une critique venue d'un ‹ailleurs› quelconque, la vision romantique constitue une *‹autocritique› de la modernité*», LÖWY et SAYRE, *Révolte et mélancolie* (note 26), p. 35.

mélange des genres, de ‹contestataire›: opposition à un mode de vie et de pensée philistin dans un cas, réaction à une société matérialiste de type postindustriel dans l'autre, quelle que soit l'impulsion de départ, le vagabondage solitaire ou collectif devient l'expression d'une distance par rapport à une culture dominante et vécue comme aliénante. En emmenant sur les routes de Thuringe un groupe de jeunes gens, le «prophète aux pieds nus» Friedrich Muck-Lamberty projette la réalisation d'une «communauté populaire» transcendant les divergences de classes. L'achèvement brutal de l'expérience, pour des raisons certes extérieures au mouvement lui-même, fait ressortir le caractère foncièrement idéal de cette ‹mise en marche› d'une «révolution de l'âme», autre point de rapprochement avec un «Taugenichts» cherchant vainement à élever l'oisiveté vagabonde au rang de principe existentiel. Etymologiquement associée à une (ré)orientation spirituelle, la *Wanderung* se prête à la transmission d'un message: dans l'espace infiniment ouvert de la route, «non-lieu» par excellence, l'appel à une vie poétique ou à une conversion intérieure n'en devient que plus utopique – preuve, s'il en est, de son rattachement à ce que l'on pourrait nommer une (contre)culture du vagabondage.

Zusammenfassung

Vom literarischen Vorbild des *Taugenichts* (1822) bis zur jugendbewegten «Neuen Schar» der 1920er Jahre lässt sich eine Form der *Wanderung* deklinieren, die man – ohne den Anachronismus und die Genre-Mischung zu scheuen – als ‹protesthaft› bezeichnen könnte: was auch immer der Anstoß sein mag – Opposition gegen eine philisterhafte Lebens- und Denkart im ersten Fall, Reaktion auf eine materialistische Gesellschaft postindustrieller Art im anderen –, die einsame oder kollektive Wanderung wird zum Ausdruck eines Abstandes einer herrschenden und als entfremdend erlebten Kultur gegenüber. Indem er eine Gruppe von jungen Leuten auf die Straßen Thüringens mit sich führt, hat der «barfüßige Prophet» Friedrich Muck-Lamberty vor, eine alle Standessunterschiede überwindende «Volksgemeinschaft» zu verwirklichen. Dass der Erfahrung zwar aus fremdbedingten Gründen ein brutales Ende gesetzt wurde, lässt den grundsätzlich idealen Charakter dieser ‹in Gang gesetzten› «Revolution der Seele» umso besser hervortreten – auch ein weiterer Vergleichspunkt mit dem «Taugenichts», der vergebens versucht, das müßige Wandern zum Lebensprinzip zu erheben. Aufgrund ihrer etymologischen Verbindung mit einer geistigen (Re)orientierung, eignet sich die Wanderung für die Vermittlung einer Botschaft: im unendlich offenen Raum der Straße, als «Nicht-Ort» schlechthin geltend, wird der Aufruf zu einem poetischen Leben oder zu einer inneren Bekehrung immer utopischer – ein Beweis, wenn es einen überhaupt gäbe, für dessen Zusammenhang mit dem, was man eine (Gegen)Kultur des Wanderns nennen könnte.

Hermann Hesse et les «Blumenkinder»

Sabine WINTGEN
Université Jean Moulin Lyon3

Dans l'Allemagne de l'Ouest du miracle économique, de nombreux jeunes s'opposaient aux valeurs de la génération de leurs parents. Il y avait ceux qui, tout en revendiquant une société plus juste et plus égalitaire, s'engageaient dans une action politique en idéalisant parfois le régime politique de l'autre côté du mur. Dans un roman récent portant le titre *Rot*,[1] Uwe Timm évoque les déceptions de cette génération. En revenant sur le passé d'un certain nombre de personnages, l'auteur passe en revue les préoccupations et les contradictions de ceux qui ont porté le mouvement de mai 1968: la vie en communauté, le désaccord entre ceux pour qui la fin justifiait les moyens et ceux qui souhaitaient un combat pacifique, les étudiants dont la carrière professionnelle était compromise dès le début en raison de l'interdiction d'occuper un emploi de fonctionnaire, la démarche de quelques-uns qui, pour des raisons idéologiques, ont opté pour une vie en RDA. Le temps de narration se situant environ 35 ans après, le destin des différents personnages illustre la désillusion et l'ironie du sort de ceux qui voulaient faire la révolution.[2]

Pour d'autres, la contestation prit des formes plus apolitiques et plus spirituelles. Dans les années 1960 et 1970, nombreux furent ceux qui rejetèrent les valeurs traditionnelles de la famille, prônèrent une plus grande liberté sexuelle et furent à la recherche de nouvelles formes de vie commune. Certes, l'action politique et la revendication d'une plus grande liberté sexuelle allaient souvent ensemble, comme le montre l'exemple de la Kommune 1 à Berlin.[3]

1 Uwe TIMM, *Rot*, München 2003.

2 L'exilé en RDA, vivant avec ses deux enfants, respectivement étudiants en sciences de gestion et en droit, dans une Allemagne réunifiée, dans une maison achetée avec l'argent prêté par la banque dont il avait brisé les vitres en tant que jeune révolutionnaire, et le narrateur lui-même qui se fait conduire, en Porsche, par sa jeune compagne aux revenus confortables et de vingt ans sa cadette, peuvent paraître caricaturaux. Au fil du texte, cependant, ils évoquent, de façon assez réaliste et non sans humour, les changements intervenus dans la société allemande dans les quarante ans après 1968.

3 Communauté créée en 1967 à Berlin, issue de l'opposition non-parlementaire (APO). Son objectif était d'instaurer un mode de vie alternatif afin de dépasser le

Néanmoins, comme le démontre Sybille Steinbacher,[4] les premiers textes précurseurs d'Alfred Kinsey[5] et de Wilhelm Reich[6] arrivèrent en Allemagne bien avant mai 68 et le rejet du puritanisme et du refoulement de la sexualité prirent des formes multiples. Soudainement, la cellule familiale n'apparaissait plus comme le seul et unique élément constitutif de la société et on se mit à la recherche d'autres formes de vie commune. Le plus petit noyau de la société n'étant plus obligatoirement composé d'un homme, d'une femme et de leurs enfants, les premières WG virent le jour. De même, la fidélité dans le couple n'étant plus obligatoirement considérée comme une norme sociale fondamentale, l'exploration de la sexualité devint un nouvel «idéal». Des auteurs comme Charlotte Holt Clinebell[7] ou la romancière Erica Jong[8] contribuèrent, chacune à sa façon, à la diffusion de l'idée d'une femme sexuellement libre. La féministe Alice Schwarzer,[9] eut également une grande influence sur les revendications des femmes en matière de liberté sexuelle, même si elle a toujours combattu toute forme de «marchandisation» du corps féminin.

Sur le plan religieux, cette jeune génération se détourna souvent du christianisme, du protestantisme tout comme du catholicisme, tous deux associés aux valeurs de la société traditionnelle, pour s'ouvrir à d'autres formes spirituelles, supposées plus libres, en adhérant à certains concepts des religions orientales (hindouisme, bouddhisme). Dans ce contexte, pour beaucoup, l'objectif principal était l'accomplissement personnel, la recherche du Soi, appelé volontiers «Selbstverwirklichung». Pour un grand nombre de ces jeunes, cette recherche du Soi passait par un dépaysement total et une sorte

---

mode de vie bourgeois. A ses débuts, les motivations étaient avant tout politiques. Par la suite, la presse allemande a souvent associé cette communauté à la libération sexuelle en raison des relations libres très médiatisées de certains de ses membres (Uschi Obermaier, Rainer Langhans).

4 Sybille STEINBACHER, *Wie der Sex nach Deutschland kam*, München 2011.

5 Alfred KINSEY, *Das sexuelle Verhalten des Mannes*, Berlin/Frankfurt 1966 (première traduction en allemand en 1955) et *Das sexuelle Verhalten der Frau*, Berlin/ Frankfurt 1967 (première traduction en allemand en 1954).

6 Wilhelm REICH, *Die sexuelle Revolution*, Frankfurt 2004 (première traduction en allemand en 1966) et *Die Funktion des Orgasmus*, Frankfurt 1972 (première traduction en allemand en 1969).

7 Charlotte HOLT CLINEBELL, *Befreite Partnerschaft. Über die Emanzipation von Frau und Mann*, München 1975.

8 Erica JONG, *Angst vorm Fliegen*, Frankfurt am Main 1976.

9 Alice SCHWARZER, *Der kleine Unterschied und seine großen Folgen*, Frankfurt am Main 1977.

de voyage initiatique dans des pays lointains aux cultures «orientales» (Kaboul, Katmandou, Goa).

Un bon exemple, dans ce contexte, est l'essor que connut en Allemagne, dans les années 1970, la secte du «gourou» Bhagwan. Ce gourou autoproclamé d'origine indienne s'adressa avant tout à la jeune génération des pays occidentaux, déçue des évolutions politiques de leur pays et en quête de nouveaux idéaux. En associant les tendances du moment, le refus de la propriété en tant que symbole du capitalisme, le désir d'une sexualité libre, l'intérêt pour la religion bouddhiste et l'idée d'un état de sérénité suprême (nirvana) ainsi que le désir de la réalisation du Soi, il parvint à faire venir à Poona, dans son Ashram, jusqu'à 250 000 disciples. Le prix de cette nouvelle «liberté» fut assez élevé, les disciples étant obligés de se soumettre à leur maître en abandonnant totalement leur vie antérieure, en portant un uniforme (vêtements orange) et en renonçant à tout bien personnel. Certains aspects de ce mouvement comme l'uniformisation vestimentaire et le fait de suivre aveuglement un «guide» peuvent paraître surprenants de la part de jeunes gens appartenant à une mouvance issue de mai 68. En 2011, pour la première fois, un cinéaste s'intéresse au modèle de vie véhiculé par la secte Bhagwan. Tout en se basant sur le récit d'une jeune femme ayant grandi dans une commune Bhagwan, le réalisateur allemand Marcus H. Rosenmüller,[10] dans *Sommer in Orange*, entend soulever, de façon humoristique, les nombreuses contradictions de ce mode de vie «alternatif».

Certes, tous les adeptes de religions orientales et de l'exploration du Soi ne devinrent pas des disciples de Bhagwan. Cette secte constitue juste un exemple extrême de tendances partagées par bien d'autres personnes encore. L'engouement pour la religion bouddhiste et l'intérêt pour sa symbolique spirituelle à travers l'interprétation des mandalas, par exemple, fut aussi le résultat d'une influence croissante de la psychanalyse. Outre Sigmund Freud dont la théorie sur la sexualité «refoulée» contribua de manière non négligeable à la «révolution sexuelle», son rival Carl Gustav Jung,[11] l'initiateur de la psychologie analytique, influença à son tour la jeune génération en opposition aux valeurs de la société traditionnelle. En opposant au Dieu tout puissant du christianisme une image divine archétypale issue d'une culture orientale et capable d'expliquer le comportement humain relevant de l'inconscient, il suscite l'intérêt de ceux qui souhaitent se plonger dans les profondeurs de la psyché humaine. Grâce à des expériences avec des patients,

10 Marcus Heinrich ROSENMÜLLER, *Sommer in Orange*, œuvre cinématographique datant de 2011.

11 Carl Gustav JUNG, *Mandala, Bilder aus dem Unbewussten*, Freiburg/Olten 1977 et *Der Mensch und seine Symbole*, Freiburg/Olten 1991.

il arrive à la conclusion que certaines représentations géométriques et symétriques étaient présentes dans l'esprit de tout homme. Il pense avoir retrouvé la même symbolique dans les mandalas, des représentations de l'univers dans le brahmanisme et dans le bouddhisme. En définissant les mandalas comme des psychocosmogrammes, des formes archétypales communes à l'espèce humaine, il parvient à considérer que le Soi est également «un principe, un archétype de l'orientation et du sens».[12] Le mythe d'une vérité profonde inhérente aux croyances de pays lointains, d'une culture orientale mystérieuse avait quelque chose de séduisant dans une Allemagne aux mœurs rigides et obnubilée par le miracle économique. Certains adeptes du symbolisme oriental et de la recherche du Soi à travers la méditation et l'analyse de concepts bouddhistes prirent la rencontre avec l'Orient à la lettre et prirent la route en direction de l'Inde.

Bien entendu, ces tendances s'inscrivent dans un contexte plus large qui dépasse les frontières allemandes. Le mouvement «hippie» est né aux Etats-Unis et les participants du «hippie trail», cette ruée vers l'Inde et les Etats voisins, étaient issus des classes aisées et moyennes de l'ensemble des sociétés occidentales (Etats-Unis, Europe occidentale, Japon, Australie). Mais c'est notamment dans l'Allemagne du miracle économique que le terrain pour l'implantation de cette contreculture fut particulièrement fructueux.

Ceux que, dorénavant, j'appellerai «Blumenkinder» ont généralement été influencés par l'ensemble des tendances précédemment nommées. Extrêmement hostiles à la société de consommation et au système économique qui leur paraissait être à l'origine de celle-ci, ils rêvaient d'une société différente, plus égalitaire et moins matérialiste. Mais contrairement à la génération précédente et plus généralement à ceux qui se sont engagés dans le mouvement de mai 68, les Blumenkinder ne menaient pas de combat politique, ils n'avaient pas comme vocation de transformer radicalement la société dans laquelle ils vivaient. Il leur suffisait de s'écarter du mainstream, de vivre en quelque sorte à l'écart de cette société dont ils ne partageaient pas les valeurs. Il s'agissait de se rencontrer et de se retrouver entre «initiés», d'expérimenter de nouvelles formes de vie commune, de remettre en question toutes les valeurs traditionnelles afin de vivre une vie plus authentique. Tandis qu'aux Etats-Unis, le pays où ce mouvement contestataire a connu ses premiers adeptes, on utilise encore aujourd'hui très volontiers le terme «hippie-culture» lorsqu'on évoque le souvenir de cette subculture dont l'apogée se situe entre 1965 et 1972, en Allemagne cette dénomination a toujours eu une connotation péjorative. Les jeunes Allemands partageant les mêmes convictions que les

12 Voir Martin KALFF, «C. G. Jungs Begegnungen mit dem Osten», *in: Tibet und Buddhismus* 46 (1998).

«hippies» américains, à savoir le pacifisme, l'anti-autoritarisme, la sexualité libre, l'exploration du Soi grâce à la consommation de drogues, la découverte des religions orientales, ne se seraient jamais donné ce qualificatif. Une dénomination plus consensuelle aura certainement été le terme de «Aussteiger» et un peu plus tard celui de «die Alternativen». Pour souligner la différence entre ceux qui ressentaient le besoin de vivre à l'écart de la société traditionnelle, mais qui n'avaient pas forcément le désir de matérialiser ce repli par un éloignement géographique et ceux qui partaient réellement à la découverte de pays dont ils admiraient les fondements spirituels, le terme de Blumenkinder, utilisé par Maren Niemeyer[13] me paraissait particulièrement pertinent. Le mérite du documentaire de Maren Niemeyer datant de 2008 est d'avoir démontré que ces voyages vers l'Asie n'étaient pas le fait de multiples initiatives individuelles, mais qu'ils faisaient bel et bien partie d'un véritable mouvement. Elle a retracé les différents itinéraires des voyageurs «hippies» en se rendant sur les lieux 40 ans après et en interviewant des voyageurs de l'époque. Les toutes premières destinations furent l'île d'Ibiza et le Maroc, suivis par les îles grecques et surtout l'Asie et plus particulièrement l'Afghanistan, l'Inde et le Népal. L'itinéraire vers l'Inde passait par Istanbul, Téhéran, Kaboul, Peshawar et Lahore avec comme destination finale Goa, Katmandou ou Bangkok. Les jeunes opposés au confort de la société de consommation voyageaient le moins cher possible, en stop, en bus et en train ou avec des véhicules aménagés par eux-mêmes. La ligne de bus exploitée par Indigo Overland, surnommée «magic bus»,[14] qui permettait de rejoindre le Népal en 20 jours, fut la plus célèbre. Certes, le terme de «mouvement» ne convient que dans la mesure où tous ces voyageurs avaient un seul objectif en commun, celui de fuir l'Allemagne rigide et conservatrice de l'ère du miracle économique. Les autres motivations pouvaient varier d'un individu à l'autre, étudiants en quête d'aventures, artistes à la recherche d'une ambiance orientale, jeunes antimilitaristes, jeunes expérimentateurs de drogues voulant rejoindre les pays producteurs, junkies attirés par l'héroïne bon marché. L'important était toutefois de se retrouver entre personnes ayant un certain nombre de convictions en commun telles que le rejet de la société traditionnelle, une tendance se traduisant également par une tenue vestimentaire particulière. Certaines stations de voyages devinrent de véritables points de rencontre fortement marqués encore aujourd'hui par la culture hippie. C'est le cas, par exemple, des plages de Goa ou d'une des rues principales de Katmandou surnommée «freak street». Une des premières

13 Maren NIEMEYER, *Die Karawane der Blumenkinder*, Südwestrundfunk 2008.

14 Rory MACLEAN, *Magic Bus: On the Hippie Trail from Istanbul to India*, London/New York 2006.

stations au départ du «trail», le café «Pudding Shop» à Istanbul a vu passer des voyageurs devenus célèbres par la suite tels que Bill Clinton ou Joschka Fischer.

Une personnalité souvent citée, de nos jours, lorsqu'il est question de contre-culture hippie en Allemagne, est Uschi Obermaier. Elle est en train de devenir un véritable symbole de ce mouvement. Elle est également une des personnes les plus souvent interrogées par Maren Niemeyer dans son reportage et sa photo figure dans de nombreux articles de presse dédiés à ce sujet. Il est vrai qu'elle incarne peut-être particulièrement bien toutes les facettes caractérisant les «Blumenkinder» dans la mesure où elle a vécu tous les différents aspects de cette contre-culture précédemment cités. Elle a été membre de la Kommune 1, où elle vivait en communauté avec Dieter Kunzelmann, Fritz Teufel, Ulrich Enzensberger et son compagnon de l'époque Rainer Langhans. Même si son action politique fut très limitée – elle n'est pas réellement considérée comme membre actif de l'APO (opposition non-parlementaire) – son nom fut souvent associé à ce mouvement politique du fait que Langhans et sa compagne n'hésitaient pas à s'exprimer dans les médias. En tant que mannequin et plus tard actrice, elle était considérée comme un des sex-symboles des années soixante et, avec Langhans, elle revendiquait une vie sexuelle libre. Tout en formant un couple, ils se prononçaient ouvertement pour des relations sexuelles avec plusieurs partenaires.[15] Elle eut, entre autres, des relations avec Mick Jagger et Keith Richards des Rolling Stones. Plus tard, avec Dieter Bockhorn, elle prit la route de l'Inde dans un ancien bus aménagé. Après avoir voyagé pendant près de deux ans en suivant le hippie trail, ils reprirent la route pendant plusieurs années à travers les Etats-Unis et le Mexique. La vie mouvementée de cette femme, incarnation parfaite d'une époque tout aussi mouvementée, que ce soit sur le plan politique ou sur celui des mœurs, a donné lieu à un film[16] et à une autobiographie.[17] Le succès de la biographie d'Obermaier rédigée par Olaf Kraemer,[18] un véritable bestseller en Allemagne, montre qu'un véritable mythe est en train de se construire autour du mode de vie de cette génération jadis si désapprouvée par la société allemande.

Toutefois, ce ne sont pas seulement les livres actuels rappelant le souvenir de cette époque qui nous permettent de comprendre ce contrecourant de la

15 Des prises de positions récentes de la part de Rainer Langhans montrent que cette liberté sexuelle n'était pas toujours très bien vécue. Voir: «Große Sexgöttin? Pustekuchen!», *in: Süddeutsche Zeitung*, 22. 11. 2007.

16 *Das wilde Leben* de Achim BORNHAK, œuvre cinématographique datant de février 2007.

17 Uschi OBERMAIER, Claudius SEIDL, *Das wilde Leben*, Hamburg 1994.

18 Uschi OBERMAIER, Olaf KRAEMER, *High Times. Mein wildes Leben*, München 2006.

société. Comme tout mouvement, ce courant culturel avait aussi ses livres cultes. Le plus célèbre fut certainement le roman *On the road* de Jack Kerouac,[19] un texte qui, en retraçant un voyage peu conventionnel à travers les Etats-Unis et le Mexique, met en scène deux jeunes gens en opposition aux valeurs de la société américaine. Ce livre, qui, de nos jours, est considéré comme une sorte de «manifeste» de la Beat generation américaine, fut accueilli très favorablement par les Blumenkinder allemands qui partageaient les mêmes idéaux et qui imitèrent volontiers ce mode de vie nomade. Un autre roman d'un genre assez différent et dont le lien avec la culture hippie paraît, du moins à première vue, moins évident, connut un succès tout aussi grand: *Le Seigneur des Anneaux* de Tolkien.[20] L'engouement pour ce roman, qui à l'époque n'était pas encore associé à un événement cinématographique, était certainement dû au fait que ce texte peut être lu comme un grand récit de voyage. Cependant, tous les auteurs chers aux voyageurs «hippies» n'étaient pas anglophones, il y a eu aussi des auteurs de langue allemande. Il convient de citer le psychanalyste C. G. Jung et surtout le romancier Hermann Hesse qui, grâce à ce mouvement, connut un véritable succès international. Quel était l'impact de ces auteurs de langue allemande sur les jeunes Allemands à la recherche d'une société nouvelle plus libre et plus pacifique? Quelle était la lecture qui a été faite de textes comme *Siddharta*[21] ou le *Steppenwolf*[22] de Hesse? Ces textes contiennent-ils réellement, du moins en partie, les idéaux de cette jeune génération, ou bien ont-ils été mal lus, mal interprétés au point d'être en contradiction avec les aspirations des «Blumenkinder»?

Lorsqu'on considère que les participants allemands du hippie trail fuyaient avant tout la société ouest-allemande et les mœurs rigides caractérisant les années 1960/1970, on comprend que le caractère anhistorique des romans *Siddharta* et *Steppenwolf* de Hesse ait pu séduire cette jeune génération. Contrairement à de nombreuses œuvres littéraires datant de la même époque, les romans de Hesse ne décrivent pas la vie en Allemagne, ni les préoccupations d'une société hantée par le passé récent ou les inquiétudes matérielles du citoyen contemporain. L'action se déroule dans un «autre» monde, un

19 Jack KEROUAC, *On the road. The Original Scroll*, New York 2007. Première publication en 1957. Traduction en allemand: Aus dem Englischen von Ulrich BLUMENBACH, *On The Road: Die Urfassung*, Reinbek bei Hamburg 2010. La première traduction en allemand date de 1959.

20 J. R. R. TOLKIEN, *Herr der Ringe*, Stuttgart 1980. La première traduction en allemand date de 1969/70.

21 Hermann HESSE, *Siddharta*, Frankfurt am Main 1977. Première publication en 1950.

22 Hermann HESSE, *Steppenwolf*, Frankfurt am Main 1977. Première publication en 1955.

monde avant tout «intérieur» matérialisé par l'ambiance orientale dans *Siddharta* et l'imaginaire dans *Steppenwolf*. L'Inde de *Siddharta* n'est pas non plus celle de la deuxième moitié du XXe siècle, c'est un lieu hautement stylisé, le décor d'un conte, l'arrière-plan d'un mûrissement intérieur qui constitue l'intérêt principal du texte. Le récit du *Steppenwolf* se situe quant à lui en Allemagne, mais une Allemagne à peine reconnaissable, un lieu presque dépourvu de repères géographiques et temporels avec des personnages vivant pour ainsi dire hors du temps et de l'espace, quelque part pendant l'entre-deux-guerres. L'absence d'ancrage dans un contexte historique précis et la déconnexion de réalités socioculturelles bien définies ont certainement facilité la réception de cette œuvre aux Etats-Unis et dans d'autres pays européens. Tout individu ressentant un clivage entre les valeurs d'une bourgeoisie traditionnelle et ses propres aspirations intellectuelles et sensuelles, qu'il soit américain, ouest-européen ou allemand, pouvait s'identifier avec le protagoniste en quête d'accomplissement personnel. Tout comme pour le protagoniste de *Siddharta*, c'est bien d'un cheminement intérieur qu'il s'agit et c'est autour de cette recherche du Soi que s'est construite la fiction narrative.

Les jeunes occidentaux en porte-à-faux avec la culture bourgeoise de leur temps se sont donc approprié certains aspects de ce personnage sans toujours prendre en compte la réelle complexité de ce caractère. Il y a d'abord l'aversion du protagoniste contre tout ce qui lui rappelle l'étroitesse du milieu bourgeois comme la plante araucaria qui revient à la manière d'un leitmotiv tout au long du récit. Il y a ensuite le fait qu'il s'agit d'un homme vivant désormais à l'écart de la société, n'ayant plus rien en commun avec les gens qui l'entourent, s'isolant volontairement des autres, ce qui a dû susciter l'intérêt des lecteurs de l'époque. Ils y ont vu certainement en premier lieu une illustration du rejet de la société tel qu'ils le préconisaient ainsi qu'une opposition marquée à la vie familiale traditionnelle. Mais le Steppenwolf n'est peut-être pas le personnage rebelle qu'ils ont voulu voir en lui. Ce personnage est avant tout une personnalité divisée, quelqu'un qui ressent en lui deux forces opposées qui le déchirent, un homme à la fois attaché et opposé aux valeurs de la bourgeoisie. Les affirmations et les sentiments du protagoniste reflètent souvent une attitude anti-bourgeoise, mais l'univers extrêmement conventionnel de ses logeurs l'attire en même temps. C'est davantage la dichotomie du personnage qui est au centre du récit que l'opposition à une société donnée. L'accent est mis sur les éléments psychanalytiques caractérisant l'être humain, sur la coexistence du bien et du mal, de l'intellect et des impulsions.

L'approche de la sexualité semblait être un deuxième point de concorde entre les vues de l'auteur et la génération hippie. Il est certain qu'aussi bien dans *Siddharta* que dans le *Steppenwolf*, l'amour physique détient une place prépondérante qui n'est pas à l'image des mœurs traditionnelles. L'habituel récit d'une histoire d'amour y est absent, le mariage et la famille y sont marginalisés et l'amour affectif et l'amour physique sont déconnectés. L'évocation de la sexualité n'est pas un tabou et elle est décrite comme une expérience enrichissante et non pas comme un péché mal refoulé. Pour Siddharta, le protagoniste du roman portant le même nom, la découverte de l'amour physique constitue une des étapes sur le long chemin de la recherche du Soi. Il est initié aux plaisirs de l'amour par Kamala, une courtisane expérimentée qui deviendra sa maîtresse, dans le sens initial du terme, c'est elle qui lui apprend le côté matériel de la vie. Le récit étant aussi une initiation à la culture indienne, il est également fait référence au recueil indien le *Kamasutra*.[23]

Pour le «loup des steppes» c'est un peu la même chose, lui aussi fera la rencontre d'une femme qui lui fera découvrir ou redécouvrir les côtés matériels de la vie. Mais contrairement à Kamala, Hermine ne s'occupe pas personnellement de l'apprentissage de l'amour physique de son disciple, elle fait appel à une amie, à la courtisane Maria. C'est grâce à Maria que le protagoniste est enfin initié aux plaisirs de la sexualité. Encore une fois, on assiste à une certaine exaltation de la sexualité, phénomène littéraire plutôt inhabituel pour les années 1950, un aspect qui a soulevé des critiques de la part de lecteurs plus traditionalistes, surtout aux Etats-Unis.

Si on fait abstraction du fait que l'auteur aborde librement la sexualité, un fait qui est en soi un renversement de certaines conventions littéraires, le schéma du rapport homme-femme reste toutefois très traditionnel. L'auteur est très attaché à certains clichés, et notamment à celui que la sexualité est l'affaire d'une certaine catégorie de femmes et non pas de toutes les femmes. C'est bien à des courtisanes, des spécialistes en amour, que les deux protagonistes ont affaire pour découvrir les plaisirs charnels. On ne nie donc plus que la sexualité existe, mais elle est reléguée en marge de la société. Ceci ne correspond pas du tout à l'esprit de la révolution sexuelle revendiquée par la jeune génération de l'après 68. L'idée était d'appliquer cette nouvelle liberté à toutes les personnes, aussi bien aux hommes qu'aux femmes, et de renverser les schémas traditionnels de couples en «surmontant» des préceptes moraux tels que la fidélité, la virginité et le mariage. Sur ce point, on ne peut donc pas dire que les récits de Hesse peuvent être lus comme une anticipation littéraire des convictions défendues par la culture hippie. En quelque sorte, les protagonistes de Hesse illustrent même une certaine forme d'hypocrisie fréquemment combattue par les esprits plus féministes de la révolution sexuelle: une société qui bannit la sexualité de la vie quotidienne, mais qui tolère la prostitution.

23 HESSE, *Siddharta* (note 21), p. 210.

Quant aux traits de caractère propres à l'homme et à la femme, les deux récits font également preuve de conventionnalisme. C'est à l'homme protagoniste qu'incombe le rôle de l'être cherchant à se réaliser intellectuellement et à la femme celui de l'être sensuel éveillant en l'homme le désir et le ramenant au sens des réalités. Cette complémentarité de l'homme et de la femme fait partie des clichés les plus répandus quand il est question de la différence entre les sexes, des clichés ardemment combattus par des auteurs luttant pour l'émancipation des femmes comme, par exemple, Charlotte Holt Clinebell ou Alice Schwarzer précédemment citées. Les deux textes cultes de Hesse ne se conformaient donc pas à tous les idéaux de la génération des Blumenkinder.

Outre le tabou de la sexualité, domaine dans lequel Hesse va finalement assez loin en suggérant même des relations entre personnes du même sexe, voire des relations à plusieurs,[24] c'est un autre interdit qui est abordé dans le *Steppenwolf*, celui de la drogue comme moyen d'exploration du Soi. Le protagoniste à la découverte d'un côté de sa personnalité jusque-là méconnu s'approprie la face cachée de son être et il y parvient en faisant tout ce qu'il n'avait pas l'habitude de faire auparavant: danser, sortir en société, céder au désir physique, consommer de l'opium.[25] L'idée d'approfondir la connaissance de Soi en ayant recours à des substances psychoactives fut un concept souvent évoqué par les voyageurs sur le «hippie trail». Pour certains, le voyage était même motivé par un accès supposé plus facile à ces drogues. Le fait de trouver ce phénomène chez un auteur, de voir un protagoniste s'adonner à ces pratiques sans subir de dommages, a certainement contribué au succès du roman. Ce personnage justifiait en quelque sorte le recours à la drogue et il fut plus facile de s'identifier à ce «loup des steppes» à la personnalité bipolaire même s'il s'agissait d'un homme d'âge mûr.

Les personnages de Hesse sont des caractères qui connaissent une évolution intérieure et c'est ce phénomène-là qui était véritablement dans l'air du temps. Fuyant les réalités matérielles de la société de leur temps, le recueillement sur soi-même paraissait une alternative attrayante. De surcroît, la vie de Siddharta se déroule en Inde, le pays de destination de la plupart des voyageurs sur la route des hippies. Même si le dépaysement géographique du roman n'existe en réalité qu'en surface, les références à la philosophie et aux religions orientales y sont multiples. Le protagoniste, qui a un certain nombre de points en commun avec le Siddharta Gautama historique, fondateur du bouddhisme ayant vécu au VIe siècle avant J.-C., effectue un cheminement spirituel qui l'emmène vers la sagesse. D'une existence de fils de brahmane, prêtre hindou enseignant les écritures sacrées et gardien de la

24 HESSE, *Der Steppenwolf* (note 22), pp. 156-157.

25 *Ibid.*

tradition, il passe par le stade de samana, moine ascète vivant d'aumône et consacrant sa vie à la méditation, avant de se demander s'il n'allait pas devenir un disciple de Gotama qui n'est personne d'autre que Bouddha. Le fondement de la méditation des samanas, le fait de faire le vide en soi, de se détacher de toute attache matérielle et sentimentale, afin de se libérer de son propre corps et d'atteindre le nirvana, a été repris également par des adeptes occidentaux de la méditation orientale et également par Bhagwan Shree Rajneesh qui intégra certains éléments de l'hindouisme et du bouddhisme dans ses propres théories à cheval entre philosophie, psychanalyse occidentale et méditation orientale. Compte tenu du nombre assez impressionnant de disciples occidentaux qu'il regroupa d'abord à Poona en Inde et ensuite aux Etats-Unis, on ne peut que constater l'attirance pour ces idées reprises par le mouvement neo-sannyas pendant les années 1970/1980. Le texte de Hesse, publié en 1922 et lu massivement pendant les années 1970, pouvait donc se lire aussi comme une sorte d'introduction à la méditation orientale. Et comme pour le protagoniste de Hesse, pour certains jeunes adeptes de cette forme de méditation se posait la question de savoir s'il fallait suivre «le maître» et rejoindre cette secte en renonçant à tous ses biens matériaux ou bien s'il fallait rester en dehors de tout cela.

Cependant, le personnage de Hesse se décide contre l'adhésion à un mouvement, il ne suivra pas Bouddha et poursuivra dans sa voie de la recherche du Soi. Ainsi, à l'instar du «loup des steppes», il apprendra à connaître les agréments de la vie matérielle et découvrira les plaisirs de l'amour physique avant d'opérer une sorte de synthèse entre les extrêmes qu'il a vécus et de trouver par lui-même la «voie du milieu». A la fin du récit, Siddharta apparaît comme un personnage ayant trouvé la paix intérieure et la sagesse grâce à sa capacité de renoncer aux extrêmes. Cette vision est assez conforme aux préceptes des pratiques bouddhistes et confirmerait la thèse selon laquelle le texte de Hesse peut être lu comme une version romancée de la vie de Bouddha. Pour d'autres, le Siddharta de Hesse est dans le fond plus proche du taoïsme que du bouddhisme. Comme le montre Jürgen Weber,[26] certaines attitudes du protagoniste comme le fait d'agir «sans agir» seraient à rapprocher plutôt du philosophe chinois Lao Tseu. On assiste donc à un vaste mélange des différentes tendances spirituelles orientales, l'hindouisme, le jaïnisme, le bouddhisme ainsi que le taoïsme, que l'auteur de langue allemande a associés à sa guise. Pour lui, il ne s'agissait pas de donner une version fidèle de telle ou telle mouvance religieuse asiatique, son objectif était

26 Jürgen WEBER, *Der chinesische Siddharta. Überlegungen zu Hermann Hesses «indischer Dichtung» Siddharta,* publication en ligne, http://www.drjürgenweber.de/Publikation%20hessebuch.html, p. 6.

plutôt de transférer ses propres récits semi-autobiographiques dans un décor «oriental», un dépaysement bien perçu par ses lecteurs voyageurs sur la route de l'Inde, attirés par cette culture orientale mystérieuse et inconnue dont ils espéraient des connaissances nouvelles.

L'approche des Blumenkinder s'avère donc assez pragmatique. Les jeunes lecteurs ont découvert les textes de Hesse et constaté certaines ressemblances avec leurs propres préoccupations. Ils ont cru y déceler des arguments confirmant leurs propres convictions tout en faisant abstraction des traits conventionnels de l'œuvre. Il s'agit plutôt d'une lecture au premier degré, ils ne vont pas forcément au fond de l'œuvre et ne perçoivent pas toujours les véritables motivations de l'auteur. Certains amateurs de Hesse[27] regrettent d'ailleurs le fait que l'auteur ait été souvent associé à ce courant contre-culturel et considèrent qu'il a été mal interprété. Cependant, même si on peut souligner le caractère conservateur et romantique du romancier, certains points de convergence avec ces jeunes voyageurs en quête de nouveaux repères paraissent indéniables.

Résumé

Dans l'Allemagne de l'Ouest du miracle économique, de nombreux jeunes s'opposaient aux valeurs de la génération de leurs parents. Il y avait ceux qui, tout en revendiquant une société plus juste et plus égalitaire, s'engageaient dans une action politique en idéalisant parfois le régime en place de l'autre côté du mur. Pour d'autres, la contestation prit des formes plus apolitiques et plus spirituelles. Dans les années 1960 et 1970, nombreux furent ceux qui rejetèrent les valeurs traditionnelles de la famille, prônèrent une plus grande liberté sexuelle et furent à la recherche de nouvelles formes de vie commune. Sur le plan religieux, cette jeune génération se détourna du christianisme, du protestantisme tout comme du catholicisme, tous deux associés aux valeurs de la société traditionnelle, pour s'ouvrir à d'autres formes spirituelles, supposées plus libres, en adhérant à certains concepts des religions orientales (hindouisme, bouddhisme). Dans ce contexte, pour beaucoup, l'objectif principal fut l'accomplissement personnel, la recherche du Soi, appelé volontiers «Selbstverwirklichung». Pour un grand nombre de ces jeunes, cette recherche du Soi passait par un dépaysement total et par une sorte de voyage initiatique dans des pays lointains aux cultures «orientales»

27 Voir par exemple Miguel SERRANO, *Meine Begegnungen mit C. G. Jung und Hermann Hesse in visionärer Schau*, Einsiedeln 1997.

(Kaboul, Katmandou, Goa). Certes, ces tendances s'inscrivent dans un contexte plus large qui dépasse les frontières allemandes. Le mouvement «hippie» est né aux Etats-Unis et les participants du «hippie trail» étaient issus des classes aisées et moyennes de l'ensemble des sociétés occidentales (Etats-Unis, Europe occidentale, Japon, Australie). Mais c'est notamment dans l'Allemagne du miracle économique que le terrain pour l'implantation de cette contreculture fut particulièrement fructueux. Comme tout mouvement, ce courant culturel avait aussi ses livres cultes, dont certains furent écrits par des auteurs de langue allemande. Il convient de citer le psychanalyste C. G. Jung et surtout le romancier Hermann Hesse qui, grâce à ce mouvement, connut un véritable succès international. Quel était l'impact de ces auteurs sur les jeunes Allemands à la recherche d'une société nouvelle plus libre et plus pacifique? Quelle était la lecture qui a été faite de textes comme *Siddharta* ou le *Steppenwolf* de Hesse? Ces textes contiennent-ils réellement, du moins en partie, les idéaux de cette jeune génération, ou bien ont-ils été mal lus, mal interprétés au point d'être en contradiction avec les aspirations des «Blumenkinder»? Cette question sera au cœur de notre analyse.

Zusammenfassung

Im westdeutschen Wirtschaftswunderland lehnten viele junge Leute die Werte der Aufbaugeneration ihrer Eltern ab. Viele forderten eine gerechtere Gesellschaft, wurden politisch aktiv und liebäugelten manchmal mit dem politischen System jenseits der Mauer. Bei anderen nahm die Auflehnung unpolitischere und spirituellere Formen an. In den 1960er und 1970er Jahren wandten sich zahlreiche junge Leute von der traditionellen Familie ab, forderten größere sexuelle Freiheit und suchten nach neuen Formen des Zusammenlebens. Auch im religiösen Bereich nahm diese Generation von den christlichen Werten des Protestantismus und Katholizismus Abstand und inspirierte sich an anderen, in ihren Augen «offeneren» Glaubensrichtungen wie beispielsweise dem Buddhismus oder dem Hinduismus. In diesem Zusammenhang stand für die meisten die Selbstverwirklichung im Vordergrund und für viele wurde diese Reise zu sich selbst zu einer Reise in die fernen Länder der östlichen Kulturkreise. Natürlich wurde nicht nur Westdeutschland von diesem Phänomen ergriffen. Die Hippie-Bewegung kam aus den USA und die Teilnehmer des «hippie trail» kamen aus der Ober- und Mittelschicht aller westlichen Gesellschaften (USA, Westeuropa, Japan, Australien). Aber im deutschen Wirtschaftswunderland hat sich diese Gegenkultur besonders verbreitet. Wie jede Bewegung hatte auch diese Gegenkultur ihre

Kultbücher, es waren auch deutschsprachige Autoren dabei. In diesem Zusammenhang sind vor allem der Psychoanalytiker C.G. Jung und der Dichter Hermann Hesse zu nennen. Letzterer wurde gerade durch diese Bewegung auch international bekannt. Welchen Einfluss hatten diese Autoren auf diese junge deutsche Generation, die auf der Suche nach einer freieren und friedlicheren Gesellschaft war? Wie wurden literarische Werke wie *Siddharta* und *Der Steppenwolf* von ihnen interpretiert? Enthalten diese Texte von H. Hesse zumindest teilweise die Ideale dieser Generation oder wurden sie einfach nur falsch ausgelegt? Gibt es gegebenenfalls sogar Widersprüche zwischen Autorenabsicht und Lesererwartungen? Diese Problematik soll anhand einiger Beispiele verdeutlicht werden.

Un exemple de contre-culture nazie: Le cycle thuléen de Wilhelm Landig

Stéphane FRANÇOIS
IPAG de l'Université de Valenciennes

Nous nous pencherons dans ce texte sur un auteur autrichien, Wilhelm Landig (1909-1997), en particulier sur son cycle thuléen *Götzen gegen Thule, Wolfszeit um Thule, Rebellen für Thule.*[1] Cet ancien SS est un personnage intéressant pour l'historien des idées car il est devenu une figure importante de la contre-culture néonazie occidentale dès le début des années 1970. Le premier volume de ce cycle, *Götzen gegen Thule* («Les Petits Dieux contre Thulé», en français *Combat pour Thulé*), fut en effet publié en 1971. Depuis leur parution, ses livres furent traduits notamment en français, en anglais et en espagnol. De ce fait, Landig doit être vu comme un personnage clé dans cette subculture. Il doit être aussi perçu comme le pendant germanique des autres théoriciens de l'«occultisme nazi» tels que Miguel Serrano ou Savitri Devi, avec qui il fut d'ailleurs en contact.

Au-delà de cet intérêt, ce cycle thuléen est important pour son contenu, qui exprime une vision du monde construite et cohérente, ce que les anthropologues appellent une «cosmologie».[2] Il doit aussi être analysé comme un vecteur de diffusion d'idées, ainsi qu'un moyen de banalisation de thèmes conceptuels dans des milieux éloignés politiquement: *Götzen gegen Thule,* de fait, est un ouvrage ouvertement révisionniste qui attira les amateurs

1 Wilhelm LANDIG, *Götzen gegen Thule*, Hannover 1971; *Wolfszeit um Thule*, Wien 1980; *Rebellen für Thule. Das Erbe von Atlantis*, Wien 1991.

2 Pour l'anthropologue, l'être humain pense et déploie ses raisonnements dans le cadre d'une vision du monde, plus ou moins cohérente, selon les cas, qui porte sur les êtres, les objets et les puissances censés peupler le réel, sur leur propriétés, leurs rapports, leur origine et leur devenir: ce sont les cosmologies. Celles-ci offrent «une matrice générale d'intelligibilité des faits empiriquement observables, qu'ils soient de l'ordre des pratiques, des idées ou des institutions» (Wiktor STOCZKOWSKI, *Anthropologies rédemptrices. Le monde selon Lévi-Strauss*, Paris 2008, pp. 17-18). Pour Eduardo Vivieros de Castro, il s'agit d'une «conception du monde [qui] se présente sous des formes discursives ou sous celle de structures sous-jacentes à plusieurs dispositifs symboliques» (Eduardo VIVIEROS DE CASTRO, «Cosmologie», *in:* Pierre BONTE, Michel IZARD (éds.), *Dictionnaire de l'ethnologie et de l'anthropologie*, Paris 2010, pp. 178-179).

d'«histoire mystérieuse»,[3] comme nous le verrons dans ce texte. En effet, ce cycle romanesque se proposait d'enseigner (et d'expliciter) à un certain public la vision *völkisch*[4] du monde, comme les mythes aryanistes et la politique de la Thulé arctique, auxquels Landig adjoint d'autres mythes modernes, comme les ovnis (construits ou non par l'homme), le Royaume souterrain, les Cathares et les Albigeois, le Saint-Graal, la survivance du nazisme, les maîtres himalayens et le complot international à la fois politique et occulte, etc., le tout baignant dans un antisémitisme et dans un négationnisme assumés.

Comme nous ne sommes pas germaniste, et que la traduction française laisse parfois à désirer, nous avons privilégié une étude politique, historique

3 L'«histoire mystérieuse» est un courant éditorial, pseudo-scientifique, né dans le sillage du succès du *best-seller* de Jacques BERGIER et Louis PAUWELS, *Le Matin des magiciens*, paru en 1960 chez Gallimard. Elle se propose de résoudre tous les mystères de l'histoire: civilisations disparues, faits inexpliqués, etc. Concrètement, elle remplit les «blancs» existants et propose en retour des explications, souvent aberrantes, allant à l'encontre de l'«histoire officielle». Parfois, comme dans le cas présent, des sous-entendus racistes sont formulés pour dénier à des civilisations non-européennes la faculté, ou la capacité, à construire des monuments cyclopéens (tels que les pyramides de Gizeh, Baalbek, les cités précolombiennes), voire de donner naissance à des civilisations complexes. Pour une déconstruction de ces thèses, voir les livres suivants de Jean-Pierre ADAM: *L'Archéologie devant l'imposture*, Paris 1975; *Le Passé recomposé. Chroniques d'archéologie fantasque*, Paris 1988; Jean-Loïc LE QUELLEC, *Des Martiens au Sahara. Chroniques d'archéologie romantique*, Arles 2009.

4 Ce courant est une forme de racialisme néopaïen en Allemagne et en Autriche durant la seconde moitié du XIXe siècle. Le terme *völkisch*, réputé intraduisible en français, l'est souvent par «raciste» ou par «national-populiste». La racine «Volk» signifie «peuple», mais son sens va au-delà de celui de «populaire», dans une acceptation foncièrement ethnique. Il doit être compris comme une nostalgie folklorique et raciste d'une préhistoire allemande, largement mythifiée. Ce courant bigarré, ethnocentriste, nationaliste et populiste, puisait ses références dans le romantisme, dans l'occultisme, dans les premières doctrines «alternatives» (médecines douces, naturisme, végétarisme, etc.) et enfin dans les doctrines racistes. La reconstitution d'un passé germanique largement mythique a éloigné les *völkisch* des religions monothéistes pour tenter de recréer une religion païenne, purement allemande. *Cf.* Francis BERTIN, «Esotérisme et vision de la race dans le courant ‹völkisch›», *in: Politica Hermetica* 2 (1988), pp. 83-92; Louis DUPEUX, *Histoire culturelle de l'Allemagne 1919-1960*, Paris 1989, pp. 51-54 et Armin MOHLER, *La révolution conservatrice en Allemagne (1918-1932)*, Puiseaux 1993, p. 173. Nous renvoyons aussi le lecteur vers l'étude de Sabine DOERING-MANTEUFFEL, *L'Occulte. Histoire d'un succès à l'ombre des Lumières. De Gutenberg au World Wide Web*, Paris 2011, en particulier le chapitre intitulé «Monde primitif et univers. L'occultisme national-populiste dans les théories de la globalité au XXe siècle», pp. 162-189.

et culturelle de ce cycle. Nous nous attacherons donc dans ce texte à analyser les points suivants: 1. Le contexte historico-biographique de Landig: le mythe hyperboréen; 2. Les grands thèmes thuléens développés dans son œuvre; enfin, 3. L'importance et la diffusion de l'œuvre et des thèses de Landig dans les milieux extrémistes de droite.

Contextualisation historico-biographique

Wilhelm Landig naquit à Vienne en 1909. Il mourut dans cette ville en 1997. Il fut très tôt un militant pangermaniste. Ce designer s'engagea en effet dans les Corps-francs, qui se multiplièrent à la suite de la défaite des puissances centrales en 1918. Il fut ainsi membre (à dix ans!) du mouvement de jeunesse du Freikorps Rossbach, puis du Deutsche Wehr. Cet engagement précoce ancra en lui un anticommunisme viscéral. Membre du parti nazi autrichien, il travailla à Berlin dans un institut universitaire du IIIe Reich l'année précédant l'Anschluss. Puis, il retourna à Vienne et travailla dans un service gouvernemental jusqu'en 1941. Ensuite, il servit dans la Waffen SS et se fit remarquer dans la lutte anticommuniste dans les Balkans: il participa, entre 1942 et 1944, à la lutte contre les partisans. Pour cette raison, il fut médaillé par les autorités oustachies croates ainsi que par ses supérieurs allemands. Il retourna à Vienne en 1944. En 1945, il fut arrêté par les autorités britanniques d'occupation et fut interné jusqu'en 1947. Après cette date, il fut utilisé par les services secrets anglais dans la lutte anticommuniste.[5] Par la suite, il retourna à la vie civile devenant un designer, mais continua de combattre le communisme. Ainsi, il devint en 1970 le représentant autrichien de la World Anti-Communist League (Ligue mondiale anticommuniste), une structure fondée en 1967 pour lutter contre l'essor du communisme et qui recycla d'anciens nazis, comme Otto Skornezy, ou des fascistes, comme Horia Sima.

Au début des années 1950, il créa avec un autre ancien SS, Rudolf Mund, un disciple de l'aryosophe autrichien Karl Maria Wiligut (le «Raspoutine de Himmler»),[6] lui aussi interné dans un camp, américain celui-ci, et avec un

5 Nicholas GOODRICK-CLARKE, *Black Sun. Aryan Cults, Esoteric Nazism and the Politics of Identity*, New York/Londres 2002, p. 129.

6 L'officier autrichien Karl Maria Wiligut évoluait dans les milieux *völkisch*. Il fut membre de l'Ordre du Nouveau Temple de Liebenfels. Dès cette époque, il pensait être un «roi mage» descendant d'une tribu sacrée, possédant des dons psychiques. Ces propos le firent interner durant trois ans. Puis, il partit vivre en Allemagne sous

ingénieur Suisse passionné par les ovnis, Erich Halik (de son vrai nom Claude Schweikhart), un groupe connu sous le nom de Cercle Landig (ou Groupe de Vienne ou Loge de Vienne). En fait, cette ville, haut-lieu de l'occultisme depuis le XIXe siècle, est importante dans le renouveau aryosophe de l'après Seconde Guerre mondiale, du fait de sa situation géopolitique, de son histoire et de la relative indulgence des autorités d'occupation vis-à-vis de certains nazis. De fait, Landig et son groupe y vulgarisèrent les textes les plus occultistes de l'Ahnenerbe, l'institut de la SS. Ce groupe est aussi connu pour avoir élaboré une synthèse doctrinale entre le mysticisme *völkisch* et les thèses de l'ésotérisme traditionaliste, en particulier les points concernant la tradition primordiale hyperboréenne.[7] Ce groupe soutint aussi la thèse polaire de l'origine des Indo-Européens. Il fut enfin le principal vulgarisateur de la mythologie aryosophique de Thulé dans les milieux de l'extrême droite néo- ou post-nazie. Toutefois, ce dernier point n'est pas novateur: il fut un point important du renouvellement doctrinal des milieux de cette époque. En France, par exemple, ce fut l'écrivain Jean Mabire qui le fit avec un ouvrage capital pour cette mouvance intitulé *Thulé. Le soleil perdu des Hyperboréens.*[8]

Comme d'autres auteurs évoluant dans cette mouvance (Mabire, Serrano ou Devi par exemple), Wilhelm Landig mélangeait dans ses livres fiction et éléments véridiques. N'oublions pas que le sous-titre de *Combat pour Thulé* est «un roman plein de réalités» («Ein Roman voller Wirklichkeiten»). De ce fait, il citait un grand nombre d'auteurs/essayistes dont l'ésotériste Julius Evola, l'archéologue Hermann Wirth, le raciologue Arthur de Gobineau, le militant nationaliste indien Bâl Gangâdhar Tilak, le théoricien de l'âge de glace Hanns Hörbiger, le climatologue Alfred Wegener et l'écrivain, et ex-SS,

---

le nom de Weisthor. Il fut présenté à Himmler en 1933 qui tomba aussitôt sous son charme. En 1934, il fut promu colonel puis général de la SS. En novembre 1933, il fut nommé à la tête du service d'étude préhistorique de la SS, avant de travailler pour l'Ahnenerbe. Toutefois, son passé psychiatrique et son comportement provoquèrent son exclusion (Nicholas GOODRICK-CLARKE, *Les Origines occultistes du nazisme. Les aryosophistes en Autriche et en Allemagne 1890-1935*, Puiseaux 1989, pp. 249-268). Malgré tout, il élabora pour Himmler des rituels, notamment de mariage, pour la SS, mais il est certain qu'il ne joua qu'un rôle des plus mineurs au sein de la SS. La légende du Wiligut, conseiller secret de Himmler, est en fait due à Rudolf Mund.

7 Sur cette thématique, je me permets de renvoyer le lecteur vers mon étude: Stéphane FRANÇOIS, *La Nouvelle Droite et la «Tradition»*, Milan 2011.

8 Jean MABIRE, *Thulé. Le soleil perdu des Hyperboréens*, Paris 1978.

Otto Rahn,[9] afin que le lecteur puisse vérifier par lui-même les propos développés dans le livre.

Une hyperborée ésotérique

L'idée hyperboréenne, développée tout au long de l'œuvre de Landig et qui sous-tend sa cosmologie, est la conséquence d'une interprétation d'un concept développé par un penseur italien, ésotériste d'extrême droite, le baron Julius Evola. Celui-ci considérait que l'origine de la «Tradition primordiale», c'est-à-dire la connaissance métaphysique primordiale et supra-humaine, était hyperboréenne. Dans son discours, Hyperborée et Thulé se confondent, mais il vrai qu'Evola fut influencé sur ce point par les penseurs *völkisch* qu'il fréquenta. Selon celui-ci, Thulé, à une époque antédiluvienne (qui peut être vue comme le mythique «Age d'or», voire comme le jardin d'Eden) aurait été habitée par un peuple parfait, les Hyperboréens, et aurait bénéficié d'un climat propice au développement mystique et technologique avant qu'un changement climatique catastrophique ne provoquât une glaciation (en l'occurrence la dernière, Wurm IV), due selon lui à une modification de l'inclinaison de la Terre. Une thèse qu'Evola prit à Hermann Wirth, un archéologue *völkisch* dont les travaux furent condamnés par l'ensemble du monde universitaire,[10] et que Landig réutilisa à son tour.

Wirth fut membre du parti nazi dès 1925. Il était l'auteur en 1928 de l'ouvrage *Der Aufgang der Menschheit* («L'ascension du genre humain»), dans lequel il développait l'idée que ce qui avait rendu le pôle impropre à la vie et forcé les Hyperboréens à émigrer en Europe était un décalage des pôles. Il soutenait aussi dans *Die Heilige Urschrift der Menschheit,* publié en 1931,[11] l'idée selon laquelle l'Atlantide fut un empire du Nord hautement civilisé, datant de l'Age de pierre, qu'il localisait aux alentours de l'Islande. En fait, il fusionnait l'Atlantide avec Hyperborée. En 1935, Wirth fut nommé directeur de l'Ahnenerbe Institut du fait de sa proximité avec la SS. Cet institut fut créé à l'instigation de Himmler, adepte de la localisation nordique de l'Atlantide. D'abord indépendant, l'institut passa rapidement sous

9 Sur ces différents personnages et leur importance pour l'extrême droite, nous renvoyons le lecteur vers notre livre: *Au-delà des vents du Nord. L'extrême droite française, le nordicisme et les Indo-Européens*, Lyon 2014.

10 Peter LONGERICH, *Himmler. L'éclosion quotidienne d'un monstre ordinaire*, Paris 2010, p. 270.

11 Hermann WIRTH, *Die Heilige Urschrift der Menschheit*, Leipzig 1931.

le contrôle de la SS. Wirth fut néanmoins rapidement écarté. Son départ fut motivé par une divergence profonde avec Himmler, malgré un soutien initial de ce dernier et de Darré. L'archéologue fut éloigné définitivement des cercles universitaires par le régime en 1938.

Enfin, les postulats ésotérico-racistes de Landig furent tributaires d'un auteur autrichien, l'aryosophe Jörg Lanz von Liebenfels. Poussé par sa passion pour les ordres soldats du Moyen Âge, Lanz fut cistercien durant six ans. Durant cette période monastique, il acquit une formation qui influença toute sa vie. Il maîtrisa la Bible, certains textes apocryphes et gnostiques, ainsi que des langues et religions du Moyen-Orient. Ces connaissances lui permirent de devenir professeur de séminaire. Après son départ de l'ordre cistercien, il se rapprocha des groupes antisémites autrichiens et se convertit au protestantisme. Il participa ainsi au *Hammer* du théoricien *völkisch* allemand Theodor Fritsch et à la revue du théoricien raciste et pangermaniste allemand Ludwig Woltmann, *Politisch-Anthropologische Revue.* Il tissa aussi des liens avec le vulgarisateur allemand du darwinisme social, Willibad Hentschel. Surtout, il fut le principal vulgarisateur du christianisme positif,[12] qui consistait en un dévoiement de la Bible au profit d'une vision obscène, raciste, darwiniste, manichéenne et gnostique: la théozoologie. Cette doctrine se présentait comme un combat entre le bien et le mal, l'humanité et l'animalité, l'Aryen et le Sémite. Elle l'amena à considérer l'Aryen comme le garant de l'ordre du monde et de la connaissance, et les autres races comme les agents du chaos.[13] Il publia une revue, *Ostara*, qui, *a priori*, fut lue par Hitler. D'ailleurs il affirma par la suite, mais c'est une information à prendre avec précaution, qu'Hitler fut l'un de ses disciples. Ce point de vue est défendu dans deux études devenues classiques: celle de Joachim Fest, *Hitler*,[14] et celle de Nicholas Goodrick-Clarke, *Les Racines occultistes du nazisme.*[15]

12 L'expression «christianisme positif» désignait chez les nazis un christianisme conforme à leur idéologie, sans pour autant s'attacher à une confession précise. Il s'agissait d'un christianisme débarrassé du judaïsme de l'Ancien Testament. Il figure dans le 24e point du programme intangible du parti nazi. Son principal représentant fut Alfred Rosenberg.

13 GOODRICK-CLARKE, *Les Origines occultistes du nazisme* (note 6), pp. 127-150.

14 Joachim FEST, *Hitler*, 2 vol., Paris 1973.

15 GOODRICK-CLARKE (note 6), pp. 269-284.

Un attrait pour les «mystères nazis» vulgarisé par *Le Matin des magiciens*

L'Occident des années 1960 et 1970 s'est passionné pour les «Mystères nazis»,[16] pour reprendre l'expression de Nicholas Goodrick-Clarke, à la suite de la publication du *Matin des magiciens,* le *best-seller* (il s'est vendu à plus d'un million d'exemplaires) de Jacques Bergier et Louis Pauwels.[17] Ce livre contribua très largement à diffuser l'idée que les faits historiques pouvaient avoir d'autres interprétations que celle officiellement établie, et ce notamment au sujet du IIIe Reich. De plus, ils y expliquaient que l'Histoire réelle de l'humanité est cachée et que la meilleure forme d'organisation de la science est sans doute la société secrète.

Ces «mystères nazis» ont pour origine, selon ces deux auteurs, le fait que le national-socialisme, par son irrationalisme affiché et bruyant, s'est largement différencié dans ses concepts et principes de ceux de la civilisation occidentale: «La nouveauté formidable de l'Allemagne nazie, c'est que la pensée magique s'est adjoint la science et la technique.»[18] De fait, c'est indubitablement *Le Matin des magiciens* qui popularisa les «mystères nazis», qui occupent d'ailleurs une grande part de ce livre, les adjoignant à celle de la supposée incroyable avancée de la science national-socialiste. En outre, selon Pauwels et Bergier, les nazis étaient persuadés qu'il existait une science secrète primordiale aux «intonations» magiques, mais surtout que cette dernière, de nature aryenne, s'opposait à la science «judéo-libérale». Cette science «nordique» est, selon Pauwels et Bergier, «un ésotérisme qui prendrait sa source dans tout ce qui constitue le fond de l'ésotérisme». Pour eux, la spéculation ésotérique nazie

> s'est inscrite dans les faits. Elle a agi sur les événements. Il semble que ces événements ne deviennent vraiment compréhensibles que sous cet éclairage. Ils restent horribles, mais éclairés de la sorte, ils deviennent autre chose que des douleurs infligées aux hommes par des fous et des méchants, ils donnent à l'histoire une certaine amplitude, ils rétablissent celle-ci au niveau où elle cesse d'être absurde et mérite d'être vécue, même dans la souffrance: le niveau spirituel. Ce que nous voulons faire comprendre, c'est qu'une civilisation entièrement différente de la nôtre est apparue en Allemagne et s'est maintenue pendant quelques années. Qu'une civilisation aussi

16 Nicholas Goodrick-Clarke, «La renaissance du culte hitlérien: aspects mythologiques et religieux du néo-nazisme», *in: Politica Hermetica* 11 (1997), pp. 167-184.

17 Bergier, Pauwels, *Le Matin des magiciens* (note 3).

18 *Ibid.*, p. 397.

> profondément étrangère ait pu s'établir en un rien de temps n'est pas, à y regarder, impensable [...].[19]

Cette idée fut reprise par Landig afin de diffuser ses propres thèses.

En effet, à partir des années 1960, les thèmes véhiculés par cette littérature occultisante, née du succès éditorial du *Matin des magiciens*, vont se diffuser dans la culture populaire, aidés par un phénomène des plus intéressants: la «mythologisation» des principaux responsables nazis, reconstruction qui se fait au détriment de la réalité historique. Les sociétés européennes, et plus globalement occidentales, voient leur conception et leur perception du nazisme être modifiées par une série d'évolutions, liées selon Goodrick-Clarke au contexte politico-économique de récession dans les sociétés occidentales:

> Cette nouvelle perception d'Hitler et du nazisme semble avoir profité du *Zeitgeist* changeant en Occident après la hausse des prix du pétrole en 1973-1974. Les idées enivrantes de la révolution politique et sociale qui s'étaient répandues parmi les jeunes gauchistes et ‹hippies› depuis 1967-1968, laissaient la place, en temps de récession, à un idéalisme plus intériorisé.[20]

C'est à cette période précise que Landig décida de publier son livre, sentant une atmosphère favorable à ses thèses. *Combat pour Thulé* rencontra alors un public éloigné des préoccupations idéologiques qui y sont développées mais qui était attiré par les constructions politico-spirituelles également présentes. Cette rencontre se fit d'autant plus facilement que cette époque cherchait à comprendre le nazisme, ses succès militaires fulgurants, sa politique d'extermination et son irrationalisme. Concernant ce dernier point, durant ces décennies, le moindre livre écrit par un inconnu sur le thème de l'«histoire mystérieuse», et notamment sur les «aspects ésotériques» du nazisme, tirait à cinquante mille exemplaires et ce jusqu'à la fin de la période.

Les grands thèmes développés dans son cycle thuléen

Wilhelm Landig développa différents thèmes dans son cycle thuléen, mêlant uchronie, ésotérisme, thèses racistes et anticipation. Dans *Combat pour Thulé*, publié en 1971, il soutint que des groupes de SS survécurent à la défaite du nazisme et à la mort d'Adolf Hitler, et reprit certaines idées développées par Jacques Bergier et Louis Pauwels dans le *Matin des Magiciens*. *Combat*

19 *Ibid.*, pp. 387-388.

20 GOODRICK-CLARKE, *La renaissance du culte hitlérien* (note 16), p. 175.

pour Thulé raconte en effet l'histoire de deux aviateurs allemands dont l'avion s'est écrasé en Arctique. Là, ils sont secourus par un officier SS, Gutmann («l'homme bon»), qui devient leur guide. Après avoir été initiés aux secrets de Thulé et avoir pris conscience de la nécessité du combat occulte contre Israël, justifiant ainsi l'antisémitisme, les deux aviateurs vont parcourir le monde dans le but d'unifier différents groupes thuléens, c'est-à-dire néonazis dont les idéaux sont en accord avec ceux des nazis réfugiés en Antarctique. Comme le souligne l'universitaire britannique Joscelyn Godwin, *Combat pour Thulé* est «un énorme travail de révisionnisme, ou disons-le, de blanchissement des nazis»[21] ainsi qu'une reprise de la philosophie antimoderne d'Evola. En adaptant ces thèses en roman, Landig échappa à la législation sur les textes racistes. En effet, ce livre est un manifeste ouvertement révisionniste et antisémite: les personnages principaux, les héros du roman, participent au combat des derniers SS contre l'empire «judéo-américain». Cette forme romanesque permit à Landig de toucher d'autres segments de la population, lui offrant la possibilité d'enseigner à son public les points suivants: 1. les mythes et la politique de la Thulé arctique; 2. les ovnis, alors à la mode; 3. les thématiques provenant du *Matin des magiciens* (l'Aggartha, les maîtres himalayens et la politique occulte, etc.); 4. les livres du SS Otto Rahn (en particulier, les liens entre catharisme et le Graal); 5. la littérature conspirationniste d'extrême droite sur le complot international de forces occultes (forcément juives...), etc.

Ce roman se place aussi dans la continuité des livres des néonazis et écrivains Miguel Serrano et Savitri Devi, qui commencent à publier à la même époque. L'idée d'une survivance secrète du nazisme se retrouva fréquemment dans la littérature néonazie de l'immédiat après-guerre. A l'instar de plusieurs autres auteurs de cette époque et de cette mouvance, tels Saint-Loup ou Ladislas Szabo, il soutint que ces SS se réfugièrent dans une base antarctique. Ces réfugiés SS se seraient appuyés sur les ultimes découvertes des scientifiques nazis de Peenemünde, qui auraient conçu le V7, sous forme de soucoupe volante, qui aurait apparu ainsi, ici ou là, dans les ciels de la planète après la guerre. Le V7 est en fait un mythe technologique[22] lancé par un article du journal *Der Spiegel* du 30 mars 1950,[23] qui s'enrichit pendant cette décennie pour devenir un mythe agglutinant associant occultisme nazi, soucoupe volante, survivance dans l'Antarctique, etc.

21 Joscelyn GODWIN, *Arktos. Le mythe du Pôle dans les sciences, le symbolisme et l'idéologie nazie*, Milan 2000, p. 81.

22 Joseph ALTAIRAC, «Un mythe technologique: la légende du V7», *in: Scientifiction* 1/2 (1997), pp. 29-134.

23 *Ibid.*, pp. 32-37.

Le deuxième volume *Wolfszeit um Thule,* en français *Le Temps des loups*, paru en 1980, reprit la même trame et la même période chronologique, mais l'auteur y rajouta le combat anticommuniste et surtout insista sur le combat contre le christianisme et le judaïsme (les «petits dieux» du titre original du premier livre): il insista fortement sur le combat à mort entre «l'étoile de David» et «Thulé». Nous voyons donc un entrelacement entre les thématiques développées par le roman et la vie de l'auteur: il ne faut pas oublier qu'à la même époque, il s'impliqua dans l'action de la World Anti-Communist League (WACL). A l'instar du livre précédent, Landig mélangea allègrement dans ce volume trame romanesque et digressions idéologiques portant à la fois sur l'intérêt de l'ésotérisme thuléen, sur la nécessité de combattre le «judaïsme mondial» et sur celle de combattre le péril communiste, par la création d'internationales anticommunistes. Nous retrouvons donc dans ce livre la défense du combat nazi contre le «judéo-bolchevisme» dans lequel il excella pendant la guerre.

Le dernier volume (*Rebellen für Thule, Rebelles de Thulé* en français) fut publié en 1991. Contrairement aux précédents, il s'agit plus ici d'un testament politique romancé que d'un roman. En effet, l'histoire se déroule en République Fédérale Allemande, en 1979. Des élèves se rebellent contre l'enseignement de l'«histoire officielle». Progressivement, ils prennent conscience de la véritable histoire et de l'enjeu de la «métaphysique thuléenne» et de l'antisémitisme. Ils seront aidés dans leur quête par un enseignant en histoire, qui lui-même est épaulé par certains de ses amis, d'anciens de la SS, tel l'ex-major Eyken. Dès ce moment, ces élèves, les *Rebelles de Thulé* du titre, adhérèrent à la vision du monde de Landig, des aryosophes et de l'Ahnenerbe et combattirent le rôle des sociétés secrètes capitalistes dirigées, évidemment, par l'«empire judéo-américain». L'objectif de Landig était limpide: il souhaitait transmettre ses idéaux, *via* les nombreuses «conférences», en fait les digressions de l'auteur, retranscrites dans le livre. Il n'y a pas ici de V7, ni d'aventures picaresques. Il s'agit plutôt d'une sorte de bréviaire alternatif d'extrême droite.

Les postérités de Landig

Dans les années 1980, Wilhelm Landig fut en contact avec ce que nous pouvons appeler des «Lunatic Fringes», c'est-à-dire des néonazis excentriques, peu sérieux et passablement illuminés. Il entretint aussi des relations avec des militants néonazis «classiques» si nous pouvons utiliser cette expression. En effet, durant cette décennie, Landig devint une figure importante, une référence intellectuelle de jeunes générations du néonazisme, auréolé de son passé de combattant Waffen SS.[24] De ce fait, certains de ses livres furent traduits de par le monde par des militants n'ayant pas connu le Troisième Reich, montrant implicitement à la fois l'intérêt pour ces questions de la part de jeunes néonazis et leur absence de culture historique, le nazisme de Landig n'ayant rien à voir avec la réalité. Au-delà de ces milieux, les thèses de Landig intéressèrent tout un monde évoluant aux marges du New Age et de l'extrême droite la plus radicale. Il intéressa enfin des personnes éloignées de ces milieux. Cette contamination peut s'expliquer par l'intérêt dans ces milieux pour l'«Histoire secrète», c'est-à-dire pour une interprétation alternative de l'histoire à forte tendance complotiste, en particulier en ce qui concerne le nazisme.

Parmi ces personnes évoluant à la fois aux marges du New Age et de l'extrême droite hétérodoxe, nous pouvons citer Jan van Helsing (pseudonyme de Jan Udo Holey). Landig fait partie des références explicites du *Livre Jaune n° 5*,[25] un livre à la fois négationniste et thématiquement proche du New Age, *best-seller* dans ce milieu.[26] Van Helsing cite d'ailleurs l'ex-SS. Ce dernier recycla à son tour toute une thématique néonazie dans des textes à connotation New Age. Pierre-André Taguieff résume l'ouvrage ainsi:

> Dans la grande conspiration mondiale qui est dénoncée, les Juifs tiennent la première place: non seulement ils sont partout (y compris sous divers masques: Roosevelt, Staline, Helmut Kohl ou George W. Bush), mais ils sont derrière les pouvoirs visibles et sont capables de tout (ils seraient responsables de la troisième guerre mondiale à venir!). Stéréotypes de l'infiltration, de la domination sans limites, de la manipulation et de la cruauté destructrice. Appliqués à la critique de la démocratie, ils conduisent à récuser celle-ci comme un décor trompeur occultant la réalité ploutocratique du pouvoir politique.[27]

L'influence de Landig se ressent dans la succession thématique de ce livre, qui traite à la fois du New Age, de l'ufologie nazie, du conspirationnisme

24 Cela n'est pas propre à Wilhelm Landig: d'autres ex-SS furent aussi considérés comme des références intellectuelles à cause de leur engagement passé. Nous pouvons citer, parmi les Français, Saint-Loup (pseudonyme de Marc Augier) ou Robert Dun (pseudonyme de Maurice Martin), etc. Des générations de néonazis allèrent en Espagne rencontrer le Belge Léon Degrelle, l'ancien responsable de la division SS Wallonie… Nous pourrions multiplier les exemples.

25 Jan VAN HELSING, *Livre jaune n° 5*, Tourrette sur Loup 2001.

26 En effet, sa première publication fut indubitablement un succès dans les pays germanophones avec plus de 100 000 exemplaires vendus en Allemagne, Autriche et Suisse.

27 Pierre-André TAGUIEFF, «Les textes fondamentaux de l'ésotérisme», *in: Le Point*, hors série n° 2 (mars-avril 2005), p. 15.

anti-judéo-maçonnique, de l'aryosophie, etc. Mais surtout, ce qui sous-tend le livre de van Helsing, c'est une volonté de réécrire l'histoire d'une façon idéologiquement très orientée. A l'instar de son prédécesseur, Jan van Helsing développa une thématique occultisto-aryosophique. Comme Landig toujours, il fit l'éloge des extraordinaires capacités de la «science nazie». D'ailleurs, van Helsing reconnut qu'il «éprouve un plaisir tout particulier à [vous] dévoiler ce thème», car il permet de constater «quels sont les milieux influents non allemands qui tiennent à *cacher* la vérité aux Allemands».[28] Enfin, là encore comme Landig, le livre de van Helsing est à la fois une apologie détournée du nazisme et l'expression d'un révisionnisme historique éhonté. En effet, le révisionnisme de van Helsing s'accompagne sans surprise d'un antisémitisme virulent: celui-ci cita d'ailleurs dans le *Livre Jaune n° 5* les fameux faux antisémites, les *Protocoles des Sages de Sion*, qui seraient selon lui la clef de l'histoire secrète.

L'influence de Landig s'est aussi ressentie de façon indirecte dans certains textes de l'auteur négationniste germano-canadien Ernst Zündel, en particulier dans deux ouvrages, *Secret Nazi Polar Expedition* et *German Secret Weapon of World War II*, qu'il signa du pseudonyme de Christof Friedrich.[29] Les thèses de Zündel sont inspirées par Willibald Mattern, lui-même s'inspirant des écrits de Landig. Le livre de Mattern, *UFOs: Unbekanntes Flugobjekt? Letzte Geheimwaffe des Dritten Reiches*,[30] publié par la maison d'édition de Zündel, eut d'ailleurs un grand succès dans les milieux ufologiques, c'est-à-dire des amateurs d'ovnis. Parallèlement à cela, Mattern publia à la même époque un autre ouvrage chez Samizdat, *Jesus, die Bibel, und die 6 000 000 Juden Lüge!*,[31] qui, comme son titre l'indique, est ouvertement négationniste. Une publication qui ne gêna pas le moins du monde Zündel, sa maison d'édition publiant en 1974 le livre négationniste de Thies Christophersen, *Mensonge d'Auschwitz,* dont la préface fut écrite par Zündel.[32]

Enfin, selon Nicholas Goodrick-Clarke, Landig est à l'origine de la diffusion, dans les milieux néonazis, du symbole du «Soleil noir», un symbole tiré d'une mosaïque du château de Wewelsburg, l'un des châteaux de la SS.[33]

28 Van Helsing, *Livre jaune n° 5* (note 25), p. 154.

29 Christof Friedrich, *Secret Nazi Polar Expedition*, Toronto, s. d.; *German Secret Weapon of World War II*, Toronto, s. d. Sous son nom, il a écrit *Hitler am Südpol?*, Toronto, s. d.

30 Wilhelm Mattern, *UFOs: Unbekanntes Flugobjekt? Letzte Geheimwaffe des Dritten Reiches*, Toronto 1974.

31 Wilhelm Mattern, *Jesus, die Bibel, und die 6 000 000 Juden Lüge!*, Toronto 1979.

32 *Cf.* Goodrick-Clarke, *Black Sun* (note 5), pp. 159-160; *Savitri Devi, la prêtresse d'Hitler*, Saint-Genis-Laval 2000, p. 288.

33 *Ibid.*, pp. 149-150.

Il devint un symbole-clé dans les milieux des jeunes néonazis allemands et autrichiens des années 1990. Il fut aussi repris par le groupuscule identitaire Thule Seminar, fondé et dirigé par Pierre Krebs, un ex-membre de la Nouvelle Droite. Les thèses de Wilhelm Landig furent recyclées par différents groupuscules parmi les plus radicaux de l'extrême droite, comme les français du magazine *Réfléchir & Agir*, qui évoluent dans la frange *völkisch*/néonazie de la mouvance identitaire. Les éditions Auda Isarn, qui ont publié en français les livres de Landig, sont d'ailleurs une émanation de l'équipe de *Réfléchir & Agir*.

Conclusion

Wilhelm Landig est donc une référence importante de la mouvance néonazie, comme nous l'avons montré dans ce texte. Si son groupe et lui-même sont restés confidentiels durant les années 1950 et 1960, le succès éditorial des «mystères nazis» leur ont donné une opportunité de s'exprimer et de diffuser leurs idées. Celles-ci se diffusèrent largement au-delà des milieux néonazis pour contaminer certaines franges de la nébuleuse du New Age, voire certains aspects de la culture populaire comme la bande dessinée. Concernant ce dernier point, il faut reconnaître que les postulats de Landig offrent d'intéressants scénarii. Un bon exemple est *D-Day, le jour du désastre*,[34] une bande dessinée américaine. Un autre est une bande dessinée de Gauthier, inspirée par Indiana Jones et les expéditions scientifiques de l'*Ahnenerbe*, qui raconte l'histoire d'un archéologue, Ken Mallory, poursuivi par des nostalgiques du IIIe Reich suite à la découverte d'un manuscrit par les nazis au Soudan en 1942.[35] Nous trouvons aussi des éléments de cette mythologie dans *La malédiction des trente deniers*, une aventure de Black et Mortimer.[36] Toutefois, il ne faut pas oublier que le cycle thuléen de cet auteur est un système mythologique très construit qui véhicule un antisémitisme et un négationnisme radical s'exprimant au grand jour. Cette radicalité a aussi fait qu'il est encore très lu et traduit par les milieux extrémistes de droite.

34 David BRIN et Scott HAMPTON, *D-Day, le jour du désastre*, Paris 2004.

35 GAUTHIER, *Mystères en Birmanie*, Paris 2004.

36 Jean VAN HAMME, René STERNE et Chantal DE SPIEGELEER, *La Malédiction des trente deniers*, 2 vol., Bruxelles 2009-2010.

Résumé

Wilhelm Landig est un ancien SS, qui devint après la guerre un auteur de science fiction. Il profita de ses romans, axés sur la thématique de la défense de Thulé, pour faire passer une vision du monde héritée de son passage dans la SS. Il développa en effet une cosmologie raciste, antichrétienne et antisémite qui fit de lui une figure culte de la contre-culture extrémiste de droite. C'est cette vision du monde que nous étudierons dans cet article. Après avoir remis dans son contexte historico-politique Wilhelm Landig, nous nous intéresserons à sa vision du mythe hyperboréen; à sa réutilisation, stratégique, du mythe de l'«occultisme nazi» vulgarisé en 1960 par *Le Matin des magiciens*; aux grands thèmes développés dans son cycle «thuléen»; et enfin, à sa postérité et à la diffusion de ses thèses (racialisme nazi, antisémitisme, antimonothéisme, négationnisme) dans des milieux différés. Nous appuierons notre analyse sur sa trilogie «thuléenne» parue entre 1971 et 1991. Ce cycle thuléen est effectivement important pour l'historien des idées et le spécialiste de l'extrême droite la plus dure, par son contenu construit et cohérent. Mais surtout, ce cycle littéraire doit être analysé comme un vecteur de diffusion d'idées, ainsi qu'un moyen de banalisation de thèmes conceptuels dans des milieux éloignés politiquement, comme une mise en pratique d'une forme de «gramscisme», cherchant à banaliser l'antisémitisme de la SS.

Zusammenfassung

Bei Wilhelm Landig handelt es sich um einen ehemaligen SS-Angehörigen, der nach dem Krieg ein Science-Fiction-Autor wurde. Er benutzte seine Romane, die auf der Thematik der Verteidigung von Thule beruhten, um seine, von seiner Vergangenheit in der SS geprägte Weltauffassung darzustellen. So entwickelte er eine rassistische, antichristliche und antisemitische Kosmologie und wurde zu einer Kultfigur der rechtsradikalen Gegenkultur. Diese Weltauffassung soll im vorliegenden Beitrag untersucht werden. Zunächst soll Wilhelm Landig in seinen geschichtspolitischen Kontext gestellt werden. Anschließend soll näher auf seine Vision des hyperboreischen Mythos eingegangen werden, sowie auf seine strategische Wiederverwendung des «nazistischen Okkultismus», der 1960 in *Le Matin des Magiciens* einer breiten Masse zugänglich gemacht wurde. Dann werden die Hauptthemen in seinem Thule- Zyklus und schließlich seine Wirkung auf die Nachwelt und die Verbreitung seiner Thesen in verschiedenen Kreisen betrachtet, wie zum

Beispiel Rassentheorie, Nazismus, Antisemitismus, Antimonotheismus und Negationismus. Unsere Analyse stützt sich auf die zwischen 1971 und 1991 erschienene Thule-Trilogie. Dieser Thule-Zyklus ist in der Tat von großer Bedeutung sowohl für den Ideenhistoriker als auch für den Spezialisten des Rechtsradikalismus von seiner extremsten Seite, und zwar durch seinen klar strukturierten und kohärenten Inhalt. Vor allem aber muss dieser literarische Zyklus als ein Vektor analysiert werden, der dazu dient, Ideen zu verbreiten, konzeptuelle Themen in politikfernen Kreisen zu beschönigen und eine Form des «Gramscismus» in die Praxis umzusetzen, mit dem Ziel den Antisemitismus der SS zu verharmlosen.

«Altneudeutschland» in Übersee. Kolonialе Widerstandskultur und Moderne

Catherine REPUSSARD
Université de Strasbourg

> Contrairement à ce qu'enseigne toute une pédagogie, au moins bicentenaire, il n'y a pas de coupure entre les scenarii significatifs des antiques mythologies et l'agencement moderne des récits culturels: littérature, beaux-arts, idéologies et histoires [...]
>
> Gilbert Durand,
> *Figures mythiques et visages de l'œuvre*

Die koloniale Frage aufzugreifen, im Rahmen einer Analyse, die den kulturellen Widerstandsstrategien angesichts einer sogenannten Mainstreamkultur gewidmet ist, zu einer Zeit, in der die *postcolonial studies* sich kräftig durchgesetzt haben, kann für eine Zumutung gelten. Seit der Publikation in den 80er und 90er Jahren von *Orientalism,* von *The World, The Text, The Critic* und schließlich von *Culture and Imperialism,*[1] den Hauptwerken Edward Saids, wird das Koloniale als Ausdruck der Moderne par excellence verstanden. Die Frage sollte jedoch gewagt werden: Kann nicht auch die Kolonialität, als Ideengut und koloniales Handeln verstanden, als Resistenz, beziehungsweise Widerstand der Moderne gegenüber verstanden werden?

Als Antwort auf diese Frage möchte ich zeigen, dass die deutsche Kolonialideologie auch den Versuch in sich barg, einer mythischen Weltanschauung und darüber hinaus einer im Mythischen verankerten Gesellschaftsordnung neue Kraft zu verleihen, wodurch die Moderne überwunden werden sollte. Für die postkolonialen Theoretiker ist der Kolonialismus der Ausdruck der Moderne schlechthin. Stuart Hall zum Beispiel hatte sogar den Kolonialismus mit der europäischen, später dann okzidentalen kapitalisti-

1 Edward W. SAID, *Orientalism*, New York 1979; DERS., *The World, The Text, The Critic*, Cambridge 1983; DERS., *Culture and Imperialism*, New York 1994.

schen Moderne nach 1492 gleichgesetzt, in einer in zwei gespaltenen Welt, worauf der Titel seiner Analyse *The West and the Rest* hinweist, genau wie Gayatri C. Spivak mit ihrem *Europe and its Others*.[2] So weit würde ich mich doch nicht trauen und werde mich deshalb eher mit der Dialektik von Mythos und Moderne im kolonialen Kontext beschäftigen.

Im Allgemeinen wird die Moderne durch das Verwerfen einer in der Tradition verankerten oder einer mythischen Weltauffassung charakterisiert. Beide Begriffe können jedoch nicht für gegensätzlich gelten, wie es Adorno und Horkheimer in ihrer Zeit meisterhaft gezeigt haben,[3] ein Gedanke, der inzwischen von weiteren Kulturwissenschaftlern aufgegriffen worden ist.[4] Die Zeit der kolonialen Welteroberung wird meist als Triumph des modernen europäischen Geistes beschrieben, gekennzeichnet durch Fortschrittsideologie, beschleunigte Entwicklung der Wissenschaft und der Technik in einer seit der Aufklärung «entzauberten Welt» nach Max Webers berühmten Formulierung. Selbst die unternommene Christianisierung, die der Kolonialmission zukam, wurde allmählich immer deutlicher in den Dienst des allgemeinen Fortschrittsglaubens gestellt. Den Europäern war es nämlich gelungen, über den Rest der Welt ihre unbeschränkte Macht auszuüben. Tatsächlich zielten die Engländer zur Zeit des sogenannten Hochimperialismus, der in den achtziger Jahren des 19. Jahrhunderts beginnt, auf eine weltweite kommerzielle Offensive unter dem Motto «we want trade and no dominion» ab, eng verbunden mit dem Gedanken einer «kolonialen Aufgabe» der weißen Rasse, «The White Mens Burden», wie es Kipling formulierte. Die zweitgrößte Kolonialmacht, Frankreich, hatte neben kommerziellem Interesse[5] die Absicht, den Geist der französischen Revolution in der Welt zu verbreiten, wobei jedoch die proklamierten Prinzipien der Freiheit,

2 Stuart HALL, «The West and the Rest: Discourse and Power» *in:* Stuart HALL, Bram GIEBEN (Hrsg.), *Formations of Modernity*, Cambridge 1992, S. 275-331; Gayatry C. SPIVAK, *Europe and its Others*, Bd. 1, Colchester 1985.

3 Theodor W. ADORNO, Max HORKHEIMER, *Dialektik der Aufklärung, Philosophische Fragmente,* Frankfurt am Main 1996 (1947). Siehe auch in Bezug auf die Kolonisation: Russel A. BERMAN, *Enligthenment or Empire. Colonial Discourses in German Culture*, Lincoln/London 2007, S. 16: «Horkheimer and Adorno argued that the project of reason is much more multivocal: potentially a source of domination, it is simultaneously the source of resistance and the visions of a better life».

4 Vgl. Jean-Pierre SIRONNEAU, *Sécularisation et religions politiques*, La Haye 1982; Yves CHALAS, *Mythe et révolutions*, Grenoble 1990; Alain PESSIN, *Le mythe du peuple et la société française du XIXe siècle*, Paris 1992 oder Jean-Jacques WUNENBURGER, *Imaginaires du politique*, Paris 2001.

5 Jacques MARSEILLE, *Empire colonial et capitalisme français. Histoire d'un divorce*, Paris 2004.

Gleichheit und Brüderlichkeit eines spezifischen Verständnisses in kolonialen Sachen bedurften.[6] Im deutschen Reich wurde laut behauptet, vor allem in den bildungsbürgerlichen Kreisen, die Zeit der Weltgeltung sei gekommen. Wie die anderen Nationen auch, wolle nun Deutschland auch «koloniale Arbeit» leisten.[7]

Ideologisch ist jenes koloniale Engagement weder als bloßer Nachholbedarf einer «verspäteten Nation» (Plessner) zu verstehen, die auch ihren «Platz an der Sonne» wie es Bernhard von Bülow[8] formulierte, forderte, was übrigens umstritten bleibt,[9] noch als eine Antwort auf gescheiterte Illusionen.[10] Es versuchte vielmehr gegen die Ideologie der Moderne zu reagieren und konkurrierend eine Rückkehr zum Mythischen zu bewirken. Die deutsche koloniale Ideologie kann somit als der Versuch gelten, das Deutsche Reich in die Wege einer «anderen» Moderne zu leiten.

Die mythische Präsenz in den «modernen» Ideologien ist längst thematisiert worden, in der älteren Mythosforschung in Frankreich, man denke zum

6 Siehe Nicolas BANCEL, Pascal BLANCHARD, Françoise VERGES, *La République coloniale. Essai sur une utopie*, Paris 2003, S. 25. Die Autoren betonen, dass diese Prinzipien desto schneller vergessen wurden, je weiter man sich vom Marseiller Hafen entfernte.

7 Rüdiger vom BRUCH, *Weltpolitik als Kulturmission*, Paderborn 1982.

8 Bernhard von BÜLOW, Reichstagsrede vom 6. Dezember 1897: «Die Zeiten, wo der Deutsche dem einen seiner Nachbarn die Erde überließ, dem anderen das Meer, und sich selbst den Himmel reservierte, wo die reine Doktrin thront [...] diese Zeiten sind vorüber [...]. Mit einem Worte: wir wollen niemand in den Schatten stellen, aber wir verlangen unseren Platz an der Sonne».

9 Vgl. Alexander HONOLD, Oliver SIMONS (Hrsg.), *Kolonialismus als Kultur. Literatur Medien, Wissenschaft in der deutschen Gründerzeit des Fremden*, Tübingen/Basel 2002: «Die weitverbreitete Einschätzung, dass Deutschland und die deutsche Kultur nur über nachholende, jedoch nicht nachhaltige koloniale Erfahrungen verfügte, bedarf der Korrektur, indem neben den unmittelbar politisch militärischen Akteuren auch das diskursive Feld beispielsweise der disziplinären Neugründungen (wie Koloniallinguistik, Tropenmedizin, oder Ethnographie) und die bemerkenswerte Konjunktur geographischer Zeitschriften in der zweiten Hälfte des 19. Jahrhunderts [...] in den Blick genommen werden»; Vgl. Thomas SCHWARZ, «Die Kultivierung des kolonialen Begehrens – ein deutscher Sonderweg», *in:* Alexander HONOLD, Oliver SIMONS (Hrsg.), *ibid.* Siehe auch Russel A. BERMAN, «Der ewige Zweite, Deutschlands sekundärer Kolonialismus», *in:* Birthe KUNDRUS (Hrsg.), *Phantasiereiche, Zur Kulturgeschichte des deutschen Kolonialismus*, Frankfurt am Main 2003, S. 28.

10 Helmut BLEY, «Der Traum vom Reich? Rechtsradikalismus als Antwort auf gescheiterte Illusionen im Deutschen Kaiserreich 1900-1918», *in:* KUNDRUS (Hrsg.), *Phantasiereiche* (Anm. 9), S. 56-71.

Beispiel an das Werk eines Mircea Eliade oder eines George Dumézil oder in Deutschland an Ernst Cassirers Standardwerk, *Der Mythus des Staates.*[11] In den 80er Jahren hat Hans Blumenberg die «Arbeit am Mythos»[12] wieder aufgenommen und Kurt Hübner auf die «Wahrheit des Mythos» hingewiesen.[13] Diese Philosophen thematisieren die Präsenz des Mythischen im zeitgenössischen politischen Diskurs. In Frankreich haben Pierre Brunel[14] und später dann Gilbert Durand in seinem Gesamtwerk, von den *Structures anthropologiques de l'imaginaire* bis zur *Introduction à la mythodologie* oder noch in seinem 2002 erschienenen Werk *Structures*,[15] immer wieder darauf hingewiesen, dass die mythischen «Bilderkonstellationen», die er als «Mythologème» bezeichnet und für anthropologisch fundierte Grundstrukturen hält, sich unter dem Einfluss von Ort und Zeit entwickeln, das heißt inhaltlich, aber nicht strukturell verändern.

Topos und *Kairos* liefern die Entschlüsselung einer mythischen Dynamik, wodurch sich im Kaiserreich eine Gegenmoderne entwickeln konnte, die sich dann im Gedanken des Triumphes des «Deutschtums» zuspitzte. Und somit wird auch wieder die enge Beziehung zur Kolonisation dargestellt, die sich eigentlich als Mittel zum Zweck, und darüber hinaus als Inbegriff der Weltgeltung des «Deutschtums» verstand, oder anders formuliert, als eine der Universalität der Aufklärung konkurrierende Singularität des «deutschen Wesens». Inwiefern kann also die deutsche Kolonialität als Verortung einer der Moderne gegenüber völlig spezifischen politischen Weltanschauung verstanden werden?

Die deutsche Kolonialzeitschrift *Kolonie und Heimat in Wort und Bild*, das Presseorgan des Frauenbundes der Deutschen Kolonialgesellschaft,[16]

11 Ernst CASSIRER, *Der Mythus des Staates, Philosophische Grundlagen politischen Verhaltens*, Zürich/München 1949.

12 Hans BLUMENBERG, *Arbeit am Mythos*, Frankfurt am Main 1979.

13 Kurt HÜBNER, *Die Wahrheit des Mythos*, München 1985.

14 Pierre BRUNEL, *Mythocritique, Théorie et parcours*, Paris 1992.

15 Gilbert DURAND, *Structures anthropologiques de l'imaginaire*, Paris 1992 (1960); DERS., *Figures mythiques et visages de l'œuvre, De la mythocritique à la mythanalyse*, Paris 1992; DERS., *Introduction à la mythodologie, Mythes et sociétés*, Paris 1996; DERS, *Structures*, Paris 2002.

16 Heinrich SCHNEE, *Deutsches Kolonial-Lexikon (1920)*, Bd. 1, S. 662, Frauenbund der Deutschen Kolonialgesellschaft, eingetragener Verein mit dem Sitz in Berlin, Am Karlsbad, Afrikahaus. Nach seiner Satzung ist sein Zweck, im Anschluß an die Bestrebungen der Deutschen Kolonialgesellschaft in den deutschen Kolonien deutschen Familiengeist und deutsche Art zu pflegen. Er wurde 1907 als deutschkolonialer Frauenbund gegründet. 1908 erfolgte sein Anschluß an die Deutsche Kolonialgesellschaft (s.d.) unter Annahme des jetzigen Namens. Gleichzeitig über-

wird die Grundlage unserer Untersuchungen bilden, wobei die Analyse sich vor allem auf die Jahre 1909 bis 1914, das heißt für Deutschland auf die koloniale Hochkonjunktur, beschränken wird.

Die Zeitschrift ist mit zahlreichen Illustrationen versehen, was zu der damaligen Zeit wissenschaftlicher Popularisierung zu ihrem Erfolg beitrug. Sie erschien zuerst monatlich, dann wurde sie jede zweite Woche herausgegeben und hatte im Jahre 1910 nicht weniger als 100 000 Abonnenten.[17] Es geht keineswegs um ein «Frauenmagazin», sondern um eine wichtige propagandistische Schrift, die neben Informationen zum Kolonialleben in Deutschland (zwischen 12 und 14% aller Artikel) die verschiedensten und geläufigsten kolonialen Themen behandelte: koloniale Geschichte, wirtschaftliche Entwicklung, Auswanderung, Siedlung, aber auch politische Organisation der Kolonien, wobei die Frage nach der politischen Bindung zum Mutterlande aufgeworfen wurde. Ebenso wichtig war die sogenannte Eingeborenenpolitik und die damit eng verbundene Frauenfrage, sprich die Frauenauswanderung, eine damals besonders akute Frage. Indessen werde ich nicht auf das gesamte thematische Spektrum der Zeitschrift eingehen, es geht vielmehr darum, hervorzuheben, in welche «mythischen Konstellationen», wie sie *Kolonie und Heimat* verbreitet, sich die deutsche Kolonialität, verankert. Die enge Verwandtschaft des deutschen Kolonialgedankens mit einer mythischen Welterfassung soll dadurch unterstrichen werden. Darüber hinaus soll die Verbundenheit der «rechten» beziehungsweise «völkischen» Ideologie mit dem Kolonialismus behandelt werden, die zu einer Korruption der Mythos führte, indem sie versuchte, sich selbst als Mythologie eines «altneuen Zeitalters» zu behaupten.

---

trug der Präsident der Kolonialgesellschaft dem F. die Prüfung der in häusliche Stellungen nach Deutsch-Südwestafrika zu entsendenden weiblichen Hilfskräfte, soweit sie für die Übersiedlung eine Unterstützung durch die Kolonialgesellschaft beantragen. Während in den ersten Jahren nur wenige Mädchen ausgesandt wurden, hat sich ihre Zahl nach und nach so gesteigert, daß im Jahre 1913 nach Deutsch-Südwestafrika 90 Mädchen dem Präsidenten der Kolonialgesellschaft zur Gewährung freier Ausreise empfohlen werden konnten und ausreisten [...]. Der F. zählte 1914 in 141 über ganz Deutschland verteilten Abteilungen über 18 600 Mitglieder. Seine erste Vorsitzende war die verstorbene Freifrau v. Liliencron, ihr folgte Freifrau v. Richthofen und dieser Frau Hedwig Heyl. http://www.ub.bildarchiv-dkg.uni-frankfurt.de.

17 1909/1910: durchschnittlich 21 Illustrationen pro Nummer, 1911-1912 dann 24 pro Nummer und 24,5 in den folgenden Jahren. Das Titelblatt ist auch reichhaltig illustriert.

Es lassen sich grundsätzlich drei mythische «Grundkonstellationen» feststellen, die wie folgt betitelt werden können: die ewige Wiederkehr, der Kampf zwischen Gut und Böse, das Einheitsstreben aller Deutschen.

Die ewige Wiederkehr: Zyklus statt Entwicklung

Als Naturgesetz

Die koloniale Ideologie, wie sie in *Kolonie und Heimat* verbreitet wird, wurzelt in einer unwiderstehlichen Sehnsucht nach dem Vergangenen, nach dem Ursprung. Die immer wieder hervorgehobene Regressivität wird in erster Linie als Naturgesetz dargestellt. In einem Artikel aus dem Jahre 1910 *Das deutsche Volk als Kolonialvolk* versucht Dietrich Schäfer, die Expansion als «Recht und Pflicht» des jungen deutschen Volkes zu begreifen.[18] Er äußert nämlich: «sich in der Welt behaupten und seinen Platz einnehmen [...] ist Natur und Wesen jedes lebendigen Volkes»[19] und kommt einige Zeilen später zu dem Schluss: «Es [ist] notwendig, es [ist] natürlich, es [steckt] in einem Volke, sich auszudehnen und sich auszubreiten».[20]

Wichtig dabei bleibt die Behauptung einer ewigen Beweglichkeit der Völker, wodurch die Expansion und darüber hinaus die Kolonisierung gerechtfertigt wird. Ein Stillstehen wird einer tödlichen Dekadenz gleichgesetzt. Schäfer stützt sich dabei auf die «Bewegungslehre» des Geographen Friedrich Ratzel, die das «Gesetz der wachsenden politischen Räume» durch den Gedanken ergänzt: Territoriale Expansion wird von der Natur gefordert.[21] In seiner 1897 erschienenen *Politischen Anthropologie* behauptet Ratzel, die Zukunft gehöre den «politischen Großräumen», die langsamer altern als kleinere Staaten, da Staaten auch als biologische Organismen zu erfassen seien. Historie wird zum Ort der Begegnung des Kulturellen und

18 Prof. Dr. Dietrich SCHÄFER, «Das deutsche Volk als Kolonialvolk», *in: Kolonie und Heimat* (16.01.1910). Alle Verweise, die sich auf die Zeitschrift *Kolonie und Heimat* beziehen, werden in der Folge unmittelbar mit der Abkürzung KH, der Angabe wenn möglich des Autors, des Titels und des Erscheinungsdatums in den Fußnoten aufgeführt.

19 *Ibid.*

20 *Ibid.*

21 Friedrich RATZEL, *Anthropo-Geographie und Grundzüge der Anwendung der Erdkunde auf die Geschichte*, Stuttgart 1882, Bd. 1, S. 116: «Ein Staat strebt naturgemäß nach Ausbreitung und aufrichtig gesagt nach Eroberung».

des Biologischen, wodurch «Naturgesetze» sich behaupten können. Koloniale Expansion ist darum nichts anderes als die natürliche Folge der deutschen Einheit, ein Gedanke, der von Dietrich Schäfer dann auch wieder unterstrichen wird.[22]

Sehnsucht nach dem Ursprung

Durch diese Idealisierung der Vergangenheit entsteht ein verschwommenes Bild der «großen alten Zeiten». Ursprung referiert zudem auf eine paradiesische Welt.

Die deutschen Kolonien, die oft mit der Vokabel «draußen» bezeichnet, also nicht präzis lokalisiert werden, werden zu einem mythischen Nicht-Ort, wo eine richtige Sehnsucht nach dem Utopischen zum Ausdruck kommt,[23] zu einer U-Topie also, wo die «jungfräuliche afrikanische Natur»[24] auch «urwüchsige Wildnis»[25] genannt, rein, ungeschändet und unbeschädigt bleibt. Von Exotismus kann kaum die Rede sein, da sich in *Kolonie und Heimat* die Naturbeschreibungen oft auf die minimalsten Klischees beschränken: «Die Sonne scheint und der Mittag glüht»,[26] «Die Tropensonne erglühte»,[27] «Es zittert der Mond auf dem heißen Sand/Kein Windhauch weht durch das glühende Land»,[28] «Der Mond bestrahlt mit fahlem Schein/Algerischer Wüstensand».[29] In dieser Urnatur wirkt die menschliche Präsenz störend. Dazu wird sie oft ins Kosmische gesteigert, das Kreuz des Südens wird immer wieder erwähnt, als Stern des Schicksals, dem sich der Mensch zu fügen

22 Siehe zum Beispiel Max WEBER, *Gesammelte politische Schriften*, Tübingen 1971, S. 23: «Wir müssen begreifen, daß die Einigung Deutschlands ein Jugendstreich war, den die Nation auf ihre alten Tage beging und seiner Kostspieligkeit halber besser unterlassen hätte, wenn sie der Abschluß und nicht der Ausgangspunkt einer deutschen Weltmachtpolitik sein sollte» oder Heinrich von TREITSCHKE, *Politik. Vorlesungen gehalten an der Universität Berlin*, Leipzig 1913, Bd. 1, S. 44: «[...] es handelt sich doch um unser Dasein als Großmacht bei der Frage, ob wir jenseits der Meere eine Macht werden können [...].»

23 Jean SERVIER, *Histoire de l'utopie*, Paris 1991; Fredric JAMESON, *Archeologies of The Future*, Santa Barbara 2005.

24 Otto STOLLOWSKY, «Der Afrika-Reisende», *KH* (13.02.1910).

25 Paul ROHRBACH, «Daheim und draußen in Ostafrika», *KH* (10.04.1909).

26 *Die Patrouille*, *KH* (07.11.1909).

27 *Die Erstürmung von Buschiris Lager*, *KH* (10.05.1914).

28 *Die Patrouille*, *KH* (07.11.1909).

29 *Legionärs Ende*, *KH* (04.01.1914).

hat.[30] Die Sakralisierung der Natur soll im Grunde eine Urreligiosität heraufbeschwören und drückt die Sehnsucht nach einer verzauberten beziehungsweise Verzauberung der Welt aus. Der oft behandelte Topos des Todes «draußen», wobei dem Leser das Bild der Verwesung nicht erspart bleibt, soll die Rückkehr zur Muttererde thematisieren, und somit auch die Überwindung der christlichen Auffassung des Todes.[31]

Neben dieser *wilderness*, als Urnatur empfunden, wird immer wieder in *Kolonie und Heimat* auf das Bild des schönen Gartens hingewiesen, wobei die überseeische Kolonie zum «Lande der Verheißung» wird, nach dem Titel des berühmten Kolonialromans von Frieda von Bülow, der Gründerin der deutschen Koloniallliteratur.[32] Der 1897 von Bernard von Bülow geforderte «Platz an der Sonne» versteht sich ebenfalls als Rückgewinnung des verlorenen Paradieses, des schönen Gartens Eden, ein Kosmos ersetzt das ursprüngliche Chaos. Dadurch wird das Mythische hybridisiert, da eigentlich christliche Mythen zur Neubelebung einer imaginierten Urreligiosität verhelfen sollen.

In diesem schönen Garten wird der deutsche Ansiedler die «neudeutsche Erde» bebauen können, und somit zum ersten Menschen werden, der wie im Mythos *ab origine* ein «Neuland», eine neue Welt schaffen wird. Dadurch wird die Kolonisation zur wahren Kosmogonie. Indem der Ansiedler symbolisch die Taten der Vorfahren wiederholt, wird der Zeitablauf aufgehoben und die mythische Zeit, die als «Zeit ohne Zeit» zu verstehen ist, herbeigeführt.[33] Der Zyklus einer kreisförmig verlaufenden Zeit ermöglicht die ewige Wiederkehr des Vergangenen.

Auf gleiche Weise werden die sogenannten Heldentaten der Schutztruppe dargestellt. Vor allem wird das als typisch germanisch empfundene Heldentum immer wieder unterstrichen, im kolonialen Rahmen bis zur Apo-

30 Rheinhold FUCHS, «Den Gefallenen in Südwest», *KH* (12.04.1914): «Bald werden die Kreuze verwittern [...]/Nur das Wildgras der Steppe wird zittern [...]/Die Helden [...]/Von denen einst keiner gedacht/Daß heu'ihm das Sternkreuz im Süden/Die ewige Ruhstatt bewacht! [...]» oder: «-schau dorthin-/über dir das Kreuz des Südens-/Hell strahlend, grad als wollt's dich mahnen,/Daß auch in dieser weiten wilden Ferne/Ein ewig Schicksal seine Kraft behält/Dem du in Ewigkeit bist unterworfen.»

31 «Die Patrouille», *KH* (07.11.1909); «Verdurstet!», *KH* (16.06.1910) oder «Legionärs Ende», *KH* (04.01.1914).

32 Wilhelm RAU, «Der sterbende Ansiedler», *KH* (12.04.1914): «Sie [richteten] auf die Hütte,/Schufen ringsum grüne Weide/Fruchtbar Land und Blumengärten.» oder: «Mit Hacke und Karst hat er sich bemüht [...]/Bis rings ihm Felder und Garten erblüht,/Und Weide und tragende Au».

33 *Ibid.*

theose, das heißt bis zum Heldentod, gesteigert. Das 1912 herausgegebene Gedicht «Auf Asgards Höhen» bleibt in dieser Hinsicht exemplarisch. Die Schlacht am Waterberg in Deutsch-Südwestafrika gilt als das maßgebliche Ereignis, welches die guten alten Zeiten wieder beleben soll: «Aufs neue ist sie entstanden/Die alte schwerfrohe Zeit/Die Deutschen siegen und sterben/Jetzo und allezeit».[34]

Der Verfasser des Gedichts beruft sich auf die altgermanische Mythologie und verfolgt damit die Absicht, das Mythische neu zu beleben. Die Hauptfigur des Gedichtes, der junge Heinrich, der das «junge Heldentum» verkörpert, wird zum neuen Siegfried: Vergangenheit, Gegenwart und Zukunft decken sich.

Zyklische Geschichtserfassung

Immer wieder wird auf die Zeit der Germanen bzw. das goldenes Mittelalter als die große alte Vergangenheit hingewiesen. Auf diese heroische Epoche folgte die «traurige Zeit vom 15. bis zum 19. Jahrhundert», wie es in *Kolonie und Heimat* heißt, «als die Erde verteilt wurde»[35] und als die Moderne triumphierte. Unter deren Druck wurde die germanische und mittelalterliche Größe verdrängt. Jene Zeiten sind aber verflossen, das Millennium verwirklicht sich, da endlich «eine neue Zeit angebrochen [ist]», da endlich mit der Kolonialisierung ein neuer Zyklus beginnt.[36] Die Kolonien gelten als den Ort der Neubelebung der ursprünglichen Größe, die eng mit den besonderen Eigenschaften des deutschen Volkes verbunden bleibt. Somit wird das deutsche Volk für ein «Kulturvolk [...], das an der Stelle entsprungen und entstanden [ist]», gehalten.[37] Das Magische wird aufgewertet, begleitet von einer radikalen Verwerfung der darwinschen Evolutionstheorie. Jede wissenschaftliche Erklärung, die die Welt entzaubern könnte, genauer gesagt die Sonderstellung der Deutschen nicht mehr endgültig begründen sollte, wird endgültig diskreditiert.

Die ewige Wiederkehr des Gleichen, des Gestrigen, der großen alten Zeiten ist auch in der mythischen Spannung zwischen dem Eigenen und dem Kollektiven wieder zu finden. Die vorbildliche koloniale Gemeinschaft wird als Organismus dargestellt, in dem jede einzelne Zelle die Eigenschaften des Ganzen enthält. So meint der Historiker Dietrich Schäfer: «Die alte Tatkraft

34 «Auf Asgards Höhen», *KH* (07.08.1912).
35 Dietrich SCHÄFER, «Das deutsche Volk als Kolonialvolk», *KH* (16.01.1910).
36 Otto STOLLOWSKY, «Der Afrika-Reisende», *KH* (13.2.2010).
37 Dietrich SCHÄFER, «Das deutsche Volk als Kolonialvolk», *KH* (16.01.1910).

des deutschen Volkes war geblieben; sie steckt in jedem einzelnen wie eine unverwüstliche Erbschaft.»[38] Die Vorstellung wurzelt im Gedankengut der deutschen politischen Romantik, wie ihn Fichte in den *Grundlagen des Naturrechts* Ende des 18. Jahrhunderts aufzeigte.[39]

Das koloniale Kollektiv ist auch der Ort des sozialen Experiments, einer neuen Form des Zusammenlebens. Das Zusammengehörigkeitsgefühl kann jedoch nur im gemeinsamen Kampf gegen einen gemeinsamen Feind erreicht werden. So versteht sich auch die koloniale Volksgemeinschaft als Ort des «Kampfes zwischen Gut und Böse».

Zwischen Gut und Böse

Dass die koloniale Ideologie auf einer binären Repräsentation der Welt beruht, haben seit Jahren die *Postkolonial Studies* hervorgehoben und intensiv bearbeitet.[40] In *Kolonie und Heimat* bleibt die Wahrnehmung und Behauptung einer dualen Welt mit ethischen Begriffen verknüpft, wobei selbstverständlich die deutsche Rasse das Gute schlechthin darstellt und die Eingeborenen als Negativbild, das Böse schlechthin, fungieren.

Hauptthemen bleiben die Gefährdung und die Erhaltung der deutschen Rasse. Die deutschen Kolonien sollten das deutsche Blut vor der Gefahr schützen, im «fremden Volkstum aufzugehen» und somit dem «Deutschtum verloren[zu]gehen»,[41] wie es mit der deutschen Auswanderung in die USA der Fall ist. Außerdem sollten die deutschen Kolonien die Möglichkeit anbieten, die Blutreinheit im Rahmen der deutschen Auswanderung in die Ansiedlungskolonien zu garantieren, sei es in Osteuropa oder in Südamerika (Chile, Peru, Argentinien, Brasilien...).[42] In den Kolonien müssen selbstver-

38 *Ibid.*

39 Johann Gottlieb FICHTE, *Grundlagen des Naturrechts*, Jena/Leipzig 1796-1797, Bd. 2, S. 25-26.

40 Vgl. Bill ASHCROFT, Gareth GRIFFITHS, Helen TIFFIN (Hrsg.), *Post-Colonial Studies, The Key Concepts*, London/New York 2000, Artikel «Binarism».

41 George CLEINOW, «Deutsche Kolonisation. Die innere Kolonisation in den deutschen Ostmarken», *KH* (30.01.1910).

42 Richard ERNER, «Vom Deutschtum in Südamerika: Chile», *KH* (24.05.1914); Ernst von HESSE WARTEGG, «Vom Deutschtum in Brasilien: deutsche Städte und Siedlungen in Rio Grande do sul», *KH* (16.11.1913); Siegfried BENIGNUS, «Vom Deutschtum im Ausland, Die südlichsten Schulen der Erde», *KH* (16.01.1910 und 27.03.1910); DERS., «Vom Deutschtum im Ausland, Die Brandkatastrophe von Valdivia», *KH* (13.03.1910); Paul ROHRBACH, «Vom Deutschtum in Südamerika:

ständlich die Mischehen, die nichts anderes als «Rassenselbstmord»[43] bedeuten, verboten und eine strikte Rassentrennung («eine reinliche Scheidung von Weiß und Farbig»)[44] durchgeführt werden. Selbst die Jugend soll zu einem «gesunden Rassengefühl»[45] erzogen werden.[46] Allerdings würden sich Vernichtungsversuche des Bösen als unproduktiv erweisen, da die Ausbeutung der Kolonien doch «Menschenmaterial» benötigt. Auf das rassistisch geprägte Weltbild werde ich jetzt nicht länger eingehen,[47] ich möchte jedoch noch eine kurze Bemerkung hinzufügen. *Kolonie und Heimat* widmet eine ganze Reihe von Artikeln den Kameruner Dualas, die immer wieder als «Hosennigger» bezeichnet werden, insofern sie nicht mehr einer für «authentisch» gehaltene Rückständigkeit entsprechen. Sie bilden eine europäisierte «Compradoreklasse»,[48] welche im Grunde genommen für die Kolonialherren das äußerste Feindbild verkörpert und somit das Böse schlechthin darstellt, da sie die strikten Grenzen eines rassistischen Weltbildes dekonstruieren.[49]

In *Kolonie und Heimat* wird noch eine weitere Gefahr erwähnt, und zwar die einer «liberalen» Kolonialpolitik, wie sie der Staatssekretär Bernhard Dernburg durchsetzen wollte, mit der Absicht, die Kolonien rentabel zu

---

Peru», *KH* (08.02.1914); DERS., «Vom Deutschtum in Südamerika: Bolivia», *KH* (29.03.1914).

43 «Rassenreinheit», *KH* (13.05.1912): «Ein Volk steht und fällt an jedem Punkt der Erde und zu jeder Zeit mit der Reinhaltung seiner Rasse [...]».

44 «Die Rassenfrage in den Kolonien», *KH* (06.02.1912).

45 «Eine Mahnung an deutsche Eltern und Erzieher», *KH* (07.11.1909).

46 «Die Rassenfrage in den Kolonien», *KH* (06.02.1912); «Rassenreinheit», *KH* (13.05.1912); «Dernburg über seine Politik», *KH* (16.06.1912); «Zur Frage der Mischehen in den Kolonien: Auch ein Beitrag zur Reichstagsresolution über die Mischehen», *KH* (20.05.1912); «Wider die Mischehen», *KH* (08.07.1912); «Ein widerlicher Beitrag zur Rassenfrage», *KH* (22.07.1912).

47 Vgl. Michael SCHUBERT, *Der schwarze Fremde. Das Bild des Schwarzafrikaners in der parlamentarischen und publizistischen Kolonialdiskussion in Deutschland von den 1870er bis in die 1930er Jahre*, Stuttgart 2003.

48 ASCHCROFT, GRIFFITHS, TIFFIN (Hrsg.), *Post-Colonial Studies* (Anm. 40), Artikel «Compradore». Die Bezeichnung Compradore betrifft die Oberschicht der einheimischen Kolonialbevölkerung, die mit den Kolonialherren meist eng zusammen arbeitete und sich auf diese Weise bereichern konnte.

49 «Die Sanierung Dualas und die Enteignung der Eingeborenen», *KH* (12.04.1914); «Die Duala-Neger in Kamerun», *KH* (31.05.1914): «[...] französische Gleichheit und Brüderlichkeit [gaben] den Nährboden für diese [die Dualas] Produkte falschverstandener Zivilisation; «Die Duala-Angelegenheit im Reichstage», *KH* (31.05.1914).

machen.[50] In zahlreichen Artikeln wird Dernburg vorgeworfen, die großen Kolonialunternehmen zu unterstützen, also eine «undeutsche» Kolonialpolitik zu führen, während eine «gesunde Kolonialpolitik» auf der Unterstützung der Auswanderung deutscher Ansiedler beruhen würde.

Einheitsstreben aller Deutschen

Die deutschen Ansiedler, die künftigen deutschen *Farmer,* auch «Kolonialpioniere» genannt, mit anderen Worten «der beste Kern des Deutschtums»,[51] bilden die Schar der «neuen Menschen», die die Kolonien hervorbringen sollen. Die aus dem Volk stammende neue Elite besteht aus Handwerkern und Bauern, die für die «Kolonialarbeit» hervorragend in der Kolonialschule zu Witzenhausen oder im Hamburger Kolonialinstitut ausgebildet worden sind. Die Auserwählten sind dazu bestimmt, die Werte der neuen Religion des «ewigen Deutschtums» zu verteidigen.

Eine ganz besondere Rolle wird den Farmersfrauen zugeschrieben.[52] Die Vorsitzende und Ehrenvorsitzende des Frauenbundes der Deutschen Kolonialgesellschaft, Freiin von Richthofen und Freiin von Lilienkron unterstreichen immer wieder in der Zeitschrift, dass nur auserlesene blutjunge deutsche Frauen für deutsche «Kolonialarbeit» «draußen» geeignet sind.[53] Die deutschen Kolonien wurden auch als Ort der Frauenemanzipation dargestellt, im «völkischen» Sinne des Wortes, das heißt für den Ort, wo «die Frauen das Recht verlangen, ihre Pflicht zu tun»,[54] mit anderen Worten als «Herrenmenschen» zugunsten des «Deutschtums» zu fungieren.[55]

50 Bernhard DERNBURG, *Koloniale Lehrjahre*, Stuttgart/Berlin/Leipzig 1907; DERS., *Zielpunkte des deutschen Kolonialwesens*, Berlin 1907.

51 «Die Haupt- und Residenzstadt Windhuk», *KH* (10.10.1909).

52 Clara BROCKMANN, «Deutsches Frauenleben in Südwest», *KH* (14.02.1909): «Von allen deutschen Frauen, die hier in Südwest ihre zweite Heimat gegründet haben, möchte ich an erster Stelle die nennen, die für die Entwicklung und Zukunft des Landes von wesentlicher Bedeutung ist: die Farmersfrau».

53 «Die Hauptversammlung der Deutschen Kolonialgesellschaft», *KH* (04.07.1909).

54 Rede der Freiin MONTGELAS, «Die Frau in den Kolonien», *KH* (01.10.1909).

55 Vgl. u. a. Martha MAMOZAI, *Schwarze Frau, weiße Herrin. Frauenleben in den deutschen Kolonien,* Hamburg 1996; Lora WILDENTHAL, *German Women for Empire*, London 2001; Sara MILLS, *Gender and Colonial Space*, Manchester 2005; Anette DIETRICH, *Weiße Weiblichkeiten, Konstruktionen von «Rasse» und Geschlecht im deutschen Kolonialismus*, Bielefeld 2007.

Damit die Tugenden der neuen «Kolonialgermanen», das heißt «Deutsches Denken», «deutsche Sitten», «deutsche Art», «deutsches Wesen»,[56] «deutsche Tugend»,[57] «deutscher Mut»[58] sich völlig entfalten können, kommt ihnen auch die Pflicht zu, sich in Volksgemeinschaften zusammenzuschließen, die als Ort eines neuen sozialen Zusammenlebens gilt, wo Solidarität, soziale «Gerechtigkeit» herrschen und wo auch reale Aufstiegsmöglichkeiten im Rahmen einer Leistungsgesellschaft angeboten werden. Es ging doch im Grunde darum, «woanders und besser [zu] leben».[59] Die in *Kolonie und Heimat* beschriebenen Volksgemeinschaften sollten eine Alternative zum wilhelminischen Deutschland sein, dessen gesellschaftspolitische Rückständigkeit trotz der bismarckschen sozialen Gesetzgebung historiographisch immer wieder unterstrichen wurde.

Wir könnten uns nun fragen, welche Beziehungen eigentlich die Kolonien zum Mutterlande zu entwickeln haben. In der Zeitschrift wird immer deutlicher, dass sich die Ansiedler immer mehr als «freie Afrikaner» behaupten und dass das Thema «Selbstverwaltung» immer häufiger zur Sprache kommt.[60] Jedoch wird die Zusammengehörigkeit aller Deutschen stark betont. Deutschland soll mit den Kolonien eine wirtschaftliche Einheit bilden, auf längere Zeit sollen die Kolonialwaren Deutschland versorgen. Für Friedrich List benötigte Deutschland ein *Empire* (sei es im Osten Europas), um wirtschaftlich autonom zu bleiben. Jedoch ist die deutsche Zusammengehörigkeit, die, wie behauptet wird, der «Blutverwandtschaft» zu verdanken ist, vor allem kulturell und wird durch die deutsche Sprache ausgedrückt, die als Ausdruck des deutschen Wesens zu verstehen ist. Mit den Kindern darf in den Kolonien nur deutsch gesprochen werden, nur deutsche Lieder dürfen gesungen werden. Die Gesangvereine spielen auch in dieser Hinsicht eine äußerst bedeutende Rolle:

> Einer echt nationalen Aufgabe dienen namentlich auch die deutschen Gesangvereine, die im deutschen Lied einen stets wirksamen Faktor nationaler Begeisterung und ein bindendes Element im Verkehr der aus allen Stämmen bunt zusammengewürfelten Landsleute empfinden.[61]

56 «Der Urwaldfriedhof», *KH*.
57 «Die erste Fahrt des Riesendampfers Vaterland», *KH* (14.06.1914).
58 «Der sterbende Ansiedler», *KH* (12.04.1914).
59 «Der Kakaobauer», *KH* (20.05.1912).
60 Dr. KÜLTZ-BÜCKENBURG, «Der Streit um die Selbstverwaltung in Südwest», *KH* (20.06.1909) oder Carl SCHLETTWEIN, «Die Anfänge der Selbstverwaltung in Südwestafrika», *KH* (31.01.1909).
61 «Vom Deutschtum im Auslande: Landsleute in Australien», *KH* (18.01.1914).

Den deutschen Gedenktagen wird eine besondere Aufmerksamkeit gewidmet. Bedeutende Veranstaltungen werden zu gewissen Angelegenheiten, wie zum Beispiel Kaisers Geburtstag am 27. Januar, organisiert, dessen Integrationspotential gut verstanden wurde (die einheimischen Soldaten der kaiserlichen Schutztruppe, die «treuen» Askaris, singen voller Begeisterung die Kaiserhymne «Heil Dir im Siegerkranz»)[62] und dessen Periodizität auch die Möglichkeit anbot, die profane Zeit aufzuheben, um in die mythische Zeit zurückzukehren, in *illo tempore* und jede örtliche Differenzierung zu tilgen.[63]

Die Wiederholung einer typisch deutschen Umgebung bildete eine andere Möglichkeit, jene Differenzierung aufzuheben und die Illusion zu erwecken, sich in Deutschland zu befinden. Die deutsche Kolonialarchitektur blieb weitgehend von dem wilhelminischen architektonischen Kanon der Gründerjahre beeinflusst, ein Gebäude sollte nämlich «wie das Bild einer mittelalterlichen Burg wirken», ganz so wie die Einrichtung der Häuser Ausdruck der deutschen Gemütlichkeit sein sollte.[64] Ideal blieb die Kleinstadt/Gartenstadt als germanischer Kompromiss verstanden, ganz im Sinne der damals herrschenden «Urbaphobie».[65] Dadurch kommt eine enge Verwandtschaft mit der «Heimatschutzbewegung» zum Ausdruck und darüber hinaus mit den Idealen der völkischen Bewegung, die die «Stadt für das seelische und wirtschaftliche Grab der [...] germanischen Rasse hält».[66] In

62 «Heil dir im Siegerkranz» war bis 1923 offizielle Hymne vorerst des Kaiserreichs, dann der frühen Weimarer Republik. Der Text von Heinrich Harries wurde 1790 geschrieben und bezieht sich auf den Koalitionskrieg gegen Frankreich. Nach der Reichsgründung wurde das Wort König durch das Wort Kaiser ersetzt, «Heil dir im Siegerkranz» wird deshalb als Kaiserhymne bezeichnet.

63 G. SCHELLE, «Kaisers Geburtstag in den Kolonien», *KH* (30.01.1910).

64 *KH*, «Die Haupt- und Residenzstadt Windhuk» (10.10.1909); «Ein Gang durch Keetmanshoop» (24.06.1912); «Wirtshausleben in Ostafrika» (30.07.1912); «Deutsches Leben in Südwest» (22.12.1911); «Swakopmund» (11.09.1910); «Bilder aus der Kameruner Residenz Buëa» (28.08.1910); «Die Handelsstadt Tanga» (5.12.1909); «Wie man in Südwest wohnte und wohnen wird» (03.11.1908); «Die Haupt-und Residenzstadt Windhuk» (10.10.1909): «Am Abhange [...] sehen wir malerisch gelegene hübsche Villen, unter denen die Größte wie das Bild einer mittelalterigen Burg wirkt».

65 Vgl. Arnaud BAUBEROT, Florence BOURILLON (Hrsg.), *Urbaphobie. Idéologies et représentations du refus de la ville. XIX-XXe siècles*, Pompignac 2009; Marc CLUET, «Cité-jardin et idées ‹réactionnaires-progressistes›», *in:* Barbara KOEHN (Hrsg.), *La Révolution conservatrice et les élites intellectuelles européennes*, Rennes 2003, S. 177-199.

66 Uwe PUSCHNER, *Die völkische Bewegung im wilhelminischen Kaiserreich. Sprache – Rasse – Religion*, Darmstadt 2001.

Windhoek, Swakopmund, Dar es Salam soll das deutsche Kleinstadtleben weitergelebt werden, vor allem im Kegelklub, im Gesangverein oder im Kaiserhof, wo zu jeder Zeit frisches Bier angeboten wird.

Wie gerade erwähnt, fordert die Sehnsucht nach dem Ursprung keine Kompromisse. Doch wieviel Regressivität kann sich eigentlich eine Weltanschauung im Zeitalter der Technologie leisten? Die Journalisten von *Kolonie und Heimat* sind sich dieser Frage bewusst. Selbst wenn das Deutsche Reich mit Hilfe des Kolonialreiches seine Selbstständigkeit behaupten und sich vom Rest der Welt absondern könnte, kann das Land keineswegs auf wissenschaftlichen beziehungsweise technischen Fortschritt verzichten, da gerade dadurch seine Unabhängigkeit garantiert wird.[67] Die zahlreichen Artikel zum Thema «Entwicklung unserer Kolonien», die vorzüglich dem Ausbau des Eisenbahnnetzes («Die Zeit der großen Kolonialbahnen ist gekommen») und der drahtlosen Telegraphie gewidmet sind, zeugen von jener Ambivalenz in Bezug auf das Fortschrittsideal der Moderne.[68] Schließlich wird die Moderne auf wissenschaftlichen und technologischen Fortschritt reduziert und in den Dienst des Triumphs des wahren Deutschtums gestellt, um schließlich die alten Tugenden der «Neugermanen» neu zu beleben.

Die propagandistischen Idealbilder einer im Germanentum verankerten deutschen Kolonisation sind mit weiteren kulturpessimistischen und antidemokratischen Strömungen wie der «völkischen Bewegung» eng verbunden:[69] Neubelebung des Germanentums, Behauptung der Volksgemeinschaft als soziale Alternative, Geschlossenheit des Deutschtums und offener ausgeprägter Rassismus, aber auch Überwindung des für «undeutsch» gehaltenen

67 Vgl. Dirk van LAAK, *Imperiale Infrastruktur. Deutsche Planungen für eine Erschließung Afrikas 1880 bis 1960*, Paderborn 2004 und DERS., «Kolonien als Laboratorien der Moderne?» *in:* Sebastian CONRAD, Jürgen OSTERHAMMEL (Hrsg.), *Das Kaiserreich transnational, Deutschland und die Welt 1871-1914*, Göttingen 2004, S. 257-279.

68 *KH*, «Die ostafrikanische Zentralbahn» (13.12.1911); «Die Kilimandjaro-Bahn» (02.01.1910); «Die Kameruner Nordbahn» (13.12.1911); «Die Ambolandbahn in Südwest-Afrika» (10.05.1914); «Die ostafrikanische Ruandabahn» (5.04.1913); «Der Ausbau der südwestafrikanischen Eisenbahnnetzes» (30.04.1912); «Die deutsch-ostafrikanische Mittellandbahn: Vom indischen Ozean zum Tanganika» (14.12.1913); «Bilder vom Telegraphenbau in Kamerun» (24.10.1909); «Drahtlose Telegraphie für unsere Kolonien» (27.02.1910).

69 Der Historiker Uwe Puschner ist der Meinung, die Kolonien hätten kein besonderes Interesse bei den Völkischen geweckt, während eine Zeitschrift wie *Kolonie und Heimat* verdeutlicht, welches Propagandapotential das Kolonialgebiet Übersee implizierte. Vgl. Uwe PUSCHNER, «Le colonialisme dans le discours völkisch», *in:* Christine DE GEMAUX (Hrsg.), *L'Allemagne du Saint Empire au deuil postcolonial*, Clermont-Ferrand 2010, S. 165-176.

Christentums und Rückkehr zu einer vorchristlichen Religiosität,[70] mit anderen Worten zu einer mythischen Weltauffassung. Behauptet wird vor allem eine «Ideologie des Kreises», wodurch die Zukunft in die Vergangenheit projiziert wird.

Jedoch bleibt die koloniale Ideologie nicht nur dem Regressiven verhaftet. Angesichts der sozioökonomischen wie politischen Verhältnisse des wilhelminischen Deutschlands, enthält sie auch Zukunftsprojektionen, die die Hoffnungen auf bessere Zeiten verbergen. Die apokalyptische Dramaturgie der damaligen Kulturpessimisten: Daseinsfrage, Bevölkerungsüberschuss, Lebensraum, Drang nach Export, sei es von Waren oder von Menschen, aber auch Entartung und Entmenschlichung..., konnte letztlich die koloniale Hoffnung nur verstärken. Jene Ängste, die zu manchen Zeiten wuchsen, und die keinen realen Grund haben, zeugen von einer Verunsicherung, wozu Industrialisierung, Urbanisierung und eingeprägter Untertanengeist sicher beigetragen haben. Die koloniale Ideologie sollte die Spannungen, die die Moderne auslöste, besonders im «feudalen Industriestaat» der wilhelminischen Ära überwinden, indem sie immer wieder die engsten Beziehungen zwischen Vergangenheit, Gegenwart und Zukunft unterstrich und dadurch eine Krise der Modernität einleiteten.[71] Das im Mythischen verwurzelte Zukunftsbild der Kolonialität sollte der regressiven Ideologie auch erlauben, einige moderne Züge zu integrieren, und auf diese Weise zu einem «totalen» Mythos führen, insofern sich propagandistische Aktualisierung des Mythos zum Logos aufarbeitete. Jene Perversion des Mythischen wirkte im Grunde integrativ und kulturoptimistisch, und arbeitete ein Gedankengut auf, welches fähig war, sowohl mit dem modernen Industriedeutschland als auch mit dem politisch rückständigen Kaiserreich zu rivalisieren.

In dieser Hinsicht haben die deutschen Kolonien als Wegweiser für das Mutterland fungiert. Kolonien sollten ein Vorbild für das künftige Deutschland darstellen. Die Kreisbewegung der Geschichte war auch als räumliche Bewegung zu erfassen, wodurch das Koloniale auch rückwirkend das Deutsche Reich beeinflussen sollte. Der Kreis schließt sich, die Kolonien verorten nämlich das Vorbild einer möglichen künftigen politischen Neuorganisa-

70 Neben PUSCHNER, *Die völkische Bewegung im wilhelminischen Kaiserreich,* (Anm. 66), siehe auch DERS., «Weltanschauung und Religion – Religion und Weltanschauung. Ideologie und Formen völkischer Religion», *in: Zeitenblicke* 5 (2006), Nr. 1, http://www.zeitenblicke.de/2006/1/Puschner/.

71 Für Christian Schwaabe ist das Unbehagen der wilhelminischen Kultur eng mit einer grundlegenden Krise der Moderne verbunden, die sich Ende des 19. Jahrhunderts allerseits ausbreitet. Vgl. Christian SCHWAABE, *Die deutsche Modernitätskrise*, München 2005, insbesondere «Europäische Décadence und deutsche Zivilisationskritik», S. 159-170.

tion oder eines echten politischen Neubeginns vorwiegend national und sozialistisch für Deutschland.

Zusammenfassung

Im Vergleich zu anderen kolonialen Kulturen, wie z.B. der französischen, kann der deutsche Kolonialismus für eine besonders vehemente Auseinandersetzung mit der Moderne gelten. Auf Grund einer Untersuchung der in der Kolonialzeit von der Deutschen Kolonialgesellschaft herausgegebenen Zeitschrift *Kolonie und Heimat in Wort und Bild* kommt eine tiefgreifende, sich an die völkische Weltanschauung anlehnende koloniale Mythologie deutlich zum Vorschein, die als Überwindungsversuch der damaligen deutschen politischen und kulturellen Entwicklung zu deuten wäre.

Die koloniale Kultur kann in einer kulturell pessimistischen Zeit auch als Ausdruck eines wahren «Kulturoptimismus» gelten, dem die «Neudeutsche Erde» oder ein «Neudeutschland in Übersee» unerwartete Erscheinungsmöglichkeiten bieten. Die Ambivalenz bzw. Hybridisierung des sich tief in eine mythische Welterfassung verankerten deutschen kolonialen Diskurses, versteht sich als eigentlicher und wahrer Neubeginn. Er könnte dadurch auch für den eigentlichen Versuch gelten, die Moderne in alternative Wege zu leiten.

Résumé

Le colonialisme allemand peut être saisi comme l'expression d'une confrontation particulièrement violente avec la modernité. L'analyse d'une revue éditée par la Deutsche Kolonialgesellschaft à l'époque coloniale, intitulée *Kolonie und Heimat in Wort und Bild*, laisse transparaître une véritable mythologie coloniale, proche d'une Weltanschauung völkisch, que l'on peut comprendre comme l'expression d'une contre-culture, remettant en question la situation politique et culturelle de l'époque, cherchant à engager le pays dans des voies alternatives, inspirées de la vision régressive d'un nécessaire retour à d'imaginaires origines.

Cependant, alors que le pessimisme culturel est à son comble, la culture coloniale exprime également un certain optimisme culturel, la «nouvelle terre allemande» ou la «nouvelle Allemagne au-delà des mers» offrant des perspectives inédites. L'ambivalence, voire l'hybridité du discours colonial allemand se pose alors en véritable modernité repensée.

La concrétisation de l'utopie: les laboratoires d'expérimentation sociale

Die Genossenschaftssiedlung Freidorf: Ein neues Dorf für freie Menschen?

Matthias MÖLLER
Albert-Ludwigs-Universität Freiburg

> Verdutzt und ratlos steht der Fremde mitunter beim erstmaligen Besuch im Freidorf: Er erwartet eine romantisch-idyllische Dorfanlage, und er findet ein Gebilde, halb Kloster und Anstalt, halb Gartenstadt und Juranest [...]. [S]o ist die Bauanlage des Freidorfes nur eine Offenbarung seines inneren Geistes und eine Verkörperung seiner genossenschaftlichen Tat: die vollgenossenschaftliche Lebensgemeinschaft von 150 Familien im bienenwabenähnlichen Zellenbau einer Siedelung.[1]

Mit diesen Worten beschrieb der Architekt des Freidorfes und spätere Bauhaus-Direktor Hannes Meyer (1889-1954) ein Ensemble, das als bedeutendster Siedlungsbau der Schweiz in der Zwischenkriegszeit gilt.[2] Im Freidorf wurden zeitgenössische Reformideen mit dem Ziel verfolgt, ein Wohnquartier möglichst weitgehend auf kooperativer Grundlage zu organisieren.

Ähnliche Ansätze fanden sich auch an anderen Orten. Die Jahre nach dem Ersten Weltkrieg erlebten im deutschsprachigen Raum eine Gründungswelle von Wohn- und Siedlungsgenossenschaften und ein gesteigertes Interesse am Reformwohnungsbau.[3] Anders als die meisten Siedlungsexperimente der

1 Hannes MEYER, «Der Baugedanke», *in:* SIEDELUNGSGENOSSENSCHAFT FREIDORF (Hrsg.), *Siedelungsgenossenschaft Freidorf,* Basel 1922, S. 57-58. Im Folgenden verwenden wir die Abkürzung SGF.

2 Brigitta STRUB, «Muttenz», *in: Historisches Lexikon der Schweiz (HLS)*, Version vom 02.09.2010, URL: http://www.hls-dhs-dss.ch/textes/d/D1197.php; KANTON BASEL LANDSCHAFT, *Tätigkeitsbericht der kantonalen Denkmal- und Heimatschutzkommission 2008*, Liestal 2009.

3 Klaus NOVY, *Genossenschafts-Bewegung. Zur Geschichte und Zukunft der Wohnreform*, Berlin (West) 1983, S. 165; Klaus NOVY, Michael PRINZ, *Illustrierte Geschichte der Gemeinwirtschaft. Wirtschaftliche Selbsthilfe in der Arbeiterbewegung von den Anfängen bis 1945*, Berlin (West) 1985, S. 82 und S. 99-115.

Zwischenkriegszeit hat das Freidorf jedoch den Zweiten Weltkrieg und die Umbrüche der Nachkriegszeit ohne größere Eingriffe überstanden. Wie sich eine Reformsiedlung der Zwischenkriegszeit ohne staatlichen Dirigismus und Kriegsfolgen entwickelte, lässt sich nur an wenigen Beispielen überhaupt untersuchen. Mit dem Freidorf existiert ein in Bezug auf Konzeption und finanzielle Ausstattung besonders bemerkenswertes Siedlungsprojekt, das eine solche Untersuchung ermöglicht.[4]

Genossenschaftsbewegung in der Schweiz

Mitte des 19. Jahrhunderts schlossen sich in der Schweiz, ähnlich wie in anderen europäischen Ländern, ärmere und sozialreformerisch inspirierte Menschen zu Konsumvereinen zusammen. Als Vorbild diente ihnen die Gründung eines selbstverwalteten Genossenschaftsladens 1844 im englischen Rochdale.[5] Sie wurde zum Initiator einer oppositionellen Bewegung, deren Ansatzpunkt nicht Fragen der Produktion, der Arbeitsbedingungen oder des Lohnes, sondern der Bereich des Konsums und der Reproduktion der Arbeitskraft war. Karl Marx beschrieb diesen Aspekt im Kommunistischen Manifest wie folgt: «Ist die Ausbeutung des Arbeiters durch den Fabrikanten so weit beendigt, daß er seinen Arbeitslohn bar ausgezahlt erhält, so fallen die anderen Teile der Bourgeoisie über ihn her, der Hausbesitzer, der Krämer, der Pfandleiher usw.»[6] Hier setzte die Konsumgenossenschaftsbewegung mittels Selbstorganisation der KonsumentInnen an. Ein gemeinsamer Großeinkauf von Lebensmitteln und Bedarfsgütern konnte Preisvorteile erzielen, die als Rückvergütung an die Mitglieder zurückflossen. Teilweise wurden die Überschüsse für kollektive Zwecke wie Bildung, Erziehung und Soziales verwendet. Als Fernziel galt zudem bereits früh die Errichtung von

4 Dies trifft nicht zuletzt auf durchgängig erhaltene Quellen zu. Im Hausarchiv der Siedlungsgenossenschaft Freidorf lagern unter anderem die Protokolle des Verwaltungsrates und der Generalversammlungen (1919 bis heute), die Jahresberichte der Genossenschaft (1919 bis heute) und das Wochenblatt der Siedelungsgenossenschaft Freidorf (1921-1967) bzw. der Freidorf-Mitteilungen (1967 bis heute).

5 Vinzenz WINKLER, *Coop und Migros. Genossenschaften in Konkurrenz und im Wandel der Zeit*, Zürich 1991, S. 24; Erwin HASSELMANN, *Die Rochdaler Grundsätze im Wandel der Zeit*, Frankfurt/Main 1968, S. 9-13.

6 Karl MARX, Friedrich ENGELS, «Manifest der Kommunistischen Partei (1848)», *in:* Iring FETSCHER (Hrsg.), *Karl Marx Friedrich Engels Studienausgabe Band III*, Frankfurt/Main 1966, S. 65.

Wohnungen.[7] Die Konsumvereine waren demokratisch organisiert, gewährten Stimmrecht unabhängig von der Höhe der Kapitaleinlage und vertraten oft parteipolitische und konfessionelle Neutralität.[8] Diese (neben Arbeiterparteien und Gewerkschaften) auch als dritte Säule der Arbeiterbewegung bezeichneten Selbsthilfeorganisationen entwickelten sich zwischen 1890 und 1914 zu einer internationalen Massenbewegung.[9] Sie versprach sich die Verwirklichung des Sozialismus nicht auf dem Wege der Eroberung politischer Macht, sondern verstand ihn als ein Aufbauwerk eines genossenschaftlich-gemeinwirtschaftlichen Sektors, der dem Gemeinwohl dienen und in der Lage sein sollte, die kapitalistische Konkurrenzwirtschaft Schritt für Schritt durch kooperatives Wirtschaften zu ersetzen.[10]

In der Schweiz erfolgte im Jahre 1890 ein Zusammenschluss von Konsumvereinen in einem Dachverband, dem Verband der Schweiz. Konsumvereine (VSK).[11] Er erlebte in den folgenden Jahren eine erhebliche wirtschaftliche und organisatorische Weiterentwicklung. Zu Lobby-, Öffentlichkeitsarbeit und der Koordination von Großeinkäufen kamen bald weitere Tätigkeiten wie die Herausgabe eigener Publikationen, die Errichtung von Lagerhäusern, der Einstieg ins Bank- und Versicherungsgeschäft und der Betrieb eigener Produktionsanlagen. Bis 1914 gehörten dem VSK 396 Konsumvereine an. Er beschäftigte 600 MitarbeiterInnen und setzte Waren im Wert von 45,7 Millionen Franken um.[12]

7 Helmut FAUST, *Geschichte der Genossenschaftsbewegung. Ursprung und Weg der Genossenschaften im deutschen Sprachraum*, Frankfurt/Main 1965, S. 94.

8 HASSELMANN, *Die Rochdaler Grundsätze im Wandel der Zeit* (Anm. 5), S. 9-13.

9 NOVY, PRINZ, *Illustrierte Geschichte der Gemeinwirtschaft* (Anm. 3), S. 23; Robert WILBRANDT, *Die Bedeutung der Konsumgenossenschaften*, Göttingen 1913, S. 23.

10 Vgl. Theo THIEMEYER, «Zur Theorie der Gemeinwirtschaft in der Wirtschaftswissenschaft», *in: Gewerkschaftliche Monatshefte* 23/3 (1972), S. 129-141; Paul HIRST, «Genossenschafts-Sozialismus. Perspektiven einer vergessenen Gesellschaftsutopie», *in: Gewerkschaftliche Monatshefte* 42/9 (1991), S. 564-569.

11 Marcel BOSON, *Co-op in der Schweiz. Betrachtungen zu den Anfängen und zur Entwicklung der Co-op Genossenschaften*, Basel 1965, S. 181-194.

12 Paul MEYER, *Dienst am Volk. 35 Jahre Verband schweiz. Konsumvereine (V.S.K.) 1900-1935*, Basel 1935; WINKLER, *Coop und Migros* (Anm. 5), S. 39-42.

Die Gründung der Siedelungsgenossenschaft Freidorf (SGF)

Der VSK verzeichnete auch in den Jahren des Ersten Weltkriegs erhebliche Umsatzsteigerungen.[13] Solche erhöhten Unternehmensgewinne während der Kriegszeit wurden in der Schweiz seit 1915 zur Deckung der Mobilmachungskosten besteuert.[14] Um dieser Steuer zu entgehen, beschloss der VSK 1919, Rückstellungen in Höhe von 7,5 Millionen Franken für den Bau einer genossenschaftlichen Mustersiedlung zu verwenden.[15] Dies geschah in einer Zeit, als Basel unter einer erheblichen Wohnungsnot litt.[16] Gleichzeitig hatte der Landesstreik im November 1918 die Schweiz erschüttert und tiefe soziale Gegensätze offenbart.[17] Die Gründung der SGF fällt damit in eine Zeit, die durch wirtschaftliche Probleme, große soziale Not und die Niederlage der revolutionären ArbeiterInnenbewegung gekennzeichnet war. An den sozialen Problemen wollten nun Persönlichkeiten der schweizerischen Genossenschaftsbewegung mit ihren gesellschaftsreformerischen Vorstellungen einer friedlichen Transformation ansetzen.

Die Gründer des Freidorfes gehörten seit Jahren der Genossenschaftsbewegung an und waren in gehobenen Stellungen des VSK beschäftigt. Sie waren entweder Vertreter einer christlich-bürgerlichen Sozialreform oder von der Radikalisierung der SPS enttäuschte Sozialdemokraten, die sich gegen revolutionäre Erhebungen aussprachen. Sie einte die Suche nach einem dritten Weg jenseits kapitalistischer Ausbeutung und staatssozialistischer Kommandowirtschaft.[18] Die wichtigste Person war der Initiator und langjährige VSK-Direktor Bernhard Jaeggi (1889-1944).[19] Er initiierte im Frühjahr 1919 die Gründung der SGF. Bereits zum Jahresende 1919 begann der Bau und zwischen Herbst 1920 und Frühjahr 1921 wurden die 150 Siedlungshäuser bezogen.[20] Unter den ErstbezieherInnen waren bedeutende Persönlichkeiten der schweizerischen Genossenschaftsbewegung wie Karl Munding (1859-1934), Johann Friedrich Schär (1846-1924), Rudolf Kündig

13 MEYER, *Dienst am Volk* (Anm. 12), S. 24-25.

14 Hanspeter OECHSLIN, *Die Entwicklung des Bundessteuersystems der Schweiz von 1848 bis 1966*, Freiburg i. Üe 1967, S. 85-90.

15 SGF (Hrsg.), *Siedelungsgenossenschaft* Freidorf (Anm. 1), S. 39-40.

16 Vgl. Luca TREVISAN, *Das Wohnungselend der Basler Arbeiterbevölkerung in der zweiten Hälfte des 19. Jahrhunderts*, Basel 1989.

17 Vgl. Willi GAUTSCHI, *Der Landesstreik 1918*, Zürich 1968.

18 Johann Friedrich SCHÄR, «Geleitwort», *in:* SGF, *Siedelungsgenossenschaft Freidorf* (Anm. 1), S. 5-13.

19 Zu Bernhard Jaeggi siehe MEYER, *Dienst am Volk* (Anm. 12), S. 7-19.

20 MEYER, «Der Baugedanke» (Anm. 1), S. 62-63.

(1857-1923) und Henry Faucherre (1883-1971). Auch Hannes Meyer und Bernhard Jaeggi ließen sich in der neuen Siedlung nieder.

Das Freidorf war geplant als «Siedelung auf genossenschaftlicher Grundlage und ein Dorf im Gegensatz zur Stadt, und zwar ein Freidorf, weil die Menschen dort frei sollen wohnen können, frei, indem sie genügend Raum haben, und weil das Dorf mit der Zeit von jeder Schuldenlast frei sein soll».[21] Es verknüpfte gleich mehrere bedeutende Reformideen der damaligen Zeit: den Missständen in den beengten Arbeiterquartieren wurde mit den baulichen Paradigmen der Gartenstadtbewegung begegnet. Genossenschaftliche Grundsätze wurden durch eine demokratische Organisation, die kollektive Beschaffung der Lebens- und Konsumgüter und weitere Einrichtungen der Selbstorganisation verwirklicht. Ideale der Bodenreformbewegung, die sich unter anderem gegen Spekulation mit Immobilien und für eine Kollektivierung ihrer Wertsteigerungen einsetzte, wurden in Form von genossenschaftlichem und zweckgebundenem Eigentum der Häuser und Grundstücke verfolgt.

Konzeption und Organisation: Hier ist alles Coop

Die Siedlung schaffte Wohnraum für 150 Familien von Arbeitern und Angestellten des VSK. Vom Lagerarbeiter bis zum Direktor sollten alle Einkommensgruppen vertreten sein. Deren unterschiedlichen Wohnbudgets wurde durch drei Haustypen entsprochen. So entstanden 110 Häuser mit vier Zimmern, und 30 bzw. 10 Häuser mit fünf bzw. sechs Zimmern. Hannes Meyer zufolge verfügten die größeren Häuser über «gutbürgerliche Abmessungen», während «der Haustyp I als vorbildliche Normalzelle einer schweizerischen Siedelung gewertet werden»[22] dürfe.

Tatsächlich war die Ausstattung für damalige Verhältnisse beeindruckend. Im Keller verfügen die Häuser über eine Waschküche, einen Werkstatt- und einen Lagerraum. Im Erdgeschoss befinden sich Küche, Ess- und Wohnzimmer und im Obergeschoss die Schlaf- bzw. Kinderzimmer und ein Badezimmer mit Wanne. Auch elektrische Beleuchtung, Boiler und Kochherde gehörten zur Grundausstattung.[23] Die unterschiedlichen Hausgrößen wurden nach Außen hin relativiert. Aus Flächen- und Kostengründen hatte man das

21 SGF, *1. Jahresbericht und Rechnung per 31. Dezember 1919*, Basel 1920, S. 6.

22 MEYER, «Der Baugedanke» (Anm. 1), S. 64.

23 SGF (Hrsg.), *25 Jahre Siedelungsgenossenschaft Freidorf*, Basel 1943, S. 239; MEYER, «Der Baugedanke» (Anm. 1), S. 64-68.

Freidorf als Reihenhaussiedlung errichtet.[24] Die Fassadengestaltung, insbesondere zur Straßenseite hin, legte dabei großen Wert auf Einheitlichkeit der Haustypen und die Kaschierung von Statusunterschieden. Während man den kleinen Haustyp I durch Gestaltungselemente aufwertete, zeigt sich die tatsächliche Größe der anderen Häuser nicht von der Straßenseite, sondern nur von der Rückseite her.[25]

Das Freidorf wurde als Familiensiedlung konzipiert, die gegenüber den beengten Wohnquartieren der Arbeiterviertel gesunden und komfortablen Wohnraum in abgeschlossenen Familien bieten wollte. Jaeggi war der Ansicht, «daß die Beschaffung gesunder Wohnungen die Grundlage ist für eine gesunde Entwicklung der Familie, weil diese erste Stufe des Gemeinschaftslebens sehr von den Wohnverhältnissen beeinflußt wird».[26] Alle Häuser verfügten damals zudem über einen großen Nutzgarten für den Eigenanbau von Gemüse.[27]

Für die kollektiven Einrichtungen wurde 1924 am zentralen Dorfplatz ein Genossenschaftshaus errichtet. Es beinhaltete im Erdgeschoss eine Wirtschaft, einen Genossenschaftsladen und eine Primarschule. Im ersten Stock befanden sich Sitzungszimmer, Bibliothek, Seminarräume und ein 500 Personen fassender Saal. Das Dachgeschoss beherbergte Fremden- und Handarbeitszimmer und eine Turnhalle.[28] Bernhard Jaeggi gründete dort auch das Genossenschaftliche Seminar – eine Bildungseinrichtung der Konsumvereinsbewegung, die eng mit den Siedlungsstrukturen verknüpft wurde. Siedlung und Seminar ergänzten sich zum Beispiel im Hinblick auf kulturelle Veranstaltungen oder die Verkäuferinnenausbildung des VSK, die teilweise im Freidorf-Laden stattfand.[29] Das Genossenschaftshaus sollte als «Tempel der Gemeinschaft»[30] den «kulturellen, genossenschaftlichen und gesellschaftlichen Mittelpunkt»[31] der Siedlung bilden. Seine Errichtung markierte auch das Ende der Bauphase.

24 SGF, *1. Jahresbericht und Rechnung* (Anm. 21), S. 10; MEYER, «Der Baugedanke» (Anm. 1), S. 56.

25 Werner KLEINERÜSCHKAMP, *Hannes Meyer (1889-1954). Studien und Materialien zum Werk*, Marburg 1993, S. 86-89; MEYER, «Der Baugedanke» (Anm. 1), S. 63-64.

26 SGF, *1. Jahresbericht und Rechnung* (Anm. 21), S. 5-6.

27 *Ibid.*, S. 8.

28 SGF (Hrsg.), *25 Jahre Siedelungsgenossenschaft Freidorf* (Anm. 23), S. 240.

29 Vgl. GENOSSENSCHAFTLICHES SEMINAR, *Das Genossenschaftliche Seminar (Stiftung von Bernhard Jaeggi), Freidorf bei Basel 1923-1940*, Basel 1940.

30 MEYER, «Der Baugedanke» (Anm. 1), S. 76.

31 SGF, *Sechster Jahres-Bericht und Rechnung per 31. Dezember 1924*, Basel 1925, S. 4.

Die interne Organisation des neuen Dorfes folgte den Gewohnheiten der Konsumgenossenschaftsbewegung. Dort war meist nur eine Person pro Familie Mitglied in einer Ladengemeinschaft.[32] Auch im Freidorf wurde nur ein Haushaltsvorstand pro Familie Mitglied in der Siedlungsgenossenschaft.[33] Meist war dies der männliche Haushaltsvorstand. Das Betätigungsfeld der Frauen umriss Jaeggi dagegen wie folgt:

> Die Rolle, die der Frau in der genossenschaftlichen Organisation zuzuweisen ist, empfängt ihren Inhalt aus dem Wesen und dem Geist der gesunden häuslichen Ökonomie und Fürsorge. Wichtig [...] ist die Arbeit, welche die Frau unmittelbar im kleinen genossenschaftlichen Wirtschaftskreise, der sich nahe um ihre Heimstätte herum bildet, leisten kann und leisten soll.[34]

Die Genossenschaftsmitglieder trafen sich in der Regel jährlich zur Generalversammlung. Dort wurde ein Verwaltungsrat für die laufenden Geschäfte gewählt und andere grundlegende Entscheidungen getroffen. Die BewohnerInnen des Freidorfs sollten jedoch auch ehrenamtlich in Kommissionen mitarbeiten, deren Mitglieder der Verwaltungsrat bestimmte. So wurden zentrale Bereiche des Siedlungslebens organisiert: Es gab Kommissionen für Baufragen, Sicherheit, Gesundheit, Unterhaltung, Erziehung, Finanzen und den Betrieb des Genossenschaftsladens.[35]

Doch nicht nur in dieser Hinsicht wurde viel von den SiedlerInnen erwartet. Im Freidorf herrschte ein strenges Reglement, das weitgehend auf das genossenschaftliche Kollektiv hin ausgerichtet war. So durften Umbauten und die äußere Gestaltung der Häuser keinesfalls die einheitliche Erscheinung der Siedlung beeinträchtigen. Bauliche Verbesserungen an Haus und Garten wurden gemäß sozialistischer Vorstellungen ‹expropriiert› und gingen bei Hauswechseln entschädigungslos ins Eigentum der Genossenschaft über.[36] Die Mitglieder waren auch verpflichtet, ihren «Warenbedarf [...] soweit [wie] möglich aus den [eigenen] Genossenschaftsanstalten»[37] zu decken. Bei Zuwiderhandeln drohten Sanktionen bis zum Verlust der Mitgliedschaft. Zudem wurden die Familienumsätze im Genossenschaftsladen jährlich veröffentlicht.

32 Karen HAGEMANN, *Frauenalltag und Männerpolitik. Alltagsleben und gesellschaftliches Handeln von Arbeiterfrauen in der Weimarer Republik*, Bonn 1990, S. 140.

33 SGF, *Statuten der Siedelungsgenossenschaft Freidorf in Muttenz bei Basel*, Basel 1919, S. 6.

34 Bernhard JAEGGI, *Ratschläge für die schweizerische Genossenschaftsbewegung*, Basel 1938, S. 8-9.

35 SGF (Hrsg.), *Siedelungsgenossenschaft Freidorf* (Anm. 1), S. 42-43.

36 SGF (Hrsg.), *25 Jahre Siedelungsgenossenschaft Freidorf* (Anm. 23), S. 167-177.

37 SGF, *Statuten der Siedelungsgenossenschaft Freidorf* (Anm. 33), S. 7.

Doch bot das Freidorf seinen BewohnerInnen viel auf. Im Laden (und in anderen Genossenschaftsbetrieben der Umgebung) konnte mit einer eigenen Komplementärwährung – dem Freidorfgeld – bezahlt werden. Im Vergleich zu anderen Konsumvereinen gewährte das Freidorf zudem eine sehr hohe Rückvergütung.[38] Über den Laden wurde für alle Haushalte die schweizweite Wochenzeitung *Genossenschaftliches Volksblatt*[39] abonniert. Sie verfügte über eine Regionalseite, die für die Siedlung als *Wochenblatt der Siedelungsgenossenschaft Freidorf* gestaltet war und über interne Begebenheiten und Belange berichtete. Die SGF verfügte auch über eigene Spar- und Versicherungseinrichtungen. Sie waren ausschließlich genossenschaftlich angelegt und dienten auch kollektiven Zwecken im Bereich der Bildung und Erziehung.[40] So wurden zum Beispiel Kindergruppen unterstützt, Kassen für Feiern und Schulausflüge gemehrt und der Bestand der Bibliothek ausgebaut.[41] Zudem konnten besonders engagierte bzw. bedürftige SiedlerInnen Gratisurlaub in einem Ferienheim des VSK verbringen, und es wurden Initiativen aus der Siedlerschaft unterstützt. Denn neben den von der SGF geführten Bereichen waren auch zahlreiche Vereine entstanden, die teilweise eng mit den Genossenschaftsstrukturen zusammen arbeiteten. Es existierten unter anderem Vereine für verschiedene Sportarten, Chorgesang, Orchestermusik und Kleintierzucht. Dieses dichte Netz an Einrichtungen fasste Hannes Meyer in pointierter Weise wie folgt zusammen:

> Hier ist alles Co-op. Co-op heisst Cooperation. Cooperation heisst Genossenschaft. Co-op die Menschen und alle Nahrung und Satzung und Kleidung und Zeitung. Co-op aller Bedarf und Herbstobst und Kraftfutter und Brennstoff und Volksschuh. Co-op alle Behausung und Schenke und Schule und Tanzsaal und Kaufladen. Co-op alle Einrichtung und Versicherung und Volkschor und Scheidemünze und Bankscheck. Co-op die Bücherstube, die Bücher darin, deren Inhalt, dessen Geist […] und so ist diese Siedelung ein Stein und Raum gewordenes Prinzip, allseitig und allerorts unendlich angewendet, mathematische Formel, etwa $(\text{CO-OP})^3$.[42]

Doch die Gründer der Siedlung hatten mehr im Sinne als die Organisation eines genossenschaftlichen Musterdorfes. Den damals verbreiteten Zukunftsvorstellungen eines genossenschaftlichen Reformsozialismus folgend, sollte das Freidorf nicht nur eine exemplarische, sondern darüber hinaus auch eine aktive Rolle bei der Umgestaltung der Gesellschaft spielen. Darum

38 SGF (Hrsg.), *25 Jahre Siedelungsgenossenschaft Freidorf* (Anm. 23), S. 52-53.

39 Ab 1949: *Die Genossenschaft*, seit 1977: *Coop-Zeitung.*

40 SGF (Hrsg.), *25 Jahre Siedelungsgenossenschaft Freidorf* (Anm. 23), S. 63.

41 Vgl. SGF, *Achtzehnter Jahres-Bericht und Rechnung per 31. Dezember 1936*, Basel 1937, S. 11-12.

42 Hannes MEYER, «Die Siedelung Freidorf», *in: Das Werk* 12/2 (1925), S. 40-51.

wurde eine Stiftung gegründet, in die jährlich ein Teil der Mieteinnahmen abgeführt wurde. Aus diesem Fonds sollten weitere Siedlungen nach demselben Prinzip entstehen, denn die

> Einnahmen und die kapitalisierten Zinserträge würden gestatten, nach 38 Jahren eine weitere Siedelung, nach weiteren 27 Jahren eine dritte und nach weiteren 21 Jahren eine vierte Siedelung zu erbauen. Nach 100 Jahren wären fünf Siedelungen erbaut [...]. Da jede Siedelung [...] die jährlichen Ueberschüsse dieser Stiftung [...] zuzuweisen hätte, so wären [...] nach 300 Jahren die [...] Zinserträgnisse derart gross, dass nahezu jedes Jahr eine Siedelung im Werte von 71/2 Millionen Franken errichtet werden könnte. Wenn wir uns auch nicht über die Gestaltung der Verhältnisse nach drei Jahrhunderten aussprechen können, so zeigen diese Zahlen immerhin, welch grosser Gedanke in der Siedelung ruht und welch grosse soziale Wohlfahrt sie für spätere Generationen zu bringen imstande sein wird.[43]

Zwischenbilanz nach 25 Jahren

Den ambitionierten Zielen der SGF folgten durchaus Taten. Die Entwicklung der folgenden Jahre zeigt, dass die konzeptionellen Vorstellungen im Großen und Ganzen fruchteten. Im Jahre 1944 feierte die Siedlung ihr 25-jähriges Bestehen. Das Jubiläum wurde mit einer schlichten Feier begangen, denn die Kriegszeit und besonders der im Frühjahr 1944 erfolgte, plötzliche Tod des Siedlungsgründers Bernhard Jaeggi sprachen gegen ausschweifende Festivitäten. Jedoch wurde die Gelegenheit genutzt, eine ausführliche Bilanz über die bisherige Entwicklung der SGF zu ziehen. Demnach hatten sich die Statuten ebenso bewährt wie die interne Organisation: Die Beteiligung an den Kommissionen umfasste zu dieser Zeit ca. ein Drittel der Bevölkerung und die Mitgliedschaften waren weitgehend stabil. Damit war das Ziel, jeden Haushalt in die Gemeinschaftsaufgaben einzubinden, erreicht. Dies habe «eine gute erzieherische Wirkung» gehabt und vielen Menschen «Einblick in das Genossenschaftswerk»[44] gegeben. Im Hinblick auf die Bevölkerung wurde zwar eine allgemeine Alterung festgestellt, man ging jedoch davon aus, dass sich dieser Effekt durch Neueinzüge wieder ausgleichen würde.[45] Wirtschaftlich fiel die Bilanz ebenfalls positiv aus. Der Bezugspflicht im eigenen Laden wurde weitgehend nachgekommen, denn im Durchschnitt

43 SGF (Hrsg.), *25 Jahre Siedelungsgenossenschaft Freidorf* (Anm. 23), S. 84.

44 SGF, *Fünfundzwanzigster Jahresbericht und Rechnung per 31. Dezember 1943*, Basel 1944, S. 1; SGF (Hrsg.), *25 Jahre Siedelungsgenossenschaft Freidorf* (Anm. 23), S. 47.

45 SGF (Hrsg.), *25 Jahre Siedelungsgenossenschaft Freidorf* (Anm. 23), S. 133.

bezog jeder Haushalt Waren im Wert von ca. 3.000 Franken pro Jahr – ein beachtliches Ergebnis angesichts der vielen Arbeiterhaushalte.[46] Einem Vergleich mit historischen Lohnreihen zufolge entsprach dies knappen 50% damals üblicher Einkommen.[47] Zusammen mit den Mietkosten verblieben also tatsächlich weit über die Hälfte der Lohneinkünfte im genossenschaftlichen Wirtschaftskreislauf. Die bauliche Anlage wurde auch noch Mitte der 1940er Jahre im Vergleich zu anderen Siedlungen als «großzügig und vorbildlich»[48] bezeichnet und man hatte beträchtliche Summen für ihre Instandhaltung investiert.[49] Dabei wurde auch das Ziel weiterer Siedlungsgründungen nicht aus dem Auge verloren: bis 1943 stieg der Fonds für den Bau des nächsten Genossenschaftsdorfes auf über 1,2 Millionen Franken.[50]

Nachbarschaftliche Beziehungen und die Gemeinschaft im Dorf wurden ebenfalls positiv gewertet: So seien Hilfsbereitschaft und gute Kontakte untereinander ebenso erfreulich wie das große Verständnis und der gute Willen bezüglich siedlungsbezogener Aufgaben.[51] Insgesamt sei es gelungen, in vorbildlicher Weise «einen genossenschaftlichen Geist zu pflanzen und ein Zusammengehörigkeitsgefühl zu schaffen».[52]

Zusammenfassend zeigt die Entwicklung der SGF in ihren ersten 25 Jahren, dass sie auf große Resonanz bei ihren BewohnerInnen stieß. Die Strukturen und Einrichtungen der kollektiven Selbsthilfe ließen die erheblichen Probleme, mit denen Familien während der Weltwirtschaftskrise und in der Zeit des Zweiten Krieges konfrontiert waren, deutlich einfacher bewältigen als in der nicht genossenschaftlichen Umgebung. Entsprechend fiel auch der Blick in die Zukunft aus: 1944 wurde die Einschätzung geäußert, dass die kommenden Jahre den zurückliegenden sehr ähneln würden. Erwartet wurden krisenhafte Jahre der Stagnation mit einer hohen Arbeitslosigkeit. Genossenschaftliche Warenversorgung und Selbsthilfe würden in einer Periode, «in der die bewusste und positive, ja begeisternde Gemeinschaftsarbeit von massgeblicher Bedeutung sein wird»[53] weiterhin eine wichtige Rolle spielen. So habe sich «die Richtigkeit der dem Freidorf zugrundeliegenden Ideen als Wegweisung für die Zukunft durch die erhöhten Forderungen einer

46 *Ibid.*, S. 53.

47 Vgl. Heiner RITZMANN-BLICKENSTORFER, *Historische Statistik der Schweiz*, Zürich 1996, S. 364.

48 SGF, *Fünfundzwanzigster* Jahresbericht (Anm. 44), S. 2.

49 SGF (Hrsg.), *25 Jahre Siedelungsgenossenschaft Freidorf* (Anm. 23), S. 125.

50 *Ibid.*, S. 75-76.

51 *Ibid.*, S. 51.

52 *Ibid.*, S. 84.

53 *Ibid.*, S. 97.

neuen Zeit erneut und eindringlich bestätigt».[54] Doch diese Einschätzung bewahrheitete sich nicht.

Ein sozialistisches Genossenschaftsdorf im kapitalistischen Wirtschaftswunder?

Entgegen der Vorstellungen entwickelte sich die Siedlung nach dem Kriege anders als von ihren AktivistInnen erwartet. Seit 1948 hatte sich in der Schweiz ein wirtschaftlicher Aufschwung entfaltet, der sich zur Überraschung damaliger ZeitgenossInnen als sehr stabil und beständig erwies. Es folgte keine längere Zeit der Arbeitslosigkeit und der Krise, sondern eine Phase langanhaltender Prosperität, wie sie die Schweiz bis dahin nicht gekannt hatte.[55] Dies stellte im Vergleich zum westeuropäischen Ausland keinen ‹Sonderfall› dar,[56] sondern eine allgemeine Entwicklung, die der Industriesoziologe Burkart Lutz in seinem Hauptwerk *Der kurze Traum immerwährender Prosperität* als großen Bruch beschreibt. Ihm zufolge lassen sich die ökonomisch krisenhaften Jahre in Europa zwischen 1914 und 1950 auf eine dualistische Wirtschaftsstruktur zurückführen, bei dem ein marktwirtschaftlich-industrieller Sektor einem noch weitgehend traditionell verfassten Sektor gegenüber stand. Dieser folgte noch umfassend einer «kleinräumige[n], durch dichte soziale Kontakte charakterisierte[n] Nahversorgung»,[57] die sich an Prinzipien der Bedarfsdeckung orientierte:

> Bis zur Mitte des 20. Jahrhunderts war die große Mehrzahl der Arbeitnehmer des industriell-marktwirtschaftlichen Sektors in Haushaltsführung und Lebensweise dem traditionellen Sektor noch aufs engste verbunden [...]. Daneben war [...] die Lebens-

54 SGF, *Vierundzwanzigster Jahres-Bericht und Rechnung per 31. Dezember 1942*, Basel 1943, S. 1-2.

55 Markus FURRER, Kurt MESSMER, Bruno H. WEDER, Béatrice ZIEGLER, *Die Schweiz im kurzen 20. Jahrhundert. 1914 bis 1989 – mit Blick auf die Gegenwart*, Zürich 2008, S. 90-92; BOSON, *Co-op in der Schweiz* (Anm. 11), S. 385-391.

56 Vgl. Jakob TANNER, «Die Schweiz in den 1950er Jahren. Prozesse, Brüche, Widersprüche, Ungleichzeitigkeiten», *in:* Jean-Daniel BLANC, Christine LUCHSINGER (Hrsg.), *Achtung: die 50er Jahre! Annäherungen an eine widersprüchliche Zeit*, Zürich 1994, S. 34; Jakob TANNER, «Lebensstandard, Konsumkultur und American Way of Life seit 1945», *in:* Walter LEIMGRUBER, Werner FISCHER (Hrsg.), *«Goldene Jahre». Zur Geschichte der Schweiz seit 1945*, Zürich 1999, S. 101.

57 Burkart LUTZ, *Der kurze Traum immerwährender Prosperität*, Frankfurt/Main 1989, S. 104.

> führung der meisten Arbeitnehmerhaushalte noch stark an den Praktiken, Regeln und Prinzipien ausgerichtet, wie sie in Teilen des traditionellen Sektors herrschten [...]. Hinzu kommt, daß aus ökonomischen wie technischen Gründen in den Arbeitnehmerhaushaltungen [...] noch sehr viele traditionelle Arbeitsleistungen zwingend notwendig waren, von der Zubereitung und Konservierung vieler Lebensmittel über Wäschewaschen sowie Herstellung und Pflege von Bekleidung bis zur Kleintierhaltung und der Bestellung des Gartens [...]. Alles dieses änderte sich in der Nachkriegszeit unter der Wirkung steigender Löhne weitaus schneller und gründlicher, als dies noch am Ende des Zweiten Weltkriegs vorstellbar erschienen war. In einem knappen Vierteljahrhundert setzte sich im Großteil der Industrienationen Europas unaufhaltsam eine Lebensweise durch, die [...] durch Stichworte wie Massenwohlstand und Massenkonsum, Technisierung der privaten Lebenswelt und Freizeitkultur [...] bezeichnet wird.[58]

Dies hatte unmittelbare Auswirkungen auf die Freidorf-Siedlung. Als sie 1919 gegründet wurde, stellte ihr Ansatz einen ambitionierten Versuch dar, den traditionellen Sektor alternativ und kooperativ zu organisieren. So entstand auf genossenschaftlicher Grundlage ein vielfach effizienterer und bequemerer Weg, die kleinräumige Nahversorgung und die Arbeiten der Reproduktionssphäre zu organisieren. Gleichzeitig speisten sich oppositionelle Konzepte dieser Zeit oftmals aus den Erfahrungen des Dualismus unterschiedlich strukturierter Sektoren. Dem Politikwissenschaftler Joachim Hirsch folgend, kann davon ausgegangen werden,

> daß sich in der vor-fordistischen Industrialisierungsphase die Kraft der Arbeiterbewegung sowie ihre Politik- und Organisationsvorstellungen sehr wesentlich aus dem Zusammenprall von traditionellen Lebensformen und Werthaltungen mit dem sich ausbreitenden Industrialismus, deren Bedrohung und Zerstörung sowie der sich erst allmählich durchsetzenden ‹Proletarisierung› gespeist haben. Ihr Antikapitalismus und ihre revoltierende Widerständigkeit beruhte sehr stark auf dieser Ungleichzeitigkeit, eben auf der Tatsache, daß die Reproduktion der Arbeitskraft dem Kapitalverhältnis nur partiell und formell subsumiert, aber von diesem noch nicht durchdrungen und strukturiert war.[59]

Damit war ein «Abschied von der ‹Proletarität›» verbunden, der sich nicht nur in den individuellen Lebenslagen, sondern auch in «politisch-soziale[n] Gesinnungsgemeinschaften»[60] niederschlug.

58 *Ibid.*, S. 214-216.

59 Joachim HIRSCH, Roland ROTH, *Das neue Gesicht des Kapitalismus. Vom Fordismus zum Post-Fordismus*, Hamburg 1986, S. 53.

60 Josef MOOSER, *Abschied von der «Proletarität». Sozialstruktur und Lage der Arbeiterschaft in der Bundesrepublik in historischer Perspektive, in:* Werner CONZE, M. Rainer LEPSIUS (Hrsg.), *Sozialgeschichte der Bundesrepublik Deutschland. Beiträge zum Kontinuitätsproblem*, Stuttgart 1983, S. 186.

Wie so etwas in kleinräumigen Siedlungsstrukturen ablief, lässt sich gut am Beispiel Freidorf beobachten. Verfolgt man die Entwicklung seiner genossenschaftlichen Einrichtungen, so liest sich die Geschichte der SGF nach dem Zweiten Weltkrieg als eine Geschichte der Erosion einstmals mühsam aufgebauter kollektiver Strukturen.[61] Innerhalb weniger Jahre verließen Einrichtungen der Selbsthilfe und der Freizeitgestaltung die Siedlung bzw. wurden geschlossen. Doch es war nicht nur der Verlust einzelner Betriebe, den das Freidorf zu verkraften hatte. Die verschiedenen Einrichtungen der SGF waren im Hinblick auf positive Synergieeffekte eng miteinander verknüpft worden. Was in der Zwischenkriegszeit eine besondere Stärke der Siedlung war, verkehrte sich nun ins Gegenteil, da die Aufgabe einzelner Aktivitätsfelder in der Regel negative Auswirkungen auf andere Bereiche nach sich zog.

Ein Beispiel dafür ist der Auszug des Genossenschaftlichen Seminars, das 1955 einen Neubau in der Umgebung bezog.[62] Er hatte zur Folge, dass sich Verbindungen und Kooperationen lösten, die lange Jahre das kulturelle Leben bereichert und die Binnenökonomie der SGF gestärkt hatten. Fortan fehlten nicht nur die (oft gemeinsam organisierten) Veranstaltungen, sondern auch zahlreiche Gäste von Außerhalb, die bisher zur Rentabilität der Betriebe beigetragen hatten. Nicht zuletzt verließ ein wichtiger Mieter des Genossenschaftshauses das Freidorf.

Zum Wandel in der Siedlung trug auch ihre bauliche Umfassung (seit 1949) bei.[63] Sie hatte zur Folge, dass sich Infrastruktur einer vormals freistehenden Siedlung in benachbarte Wohngebiete verlagerte. Andere kollektive Einrichtungen wurden durch die Verbreitung langlebiger privater Konsumgüter obsolet. Die rasche Verbreitung der Kühltechnik zwischen 1950 und 1960[64] führte auch im Freidorf zu neuen Einkaufs- und Kochgewohnheiten, die ohne kollektive Versorgungsstrukturen auskamen. Vergleichbare Wirkungen hatten die Verbreitung von Fernsehgeräten und Automobilen auf das kulturelle Leben der Siedlung. Die eigenen Veranstaltungen und Aufführungen verloren an Attraktivität, da sich Freizeitkultur in die Siedlungshäuser bzw. die Umgebung verlagerte. So gerieten in den 1960er Jahren auch die Vereine unter Druck und lösten sich entweder auf, oder verloren

61 Zu diesem Schluss kam auch Klaus NOVY, «Vorwärts oder Rückwärts», *in:* Frank BENSELER (Hrsg.), *Zukunft der Arbeit*, Hamburg 1982, S. 128.

62 SGF, *Achtunddreissigster Jahresbericht und Rechnung per 31. Dezember 1956*, Basel 1957, S. 2-3.

63 Paul SUTER, «Das Freidorf bei Muttenz», *in: Baselbieter Heimatblätter* 42/3 (1977), S. 185.

64 Vgl. TANNER, «Lebensstandard, Konsumkultur und American Way of Life seit 1945» (Anm. 56), S. 111.

ihren siedlunsgspezifischen Charakter, da sie fortan auf Gemeindeebene agierten.

Besonders einschneidend war die Aufgabe des Genossenschaftsladens im Jahre 1967. Der kleine Freidorfladen passte immer weniger in einen VSK, der seine Geschäftspolitik grundlegend neu ausgerichtet hatte: weg von kleinen Ladengemeinschaften hin zu großen Supermärkten und Versorgungszentren. Dies hatte die Rahmenbedingungen bis zum Ende der 1960er Jahre soweit verschlechtert, dass die Weiterführung des Freidorf-Ladens vor ernsthaften Problemen stand. Gleichzeitig war mit der zunehmenden Besiedlung die Frage der Lebensmittelversorgung des ganzen Quartiers immer aktueller geworden. Letztlich beschloss die SGF, den Laden an eine große VSK-Genossenschaft abzutreten. Diese wollte den Standort in der Siedlung aufgeben und stattdessen einen großen Supermarkt in unmittelbarer Nähe eröffnen.[65] Mit der Abgabe des Ladens löste sich die zuständige Betriebskommission auf. Diesen Schritt vollzogen bald auch andere Kommissionen.[66] Mit dem Laden verlor die SGF auch ihre Regionalseite in der VSK-Zeitung. Das letzte *Wochenblatt* erschien im April 1967.[67] Dem folgten die Schließung des Café-Restaurants (1968) und die Entscheidung gegen eine Weiterführung der Schule (1969).[68]

Der Auszug bzw. die Schließung von Einrichtungen, Siedlungsgruppen und Betrieben brachte insbesondere den kollektiven Ansatz der SGF in konzeptionelle und ökonomische Schwierigkeiten. Ursprünglich sollte das Genossenschaftshaus Raum für Selbstorganisierung und -hilfe in möglichst vielen Bereichen bieten und sich dabei wirtschaftlich selbst tragen. Keinesfalls sollte sein Unterhalt über die Mieten der SiedlerInnen finanziert werden.[69] Mit fortschreitendem Leerstand wurde der Unterhalt des Genossen-

65 SGF, *49. Jahresbericht und Rechnung per 31. Dezember 1967*, Basel 1968, S. 7. Dieses Vorhaben verzögerte sich noch einige Jahre und wurde schließlich 1976 umgesetzt. Vgl. SGF, *58. Jahresbericht und Rechnungen per 31. Dezember 1976 sowie Einladung zur Generalversammlung*, Muttenz 1977, S. 11.

66 SGF, *51. Jahresbericht und Rechnungen per 31. Dezember 1969 sowie Einladung zur Generalversammlung*, Muttenz 1970, S. 5; SGF, *52. Jahresbericht und Rechnungen per 31. Dezember 1970 sowie Einladung zur Generalversammlung*, Muttenz 1971, S. 5.

67 Als Nachfolgepublikation erscheinen seitdem bei Bedarf die Freidorf Mitteilungen. Siehe SGF, *49. Jahresbericht und Rechnung* (Anm. 65), S. 8.

68 SGF, *50. Jahresbericht und Rechnung per 31. Dezember 1968*, Basel 1969, S. 5; Paul REICHARDT, *50 Jahre Freidorfschule*, unveröffentlichtes Typoskript (1999) im Hausarchiv der Siedlungsgenossenschaft Freidorf, Freidorf 151, CH-4132 Muttenz, S. 3.

69 SGF, *Sechster Jahres-Bericht und Rechnung* (Anm. 31), S. 11-12.

schaftshauses zu einem immer größeren Problem. In dieser Situation wollte sich die SGF schließlich von ihrem zentralen Gebäude trennen. An seiner Stelle sollten Kleinwohnungen für die zahlreichen SiedlerInnen der ersten Generation errichtet werden. Denn oftmals wohnten diese alleine in einem Haus, das sie kaum noch selbst unterhalten konnten. Mit neuem Wohnraum sollte diesen verdienten UrsiedlerInnen ein Verbleib in der Siedlung ermöglicht werden. Gleichzeitig wollte man Häuser für den Nachzug von jungen Familien frei machen.

Diese waren bereits seit dem Ende der 1940er Jahre in immer größerer Zahl ins Freidorf gekommen. Mit den Jahren war es jedoch immer seltener gelungen, sie in die ehrenamtliche Arbeit der Kommissionen einzubinden. Zu stark unterschieden sich die Lebensbedingungen der jungen Familien von den Erfahrungen der vorhergehenden Generation, für die Not, Mangel und soziale Unruhen prägende Erfahrungen gewesen waren. Demgegenüber waren die seit den 1950er Jahren Eingezogenen immer weniger bereit, sich quasi exklusiv in einem dörflich-genossenschaftlichen Wohnumfeld zu bewegen. Besonders die Frauen dieser Generation strebten nach beruflicher Anerkennung und wollten sich nicht mit einer auf den Haushalt und die Dorfgemeinschaft begrenzten Aktivitätsfeld beschränken.

Dies hatte gravierende Folgen für die Mitarbeit in den Kommissionen. Eine Analyse der Mitgliedschaften zwischen 1945 und 1968 zeigt, dass sie in zunehmendem Maße von älteren SiedlerInnen getragen wurden, während sich neue SiedlerInnen im Laufe der Zeit immer seltener organisierten. Letztlich entstand zwischen der ersten Generation und den Neueingezogenen seit den 1950er Jahren ein Bruch, der die alte Siedlungsgemeinschaft der Zwischenkriegszeit grundlegend in Frage stellte. Mit dem Ausscheiden der älteren AktivistInnen führte diese interne Entwicklung Ende der 1960er Jahre schließlich auch zu einer programmatischen Neuausrichtung, bei der sich die SGF von ihrem gesellschaftlichen Reformanspruch und dem Gedanken einer möglichst viele Lebensbereiche umfassenden genossenschaftlichen Organisation verabschiedete. Stattdessen beschränkte sie sich fortan auf die Vermietung von Wohnraum.[70] Wie tief sich (auch ideologisch) der Wandel vollzogen hatte, verdeutlicht eine Passage aus dem Jahresbericht 1970, in der für den (letztlich aus Denkmalschutzgründen nicht erfolgten) Abriss des Genossenschaftshauses argumentiert worden war:

> Bewohner von Genossenschaftssiedlungen suchen vor allem preisgünstige Wohnungen und nicht die dorfähnliche Gemeinschaft mit Gleichgesinnten. Wo Einkäufe getätigt werden sollen, entscheiden heute Wohngenossenschafter nicht mehr auf Grund

70 SGF, *51. Jahresbericht und Rechnungen* (Anm. 66), S. 11; SGF, *52. Jahresbericht und Rechnungen* (Anm. 66), S. 6.

eines Solidaritätsgefühls mit ihrer Genossenschaft, sondern gemäss den Kriterien der Auswahl, der Bequemlichkeit und den Preisen eines Ladengeschäftes. Noch weniger, gerade in einer stadtnahen Gemeinde, sind heutige Bewohner [...] bereit, ihre Freizeit- und Unterhaltungsbedürfnisse im Rahmen der Genossenschaft zu befriedigen.[71]

Schluss

Das Freidorf entwickelte sich in der Zeit des Hochfordismus von einer reformsozialistischen Modellsiedlung zu einer Wohngenossenschaft ohne weitergehende Ansprüche auf Gesellschaftsveränderung. Diese Entwicklung fand ohne Eingriffe von außen statt und wirft daher ein besonderes Licht auf die Konzeption und den längerfristigen Verlauf von Reformsiedlungen - und -projekten im Wohnbereich. Maßgeblich für deren positive Entwicklung ist nicht nur die Bewältigung veränderter externer Rahmenbedingungen. Daneben hängt ihr Gelingen in hohem Maße von einer Vermittlungsleistung im Inneren ab, die eine Polarisierung anhand der Trennlinien Traditionalismus versus Modernität und die Herausbildung verschiedener generationaler Lager unbedingt vermeiden sollte. Die Freidorf-Siedlung hat aus verschiedenen Gründen ihr ursprüngliches Konzept nicht weiter verfolgt. Trotzdem birgt ihre Geschichte einen sehr reichhaltigen Erfahrungsschatz für Fragen nach einer langfristigen Stabilität von kollektiven Wohn- und Siedlungsformen.

Zusammenfassung

Im Jahre 1919 begann in der Nähe von Basel ein außergewöhnliches Siedlungsexperiment: 150 Familien von Angestellten der schweizerischen Genossenschaftsbewegung zogen in ein neu errichtetes Dorf, um dort, den sozialistischen Vorstellungen der Gründer entsprechend, das Ideal solidarischer Kooperation und die Erziehung zu vorbildlicher Genossenschaftlichkeit zu verwirklichen. Das Freidorf kombinierte Ideen der Konsumgenossenschafts-, Gartenstadt- und Bodenreformbewegung zu einem herausragenden Reformkonzept im Siedlungsbau. In der Siedlungsgenossenschaft prägten eine auf Gemeinschaftsbildung hin ausgerichtete Architektur (des jungen Hannes Meyer), viele Kollektiveinrichtungen und Betriebe, Organe

71 SGF, *52. Jahresbericht und Rechnungen* (Anm. 66), S. 14-16.

der Selbstverwaltung und -organisation sowie zahlreiche Vereine das dörfliche Leben. Es sollte sich, neben besseren Wohn- und Lebensbedingungen für die Familien der Siedlung, in Form einer alltäglichen Praxis gegen kapitalistische Konkurrenzwirtschaft und staatssozialistische Direktiven richten. Darüber hinaus wurden finanzielle Mittel für den Bau weiterer Reformsiedlungen angehäuft.

Während viele europäische Reformsiedlungen dieser Zeit die NS- und Kriegsjahre nicht unbeschadet ließen, zeigte die Bilanz des Freidorfes anlässlich des 25. Jubiläums ein überwiegend positives Bild: Betriebe, Nachbarschaften, Organisation und Beteiligung der SiedlerInnen sprachen bei damaligen ZeitgenossInnen für einen weitestgehenden Erfolg. Doch das Siedlungsmodell fußte auf Annahmen und Alltagsgewohnheiten der Zwischenkriegszeit, die sich nicht ohne weiteres in die Jahre des rasanten wirtschaftlichen Aufschwungs der 1950er und 1960er Jahre übertragen ließen. In dieser Zeit verbesserten sich die materiellen Lebensbedingungen der SiedlerInnen in unerwarteter Art und Weise. Gleichzeitig geriet der kollektive Ansatz des Freidorfes in eine tiefe Krise, die zu einer weitgehenden Aufgabe der ursprünglichen Konzeption führte. Die Entwicklung des Freidorfes und der interne Umgang mit Krisen machen seine Geschichte zu einem wertvollen Fundus für die Probleme und Chancen auch heutiger kollektiver, reformorientierter Wohnformen.

Résumé

En 1919 a commencé dans les environs de Bâle une expérience de lotissement tout à fait exceptionnelle: 150 familles d'employés membres du mouvement suisse des sociétés coopératives emménagèrent dans un village nouvellement érigé. Conformément aux conceptions socialistes de ses fondateurs, leur objectif était de mettre en pratique un idéal de coopération solidaire et d'éduquer ses habitants en vue de bâtir ensemble un modèle d'habitat coopératif. Le Freidorf combinait au sein d'un concept de réforme remarquable les idées du mouvement des coopératives de consommateurs et de celui des cités-jardins et de la réforme foncière. Dans ce lotissement, la vie de village était marquée par une architecture (du jeune bâlois Hannes Meyer) supposée favoriser l'esprit communautaire mais aussi par la présence de nombreuses institutions collectives et entreprises, d'organes d'autogestion et auto-organisation ainsi qu'une vie associative foisonnante. En plus d'une amélioration des conditions de vie et d'habitat, les familles du lotissement cherchaient, dans leur vie quotidienne, à se détourner autant de l'économie capitaliste concurrentielle que des directives des Etats socialistes. Un des objectifs était en outre d'accumuler des moyens financiers en vue de la construction de nouveaux lotissements réformés.

Alors que l'époque nazie et les années de guerre n'ont pas laissé intacts de nombreux lotissements réformés en Europe, le bilan dressé par le Freidorf au moment de son 25e anniversaire s'avéra essentiellement positif: les entreprises, la vie de quartier, l'organisation et la participation des habitants donnaient aux contemporains l'impression d'un succès presque sans faille. Pourtant le modèle sur lequel la colonie avait été fondée s'appuyait sur des postulats et des habitudes quotidiennes intimement liés à l'entre-deux-guerres et qui ne pouvaient être transposés sans réserve dans le climat d'essor économique des années 50 et 60. A cette époque, les conditions de vie des habitants du lotissement s'améliorèrent de manière inattendue. Parallèlement, le fondement collectif du Freidorf traversa une crise profonde, qui aboutit pratiquement à l'abandon de la conception d'origine. Le développement du Freidorf ainsi que sa gestion des crises rencontrées font de cette expérience un objet d'étude précieux quant à l'analyse des difficultés et des chances que rencontrent, aujourd'hui encore, les projets d'habitat réformé.

Die Kommune I – eine zeitbedingte Form von Subversivität

Ulrich PFEIL
Université de Lorraine

«Wer zweimal mit derselben pennt, gehört schon zum Establishment!», skandierten die Studenten der sogenannten 1968er-Bewegung. Dieser Satz propagierte – nicht ohne machistische Untertöne – nicht alleine den Sex mit möglichst vielen Partnern, sondern definierte in gewisser Weise auch die soziopolitischen Frontlinien der Studentenbewegung, stand die hier angegriffene gesellschaftliche Elite doch für die von den 68ern in Frage gestellten gesellschaftlichen Konventionen und die zu bekämpfenden herrschenden Kräfte der bundesrepublikanischen Gesellschaft. In diesem zu den Klassikern der Spontisprüche gehörenden Satz kam zum einen die gesellschaftliche Konfrontation zum Ausdruck, zum anderen aber auch der für die 68er Bewegung so charakteristische Generationenkonflikt sowie ein soziokultureller Wandel. Sexualität kam in die Öffentlichkeit, man sprach offen und öffentlich über sie, nicht mehr länger hinter vorgehaltener Hand. Geschlechterverhältnisse gerieten in Bewegung, auch wenn viele der 68er Männer «ausgesprochene Machos» waren, «sodass wir Frauen uns Gedanken machten, wie wir damit zurechtkommen können», wie die Witwe von Rudi Dutschke später bekannte.[1] Frauen mussten – nicht zuletzt auch wegen der Anfang der 1960er Jahre eingeführten Pille – nicht mehr bis zur Ehe auf den Sex warten, auch wenn der sogenannte Kuppeleiparagraph, der das Zusammenleben ohne Trauschein als «Unzucht» unter Strafe stellte, erst 1972 abgeschafft wurde. Zum Symbolbild für die hier angesprochene «sexuelle Revolution» wurde das kollektive Rückenbild der «Kommune 1» aus dem Jahre 1967, das zum visuellen Klassiker der Studentenbewegung bzw. der sexuellen Liberalisierung wurde und sich in das kollektive Gedächtnis der Bundesrepublik eingebrannt hat. Mit größerer Entfernung zu den Ereignissen entwickelte sich das Photo, «das in erster Linie ein Bild von Wildheit und freier Liebe sowie von Unangepasstheit und antiautoritären Protest transpor-

1 «Exklusivinterview. Dutschke-Witwe enthüllt: Viele Linke waren Machos», *in: P.M. History*, 01/2010, zit. nach: http://www.presseportal.de/pm/55502/1527641/exklusivinterview-dutschke-witwe-enthuellt-viele-linke-waren-machos (eingesehen am 16.7.2013).

tierte»,[2] zu dem Sinnbild für die immer neuen Formen der studentischen Provokation, die nach Eckart Conze «stark vom Antiautoritarismus der Neuen Linken geprägt waren, von der Überzeugung, durch provozierende Aktionen nicht nur auf sich aufmerksam zu machen, sondern den wahren Charakter des ‹Systems› zu enthüllen».[3] «Ohne Provokationen werden wir überhaupt gar nicht wahrgenommen», erklärte die 68er Ikone Rudi Dutschke, um der sich immer stärker politisierenden Studentenbewegung eine Richtung vorzugeben. Was sich mittlerweile zu einer politischen Protestbewegung entwickelt hatte, fand seine Ursprünge in der bereits Anfang der 1960er Jahre von Dieter Kunzelmann gegründeten «Subversiven Aktion», die sich Gedanken über den organisierten Ungehorsam machte und die Theoriedebatte der Neuen Linken durchbrechen wollte, um über die Gesellschaftskritik hinaus die Gesellschaft durch Aktionen, Provokationen bzw. Normverletzungen zu verändern. Aus ihr erwuchs die Kommune 1, deren Mitglieder in der positiven Interpretation von «1968» als die eigentlichen Avantgardisten der «sexuellen Befreiung, hedonistischen Individualisierung, antiautoritären Lockerung und demokratischen Liberalisierung» bzw. als «Innbegriff eines lustbetonten, unfanatischen Antiautoritarismus»[4] gelten.

Die Kommune 1 als Teil der Geschichte von «1968» gehört zu den Skandalgeschichten der Bundesrepublik Deutschland. Skandal definiert sich in diesem Fall für den wissenschaftlichen Gebrauch «als Ausdruck einer Beziehung zwischen drei Akteuren und ihrem Tun, das sich in knapper Form als Dreischritt von ‹Ärgernis, Aufsehen, Lärm› fassen lässt. Das den Skandal ermöglichende ‹Ärgernis› umfasst ein abweichendes, gegen geschriebene oder ungeschriebene Normen verstoßendes Verhalten von Personen oder das Auftreten von Umständen und Ereignissen, die im Widerspruch zu den Leitvorstellungen einer Zeit oder Sozialgruppe. Mit dem ‹Aufsehen›, das eine anstößige Normverletzung erregt, kommt die Öffentlichkeit ins Spiel und ihre Macht, den Schleier der Diskretion zu lüften, das Fehlverhalten zu benennen und Konsequenzen einzufordern. Zu einem Skandal wird ein bekannt gewordener Missstand allerdings erst, wenn mit dem ‹Lärm› ein weiteres Distinktionsmerkmal hinzutritt, das die organisierende Kraft eines Skandals von anderen öffentlichen Wahrnehmungen staatlichen Handelns

2 Gerhard PAUL, «Kollektiver Rückenakt. Symbolbild der sexuellen Revolution», *in:* DERS. (Hrsg.), *Das Jahrhundert der Bilder. 1949 bis heute*, Göttingen 2008, S. 346-353, hier S. 346.

3 Eckart CONZE, *Die Suche nach Sicherheit. Eine Geschichte der Bundesrepublik Deutschland von 1949 bis in die Gegenwart*, München 2009, S. 347.

4 Gerd KOENEN, *Das rote Jahrzehnt. Unsere kleine deutsche Kulturrevolution 1967-1977*, Hamburg 2001, S. 150f.

oder gesellschaftlicher Konflikte abhebt».[5] Das Skandalpotential von «1968» ist weiterhin sehr groß, wie sich an den Reaktionen auf das Buch von Wolfgang Kraushaar[6] zeigte, der sich auf jenes studentische Milieu konzentriert, aus dem nicht nur prominente Vertreter der Kommune 1 kamen, sondern auch verschiedene spätere Terroristen, die enge Beziehungen zu Palästina unterhielten, so dass Willi Winkler in seiner Rezension dem Autor vorwirft, «mit aller Gewalt die Linke des Antisemitismus überführen» zu wollen.[7] Eine weitere Aktualisierung erfuhr der Beitrag der Kommune 1 zur Liberalisierung der Sexualität durch die Frage nach dem Einfluss von Pädophilen auf die Frühgeschichte der «Grünen» oder wie es der «Spiegel» formulierte, «die verschwiegene Seite der sexuellen Revolution und das Rückspiel der Konservativen gegen die Generation der 68er».[8] Diese verschiedenen Diskussionen werfen nicht alleine die Frage auf, welche neuen eigenen sozialen Normen und Werte die Vertreter der Kommune 1 der damals bestehenden bundesdeutschen Kultur entgegensetzten, um eine Gegenkultur zu entwickeln, sondern fordern Antworten heraus zu dem «trüben Pool aus narzisstischer Geltungssucht und existenzialistischer Gewaltbereitschaft».[9]

Die «Subversive Aktion»

Im April 1959 gründete sich während der 3. Konferenz der Situationistischen Internationale (SI) im Jägerzimmer des Schwabinger Gasthofs «Herzogstand» die Schwabinger Künstlergruppe «SPUR» als deutsche Sektion der SI, die sich in der aufrührerisch-künstlerischen Tradition des Dadaismus sah und sich «gegen die neue kleinbürgerliche Innerlichkeit der Adenauer-Ära»[10] und ihre Herrschafts- bzw. Normstrukturen auflehnte. Doch bereits

5 Martin SABROW, «Politischer Skandal und moderne Diktatur», *in:* DERS. (Hrsg.), *Skandal und Diktatur. Formen öffentlicher Empörung im NS-Staat und in der DDR*, Göttingen 2004, S. 7-32, hier S. 8f.

6 Wolfgang KRAUSHAAR, *Wann endlich beginnt bei Euch der Kampf gegen die heilige Kuh Israel?*, München 1970; DERS., *Über die antisemitischen Wurzeln des deutschen Terrorismus*, Reinbek 2013.

7 Willi WINKLER, «Möglicherweise», *in: Süddeutsche Zeitung*, 24.2.2013.

8 Spiegel-Gespräch mit Daniel Cohn-Bendit über seine umstrittenen Äußerungen zu Sex mit Kindern, *in: Der Spiegel* 20/13.5.2013, S. 22.

9 Gerd KOENEN, «Mutmaßungen über Fritz», *in: Die Zeit*, 28.2.2013.

10 Tilman P. FICHTER, Siegward LÖNNENDONKER, *Kleine Geschichte des SDS. Der Sozialistische Deutsche Studentenbund von Helmut Schmidt bis Rudi Dutschke*, Essen 2008, S. 125.

im Februar 1962 wurde die Gruppe «SPUR» vom Zentralrat der SI in Paris wegen «fraktionistischer Aktivität» und des Verdachts, mit dem Situationismus Karriere machen zu wollen, ausgeschlossen. Treibende Kraft der Gruppe war Dieter Kunzelmann, der vor seinem Engagement bei «SPUR» als Clochard unter den Brücken von Paris geschlafen hatte und von den französischen Existentialisten beeinflusst war. Als Zeichen für seine wachsende Politisierung gründete er 1962 die «Subversive Aktion», deren Mitglieder sich als «Rädelsführer des organisierten Ungehorsams»[11] verstanden und durch die Konstruktion von Situationen die Herrschaft der Unterdrückung entlarven wollten.[12] Sie inspirierten sich von den antikapitalistischen Schriften der «Frankfurter Schule», hier besonders Theodor Adorno, Max Horkheimer und Herbert Marcuse, welche die These vertraten, dass die «repressive Gesellschaft» ihre Macht nicht mehr vorwiegend auf Polizei und Justiz stütze, sondern auf eine «Konsumökonomie», welche Mechanismen der psychosozialen Entfremdung entwickele und Menschen zu einer Ware mache. Die sogenannte Neue Linke berief sich dabei auf den frühen Marx und suchte nach Antworten auf die Entfremdungsproblematik und die von ihnen behauptete Ausbeutung durch die Konsumgesellschaft:

> Mitten im materiellen Wohlstand lebt das Leben nicht, sind die Menschen unfähig zum Genuss. Anstelle echter Befriedigung ihrer Träume, Wünsche und Lust lassen die Menschen sich willig mit Ersatzangeboten aus Konsum und Illusionen abspeisen. Diese Angebote verfangen so gut, dass die Menschen nicht mehr wie früher nur durch offene Gewalt und fühlbare Unterdrückung bei der Stange gehalten werden müssen. Die Rolle von Polizei und Gefängnis haben Kino, Fernsehen, Konsum und gesteuerte Freizeit übernommen.[13]

Die «Subversive Aktion» teilte sich in zwei Gruppen, das «utopisch-aktionistische Revolutionsmodell» der Münchener Sektion (vertreten durch Dieter Kunzelmann), und die «historisch-ökonomische Analyse» der «Berliner Schule» (vertreten durch Rudi Dutschke und Bernd Rabehl). In Abgrenzung und Fortführung zur kritischen Theorie riefen sie zur «Aufklärung durch Aktion» auf («Kritik muss in Aktion umschlagen») und definierten sich als eine «direkt auf Aktion ausgerichtete Pariaelite [...] [mit dem Ziel

11 Frank BÖCKELMANN, Herbert NAGEL (Hrsg.), *Subversive Aktion. Der Sinn der Organisation ist ihr Scheitern*, Frankfurt/M. 1976, S. 20.

12 Ingrid GILCHER-HOLTEY, «Kritische Theorie und Neue Linke», *in:* DIES. (Hrsg.), *1968. Vom Ereignis zum Gegenstand der Geschichtswissenschaft*, Göttingen 1998, S. 168-187.

13 Zit. nach Ulrich CHAUSSY, *Die drei Leben des Rudi Dutschke. Eine Biographie*, Frankfurt/M. 1985, S. 39.

der] Entblößung gesellschaftlicher Repression».[14] Diese subversiv-provokative Aktionsstrategie vereinte die beiden Strömungen innerhalb der «Subversiven Aktion», bei allen Differenzen in den Handlungsorientierungen.[15]

Kunzelmann leitete aus dieser Einsicht eine besondere Form der Auseinandersetzung ab, um einen individuellen und permanenten Kampf an allen Fronten der Gesellschaft für eine alternative Kultur zu führen, in der Schule, in der Familie, in der Fabrik, in den Theatern usw. Über diese tagtägliche Revolte sollte das Individuum seine eigenen Emanzipationserfahrungen machen. Von einem ganzheitlich verstandenen Ansatz ausgehend galt es zunächst die unterdrückten inneren Triebe – vor allem die Sexualität – zu befreien, um über die Umgestaltung des eigenen Lebens die Voraussetzungen für revolutionäre politische Veränderungen zu schaffen: «Im Zentrum des Handelns und Denkens der Subversiven Aktion stand(en) also die eigene Person, die eigene Erfahrung, die eigenen Gefühle».[16]

Vor der Revolutionierung von Staat und Gesellschaft stand in Anlehnung an den französischen Soziologen Henri Lefebvre die Revolutionierung des Alltagslebens: die Abschaffung des Privateigentums und -lebens schon heute (Kommunen statt Kleinfamilien; das Beharren auf einem «Intimleben» ist kleinbürgerliche Verklemmtheit, also freie Sexualität/Partnertausch, raus mit den Klotüren […]), Ausstieg aus dem (universitären) Leistungsdruck, das Lustprinzip als oberste Maxime allen Handelns und vor allem – stete Provokation als lustvoll-revolutionäre Praxis: «Ein Revolutionär, der nicht darauf bedacht ist, seine Eltern durch unbürgerliche Kleidung und Haarschnitt vor den Kopf zu stoßen, ist eben noch weitgehend seiner bürgerlichen Herkunft verhaftet».[17]

Als Ausdruck ihrer zunehmenden Politisierung schlossen sie sich Anfang 1965 dem Sozialistischen Deutschen Studentenbund (SDS) an und versuchten ihm eine «antiautoritäre Wende» zu geben. Ausdrucksform ihrer Subversivität waren u.a. illegale Plakataktionen gegen den Vietnam-Krieg.

14 Zit. nach: BÖCKELMANN, NAGEL (Hrsg.), *Subversive Aktion* (Anm. 11), S. 89ff.

15 Vgl. auch Ingrid GILCHER-HOLTEY, *«Die Phantasie an die Macht». Mai 68 in Frankreich*, Frankfurt/M. 1995, S. 94f.

16 Werner LINDNER, *Jugendprotest seit den fünfziger Jahren. Dissens und kultureller Eigensinn*, Opladen 1996, S. 157f.

17 Zit. nach Willi BUCHER, Klaus POHL, «Lieber lebendig als normal», *in:* DIES. (Hrsg.), *Schock und Schöpfung. Jugendästhetik im 20. Jahrhundert*, Darmstadt 1986, S. 26-33, hier S. 28.

Die Gründung der Kommune 1

Konkrete Pläne zur Gründung einer subkulturell daherkommenden Kommune entstanden im Jahre 1966 und erwuchsen aus den Überlegungen innerhalb der «Subversiven Aktion» und des SDS, eine neue Gesellschaftsform an sich selbst auszuprobieren und spießige bzw. kleinbürgerlich empfundene Vorstellungen hinter sich zu lassen. Am Kochelsee in München kamen Ende 1966 neun Männer, fünf Frauen und zwei Kleinkinder zusammen, die eine Woche über die Möglichkeiten revolutionärer Praxis und das Projekt eines Wohnkollektivs diskutierten. Sie orientierten sich dabei am Modell der chinesischen Volkskommunen, mit denen Mao in den 1950er Jahren die traditionelle chinesische Familie auflösen wollte und sahen in ihnen den «Prototyp eines gelebten Kommunismus».[18] Gleichzeitig evozierte der Name «klassisch-rätesozialistische Konnotationen von ‹Commune›»[19] und stand für ein gegengesellschaftliches Konzept.

Die bürgerlich-kapitalistische Gesellschaft erschien ihnen durch das Gefühl der Vereinsamung geprägt, die es in handlungsfähige politische Lebens- und Wohngemeinschaften zu transformieren galt. Dieter Kunzelmann hatte dabei aus den stundenlangen Diskussionen den Schluss gezogen, ein Leben der «leidenschaftlich an sich selbst Interessierten»[20] zu versuchen. Ausgehend von früheren Überlegungen entwickelte sich die Kleinfamilie zum Feindbild, sahen die Kommunarden in dieser kleinsten Zelle des Staates doch den soziopsychischen Nukleus für einen neuen Faschismus. Sie sei die Grundlage für den unterdrückerischen Charakter aller Institutionen und würde Mann und Frau in Abhängigkeit voneinander leben lassen. Auf die ganze Gesellschaft übertragen mache die traditionelle Form des Zusammenlebens eine freie Entwicklung der Menschen nicht möglich, so dass es die Familie zu zerschlagen gelte, um den Platz für die Kommune als ideale Lebensgemeinschaft zu machen. Bevor sie sich jedoch an die politische Arbeit machen wollten, galt es sich in einer ersten Phase auf sich selber bzw. ihre psychischen Probleme zu konzentrieren: «Es galt, die individuellen Lebensgeschichten aller Bewohner zu bearbeiten, die nun plötzlich in der gemeinsamen Wohnung zusammenliefen».[21]

18 Wolfgang KRAUSHAAR, *Achtundsechzig. Eine Bilanz*, Berlin 2008, S. 124.

19 KOENEN, *Das rote Jahrzehnt* (Anm. 4), S. 152.

20 Zit. nach Sandra BIELER, «Die 68er und ihre Auseinandersetzung mit dem Nationalsozialismus», *in: Zweitausend8undsechzig*, 2008, S. 117-144, hier S. 133.

21 Alexander HOLMIG, «Die aktionistischen Wurzeln der Studentenbewegung: Subversive Aktion, Kommune 1 und die Neudefinition des Politischen», *in:* Martin

Bei der Umsetzung der Theorie in die Praxis verabschiedeten sich die ersten Kommunarden, unter ihnen Rudi Dutschke und Bernd Rabehl, die sich nicht dazu entscheiden wollten, das Zusammenleben mit ihren jeweiligen Frauen und ihre anderen alten Lebensumstände aufzugeben. Jahre später sagte Rainer Langhans dazu:

> Das waren nur verzweifelte Leute damals in der Kommune, die sich aus irgendwelchen Gründen da reingetraut haben. Als es darum ging, wer einzieht, ist Rudi Dutschke sofort abgesprungen. Er sei doch verheiratet und könne nicht mit seinem Gretchen da rein, sagte er. Er war ja auch ein evangelischer Christ. Bernd Rabehl hat sich auch nicht getraut. Dann blieben diese acht Hanseln übrig und sind in die Kommune eingezogen. Weil sie so kaputt waren, weil es ihnen so schlecht ging.[22]

Am 19. Februar 1967 zogen schließlich neun Männer und Frauen sowie ein Kind in die damals leer stehende Wohnung von Hans Magnus Enzensberger und in die Atelierwohnung des damals im Ausland weilenden Schriftstellers Uwe Johnson in Friedenau ein und nannten sich «Kommune I».[23]

Als eindeutiger Anführer bzw. «Patriarch» dieser Stadt-Guerilla spielte sich Dieter Kunzelmann auf, der nun die Möglichkeit gekommen sah, seine als «Situationist» und in der «Subversiven Aktion» konzipierten Ziele zu realisieren. Er predigte die Politisierung und die öffentliche Freigabe des Privatlebens sowie die Abschaffung aller Ordnungen und Sicherheiten, auch der finanziellen, weswegen er zum Beispiel Stipendien verachtete.[24] «Wir versuchen hier eine kommunistische und situationistische Keimzelle innerhalb der kapitalistischen Gesellschaft aufzurichten»,[25] schrieb er bereits 1964. Revolutionäre Konzepte blieben vage, dafür entwickelte er besondere Kreativität bei der Ausarbeitung spielerischer Protestformen, die Ausdruck für das von ihm verfochtene Spaß- oder Lustprinzip waren («Wir fordern

---

KLIMKE, Joachim SCHARLOTH (Hrsg.), *1968 – Handbuch zur Kultur- und Mediengeschichte der Studentenbewegung*, Stuttgart 2007, S. 107-118, hier S. 110.

22 «Ich muss erst mal Scheiße fressen». Rainer LANGHANS übers Dschungelcamp, *in: TAZ*, 10. Januar 2011.

23 Kommunarden der ersten Stunde waren Dagmar Enzensberger (geschiedene Frau von Hans Magnus Enzensberger) und ihre damals neunjährige Tochter Tanaquil, Ulrich Enzensberger (Bruder von Hans Magnus Enzensberger), Volker Gebbert, Hans-Joachim Hameister, Dieter Kunzelmann, Detlef Michel (bis 25. März 1967), Dorothea Ridder («die eiserne Dorothee»), Dagmar Seehuber und Fritz Teufel. Rainer Langhans kam erst im März 1967 dazu. Zeitweilig wohnten auch noch weitere Personen in den Räumlichkeiten der Kommune 1, so z. B. Dagmar von Doetinchem und Gertrud Hemmer («Agathe»).

24 Vgl. dazu Dieter KUNZELMANN, *Leisten Sie keinen Widerstand! Bilder aus meinem Leben*, Berlin 1998, S. 15f.

25 «Anstoß gesucht», *in: Der Spiegel* 3/1964 3, S. 42f.

allen Ernstes die Gaudi»).[26] Als Ergebnis ihrer ständigen und endlosen Diskussionen resultierte eine Ganzheitlichkeit des zukünftigen Handelns, die Holmig mit folgenden Worten zusammenfasst: «Wenn die äußere (politische) und die innere (private) Wirkung einer Aktion gekoppelt sind, so bedingt die Steigerung des einen auch eine Zunahme des anderen».[27]

Pudding und Flugblätter

Einige Monate nach ihrem Einzug in die Kommune begannen die Bewohner medienwirksame neue Protestformen zu inszenieren, die sie originell verpackten und zu skurrilen Happenings ausbauten, um die «spießige kleinbürgerliche Gesellschaft» zu provozieren bzw. herauszufordern. Zu diesen «riskanten Satireplänen»[28] gehörte die Idee eines sogenannten «Pudding-Attentats» auf den US-Vizepräsidenten Hubert Humphrey, der im April 1967 Berlin besuchen wollte. Diese Aktion war dem situationistischen détournement entlehnt und entsprach dem «Konzept spielerischer Inszenierungen und ironischer Provokationen», welches den «Normenbruch in symbolischen Formen» beinhaltete.[29]

Da der Verfassungsschutz im Vorfelde mitgehört hatte und in die Pläne eingeweiht war, wurden die acht Attentäter einen Tag vor der geplanten Tat festgenommen. Sie seien «unter verschwörerischen Umständen zusammengekommen und hätten hierbei die Anschläge gegen das Leben oder die Gesundheit des amerikanischen Vizepräsidenten Hubert Horatio Humphrey mittels Bomben, mit unbekannten Chemikalien gefüllten Plastikbeuteln oder mit anderen gefährlichen Tatwerkzeugen wie Steinen usw. geplant».[30] Obwohl die «Bomben» nur ein Gemisch aus Pudding, Joghurt und Mehl enthielten, wurden sie von der Springer-Presse als «Horror-Kommunarden»[31] beschimpft. Damit hatten sie ihr Ziel jedoch erreicht, denn sie waren in die Medien gekommen und hatten Schlagzeilen gemacht, wie Kunzelmann später pointiert kommentierte: «Ein Nicht-Ereignis wurde zum weltweit beach-

26 Zit. nach Aribert REIMANN, *Dieter Kunzelmann, Avantgardist, Protestler, Radikaler*, Göttingen 2009, S. 71.

27 HOLMIG, «Die aktionistischen Wurzeln» (Anm. 21), S. 111.

28 Norbert FREI, *1968. Jugendrevolte und globaler Protest*, München 2008, S. 111.

29 Wolfgang RUPPERT, *Um 1968. Die Repräsentation der Dinge*, Marburg 1998, S. 22f.

30 Zit. nach FICHTER, LÖNNENDONKER, *Kleine Geschichte des SDS* (Anm. 10), S. 157.

31 *Bild Zeitung*, 6.4.1967.

teten Spektakel».[32] Während sich die Kommunemitglieder innerhalb der 68er Bewegung immer stärker isolierten und aus dem SDS wegen ihres hedonistischen und selbstbezogenen Verhaltens ausgeschlossen wurden (Dieter Kunzelmann: «Was geht mich der *Vietnamkrieg* an, solange ich *Orgasmusschwierigkeiten* habe?»),[33] entwickelten sie sich immer mehr zu den «Lieblingen» der Boulevardpresse, die ihnen ein Forum bot. Blieb der Kreis der Kommunemitglieder und Sympathisanten stets relativ bescheiden, so war ihre Wirkung infolge der breiten Presseberichterstattung doch nicht zu unterschätzen. Gerd Koenen kommt in diesem Zusammenhang zu folgender Schlussfolgerung: «Aber entscheidend war die Springer-Presse, ohne deren unermüdliche Schmähungen es die Kommune 1 als öffentliches Phänomen mit Langzeitwirkung überhaupt nicht gegeben hätte».[34]

Die inszenierte sexuelle Revolution

So wie die Kommunarden eine Verbindung zwischen Kleinfamilie und Faschismus sahen, so postulierten sie zugleich einen Konnex zwischen Sexualunterdrückung und Herausbildung eines faschistischen Systems. Sie beriefen sich dabei auf den Psychoanalytiker Wilhelm Reich (1897-1957) und ließen dessen Schriften in unzähligen Raubdrucken zirkulieren. Reichs Thesen, nach denen die Verbrechen der Nationalsozialisten nicht zuletzt auch auf die sexuelle Unterdrückung und Verklemmtheit zurückzuführen seien, ließen die 68er gegen das verklemmte Verhältnis zur Lust angehen. So wurde das Ziel der sexuellen Befreiung ein Akt der politischen Befreiung bzw. das Bett zu einer Kampfstätte gegen den Faschismus, was der «sexuellen Revolution» in Anlehnung an Wilhelm Reich eine politisch-moralische Dimension geben sollte, der den Sadismus des «Dritten Reiches» u.a. auf eine chronisch sexuelle «Unbefriedigtheit» zurückführte, während sich «genital befriedigbare Menschen» durch «Milde und Güte» auszeichnen würden.[35]

Zum Symbol dieses Kampfes wurde der sogenannte kollektive Rückenakt, der Anfang Juni 1967 in der K1-Wohnung in der Kaiser-Friedrich-Straße 54a entstanden und anfänglich als Cover auf einer selbst herausgege-

32 KUNZELMANN, *Leisten Sie keinen Widerstand* (Anm. 24), S. 64.

33 Zit. nach: *Der Spiegel*, 27/1997, S. 100.

34 KOENEN, *Das rote Jahrzehnt* (Anm. 4), S. 153f.

35 Wilhelm REICH, *Die Funktion des Orgasmus. Sexualökonomische Grundprobleme der biologischen Energie*, Köln 1969 [EA 1927].

benen Broschüre erschienen war, die Öffentlichkeit jedoch erst wirklich durch den Abdruck in der Presse erhielt. Mit der Realität hatte dies jedoch nur wenig zu tun, wie Gerhard Paul betont:

«Hesterbergs Photo begründete und transportierte in mehrfacher Hinsicht einen Mythos. Zunächst ist es das Bild einer Gemeinschaft und einer sexuellen Freizügigkeit, die es so de facto schon gar nicht mehr gab bzw. nie gegeben hatte».[36] Und in der Tat waren schon zu diesem Zeitpunkt die Risse in der K1 nicht mehr zu übersehen, und auch mit der sexuellen Freizügigkeit war es nicht so weit hin, wie sich die zeitweilige Gespielin von Rainer Langhans, Antje Krüger, erinnerte: «Tatsächlich musste das Ganze schnell gehen, weil alle froh waren, sich wieder anziehen zu können».[37] Den inszenierten Charakter dieses Bildes unterstreicht auch die damalige Kommunarde Dagmar Seehuber:

> Im Sommer 1967 wurde ich darüber informiert, dass ein Fotograf kommt und wir uns alle ausziehen sollten, um ein Nacktfoto zu machen [...]. Bei dieser Gelegenheit habe ich zum ersten Mal alle nackt gesehen und bin überzeugt, dass es den anderen genauso ging. Es war wirklich ein Foto für diese Geier vom ‹Spiegel›. Aber es sollte sicherlich sexuelle Tabus brechen, und so kam es ja auch draußen an.[38]

Auch die von dem Photo suggerierte sexuelle Gleichberechtigung fand nach Aussage verschiedener damals beteiligter Frauen nicht statt; vielmehr beanspruchten die Männer verschiedene Sexualpartnerinnen, während sie selber diese Frauen als ihr Eigentum betrachteten, wie der folgende derbe Spruch zum Ausdruck brachte: «Es ist wie bei der Pferdedressur. Erst muss einer das Tier einreiten, dann steht es allen zur Verfügung».[39]

Doch kommen wir zu dem Photo und seiner Wirkungsgeschichte zurück, welche die Aussage von Dieter Kunzelmann erhärtet, dass die Kommunarden stärker die Medien genutzt haben als umgekehrt, was ihnen nebenbei durch die gezahlten Honorare ermöglichte, über einen ausreichenden Lebensunterhalt zu verfügen. Journalisten aus der ganzen Welt gaben sich die Türklinke in der K1 in die Hand und bezahlten die Kommunemitglieder für die Interviews und Photos. Mit ihren langen Haaren, den langen Ketten und Mänteln trafen sie so passend das Bild vom Bürgerschreck und gefielen sich zunehmend in dieser Pose, so dass marxistische Ansätze in den Hintergrund traten. Das Spaßprinzip entwickelte sich zur Leitlinie, für die neben den

36 PAUL, «Kollektiver Rückenakt» (Anm. 2), S. 349.

37 Interview mit Antje Krüger, *in: TAZ*, 10.4.1993.

38 Dagmar PRZYTULLA (geb. Seehuber), *in:* Ute KÄTZEL, *Die 68erinnen*, Berlin 2002, S. 213f.

39 Heinrich MEHRMANN, «Erobern Kommunen Deutschlands Betten? Mehr Sex mit Marx und Mao», *in: Pardon* Nr. 8, August 1967, S. 16-23, hier S. 17/21.

regelmäßig organisierten Happenings auch die Groupies vor der Tür der K1 standen. Selbst Prominente wie Jimi Hendrix schaute vorbei.

In dem Photo kommt jedoch eine mehrdeutige Botschaft zum Ausdruck, welche die Mitglieder der K1 in die Öffentlichkeit tragen wollten. Wie die übrigen Aktionen der K1 sollte es natürlich Aufmerksamkeit erregen und den Beobachter provozieren, nicht alleine durch die Nacktheit, sondern besonders durch den Gestus, wie Gerhard Paul betont:

> Vor allem das entblößte Hinterteil gilt als Zeichen von Verachtung und Hohn […]. Nacktheit und entblößte Hintern fungierten somit als Provokationsgesten. In Verbindung mit den erhobenen Armen signalisierte die Nacktheit zudem Wehrlosigkeit und totale Unterdrückung, wie man sie bei Polizeiaktionen erlebt hatte bzw. aus Schilderungen und Bildern von Erschießungen aus der NS-Zeit kannte.[40]

Wie konnte nun das Photo zum Symbol für die «sexuelle Revolution» werden? Nur zu gerne nahmen die meisten Journalisten die Selbstdarstellung der K1 für Realität, die den «Mythos Sexualität» für sich und zur Inszenierung entdeckt hatten. Er wurde zur Projektionsfläche von geheimen Phantasien und lüsterner Neugierde, die von den Begriffen Partnertausch, Gruppensex und Matratzenlager genährt wurden, doch vor allem von gesellschaftlichen Ängsten und der Sorgen um sittlichen Verfall. Die von den Kommunarden proklamierte Verbindung von «freier Liebe», Verachtung der Arbeits- und Leistungsgesellschaft und marxistisch untermalter Kapitalismuskritik traf auf eine «Wirtschaftswundergesellschaft», die sich von den 68ern herausgefordert fühlte und um das Erreichte fürchtete. Nur zu gerne gerierten sich die Kommunarden als Bürgerschreck und Sexprotze, was von der Berliner Frontstadt-Presse genüsslich aufgenommen und in einem Wechselspiel noch verstärkt wurde.

Die K1 traf dabei mit ihren Aktionen einen Zeitgeist, für den zugleich der Name von Oswald Kolle steht,[41] der den Kinsey-Report ins Deutsche übertrug und mit seinen Filmen «Das Wunder der Liebe» (1968) und «Deine Frau – das unbekannte Wesen» (1969) erbittert gegen eine kleinbürgerliche, von Verboten und Ängsten dominierte Sexualmoral ankämpfte: «Mein Ziel war es, die Liebe der Männer zu erotisieren und die Liebe der Frauen zu sexualisieren», sagte Kolle später im Rückblick, der nicht nur von der katholischen Kirche bekämpft wurde. So heißt es von Charles de Gaulle, dass er den ersten Kolle-Film eigenhändig mit der Nagelschere zerschnitten habe.[42] Kolle wandte sich gegen falsche Sexualmoral, gegen Gesetze, die Ehebruch

40 PAUL, «Kollektiver Rückenakt» (Anm. 2), S. 350.

41 Vgl. Sybille STEINBACHER, *Wie der Sex nach Deutschland kam. Der Kampf um Sittlichkeit und Anstand in der frühen Bundesrepublik*, München 2011, S. 329.

42 Adelheid MÜLLER-LISSNER, «Er war so frei», *in: Der Tagesspiegel*, 1.10.2010.

und Kuppelei oder auch Homosexualität kriminalisierten, aber auch gegen die Langeweile im heimischen Bett. Da er sich in erster Linie als Aufklärer fühlte und keine politischen Absichten verfolgte, zählten die Studenten ihn jedoch zum Establishment und zogen auch in die Schlacht gegen Kolle, weil er die Ehe befürwortete und damit in ihren Augen ein Spießer war. Sexuelle Freiheit musste für die Kommunarden mit sozialer Gerechtigkeit in einer freien Gesellschaft einher gehen, so dass sie auch in der Sex-Unternehmerin Beate Uhse[43] keine Kämpferin für eine von allen moralisch-normativen Codierungen losgelöste Sexualität sehen konnten. Sie hielten es mit Adorno und sahen im Geschlechtsakt auch einen antifaschistischen Akt:

> Auch wenn zehnmal mehr gebumst würde als früher, wäre das keine eigentliche Befreiung der Sexualität. Denn der bloße Orgasmus, auch wenn Mann und Frau ihn gleichzeitig erreichen, kann noch nicht als befriedigende Form der Sexualität angesehen werden.[44]

Der K1 als radikale Strömung der APO ging es um Provokation, und sie hatte verstanden, dass neben politischen Happenings gerade Nacktheit zu kommerzialisieren war. Diese Entwicklung hing direkt mit dem Topmodell Uschi Obermaier zusammen, die im Herbst 1968 in die K1 einzog und gemeinsam mit Rainer Langhans zur Pop-Ikone der 68er wurde. Sie beflügelte die Phantasie «zahlloser nicht eben links stehender deutscher Männer», wie Dagmar Herzog schreibt,[45] und inszenierte die freie Liebe in regelmäßigen Interviews, was Gerhard Paul zu der Schlussfolgerung kommen ließ: «Der Protest verlagerte sich von der Straße auf das Matratzenlager».[46] Dabei nahm die Öffentlichkeit jedoch nicht mehr die Kluft zwischen der Wirklichkeit und ihrer medial vermittelten Wahrnehmung wahr: «Die K1 der Medien war eine inszenierte Wirklichkeit, einerseits von den Kommunarden selbst und andererseits von den Medien».[47]

In einer zweiten Phase ging der «Mythos Sexualität» wieder in die Öffentlichkeit und ließ sich als Protestform nutzen. Am 12. Dezember 1968 demonstrierten acht barbusige Frauen des SDS im Hamburger Gerichtssaal und am 22. April des folgenden Jahres kam es zu dem vom Frankfurter Weiberrat organisierten sogenannten Busen-Attentat gegen Theodor W.

43 Elizabeth D. HEINEMAN, *Before porn was legal. The erotica empire of Beate Uhse*, Chicago 2011.

44 Katia SADOUN, Valeria SCHMIDT, Eberhard SCHULZ, *Berliner Kinderläden – Antiautoritäre Erziehung und sozialistischer Kampf*, Köln 1970, S. 108f.

45 Dagmar HERZOG, *Die Politisierung der Lust. Sexualität in der deutschen Geschichte des zwanzigsten Jahrhunderts*, München 2005, S. 187.

46 PAUL, «Kollektiver Rückenakt» (Anm. 2), S. 352.

47 HOLMIG, «Die aktionistischen Wurzeln» (Anm. 21), S. 115.

Adorno, bei dem drei barbusige Studentinnen ihn zu Beginn seiner Vorlesung so bedrängten, dass er die Veranstaltung abbrach und fluchtartig den Raum verließ. An der Tafel stand: «Wer nur den lieben Adorno lässt walten, der wird den Kapitalismus ein Leben lang behalten». Von dieser Demütigung erholte sich dieser nie wieder und verstarb drei Monate später in der Schweiz an einem Herzinfarkt.

Bestärkt durch solche Aktionen blieb es das Ziel, immer wieder von sich reden zu machen. Mit Vergnügen verteilten die Kommunarden Flugblätter mit provozierendem Inhalt, um Reaktionen bei der Bevölkerung hervorzurufen. Doch als sie auf einem Flugblatt indirekt zu Brandanschlägen auf Kaufhäuser aufriefen, war der Spaß vorbei. Der Sozialistische SDS schloss die Kommunarden aus, weil sie die Flugblätter im Namen des Studentenbundes verteilt hatten.

Diese Entscheidung deutet darauf hin, dass sich die K1 nicht nur von ihren politischen Forderungen, sondern auch von den Studenten entfernt hatten. Die Mitglieder entwickelten sich – gewollt oder ungewollt – zu «Popstars» der Studentenbewegung, wie sich besonders an Uschi Obermaier festmachen lässt, die zwar am Berliner Wannsee festgenommen wurde, weil sie dort oben ohne herumlief und damit einen weiteren Skandal auslöste, die jedoch in vielerlei Hinsicht nicht mit den gegenkulturellen Prinzipien der Kommune übereinstimmte. Auch wenn sie – genauso wie Rainer Langhans – mit anderen Partnern schlief, bildeten beide doch ein Paar, «Das schönste Paar der APO»,[48] wie der «Stern» titelte. Genauso wenig war sie bereit, auf Privatsphäre zu verzichten, störte sie es doch, wenn alle ihr Stöhnen beim Liebesspiel hörten. «Für diese Frau würde ich jede Revolution verraten», beteuerte Langhans, doch musste er sich dafür den Vorwurf der anderen Kommunarden gefallen lassen, sich von Uschi «alles Politische aus dem Kopf ficken [zu] lassen». Da sich Uschi Obermaier weder politisch noch intellektuell besonders revolutionär gab und bisweilen Kommunismus und Kapitalismus verwechselte, wurde sie quasi unbeabsichtigt zum Gegenmodell der braven deutschen Hausfrau und Sinnbild der sexuellen Revolution.[49]

48 Vgl. auch den Dokumentarfilm von Christa RITTER, *Von wegen Liebe. Das schönste Paar der APO*, WDR 1990.

49 Vgl. zu Uschi Obermaier: Dieter WUNDERLICH, *AußerOrdentliche Frauen. 18 Porträts*, München 2009, S. 228-233; Uschi OBERMAIER, *High times. Mein wildes Leben*, München 2008.

Fazit

In der Rückschau erscheint vielen, vor allem den Akteuren von damals, 1968 als «ein Jahr des Aufbruchs, der Emanzipation, der Freiheit und der Ekstase, es brachte der Bundesrepublik einen Modernisierungsschub».[50] Brachten die 68er der westdeutschen Gesellschaft und Demokratie nun die zweite Staatsgründung? War 1968 eine «Kulturrevolution» für Lebensstile und kulturelle Umgangsformen? Zum einen zeigt sich an der Geschichte der Kommune 1, dass es nicht nur eine 68er Bewegung gab, vielmehr waren die 68er heterogen und ihre Ideen ein «Konglomerat verschiedenster Gedanken(splitter) aus Marxismus, Kapitalismuskritik, Klassen- und Imperialismustheorie».[51] Auch bei den Kommunarden kamen Idealismus und Dogmatismus, Ideen von einer anderen Gesellschaft, von gegenkulturellen Entwürfen und Absurditäten bzw. beispiellosen Blindstellen zusammen. Mit ihren Aktionen waren sie subversiv, denn es ging ihnen um die Umgestaltung der herrschenden politischen und sozialen Ordnung. Sie stellten nicht nur die Autorität des Staates und ihrer Vertreter in Frage, sondern zugleich gesellschaftliche Strukturen und Hierarchien.

Dabei darf auch nicht aus den Augen verloren werden, dass die gesamte 68er Bewegung wesentlich kleiner war als es in der Rückschau erscheint; und die Kommune 1 war wiederum nur eine kleine Gruppe einer vielgestaltigen Gesamtbewegung, deren unmittelbare Wirkung zunächst gering blieb, die aber durch immer neue Formen von Provokation das Interesse der Medien auf sich zog und bei dem Versuch, «das Irrationale der rationalen Ordnung bloßzulegen, [...] durch Spaß [zu] zeigen, dass die Vor- und Leitbilder dieser Gesellschaft Narren sind»,[52] eine beachtliche Breitenwirkung erhielt. Hier zeigt sich ganz deutlich die Wechselwirkung von Studentenbewegung und Medien, die die Ausbreitung wesentlich beschleunigte. Dabei gelang es der K1, eine «bigotte Öffentlichkeit»[53] zu düpieren, die es ihr leicht machte, die sexuelle Revolution für ihren politischen Aktivismus zu benutzen. Sie bediente Vorurteile, Ängste und Schreckensvorstellungen jener, die sie selber als «Establishment» beschimpften. Die Langzeitwirkung dieser Strategie zeigt sich bis heute, bestimmen doch auch nach über 40 Jahren die Nacktszenen der K1 die Erinnerung an diese Form der Gegenkultur.

50 Edgar WOLFRUM, *Die geglückte Demokratie. Geschichte der Bundesrepublik Deutschland von ihren Anfängen bis zur Gegenwart*, Stuttgart 2006, S. 271.

51 *Ibid.*, S. 264.

52 Zitate bei FREI, *1968* (Anm. 28), S. 114.

53 KOENEN, *Das rote Jahrzehnt* (Anm. 4), S. 158.

Aus heutiger Sicht erscheint die Kommune als ein Ergebnis ideologischer Verblendung, denn was ihre Mitglieder als Form der persönlichen Selbstbefreiung titulierten, zielte nicht alleine auf die Zerstörung aller Sozialbeziehungen und die «radikale Entbürgerlichung» ab, sondern sollte zugleich einen neuen Menschen schaffen.[54] Dabei bleibt abschließend die Frage, ob die 68er Bewegung die westdeutsche Gesellschaft liberaler und westlicher gemacht bzw. diesen Prozess beschleunigt hat. Das Buch *Der große Basar* von Daniel Cohn-Bendit aus dem Jahre 1975 ist dabei ein Dokument für den Kampf eines jungen Mannes gegen die verkrustete und verklemmte bundesdeutsche Gesellschaft der 1960er Jahre und ihre Tabus, aus denen er sich befreien wollte. Die Passagen über seine erotischen Beziehungen zu kleinen Kindern werfen jedoch die Frage nach den Folgen der totalen Enttabuisierung der Sexualität auf. Matthias Drobinski kommt dabei in der «Süddeutschen Zeitung» zu einem klaren Urteil: «Sie war nicht nur befreiend, sie war auch der Vorwand für neuen Machtmissbrauch».[55] Wilhelm Reichs These, dass Triebunterdrückung, autoritärer Charakter und faschistische Diktatur zusammengehören, so dass es ohne sexuelle Befreiung auch keine freie und gleichberechtigte Gesellschaft geben könne, ließ die sexuelle Toleranz zu einer Forderung werden, durch die neue Formen des Missbrauchs möglich wurden. So wird auch in Zukunft die Diskussion um den Beitrag der 68er zur Liberalisierung der Bundesrepublik eine Gratwanderung sein, bei der nicht nur zu analysieren ist, ob sie die liberale Ordnung mit zutiefst illiberalen Zielen überwinden wollten.[56] Stärker als bisher wird das «abstruse Toleranzverständnis»[57] und seine Konsequenzen in den Fokus rücken.

Zusammenfassung

Für die Studentenbewegung der 1960er Jahre stand die bundesrepublikanische Elite für die von den 68ern in Frage gestellten gesellschaftlichen Konventionen und die zu bekämpfenden herrschenden Kräfte der westdeutschen Gesellschaft. Sie suchte die Konfrontation, provozierte einen Generationenkonflikt und leitete einen soziokulturellen Wandel ein, der gerade auch im Umgang mit Sexualität in der Öffentlichkeit zum Ausdruck kam. Man

54 KRAUSHAAR, *Achtundsechzig* (Anm. 18), S. 125.

55 Matthias DROBINSKI, «Tabu und Toleranz», *in: Süddeutsche Zeitung*, 26.5.2013.

56 CONZE, *Die Suche nach Sicherheit* (Anm. 3), S. 357.

57 Reiner BURGER, «Ein Triumph der Päderasten», *in: FAZ*, 19.5.2013.

sprach nunmehr offen und öffentlich über sie, nicht mehr länger hinter vorgehaltener Hand, so dass auch Geschlechterverhältnisse in Bewegung gerieten. Zum Symbolbild für das gesellschaftliche Aufbegehren wurde die Berliner «Kommune 1», die durch Provokation und zur Schau gestellten Antiautoritarismus auf sich aufmerksam machte, um auf diesem Weg den wahren Charakter des «Systems» zu enthüllen. Zu fragen sein wird vor allem nach den neuen eigenen sozialen Normen und Werten, die Vertreter der Kommune 1 der damals bestehenden bundesdeutschen Kultur entgegensetzten. Beleuchtet werden soll auch, ob die Kommune 1 nicht nur ein Ergebnis ideologischer Verblendung ist, die persönliche Selbstbefreiung proklamierte, jedoch die Zerstörung aller Sozialbeziehungen produzierte.

Résumé

Pour le mouvement étudiant ouest-allemand des années 1960, les élites traditionnelles incarnaient les conventions sociales que les soixante-huitards remettaient en cause ainsi que les forces dominantes de la RFA qu'il s'agissait de combattre. Ce mouvement fit de la confrontation sociale son mode d'expression, rechercha le conflit des générations et conduisit à une mutation socioculturelle. Celle-ci trouva un fort écho dans l'opinion publique, notamment pour les questions touchant à la sexualité. On en parlait ouvertement et publiquement, et non plus à mots couverts, si bien que les relations sexuelles en furent transformées. La «Kommune 1» de Berlin devint le symbole de cette fronde sociétale. Par la provocation et par un antiautoritarisme savamment mis en scène, elle sut attirer l'attention sur elle afin de démasquer le vrai caractère du «système». Nous nous interrogerons principalement sur les nouvelles normes et valeurs sociales que les représentants de la Kommune 1 ont voulu opposer à la culture ouest-allemande établie de l'époque. Il s'agira aussi de savoir si la Kommune 1 a seulement été le produit d'une illumination idéologique proclamant l'auto-libération de soi, ou si elle a abouti à la destruction de toutes les relations sociales.

Le ZEGG: écovillage, communauté New Age et centre d'expérimentation sociale

Olivier HANSE
Université de Lorraine

> Nous relions introspection et aventure, quête de soi et sauvetage du monde, empathie et leadership, pour réussir enfin à sortir de la folie de la normalité et vivre, dès maintenant, un avenir non seulement durable mais surtout jouissif.[1]
>
> Extrait du site http://www.zegg.de

Le ZEGG (centre pour une organisation expérimentale de la société), communauté intentionnelle d'environ 100 membres permanents fondée en 1991 sur les ruines d'un ancien centre de formation d'agents de la Stasi situé à Bad Belzig, à 80 km au sud-ouest de Berlin, est-il une dangereuse psychosecte? Dans la décennie suivant sa fondation, ce centre alternatif, qui vit essentiellement de l'organisation de quatre grands festivals internationaux et de plus de cent séminaires par an, sur des thèmes comme la communication non violente et le management empathique, l'amour et la sexualité ou encore l'écologie intégrale et la gestion de groupes humains, a en tout cas été très fréquemment la cible d'accusations de ce type, dont la véracité semblait entre autres étayée par les relations que l'inspirateur de la communauté, Dieter Duhm (*1942), avait autrefois entretenues avec le gourou autoritaire du Friedrichshof, Otto Muehl[2] (1925-2013) et avec la secte d'Osho.[3] Ainsi,

1 Texte original: «Wir verbinden Innenschau mit Abenteuer, Selbstfindung mit Weltrettung und Einfühlungsvermögen mit Leadership, um endlich aus dem Wahnsinn der Normalität auszusteigen und schon jetzt eine nicht nur nachhaltige, sondern vor allem lustvolle Zukunft zu leben.» http://www.zegg.de/de/zegggemeinschaft/empathic-young-leadership.html (consulté le 9/8/2013, trad. O.H.).

2 Sur les débordements de la commune fondée par le représentant le plus controversé de l'actionnisme viennois, lire: Andreas SCHLOTHAUER, *Die Diktatur der freien Sexualität. AAO, Mühl-Kommune, Friedrichshof*, Wien 1992.

3 *Cf.* Anna THODEN / Ingemarie SCHMIDT, *Der Mythos um Bhagwan. Die Geschichte einer Bewegung*, Reinbek 1987.

l'ancienne porte-parole des *Grünen* Jutta Ditfurth[4] (*1951) n'hésita-t-elle pas à qualifier le projet du ZEGG d'«écofasciste»[5] et à opérer des rapprochements entre son discours, la pensée ésotérique de l'ancien communiste dissident Rudolf Bahro[6] (1935-1997) et certaines idéologies anti-émancipatrices de l'extrême-droite. Le lien entre R. Bahro, auteur d'un discours ambigu sur les liens historiques entre les *Grünen* et le parti national-socialiste[7] et fondateur en 1993 du projet *LebensGut Pommritz* (situé en Saxe), et D. Duhm semblait d'ailleurs à ses yeux démontré, puisque le premier a, en 1993, invité le gourou de la *Sex-Sekte* de Tamera[8] à contribuer à la série de conférences sur l'«écologie sociale»[9] qu'il organisait alors à l'université Humboldt de Berlin. Cette participation avait alors été empêchée par plusieurs manifestations de groupes antifascistes (parmi lesquels *Ökolinx*), qui en obtinrent finalement l'interdiction. La mauvaise réputation médiatique de D. Duhm et de ses initiatives, dont le ZEGG fondé deux ans auparavant par plusieurs de ses disciples faisait partie, était alors à son comble.

Depuis quelques années, nous assistons cependant à un véritable revirement d'opinion concernant le ZEGG, qui semble particulièrement attirer les médias et bénéficier d'une plus grande acceptation au niveau local et national. On en veut pour preuve aussi bien les articles réguliers et relativement neutres que le quotidien local *Märkische Allgemeine* consacre aux activités du centre et à son rôle dans l'activité culturelle et économique de la région,[10]

4 Jutta Ditfurth est cofondatrice en 1980 du parti *Die Grünen*, dont elle sera porte-parole au niveau fédéral de 1984 à 1989, avant d'en sortir pour fonder en 1991 le mouvement *Ökolinx*.

5 *Cf.* Jutta DITFURTH, *Entspannt in die Barbarei*, Hamburg 1996, pp. 21-24.

6 *Cf.* Anne-Marie PAILHES, «Du marxisme au prophétisme: la diffusion de la pensée de Rudolf Bahro en Allemagne de l'Est après 1990», *in: Cahiers d'Etudes Germaniques* 58 (2010/11), pp. 191-201.

7 *Cf.* Rudolf BAHRO, *Logik der Rettung*, Stuttgart 1987, pp. 388-401. Sur l'analyse du tournant ésotérique de R. Bahro par J. Ditfurth, lire: Jutta DITFURTH, *Feuer in die Herzen*, Düsseldorf 1994, pp. 361-378.

8 Fondé en 1995 par le noyau dur des proches de Dieter Duhm, le «biotope thérapeutique» de Tamera est installé dans le sud du Portugal, dans l'Alentejo, sur un terrain de 134 hectares. La communauté se compose d'environ 200 membres permanents; elle accueille chaque année plusieurs centaines de visiteurs et se situe au centre d'un réseau international en pleine expansion.

9 *Cf.* Rudolf BAHRO, «Aus der Einführungsvorlesung», *in:* ID. (éd.), *Rückkehr. Die In-Weltkrise als Ursprung der Weltzerstörung*, Berlin 1991, pp. 18-29.

10 Se référer par exemple aux articles non signés «Modell mit Potential» du 14/4/2013, *in:* http://.maz-online.de//Potsdam-Mittelmark/mit-Potential ainsi «Fas-

ainsi que les prises de position beaucoup moins catégoriques qu'il y a quelques années, émanant des pouvoirs publics et de certaines institutions de lutte contre les sectes.[11] Cette évolution récente s'explique par au moins trois raisons différentes. Premièrement, force est de constater que les efforts de la communauté pour prendre, au moins en apparence, ses distances vis-à-vis de D. Duhm, se défaire ainsi des soupçons planant sur une éventuelle parenté avec la commune de Muehl, et faire connaître, par une politique de communication active, la démarche antidogmatique et même pluraliste du projet, semblent porter leurs fruits.[12] Deuxièmement, ainsi que le soulignait en 2009 une émission radiophonique du *Deutschlandfunk*, le ZEGG s'inscrit de plus en plus dans un véritable climat alternatif local, avec lequel certains politiques locaux pactisent, voyant dans cette évolution une dynamique intéressante pour la région du Hoher Fläming, par ailleurs fortement touchée par le chômage et l'exode des jeunes.[13] Enfin, troisièmement, le contexte

---

ziniert von der Stille» du 14/7/2013, *in:* http: //.maz-on.de/Lo//Belzig/Fasziniert-von-der-Stille (consultés le 7/8/2013).

11 Le dictionnaire en ligne de la Evangelische Zentralstelle für Weltanschauungsfragen (EZW) ne consacre aucune entrée au ZEGG. La *Evangelische Informationsstelle: Kirchen – Sekten – Religionen* suisse se garde quant à elle de tout jugement catégorique. Voir: http:// www.relinfo.ch/zegg/infotxt.html (consulté le 7/8/2013). Des visites régulières de représentants de la vie publique (comme par exemple la député verte Cornelia Behm, le *Landrat* SPD Wolfgang Blasig, la maire *Die Linke* de Wiesenburg Barbara Klembt) sont documentées sur le site internet du ZEGG.

12 La brochure critique de Luther Brünzels, intitulée «16 Jahre ZEGGsismus» et postée en 2007 sur le site nadir.org, parle à cet égard d'une véritable «Deduhmisierungskampagne» organisée en réaction à la condamnation pénale d'Otto Muehl. *Cf.* pp. 26-28 du document en ligne: http://media.de.indymedia.org/media/2007/11/199650.pdf (consulté le 7/8/2013).

13 «Eine Vielzahl von Aussteigern, von Künstlern, Therapeuten und Biobauern, Öko-Ingenieuren und Öko-Handwerkern hat sich in der Gegend niedergelassen. Es dürfte sich um die wohl dichteste Ansiedlung von Alternativen in den neuen Bundesländern handeln.» Le texte de cette émission est consultable en ligne: http://www.dradio.de/dkultur/sendungen/laenderreport/1074797/ (dernière consultation le 7/8/2013). A l'occasion du 20e anniversaire du ZEGG ont été exprimées certaines sympathies de la part d'hommes politiques locaux, qui voient dans cette nouvelle dynamique une chance pour leur région par ailleurs dramatiquement désertée par les jeunes actifs. Barbara Klembt, maire *Die Linke* de la commune Wiesenburg/Mark, a souligné: «Man versauert nicht […] im Leiden um möglicherweise junge Leute, die weggehen, die nicht nur bloß ihre Jugend mitnehmen, sondern auch ihr Wissen, mit dem sie sich hier ausgestattet haben oder beim Studium andernorts. Dadurch, dass andere Leute hier herziehen, die wieder frisches

actuel de crise économique favorise de par le monde les discours altermondialistes et donne une impulsion nouvelle à la doctrine biorégionaliste et à la fondation de communautés autogérées. Dans ce contexte de soulèvement contre les abus de la mondialisation, le *road-movie* documentaire sorti en janvier 2012, *Empire Me: Der Staat bin ich* du réalisateur autrichien Paul Poet (*1971) pose par exemple un regard fasciné sur cette utopie incarnée conçue, aux côtés de la «principauté de Sealand» fondée sur une ancienne plate-forme militaire de l'armée britannique et du quartier de Copenhague autoproclamé «ville libre de Christiana», comme une micronation à la recherche d'une réelle alternative sociétale, un antimonde résistant à l'uniformisation et au matérialisme du *global village*.[14] Dans la même optique visant à révéler les avant-gardes d'une «révolution dans les têtes» en train de gagner de l'ampleur, le livre-film de l'universitaire Isabelle Frémeaux et de l'artiste-activiste John Jordan, paru quelques mois auparavant chez l'éditeur La Découverte, se concentre quant à lui sur onze foyers de résistance européens, parmi lesquels aux côtés du ZEGG on trouve entre autres la coopérative alternative de «Longo Maï» en Provence, le village libertaire de la «Vieille valette» dans les Cévennes ou encore le squat écologiste temporaire de «Climate camp» sur l'aéroport de Londres-Heathrow. Malgré le regret exprimé par I. Frémeaux et J. Jordan de devoir constater dans la communauté de Belzig une concentration quasi exclusive sur l'amour hétérosexuel[15] et une réflexivité à leurs yeux excessive, les deux auteurs reconnaissent dans cette expérience «une des myriades de façons qu'il y a d'être humain, aujourd'hui, en Europe, malgré le capitalisme».[16]

Face à des positions aussi tranchées que contrastées, l'étude scientifique de telles entreprises nécessite une mise en perspective critique des idées fondatrices du projet comme de son évolution historique. Pour être comprises, celles-ci doivent être replacées dans le courant spirituel dont elles sont issues, mais aussi contextualisées par rapport aux diverses logiques de contestation du *mainstream* qui se sont développées dans les pays germanophones au XXe siècle. Privée d'une enquête de terrain menée personnellement,[17] la présente contribution à l'étude des communautés intentionnelles

---

Wissen mitbringen und frische Aktivität, hilft es dann ganz gut.» *Märkische Allgemeine*, 19/12/2011.

14 http://www.empire-me.net/blog/fr/accueil (consulté le 31/10/2012).

15 *Cf.* Isabelle FREMEAUX / John JORDAN, *Les Sentiers de l'Utopie*, Paris 2011, p. 265.

16 *Ibid.*, p. 7.

17 Nous nous référons notamment aux interviews particulièrement intéressantes reproduites à l'intérieur du travail universitaire suivant: Thomas DIERSCHKE, *Intentionale Gemeinschaften. Ziele, Kultur und Entwicklung am Beispiel zweier Gemeinschaften*, [Mag.-Arbeit] Münster 2003, pp. 157-176. Cette étude sociologique

(Gemeinschaftsforschung)[18] développera trois pistes de réflexion utiles à la compréhension du phénomène. Dans une perspective d'histoire des idées, nous replacerons dans un premier temps le ZEGG dans la logique contre-culturelle des années 70 et dans la démarche métapolitique du *New Age*, en insistant particulièrement sur les implications sociales du discours érotico-spirituel de D. Duhm, qui s'inscrit ouvertement dans la «conspiration du Verseau» telle que l'a définie Marilyn Ferguson *(cf. infra)*. Puis, après avoir explicité la place des «utopies concrètes» dans le parcours contestataire du «maître à penser» du centre, nous verrons dans quelle mesure l'évolution du réseau initié par ce dernier peut être éclairée par le modèle «charisme comme mode de vie» proposé par le sociologue Winfried Gebhardt.[19]

Une logique contestataire héritée des années 70

Par sa philosophie et sa dimension spirituelle, le ZEGG doit être apparenté au courant New Age qui, autour de l'idée d'un «nouveau paradigme» opposé au déterminisme linéaire de la science mécaniste et se mettant peu à peu en place dans notre société, a pris son envol aux Etats-Unis à partir de la fin des années 70 et de la parution de l'ouvrage fondateur de M. Ferguson (1938-2008), *Les Enfants du Verseau*[20] et du *Temps du Changement*[21] du physicien Fritjof Capra (*1939), et a connu une rapide expansion en Europe occidentale dans les années 80, avant de poursuivre son développement en Europe orientale dans les années 90, et notamment en ex-RDA, où les faibles prix des terrains et de l'immobilier permettaient l'installation de communau-

---

est consultable en ligne sous: http://nbn-resolving.de/urn:nbn:de:hbz:6-24619479736 (vérification faite le 13/8/2013).

18 Des impulsions intéressantes ont récemment été données dans ce domaine par l'institut de sociologie de l'université de Münster. *Cf.* Matthias GRUNDMANN, Thomas DIERSCHKE, Stephan DRUCKS, Iris KUNZE (éds.), *Soziale Gemeinschaften. Experimentierfelder für kollektive Lebensformen*, Berlin 2006; ainsi que par: Iris KUNZE, *Soziale Innovationen für eine zukunftsfähige Lebensweise. Gemeinschaften und Ökodörfer als experimentierende Lernfelder für sozial-ökologische Nachhaltigkeit*, Münster 2009.

19 *Cf.* Winfried GEBHARDT, *Charisma als Lebensform. Zur Soziologie des alternativen Lebens*, Berlin 1994.

20 Marilyn FERGUSON, *The Aquarian Conspiracy: personal and social transformation in the 1980s*, Los Angeles 1980.

21 Fritjof CAPRA, *The Turning Point: Science, Society, and the Rising Culture*, New York 1982.

tés qui, pour la plupart, avaient été fondées par des ressortissants ouest-allemands.[22] Difficile à cerner de par son immense hétérogénéité et sa tendance à amalgamer de multiples influences et à se structurer en réseaux, de manière fluide et changeante, le New Age peut être vu avec Massimo Introvigne comme la «quatrième étape d'un processus d'éloignement progressif de la vérité catholique», étape que résume la formule «oui au sacré, non à la religion», le sentiment religieux étant dans ce courant diffus «remplacé par d'autres formes, réputées plus rapides, d'accès au sacré, comme le chamanisme ou la magie, et par un retour de la ‹religiosité cosmique›».[23]

Chez les adeptes du ZEGG comme chez pratiquement tous les *new agers*, la spiritualité est définie de manière antidogmatique et syncrétique; naturel et surnaturel sont appelés à se confondre dans une vision holistique et globalisante de la réalité qui implique, comme le souligne très justement Jean Vernette (1954-2002), «un vigoureux refus de la spécialisation à outrance pratiquée couramment par l'Occident technicisé [...]. Car le Tout est Un».[24] Cet héritage du tantrisme, système fondé sur la libération des énergies et la transformation de l'individu et auquel le ZEGG consacre de nombreux séminaires et festivals, se retrouve très clairement dans la définition que la communauté de Belzig donne sur son site internet du terme spiritualité: «La spiritualité signifie pour nous vivre dans un lien conscient avec la totalité de la Création. Chaque être est une partie du corps universel plus grand [...].»[25] De ce discours relativiste (aucune foi n'est d'emblée exclue), qui emprunte pour une bonne part son vocabulaire à la tradition théo-

22 Au sujet de cette migration vers l'Est, lire: Anne-Marie PAILHES, «L'exportation du New Age en Allemagne de l'Est depuis 1990», *in: Revue d'Allemagne et des pays de langue allemande* 41 (2009), pp. 112-114; ainsi que: ID., «Communautés alternatives en Allemagne de l'Est depuis 1990: des laboratoires utopistes de l'Allemagne réunifiée?», *in:* Jay ROWELL, Anne-Marie SAINT-GILLE (éds.), *La société civile organisée aux XIXe et XXe siècles: perspectives allemande et française*, Lille 2010, pp. 227-242.

23 *Cf.* Massimo INTROVIGNE, *Le New Age des origines à nos jours*, Paris 2005, p. 263 *sq.* Les trois premières étapes de la typologie des nouveaux mouvements religieux selon leur degré d'éloignement de la vision catholique du monde sont résumées par les formules successives: «oui au Christ, non à l'Eglise» (rupture opérée par les groupes dits de la «Réforme radicale»), «oui à Dieu non au Christ» (entre autres la redécouverte des religions orientales), et «oui à la religion, non à Dieu» (par exemple dans le mouvement du potentiel humain, qui culmine dans la Scientologie).

24 Jean VERNETTE, *Le New Age*, Paris 1993, p. 28.

25 http: //www.zegg.de/de/zegg-gemeinschaft/spiritualitaet.html (consulté le 8/8/2013, traduction O.H.).

spiritualiste[26] (Papus, mouvement Rose-Croix, théosophie et anthroposophie de Rudolf Steiner, etc.) émerge une vision du monde fondamentalement optimiste, dans laquelle émancipation par rapport aux autorités sociales et religieuses, développement personnel et responsabilité envers l'harmonie du Tout se confondent dans une même démarche:

> Une pratique spirituelle [...], précise le site du ZEGG, [c'] est la conséquence de notre responsabilité par rapport à notre propre bonheur, à la mission de notre vie et à la totalité englobante, de laquelle tout est issu. La pratique spirituelle conduit à l'élargissement de notre conscience, à la créativité, au détachement de tout modèle automatique, à la liberté du choix [...]. Elle est indispensable à la vie en communauté.[27]

Le syncrétisme du New Age, son rapport ambigu à la modernité et son aspiration communautaire sont essentiellement à replacer dans le climat social et intellectuel des années 70 et 80, dont les idées de D. Duhm *(cf. infra)* sont le pur produit. Ces caractéristiques s'inscrivent non seulement dans une crise des institutions religieuses traditionnelles, ces «religions du dimanche» accusées d'enfermer la spiritualité dans des espaces trop restreints et des liturgies trop contraignantes, et de tracer une frontière trop rigide entre le profane et le sacré,[28] mais aussi dans le «renversement de tendance»[29] *(Tendenzwende)* qui, sur fond de catastrophisme écologique et de crise de l'«idéologie de la croissance»[30] défendue jusque-là par les principaux partis politiques, fit suite à l'essor, à la fin des années 60, des valeurs dites «postmatérialistes»[31] (liberté, jouissance, spontanéité, épanouissement de la personne, authenticité, etc.) principalement au sein de la jeunesse des couches moyennes cultivées. Ces mutations furent, pour beaucoup, accompagnées par une «contestation des

26 *Cf.* Françoise CHAMPION, «Le nouvel-âge, recomposition ou décomposition de la tradition théo-spiritualiste?», *in: Politica Hermetica* 7 (1993), pp. 114-122.

27 Voir lien URL note 25.

28 *Cf.* INTROVIGNE, *Le New Age* (note 23), pp. 142-144.

29 Pour une présentation rapide de cette notion, lire: Thomas KELLER, *Les Verts allemands. Un conservatisme alternatif*, Paris 1993, pp. 23-29.

30 Les ouvrages les plus représentatifs de cette tendance dans l'espace germanophone furent sans doute: Donella MEADOWS, Dennis MEADOWS, Jorgen RANDERS et William W. BEHRENS, *The Limits to Growth*, New York 1972 (trad. allemande: *Die Grenzen des Wachstums. Bericht des Club of Rome zur Lage der Menschheit*, Stuttgart 1972); Herbert GRUHL, *Ein Planet wird geplündert*, Frankfurt am Main 1975; et Erhard EPPLER, *Ende oder Wende*, München 1977.

31 Ronald Inglehart (*1934), qui avait bâti sa théorie en s'inspirant de la «pyramide des besoins» d'Abraham Maslow (1908-1970), parla en son temps de «révolution silencieuse». *Cf.* Ronald INGLEHART, «The Silent Revolution in Post-Industrial Societies», *in: American Political Science Review* 65 (1971), pp. 991-1017.

idoles de la modernité, de la dictature de la raison et de la technique, de l'establishment»[32] qui s'exprima notamment dans l'action extraparlementaire des «nouveaux mouvements sociaux» (féminisme, pacifisme, défense de l'environnement, etc.), laquelle aboutira en 1980 à la fondation du parti des *Grünen*, conçu à l'origine comme un «parti anti-partis» ayant vocation à ébranler de l'intérieur les piliers institutionnels et idéologiques du système.[33] Parmi les représentants de cette attitude contre-culturelle déçus par l'échec relatif de l'APO et de la révolution étudiante, bon nombre se détournèrent de l'action politique traditionnelle, les «anciens» partis au pouvoir leur semblant fort peu à même de se renouveler pour sortir de leur concentration sur les questions d'expansion économique, de clivage entre travail et capital, de répartition des richesses, de consommation et de sécurité matérielle.

Cette déception aboutit souvent, tel que le décrit J. Vernette, à une logique de «réformisme mesuré» ou de «conservatisme prudent», dans certains cas à un «recentrage conservateur sur la ruche tribale» (famille, clan, vie privée) qui aurait favorisé la naissance de «groupes religieux fermés».[34] Mais parallèlement à cette tendance au repli, ce dernier relève également le développement d'un «mouvement de hors jeu social, d'individualisme égocentré qui conduit à mener comme une double existence: une participation résignée pour gagner sa vie, par un emploi, un horaire, un crédit; et une évasion impliquée, en de tout autres domaines»,[35] l'auto-exclusion de la société restant évidemment le fait d'une infime minorité. L'essor du New Age se joue par conséquent, d'après ce spécialiste des nouveaux mouvements religieux, dans cette quête d'un ailleurs, qui apparaît essentiellement comme le résultat d'une rébellion intérieure.

Fondé en 1991, le ZEGG est un exemple intéressant de la perpétuation de ces logiques héritées des années 70, dans la mesure où son mode de fonctionnement est supposé permettre aux deux types de «déçus du système» décrits par J. Vernette de pouvoir y trouver leur compte: les partisans du repli, par la possibilité d'intégrer une communauté définie à la fois comme lieu de convivialité et comme antimonde capable d'opposer aux logiques mercantiles du *mainstream* des repères éthiques et le sentiment de participer à une aventure individuelle et collective, et les autres, à travers la présence occasionnelle à tel ou tel séminaire ou festival, par la possibilité de ren-

32 VERNETTE (note 24), p. 20.

33 L'étude déjà citée de Thomas Keller relie d'ailleurs le New Age, notamment à travers des personnalités comme Rudolf Bahro et Manon Maren-Grisebach (*1931), à la transformation des valeurs qui a donné naissance au parti des *Grünen* en 1981. Lire à ce sujet: KELLER (note 29), pp. 150-153.

34 VERNETTE (note 24), p. 21.

35 *Ibid.*, p. 21 *sq.*

contres temporaires entre «gens branchés»[36] fort bien intégrés dans la société moderne même s'ils partagent les mêmes idéaux rebelles et la même soif de renouvellement. Pour ces consommateurs de spiritualité alternative majoritairement issus de classes sociales relativement aisées,[37] le séjour au ZEGG est une manière de s'évader d'un quotidien bien rangé et de relier, le temps d'une escapade, leur quête d'identité personnelle et leur aspiration à une plus grande harmonie dans une expérience collective empreinte d'une certaine saveur subversive.[38]

Le New Age entre développement individuel et utopie sociale

Le projet social et politique du ZEGG s'inscrit dans l'optimisme caractéristique du New Age qui, comme conséquence du changement de paradigme en cours, croit en l'émergence d'un «homme nouveau» capable de faire évoluer en douceur les conditions de l'existence sur Terre. En ce sens, la préoccupation première du *new ager* n'est pas d'agir sur les structures en place, mais bien de transformer sa propre conscience, le «voyage intérieur» étant vu comme le préalable indispensable de l'ère nouvelle à bâtir. La guérison du monde malade passe par le perfectionnement de l'individu, la résolution de ses conflits intérieurs et la sortie de son égarement spirituel, tandis qu'à l'inverse toute révolution sociale qui n'aurait pas été précédée d'un processus de découverte de soi demeurerait condamnée à l'égarement et à l'échec.[39] En d'autres termes, on peut affirmer avec l'adepte de Rudolf Steiner (1861-1925) et co-fondateur de la *Findhorn Foundation* Sir George Treve-

36 *Ibid.*, p. 18.

37 Le prix des séminaires et des formations est élevé. A titre indicatif, le séminaire «empathic leadership» destiné exclusivement à des jeunes de 20 à 35 ans ne revient pas à moins de 1200 euros de frais d'inscription pour 5 semaines, auxquels viennent s'ajouter 660 euros pour le logement et la nourriture.

38 Le succès du Mouvement du Potentiel Humain (MPH) dans les années 70 est également interprété par Elsa Bishop comme un compromis, auquel concèdent les anciens participants de la contreculture des années 60 entre-temps «établis», entre «adaptation au monde», «transformation progressive depuis l'intérieur» et la volonté de rester fidèles à «l'expérimentation à laquelle ils se sont prêtés précédemment». *Cf.* Elsa BISHOP, *Le New Age aux Etats-Unis (1980 à 2000)*, [Thèse] Lyon 2, 2007, p. 127.

39 «Wer sein Selbst nicht kennt, kann der Welt nicht helfen». Citation de Jochen F. UEBEL d'après: Christoph SCHORSCH, *Die New Age-Bewegung. Utopie und Mythos der Neuen Zeit*, Gütersloh 1989, p. 104.

lyan (1906-1996) que la maxime du New Age pourrait être formulée ainsi: «Change l'homme et tu changeras la société.»[40] En ce sens, le philosophe Christoph Schorsch (*1959) distingue au total six approches possibles visant à faire découler de futurs grands bouleversement sociaux d'une démarche fondamentalement concentrée sur l'auto-réforme et le progrès spirituel individuel, parmi lesquelles au moins quatre logiques trouvent leur application dans les stratégies développées par le ZEGG et les activités qu'il organise:[41]

- «Transformation sociale par *rayonnement* de la transformation individuelle»: Ainsi que le réclamait M. Ferguson, les disciples du Verseau ont pour mission de faire partager aux autres les bienfaits de leur conscience élargie et la plénitude qu'ils en tirent, dans le but de démontrer la praticabilité de leur nouveau mode de vie. Dans le même état d'esprit, le ZEGG conçoit le cheminement spirituel non pas comme un retrait du monde *(Rückzug)* mais au contraire comme une démarche d'enrichissement personnel appelée à devenir contagieuse et à se répandre progressivement à toute l'humanité. La communauté considère donc le retour sur soi comme une étape indispensable de la transformation en cours et à venir, mais parallèlement, elle se veut éminemment ouverte et tournée vers l'extérieur. Entre autres par le biais de l'accueil de jeunes gens dans le cadre de l'année de service civil écologique *(Freies ökologisches Jahr)*, elle encourage par tous les moyens la circulation des adeptes, et à travers eux des «énergies positives», en vue d'une infiltration la plus efficace possible de la société par ses idéaux et ses valeurs. Le ZEGG cherche à rayonner au niveau régional et international: il communique de façon très dynamique en direction de la presse et des nouveaux médias mais aussi des projets «amis» au sein du *Global Ecovillage Network* et par le biais de larges mailings, mettant tout particulièrement en avant sa pratique de la permaculture, ses prouesses en matière d'économie d'énergie et sa conception spirituelle de l'écologie. Enfin, la communauté se dit membre d'ATTAC et participe à de nombreux projets en faveur de l'agriculture biologique, de l'économie alternative, de la protection de l'animal ou encore contre le racisme, la guerre et l'énergie nucléaire.
- «*Mise en réseau* des individus et des groupes»: Capitale dans toutes les entreprises New Age, la notion de réseau évince celles de concurrence et

40 George TREVELYAN, *Eine Vision des Wassermann-Zeitalters*, Freiburg im Breisgau 1984, p. 187. Cité d'après: *ibid.*, p. 102.

41 Les catégories développées dans le paragraphe suivant (trad. O.H.) sont reprises de l'ouvrage déjà cité de SCHORSCH (note 39), pp. 105-120.

de hiérarchie.[42] De même que le «nouveau paradigme» n'est jamais appelé à se substituer à l'ancien en le combattant mais en le dépassant et en l'englobant, les *new agers* considèrent leurs différents modèles comme complémentaires les uns des autres. La participation au *Global Ecovillage Network* et le renvoi du site internet à d'autres communautés alternatives comme Auroville en Inde, Findhorn en Ecosse, Damanhur dans le Piémont ou encore le *Stamm der Likatier* situé dans l'Allgäu s'intègrent d'ailleurs parfaitement dans cette logique. Dans son livre récent *La Matrice sacrée*, D. Duhm évoque en outre, au sujet de l'action coordonnée de ces centres spirituels, la notion d'acuponcture appliquée à la planète, ces derniers étant alors décrits comme des aiguilles bienfaisantes stimulant les forces auto-régénératrices de la Terre conçue comme un être vivant en bonne voie de guérison, un modèle d'interprétation ésotérique qui jouit d'un certain crédit à l'intérieur du ZEGG, sans pour autant être érigé en doctrine officielle.[43]

– «*Démonstration* du nouveau paradigme dans des structures nouvelles, quasi institutionnelles»: Ainsi que l'avait formulé le très médiatique David Spangler (*1945), auteur américain qui a joué un rôle crucial dans la construction du mythe Findhorn et son affiliation au courant New Age, «la plus haute forme de la protestation est de construire le Nouveau et non de combattre l'Ancien».[44] Dans la logique des *new agers*, la fondation de communautés et de centres alternatifs n'a théoriquement pas pour objectif la réalisation résignée d'une vision commune à petite échelle, mais la démonstration concrète de sa possible construction et le rayonnement du projet qui en découle. Dans le ZEGG vient s'ajouter à cette idée d'une part la notion essentielle de recherche *(Forschung)* et d'expérimentation sociale, qui interdit la réduction de l'idéal commun à une doctrine préétablie, et de l'autre, la conception selon laquelle cette communauté définie comme «centre de recherche sur l'essence humaine» peut être elle-même conçue comme un «chemin spirituel» à part entière, aboutissant à la reconnaissance de la divinité de l'homme.[45]

42 Sur cette notion de réseau et de *metanetwork*, lire: INTROVIGNE (note 23), pp. 55-60.

43 Dieter DUHM, *Die heilige Matrix: Von der Matrix der Gewalt zur Matrix des Lebens*, Tamera 2010, p. 244.

44 David SPANGLER, *New Age. Die Geburt eines neuen Zeitalters*, Kimratshofen 1983, p. 155. Cité d'après SCHORSCH (note 39), p. 109.

45 «Viele Menschen kennen diese speziellen Momente, wenn wir einem Freund wirklich zuhören und sich dadurch eine neue Welt öffnet. In Gemeinschaft gehen wir noch darüber hinaus: Wir öffnen uns tatsächlich für die Möglichkeit, dass es eine kollektive Intelligenz gibt, die über das hinausgeht, was jeder einzelne kennt und

– «*Prise d'influence* métapolitique sur les institutions et l'opinion publique dans la société»: L'idée de combat «métapolitique» renvoie à l'appel lancé par M. Ferguson en faveur d'une «conspiration douce»[46] évitant toute rupture brutale et toute exacerbation de clivages au profit d'une action en profondeur faisant des «enfants du Verseau» les catalyseurs d'une transformation durable. Il faut souligner que, d'après M. Ferguson comme dans plusieurs écrits de D. Duhm et du ZEGG, la transformation est de toute façon en cours et aura lieu quoi qu'il arrive, pour des raisons planétaires dépassant la volonté humaine. Le «nouveau paradigme» gagne progressivement du terrain et sa victoire sur les anciennes valeurs n'est donc qu'une question de temps, les *new agers* n'ayant que la possibilité de faciliter le passage à l'ère nouvelle. Dans un tel contexte, l'action politique traditionnelle (dans le cadre d'un parti politique ou d'un syndicat, sous forme de débats publiques, de pétitions ou de manifestations) ne fait l'objet d'aucun tabou, mais son efficacité à moyen terme suppose par ailleurs une action plus ou moins souterraine sur les consciences, capable d'accélérer l'évolution des valeurs dominantes vers des logiques plus fusionnelles et plus «féminines» (fluidité des processus d'évolution, écoute, empathie, pluralisme, synthèse, partenariat). Le travail sur les consciences mené par le ZEGG s'inscrit, encore une fois, dans une logique similaire: plutôt que de préparer des ruptures brutales ou de s'engager dans une logique de lutte et de conquête, il s'agit d'amener progressivement un nombre croissant d'individus à interroger les opinions dominantes et les fondements de l'ordre en place et, par là même, d'aider à ouvrir les cœurs et les esprits en vue des progrès à venir.[47] Dans le même ordre

die wir entdecken, wenn wir alle individuellen Wahrheiten zusammenbringen. Um dort anzukommen, muss jeder seine Erfahrungen einbringen und gleichzeitig auch hinter sich lassen. Das ist ein Weg, der über das Ego hinausgeht und uns dazu bringt, der Essenz des Menschseins zu lauschen. Wenn ich mich mit meinen Freunden über spirituelle Wege austausche, komme ich dahin, dass ich diese Essenz des Menschseins Gott nennen kann. Und der Prozess, sich dem Lauschen zu öffnen, ist ein Zustand von höherer Bewusstwerdung. So sage ich: mein spiritueller Weg ist der der Gemeinschaft.» Barbara STÜTZEL, «Der Weg der Gemeinschaft», *in: ZEGG-Reader* 11 (2012), p. 59.

46 *Die sanfte Verschwörung* est le titre donné à la traduction allemande de: FERGUSON, *The Aquarian Conspiracy* (note 20). Sur ce titre et la notion de «complot» dans le New Age, lire: INTROVIGNE (note 23), pp. 64-67.

47 «Ein Verständnis von Politik, das persönliche Entwicklung und politisches Engagement voneinander trennt, ist für uns überholt. Politischer Aktivismus, der den Feind immer nur auf der anderen Seite sieht, verfängt sich in Mustern der Trennung, und das ewige Nein-Sagen führt in die Frustration. Wir sind mit einem Aus-

d'idée, la sympathisante australienne et «professeur d'intuition» Kira Kay parle, devant la communauté réunie, du potentiel du ZEGG à créer «une base» destinée à «infecter le monde» de l'esprit nouveau, tandis que la société extérieure, jadis effrayée par la radicalité du projet, évolue de son côté pour devenir de plus en plus réceptive à cette nouvelle manière de penser. Et d'en conclure en toute confiance: «Il ne vous reste plus grand-chose à faire.»[48]

La logique contre-culturelle de Duhm: de l'échec de la révolution à la religion de l'Eros

Bien que D. Duhm ne soit actuellement plus guère présenté ouvertement comme le «maître spirituel» du ZEGG mais tout au plus comme son inspirateur historique, l'étude de son projet thérapeutique peut nous aider à cerner la logique qui a présidé à la fondation du centre de Belzig et à préciser la place de cette tentative de spiritualisation de la sexualité dans l'histoire des contrecultures allemandes au XXe siècle.

Le discours de D. Duhm peut, à certains égards, être rapproché de la genèse de nombreux «laboratoires sociaux», en particulier les communautés alternatives qui se sont développées en Allemagne au début du siècle: l'échec d'une révolution (pour ces dernières: les événements de 1848 aboutissant à la dissolution du Parlement de Francfort, et dans le cas de D. Duhm: la révo-

---

maß an Zerstörung, Armut und Ausbeutung auf der ganzen Welt konfrontiert, das mutlos machen kann. Auch deshalb glauben wir, dass beides nötig ist: politisch aktiv sein und etwas für die eigene Weiterentwicklung tun. Mehr innere Weite und mehr Mitgefühl können uns die Kraft geben, die wir brauchen, um uns für eine andere Welt einzusetzen.» http://www.zegg.de/de/zegg-gemeinschaft/eine-andere-politik.html.

48 «Ihr bewegt euch in einer neuen Zeit, in einer Zeit der Veränderung. Ich bin mir sicher, dass einige von euch das bereits spüren. Ihr habt auch eure persönlichen Prozesse […]. Vor 20 Jahren war dieses Thema [Erforschung der Liebe und Sexualität] sehr radikal. Ich hörte, dass die Zeitungen euch eine Sekte nannten und Menschen Angst hatten, hierher zu kommen wegen eures Rufes. Doch jetzt gibt es viel mehr Menschen in der Welt, die dieses Thema beschäftigt. Ihr müsst nicht mehr viel machen […]. Aber als Gemeinschaft habt ihr auch eine Basis, mit einer positiven Ansteckung die Welt mit dem Neuen zu infizieren. Schließlich gibt es auf diesem Planeten eine Bereitschaft, auf eine neue Art zu denken. Und was ihr hier für euch erforscht habt, ist schon ein Beitrag.» Kira KAY, «Wohin gehst Du ZEGG?», *in: ZEGG-Reader* 11 (2012), pp. 50-55.

lution étudiante de la fin des années 60) et le sentiment d'une situation politiquement bloquée poussent une part de ceux qui sont montés aux barricades à concevoir des modes d'action indirecte sur la réalité sociale; ceux-ci délaissent le terrain de l'action politique traditionnelle, travaillent à modifier les structures en profondeur, à façonner des individus capables à terme de bâtir un nouvel ordre social et expérimentent celui-ci à petite échelle. Dans le cadre de telles logiques, le privé devient, selon l'expression utilisée après-guerre par le mouvement féministe, éminemment «politique»: habitat, alimentation, sexualité, spiritualité, etc. apparaissent comme autant de leviers permettant de créer sur le long terme un «homme nouveau», qui soit à la fois émancipé du poids des structures sociales traditionnelles et à même de vivre en paix avec son environnement et ses congénères.[49]

Ainsi, dans une perspective freudo-marxiste, l'ancien membre du SDS[50] qu'est D. Duhm considère *a posteriori* que l'aliénation résultant du capitalisme était beaucoup trop profondément ancrée dans la substance des individus pour qu'une lutte de type politique puisse aboutir. A ses yeux, l'esprit de concurrence entre les différents groupuscules marxistes et leur tendance au dogmatisme ont précisément révélé l'emprisonnement des révolutionnaires dans les structures oppressives qu'ils cherchaient à détruire, si bien que leur combat était perdu d'avance. Face à un tel constat, la prise en considération du malaise, des oppressions et des peurs liés au système dominant et la construction d'un terrain favorable à une réelle émancipation du sujet doivent, selon D. Duhm, impérativement constituer le point de départ de tout travail révolutionnaire. En d'autres termes: il ne suffit pas de déclarer la guerre au capitalisme ni encore moins, selon son expression, d'«excommunier la misère psychique par décision du parti»[51] pour créer les conditions nécessaires à leur éradication; «une révolution sans émancipation est une contre-révolution».[52]

Dans *Angst im Kapitalismus*[53] (1972), l'ouvrage qui a essentiellement fait connaître l'auteur en tant que théoricien de la Nouvelle gauche, D. Duhm

49 Sur la notion d'«action indirecte» *(Umweg)* sur la société dans les mouvements de la *Lebensreform*, lire: Marc CLUET, *La «libre culture». Le mouvement nudiste en Allemagne depuis ses origines au seuil du XXe siècle jusqu'à l'arrivée de Hitler au pouvoir*, vol. 1, Lille 2000, pp. 137-166.

50 L'Union socialiste allemande des étudiants est devenue, après sa rupture avec la SPD, le creuset de la Nouvelle gauche ouest-allemande et le noyau de l'opposition extra-parlementaire à la fin des années 60. *Cf.* Willy ALBRECHT, *Der Sozialistische Deutsche Studentenbund (SDS): vom parteikonformen Studentenverband zum Repräsentanten der Neuen Linken*, Bonn 1994.

51 Dieter DUHM, *Revolution ohne Emanzipation ist Konterrevolution*, Köln 1973, p. 20.

52 *Ibid.*

53 Dieter DUHM, *Angst im Kapitalismus*, Lampertheim 1972.

défend l'idée selon laquelle le sentiment de peur, intimement lié à la répression pulsionnelle, constitue à fois la principale condition d'existence et le moteur du système capitaliste: «Il n'y a pas, précise-t-il, de propriété privée, pas de concurrence et pas de pression du résultat sans peur. Eliminer la peur signifierait donc éliminer le capitalisme.»[54] Utilisée par la classe dominante pour asseoir son pouvoir, cette peur névrotique entretenue par la répression sexuelle et toute une série de discours suscitant remords et culpabilité permet la mise en place de systèmes prétendument démocratiques au sein desquels l'individu manipulé passe sa vie à courir après les satisfactions substitutives et interprète comme signes de sa liberté les instruments de sa domination.

> La peur et l'insécurité suscitées par la répression pulsionnelle doivent, d'une manière ou d'une autre, être compensées. Deux voies principales s'ouvrent à cette compensation: le zèle au travail et la consommation. Ainsi, l'industrie capitaliste profite directement de la répression pulsionnelle, étant donné qu'elle est dépendante d'une augmentation rapide de la consommation [...]. La répression pulsionnelle suscite chez les réprimés un potentiel d'agression qui peut directement être mis à profit par le système capitaliste, dans la mesure où cette agression est canalisée contre les ennemis intérieurs et extérieurs du système.[55]

Ce discours, qui s'inscrit clairement dans l'esprit des revendications de l'APO et du mouvement étudiant et de leur volonté d'éradiquer tous les restes de mécanismes oppressifs fascistes par une révolution de la vie privée,[56] n'en aboutit pas pour autant à une apologie des tentatives déjà menées dans ce sens. En effet, D. Duhm reproche ouvertement aux expériences de sexualité libérée menées entre autres dans le cadre de la joyeuse *Kommune 1* berlinoise autour de Rainer Langhans (*1940) et Uschi Obermeier (*1946), puis plus tard par le mouvement Sannyasin de Osho et la commune de Muehl, d'avoir toutes les trois tourné court faute de réelle dimension spirituelle ou bien d'une vision concrète suffisamment élaborée de la vie communautaire à bâtir. En outre, D. Duhm réprouve catégoriquement le dogmatisme de ces trois expériences ainsi que le culte de la personnalité et les violents excès auxquels se sont adonnés les groupes fondés par O. Muehl et par Osho.[57] Concernant l'expérience du Friedrichshof, vis-à-vis de laquelle il reconnaît

54 *Ibid.*, p. 133.

55 *Ibid.*, p. 133 *sq.*

56 *Cf.* Dagmar HERZOG, *Die Politisierung der Lust. Sexualität in der deutschen Geschichte des 20. Jahrhunderts*, München 2005, pp. 269-279.

57 Concrètement: O. Muehl a été condamné en 1991 à sept ans d'emprisonnement pour viol de mineurs et manipulations psychiques. Et la communauté de Rajneesh dans l'Orégon s'est effondrée suite à une intoxication criminelle de 750 personnes lors d'élections locales, pour faire pencher les votes en leur faveur.

sa dette, son bilan demeure néanmoins assez mitigé, ce qui lui est d'ailleurs fréquemment reproché par ses détracteurs, et pose aujourd'hui encore un réel problème d'image à certains de ses disciples.

Convaincu par l'immense déception qui a suivi son séjour auprès de Muehl que l'émancipation des individus ne se ferait pas dans la provocation ni dans la violence,[58] Duhm plaide quant à lui pour la recherche d'une nouvelle voie permettant la reconquête simultanée de l'Eros et du religieux, conçus tous deux comme les «sources de notre existence».[59] A cette fin, il s'agit non pas de vouloir à tout prix «choquer le bourgeois» mais de se défaire progressivement d'une attitude qui, réduisant l'Eros à la satisfaction d'une pulsion sexuelle vécue comme honteuse et ôtant à la sexualité sa dimension spirituelle, aurait privé l'homme d'un savoir profond, le coupant ainsi des origines de toute chose. A l'inverse, la sexualité libre et sublimée qu'il s'agit de retrouver est définie comme «la réunion du Sexe et de l'Eros à un niveau supérieur, qui nous libère de notre emprisonnement dans les sens»,[60] une réunion qu'il est possible d'atteindre à nouveau par une pratique de vie consciente et qui est supposée constituer à la fois notre but final et notre origine.

En vue d'atteindre cette libération, l'objectif doit être, d'après Duhm comme chez la majorité des *new agers*, moins de combattre les institutions et les structures à l'origine de la perturbation actuelle que d'agir en douceur sur les structures mentales et d'expérimenter des modes d'existence permettant de les dépasser. Pour pouvoir réconcilier amour religieux et amour sexuel, qui constituent tous deux fondamentalement une expérience originelle de réunification, et pour les vivre à nouveau comme «les sources de

58 DUHM, *Die heilige Matrix* (note 43), p. 118 *sq.* Le *Friedrichshof* est resté célèbre pour l'extrême brutalité de ses pratiques: rotation forcée et aléatoire des partenaires sexuels assistée par ordinateur, séparation systématique des enfants et de leurs mères, humiliation collective des réfractaires, etc.

59 Dieter DUHM, *Der unerlöste Eros*, Tamera 2010, p. 38. Notons que dans la même foulée, Duhm rejette la pseudo-libération sexuelle incarnée par des personnalités comme Oswalt Kolle (1928-2010) et Beate Uhse (1919-2001). Outre le fait d'avoir permis la transformation de la sexualité en un véritable marché, le réalisateur de films d'éducation sexuelle (surnommé le *Sexpapst* ou le *Aufklärer der Nation*) et la fondatrice de la chaîne internationale de sex-shops sont en effet accusés, derrière une apparente subversivité, d'avoir contribué à asseoir en la matière des normes «à la fois répressives et autoritaires» et, par la création de modèles impossibles à atteindre, aggravé pour une majorité la pression du résultat et le climat de peur et de frustration qui permettent le maintien du système capitaliste. *Cf.* DUHM, *Angst im Kapitalismus* (note 53), p. 131 *sq.*

60 DUHM, *Der unerlöste Eros* (note 59), p. 39.

notre existence»,[61] l'homme moderne doit se défaire des «corsets historiques de notre corps et de notre esprit» que sont l'Eglise en tant qu'institution et le mariage. Entièrement libéré de toute forme de possessivité et d'enfermement, qui sont le funeste héritage de l'ère patriarcale, l'acte sexuel redevient une expérience «religieuse» au sens premier (étymologique) du terme, c'est-à-dire le «dépassement de la séparation» qui est en même temps «authentique libération»[62] du poids des conventions sociales. Dieu, pour qui sait s'abandonner pleinement à une telle expérience, n'est plus «une force étrangère qui est au-dessus ou à l'extérieur de nous»; «nous le produisons par notre acte dans l'amour»,[63] et le religieux ainsi rapproché de l'homme reprend alors sa signification de «sacralisation des origines».[64]

En ce sens, le sacrement du mariage, à qui Duhm reconnaît le double mérite de concilier amour sensuel et amour divin mais aussi de mettre en avant la signification sociale d'un tel amour, est appelé non pas à être aboli mais au contraire «élevé à un niveau supérieur de réalisation sensuelle et spirituelle».[65] En tant que «sacrement de l'amour libre», il reprendra le noyau fondamental de l'institution ecclésiastique mais n'aura plus pour fonction d'intégrer l'individu au sein d'une structure sociale de type patriarcal, mais dans l'ordre de la Création et de la vie;[66] il deviendra le ferment d'une nouvelle culture humaine à la fois plus naturelle, plus pacifique et plus épanouie.

De manière générale, l'interprétation par D. Duhm du sacrement du mariage est significative de sa volonté, propre à tout le mouvement New Age, d'opérer davantage par transformation spirituelle et par synthèse progressive que par rupture brutale avec le passé. Son projet de construction d'un «humanisme réaliste» entend conserver des différentes étapes de l'histoire de la recherche du salut qu'ont été la religion, le marxisme et la psychanalyse leur noyau de vérité: la signification de l'âme et de l'amour divin dans le dépassement de la misère terrestre, l'idée d'une auto-libération concrète de l'homme par le renversement des structures sociales responsables de l'oppression du plus grand nombre et la reconnaissance du rôle central de la sexualité dans la santé de toute société, celle-ci devant être conçue, avec Wilhelm Reich (1897-1957), comme le «libre flux de l'énergie vitale».[67] En ce sens, D. Duhm déclare inscrire sa démarche dans le paradoxe même du vivant lorsque, réclamant un tournant radical dans l'histoire de l'humanité, il

61 *Ibid.*, p. 41.
62 *Idem.*
63 *Ibid.*, p. 42.
64 *Ibid.*, p. 38.
65 *Ibid.*, p. 42.
66 *Ibid.*, p. 43.
67 Dieter DUHM, *Aufbruch zur neuen Kultur*, Tamera 1993, p. 64.

souligne en même temps le caractère profondément conservateur de sa doctrine et invite à ne jamais nier l'ancien mais à toujours bâtir l'avenir sur les profondes vérités qu'il renferme.

> La philosophie de la volonté de puissance de Nietzsche se trouve au même niveau de légitimité et de nécessité que le sermon sur la montagne, le matérialisme marxiste a le même poids que la théorie des idées de Platon, l'économie sexuelle de Reich est au même rang que le nirvana de Bouddha, l'idée moderne de la réalisation de soi est aussi profonde que celle de l'obéissance défendue par Saint Augustin et les Jésuites [...]. Ce qui nous est le plus profondément opposé [...] nous est parfois proche, justement parce qu'il nous est opposé; car la dialectique vivante des contraires crée des rapprochements internes, là où l'œil superficiel ne voit que de la contradiction.[68]

La voie de la synthèse et du progrès spirituel par une série de dépassements successifs est celle préconisée par D. Duhm, qui présente lui-même son système comme étant la réunion des pôles en apparence inconciliables que représentent W. Reich et R. Steiner, deux projets de libération et de guérison de l'homme unis par ce qu'il appelle l'«unité fonctionnelle des contraires»,[69] et dont la conciliation pratique au sein d'un projet communautaire sera supposée rapprocher l'homme de son origine tout en le conduisant à un stade supérieur de son évolution. Un tel lieu, synthèse de «Club Méditerranée» en version «club échangiste» et de monastère sensuel placé sous la direction de femmes mûres et expérimentées, se concentrerait pleinement sur l'étude, la préservation et le culte d'une sexualité vécue dans toute sa dimension sacrée, et permettrait à des visiteurs assoiffés de «faire le plein» de sensualité mais aussi de s'instruire et de s'épanouir spirituellement par leur participation parallèle aux séminaires d'une école de l'amour *(Liebesakademie)*.[70] Le

68 *Ibid.*, pp. 108-110.
69 *Ibid.*, p. 16.
70 «Wir brauchen Orte, wo Männer und Frauen sexuell auftanken können, wenn sie am Verdursten sind. Wir brauchen Begegnungsstätten neuen Typs, wo beide Geschlechter auf die erregendste Forschungsreise gehen können, die es gibt in diesem Universum: die Erforschung der sinnlichen Liebe mit allen sexuellen und geistigen Überraschungen, Wonnen und Erkenntnissen [...]. [E]ine Art von Club Méditerranée, nicht zu kommerziell, offen für alle, ohne ideologisches Beiwerk, aber lebendig, geistvoll und sprühend – ein Anziehungspunkt irgendwo im Süden. Es gäbe Cafés, Bars und andere Treffpunkte, es gäbe Strand, Natur und freien Auslauf, und es gäbe irgendwo unauffällig die Erotische Akademie, ein Zentrum für alle Fragen der sinnlichen Liebe. Vielleicht gäbe es sogar eine Art von «Bordell», das aber bei genauerem Hinsehen ganz andere Züge trüge. Hier würde die Sexualität gepflegt, nicht wegen des Geldes, sondern wegen der Lust, der Schönheit und der Notwendigkeit. Hier könnten Menschen das tun, was sie ohnehin am liebsten täten,

ZEGG avec sa *Liebesschule* et son célèbre «salon bleu» consacré aux rencontres amoureuses spontanées et aux célébrations de la sensualité, version quelque peu épurée et «assagie» des visions de D. Duhm,[71] reprend pour l'essentiel sa philosophie tout en veillant à sa propre respectabilité locale et internationale et en s'ouvrant, à l'instar de ce qui est pratiqué aujourd'hui à la fondation Findhorn, à d'autres types de doctrines compatibles avec la mission érotico-spirituelle constituant l'idée fondatrice du projet.

Tout en renouant avec l'idée de réforme sociale par voie indirecte *(Umweg)* héritée de la *Lebensreform* et de Friedrich Schiller (1759-1805), à la différence que la voie proposée, dans une optique New Age, ne fait que soutenir et accélérer une transformation globale inscrite dans le destin cosmique de l'humanité, D. Duhm poursuit de manière radicale un idéal de fusion entre politique et vie privée souhaitée par de nombreux soixante-huitards, avant que la révolution sexuelle ne devienne, dans le courant des années 70, la condition de développement d'un marché fort lucratif et un sujet éminemment conflictuel entre féministes et activistes de gauche.[72] L'originalité de sa démarche réside dans le fait que sa tentative de conciliation des points de vue aboutit à une sacralisation de la sexualité humaine, qui fait de sa libération, de son étude et de sa célébration au sein d'une communauté la pierre angulaire d'un projet spirituel et «thérapeutique» alliant émancipation de l'individu, progrès de la cohésion sociale au niveau local et planétaire et partenariat avec une nature ré-enchantée. Proche de certaines revendications écoféministes par son apologie du matriarcat[73] et sa critique des valeurs «masculines» de la rationalité linéaire et de la domination, D. Duhm nourrit toutefois l'espoir d'un progrès social qui puisse se faire sans lutte et sans rupture, et en dehors des institutions politiques des démocraties parlementaires, considérées comme les remparts d'un système autoritaire en décomposition.

---

wenn sie nicht der alten Moral unterworfen wären, allerdings ohne Gemeinheiten und ohne reale Gewalt.» DUHM, *Der unerlöste Eros* (note 59), pp. 177-178.

71 «Frühere Kulturen hatten ihre Feste und Rituale, in denen die Kraft des Eros gefeiert wurde. Für uns sind unsere Feste im «Blauen Salon» ein Versuch, daran anzuknüpfen und zeitgemäße Rituale zu kreieren zur Ehrung dieser heiligen Kraft der erotischen Liebe und der sinnlichen Freundschaft.» http://www.stellungnahme.zegg.de/ergaenzung-12.php (consulté le 10/8/2013).

72 *Cf.* HERZOG, *Die Politisierung der Lust* (note 56), pp. 279-292.

73 *Cf.* DUHM, *Der unerlöste Eros* (note 59), pp. 105-107.

20 ans de ZEGG: histoire de l'institutionnalisation réussie d'une communauté charismatique hors du commun?

Dans son ébauche de «sociologie de la vie alternative», W. Gebhardt a proposé une analyse sociologique fort éclairante de ce type de communauté largement représenté dans l'histoire occidentale qu'il nomme «le charisme comme forme de vie» *(Charisma als Lebensform)* et dont les caractéristiques et problématiques principales d'évolution peuvent largement être reconnues dans les «utopies concrètes» initiées par D. Duhm depuis la fin des années 70. Dans ce modèle inspiré de la théorie du charisme de Max Weber,[74] le sociologue considère que toute domination fondée sur le charisme, conçu comme l'abandon à une personne ou à une idée que l'on juge «extra-quotidienne» *(außeralltäglich)*, se trouve rapidement confrontée au caractère éphémère et labile d'une telle justification et à la nécessité de contrecarrer cette instabilité par un processus d'institutionnalisation aboutissant à une «mécanisation» du charisme en vue de le faire entrer dans des constructions institutionnelles durables (normes, règles, lois et structures), processus qui est généralement vécu par un groupe plus ou moins grand d'individus comme une dégradation voire une dégénérescence et une trahison de l'idée révolutionnaire originelle. Comme l'a montré W. Gebhardt, de telles déceptions peuvent conduire à la constitution de communautés coupées du monde dans lesquelles le «charisme d'idée» est conservé dans sa forme originelle et intégré à une «structure anti-structures» jugée beaucoup plus respectueuse de l'idéal fondamental et au sein de laquelle il pourra continuer à évoluer sans risque d'érosion et tout en restant protégé des attaques de l'ordre extérieur.

Ce type de communauté, également désigné par la formule de «charisme en réserve» *(Charisma im Reservat)*[75] est étudié par W. Gebhardt à travers plusieurs exemples historiques parmi lesquels, aux côtés de la vie monastique (conservation de l'idéal de l'*imitatio Christi*) et de la scission de la secte anabaptiste des huttérites (par le schisme de Nikolsburg en 1528, autour de la question de la communauté des biens et de la rupture avec l'ordre extérieur), on trouve une analyse fort intéressante du Monte Verità d'Ascona, sorte de prototype de la vie alternative moderne, dont la fondation est interprétée comme une réaction à l'«encroûtement» *(Verkrustung)*[76] de l'idéal

74 Pour plus de détails, lire: Hinnerk BRUHNS, «Le charisme en politique: idée séduisante ou concept pertinent?», *in: Les Cahiers du Centre de Recherches Historiques* 24 (2000), paragraphes 12 à 26 (consulté en ligne le 5/8/2013. Lien URL: http://ccrh.revues.org/1882).

75 GEBHARDT, *Charisma als Lebensform* (note 19), p. 78.

76 *Ibid.*, p. 162.

anticapitaliste et anti-bourgeois de la bohème de Munich-Schwabing et à la perte de vigueur de l'idéal réformateur des tenants de la *Lebensreform*. La naissance du site est donc expliquée par une volonté de garder intact le charisme de ces deux courants visant fondamentalement, à la suite des préceptes de l'anarcho-pacifiste Gustav Landauer (1870-1919), à concilier libération de l'individu et reconstruction d'une cohésion de type communautaire. «Ce n'est qu'en se coupant du monde, paraphrase le sociologue, que la vraie liberté pouvait encore être trouvée et que l'idéal originel trahi au milieu de la fumée du tabac des cafés des grandes villes pouvait encore être réalisé. Il était enfin temps de réaliser la promesse jadis incarnée par Schwabing».[77] Ascona devenait en d'autres termes, selon l'expression de Martin Green, le «Schwabing de Schwabing».[78]

Les communautés de ce type apparaissent comme doublement paradoxales: elles sont en effet tout aussi conservatrices que révolutionnaires, visant précisément, dans un mélange de résignation et d'espoir placé dans des temps meilleurs, à préserver un idéal révolutionnaire de la transformation qu'entraînerait sa compromission avec les structures économiques et politiques dominantes;[79] et par ailleurs, bien qu'opposées par essence même à toute forme d'institutionnalisation et d'adaptation au monde environnant, elles se trouvent inévitablement contraintes de faire des compromis avec l'ordre économique et social pour se maintenir en place et assurer leur survie, ce qui les condamne à devoir gérer un équilibre précaire entre inévitable quotidianisation *(Veralltäglichung)* et de salvatrices mesures de revitalisation *(Revitalisierung)* du charisme,[80] équilibre toujours prompt à déboucher dès la première occasion sur la dissolution du projet ou bien sur la constitution d'une nouvelle structure jugée plus proche encore de l'idéal originaire. La scission de la communauté hétéroclite du Monte Verità entre le projet anarchiste radical de Karl Gräser (1875-1920), frère du célèbre prophète itinérant Gusto Gräser (1879-1958), qui cherchait à rompre définitivement avec

77 *Ibid.*, p. 163.

78 «Ascona was [...] the Schwabing of Schwabing. This means that the same reasons that drove many Germans to leave ordinary bourgeois life for the Bohemianism of Munich-Schwabing led some of them (the most serious) to move on again and to leave Schwabing for Ascona». Martin GREEN, *Mountain of Truth. The Counterculture begins*, London 1986, cité d'après GEBHARDT (note 19), p. 160. Ce dernier commente: «Fern der Großstadt [...], fern der sterilen Aufgeregtheit intellektueller Kaffeehausdebatten wollte man in der Zurückgezogenheit einer romantisch-verklärten Berglandschaft (mit Badesee) endlich Ernst machen mit der «Produktion des neuen Menschen und der neuen Gemeinschaft». *Ibid.*, p. 163.

79 *Cf. ibid.*, p. 209.

80 *Cf. ibid.*, p. 210.

l'«ancien monde» et sa conception de la propriété et de la culture, et le projet de clinique alternative de Henri Oedenkoven (1875-1935) et de sa compagne Ida Hofmann (1864-1926), qui, au nom d'un idéal de guérison d'une humanité physiquement et psychiquement malmenée par la vie moderne, étaient prêts à faire des compromis avec les règles du monde environnant et à accepter les impératifs de rentabilité et les désirs particuliers de leurs patients, met fin à un tel dilemme.[81] Suite à une rupture consommée sans violence environ un an après le démarrage du projet, les seconds poussèrent relativement loin leur logique d'institutionnalisation, allant par exemple jusqu'à imposer aux employés de la clinique des règles vestimentaires et une discipline strictes mais aussi à doter la «société végétarienne du Monte Verità» fondée en 1904 d'un statut méticuleux rédigé en pas moins de 45 articles; les sécessionnistes anarchistes, quant à eux, se replièrent sur un mépris fanatique de la culture et attirèrent par leur exemple de vie sauvage toute une série d'«anachorètes séculiers»,[82] parmi lesquels Karl Vester (1879-1963), le boulanger de la commune, qui resta fidèle à son idéal jusqu'à la fin de ses jours.[83]

L'histoire des «utopies concrètes» initiées par D. Duhm est à la fois très différente et en certains points comparable à celle de la communauté de type «charisme comme forme de vie» qu'a été le Monte Verità dans ses premières années. La cellule fondatrice de cette lignée de groupes alternatifs, la commune Friedrichshof lancée par O. Muehl, apparaît de toute évidence comme une réaction au retour à l'ordre qui suivit les années rebelles de la révolution étudiante. Ce mouvement, que l'actionniste viennois contribua sans doute à décrédibiliser auprès de l'opinion publique autrichienne par sa célèbre *Aktion Kunst und Revolution* du 7 juin 1968, *happening* répugnant et provocateur que la *Kronen Zeitung* rendit célèbre sous le nom de *Uni-Ferkelei*,[84]

81 *Cf. ibid.*, p. 165 *sq.*

82 *Ibid.*, p. 168.

83 Un hommage ému est rendu à ce «dernier monteveritin» qui, alors que «les grosses vagues qu'avaient soulevées les habitants du Monte Verità s'étaient apaisées depuis longtemps», «se promenait, été comme hiver, avec ses cheveux longs, ses shorts en lin et ses sandales», dans l'autobiographie du célèbre clown et mime suisse né à Ascona, Jakob Dimitri (*1935), un élève du mime Marcel Marceau (1923-2007). *Cf.* Hanspeter GSCHWEND et Jakob DIMITRI, *Dimitri. Le clown en moi*, Lausanne 2004, p. 45 *sq.*

84 «Le 7 juin 1968, l'auditorium 1 du Nouvel Institut de l'université de Vienne se transforme en scène où des artistes actionistes comme Günter Brus (*1938), Otto Muehl et Peter Weibel (*1944) s'adonnent à corps perdus à des actes obscènes, de la masturbation aux vomissements, en passant par la flagellation et l'étalement de matières fécales sur leurs corps, sur fond de l'hymne national, provoquant une crise

déboucha pour de nombreux acteurs sur une réintégration des partis politiques traditionnels ou sur l'engagement au sein de «nouveaux mouvements sociaux» faiblement institutionnalisés et explorant de nouveaux modes de résistance aux valeurs majoritaires, tout en se concentrant sur des thématiques jusque-là relativement délaissées par la gauche sociale-démocrate et le mouvement ouvrier, et permettant d'incriminer les dysfonctionnements du système tout entier: écologie, pacifisme, féminisme, lutte contre le nucléaire, la spéculation immobilière ou en faveur de l'aide au Tiers Monde et pour les droits des homosexuels. Dans ces années, la libération sexuelle poursuivit sa percée dans les médias et la société mais perdit progressivement son potentiel révolutionnaire, entretenu néanmoins en Allemagne par le mouvement des *Kinderläden* initié par Monika Seiffert (1932-2002),[85] et sa fonction de catalyseur des conflits de génération, pour aboutir à la mise en place d'un marché très lucratif, dont les figures les plus représentatives sont Beate Uhse et Oswalt Kolle *(cf. supra)*. Dans ce contexte, la commune initiée par O. Muehl peut être à la fois vue comme une manière résignée de poursuivre la révolution en petit comité, tout en se protégeant de l'influence prétendument néfaste de l'opinion dominante, mais aussi comme la volonté de constituer une sorte de «troupe d'élite»[86] de la lutte contre la famille bourgeoise et les structures patriarcales, en vue de préparer un modèle applicable un jour à une échelle plus large. Au sein de la célèbre commune, les préceptes des freudo-marxistes W. Reich et Herbert Marcuse (1898-1979) sont mis en pratique, célébrés et conservés dans leur version la plus révolutionnaire, tandis que l'existence toute entière des habitants du Friedrichshof est vouée à la construction d'un contre-modèle et à la formation d'un «homme nouveau», libéré des normes répressives du *mainstream* rebaptisé KFG (*Kleinfamiliengesellschaft*, soit la «société de la petite famille»).[87] Le fondamentalisme du projet prit des formes extrêmes, qui entraient dans une évidente

---

nationale et des procès en justice». Niall BOND, «Allemagne 68», *in: Histoire@ Politique. Politique, culture, société* 6 (sept.-déc. 2008), consultable par le lien http://www.politique.fr/index.php?numero=06&rub=dossier&item=64 (dernière consultation le 13/8/2013).

85 *Cf.* Jan HILLE / Ralf MAUFF / Manfred TRIEBE, *Kinderläden. Revolution der Erziehung oder Erziehung zur Revolution?*, Reinbek 1971.

86 Le terme est emprunté à Winfried Gebhardt, qui l'applique notamment à la vie monacale. *Cf.* GEBHARDT, *Charisma als Lebensform* (note 19), p. 81.

87 *Cf.* SCHLOTHAUER, *Die Diktatur der freien Sexualität* (note 2), p. 66. Dans le jargon de la commune, Kleinfamiliengesellschaft (KFG), KF-Staat et KF-Wissenschaft produisent des KFM (ou KF-Menschen) dégénérés, asociaux et cruels, que le Friedrichshof et l'Aktionsanalyse (AA) visent à remplacer par d'incomparables AA-Menschen, les annonciateurs d'une société libérée.

contradiction avec l'idéal d'émancipation individuelle défendu par les soixante-huitards: séparation des mères et de leurs enfants, abolition stricte de toute propriété privée, rotation forcée des partenaires sexuels (temporairement conditionnée par un programme informatique de «liste de baise» aléatoire), imposition d'une sorte d'uniforme visant à se démarquer de la population extérieure (salopette et crâne rasé) et rythme de travail épuisant.[88] Cette organisation de vie inhumaine, quasi monacale mais mise au service de la destruction de la famille bourgeoise, ne pouvait se maintenir en place que par la conscience savamment entretenue d'appartenir à une élite avant-gardiste au service du renouvellement des structures sociales, mais aussi par la domination autoritaire de l'initiateur du projet, qui jouissait d'un véritable culte et usait de toutes sortes d'humiliations pour maintenir sa position de «mâle dominant».

Dieter Duhm reprit de Muehl, auprès de qui il fit un séjour prolongé, l'idéal d'une action en profondeur sur les structures psychiques et d'une «transformation du phénomène Homme dans sa globalité»[89] expérimentée à petite échelle, mais aussi une part importante de ses idées concrètes (l'objectif de transparence totale garantie par la pratique d'une sorte de thérapie de groupe permanente,[90] la prétendue domination des femmes au sein du groupe, le rôle central de la sexualité en référence à W. Reich), tout en cherchant à éviter les écueils observés chez ce dernier par l'introduction d'une dimension spirituelle inspirée de R. Steiner, de traditions tantriques (revues et corrigées par le gourou Osho) et de la pensée New Age, par la reprise de l'idée de «démocratie de la base» développée par les «nouveaux mouve-

88 Sur la vie quotidienne de la commune, se reporter aux descriptions d'un ancien membre ayant réussi à «décrocher» en 1985 et largement contribué, par son témoignage, à la condamnation pénale de O. Muehl et à la dissolution du groupe en 1991. *Cf. ibid.*, pp. 95-134.

89 DUHM, *Aufbruch zur neuen Kultur* (note 67), p. 20.

90 L'*Aktionsanalyse* prit, sous l'impulsion de D. Duhm le nom de *Forum*. Son fonctionnement est ainsi décrit par la membre fondatrice du ZEGG et présidente du *Global Ecovillage Network of Europe* Ina Meyer Stoll (*1961): «Das ZEGG-Forum ist eine ritualisierte Form transparenter Kommunikation für größere Gruppen, bei denen eine Person in der Mitte des Kreises der Teilnehmenden agiert. Es ist eine existenzielle Theaterbühne, die den ganzen Menschen mit seinem Körperausdruck, seinem Geist, seiner Sprache, seiner Kreativität und seinen Gefühlen einbezieht […]. Wir haben das Forum 1978 entwickelt, um die Vorgänge in der Gruppe in einem bis heute gelebten sozialen Experiment für alle Beteiligten verstehbar zu machen […]. Mit dem Forum bauen wir ein empathisches soziales Umfeld auf, das uns dabei unterstützt, mit allem präsent zu sein, was in uns ist, wie auch immer es sich anfühlt. Es gibt nichts in meinem Inneren, was nicht sein darf.» http://www.zegg-forum.org/ (consulté le 14/8/2013).

ments sociaux» des années 70, et par une organisation communautaire conçue comme antidogmatique et auto-réflexive. De même qu'au Monte Verità ou dans le Friedrichshof, la notion de thérapie individuelle est présentée comme le levier principal de l'action sociale à une époque où politique, morale et religion ne font que détourner l'attention des problèmes fondamentaux,[91] et où les critiques du système, majoritairement embourgeoisés, demeurent enfermés dans un double discours conditionné par «le confort de leur vie privée» et le «prestige social» dont ils jouissent malgré tout.[92]

Malgré les distances prises par rapport à l'autoritarisme de Muehl, les premières «utopies concrètes» bâties par D. Duhm et ses disciples, la commune de la *Bauhütte* à Schwandt dans la Forêt noire en 1978 puis le ZEGG en 1991 (l'année du rachat du terrain à la *Treuhand* est en même temps celle de la condamnation en justice de l'actionniste viennois) furent successivement la cible de violentes campagnes de presse et accusations de sexisme, de manipulation psychique voire d'abus de mineurs de la part de groupes antifascistes, qui firent conclure à Duhm que «le travail en Allemagne était devenu impossible».[93] Il s'ensuivit pour le ZEGG, secoué de surcroît jusqu'en 1996 par de sérieuses difficultés économiques, une triple évolution.

– Premièrement, le centre donna très rapidement la priorité à une institutionnalisation très forte: statut juridique de GmbH, organisation stricte selon un modèle dit holocratique passant par la constitution de groupes de travail de plus en plus professionnalisés,[94] participation d'une majorité de membres permanents à l'organisation des quatre festivals et de la centaine de séminaires organisés chaque année, politique de communication qui fait appel à des professionnels. Cette dynamique, ainsi qu'un effort d'ouverture sur le monde sont conçus comme des nécessités en vue d'une survie durable de l'expérience et de l'idéal qu'elle représente. La communication avec l'extérieur passe entre autres par une coopération permanente des groupes de travail avec les autorités publiques, des échanges réguliers du conseil financier avec des économistes, l'achat quasi exclusif de vivres auprès de producteurs de la région, la vente d'eau au voisinage, l'engagement dans de multiples projets culturels, écologiques et antiracistes locaux, la tenue de conférences publiques sur des thèmes comme

91 DUHM, *Aufbruch zur neuen Kultur* (note 67), p. 20.

92 *Ibid.*, p. 32.

93 Citation tirée du site personnel de D. Duhm: http://www.dieter-duhm.com/de/node/10 (consulté le 14/8/2013, trad. O.H.).

94 Voir la paraphrase 3.43 de l'interview n° 3 dans: DIERSCHKE, *Intentionale Gemeinschaften* (note 17), p. 162. Les groupes de travail font remonter des propositions qui donnent lieu à des décisions plénières prises à l'unanimité.

l'écologie profonde et l'économie alternative, la scolarisation des enfants dans la région, les multiples partenariats montés par les entreprises implantées sur le site du ZEGG, l'invitation régulière de personnalités publiques, le soutien étatique apporté à certains projets écologiques novateurs, etc.[95] Le ZEGG se vante aujourd'hui, malgré la méfiance qui subsiste quant à la concentration de son projet sur le thème de l'«amour libre», d'entretenir d'excellentes relations avec son environnement au niveau régional.

– Deuxièmement, cette ouverture vers l'extérieur va progressivement de pair avec une ouverture spirituelle et idéologique croissante, qui se manifeste à l'intérieur du centre par l'émergence d'un nombre important de sous-groupes (parfois appelés «subcultures») qui pratiquent leurs propres spiritualités, développent leurs propres rites et organisent leurs propres manifestations,[96] mais aussi par l'acceptation, sur le site, d'une cohabitation de différents degrés d'investissement par rapport au projet: un membre interviewé distingue parmi les habitants entre «les nomades» (ceux qui sont souvent en déplacement et ont simplement élu leur quartier général dans la communauté), les «Avantis» ou nouveaux arrivés, les «danseurs» (habitants permanents de la communauté, qui y vivent depuis déjà longtemps mais ne participent pas de manière assidue à toutes ses manifestations et ont un rapport assez libre à l'idéologie), et enfin les «rêveurs» (habitants qui prennent des responsabilités dans le fonctionnement et l'administration du centre).[97] Ces différentes catégories cohabitent avec des individus et familles qui sont des hôtes permanents de la communauté, et de manière temporaire avec les participants aux diverses manifesta-

95 Voir les paraphrases 3.68 à 3.85 de l'interview n° 3 dans: *ibid.*, p.165 *sq.*

96 «Verschiedene kleine Gruppen in der Gemeinschaft haben eigene, regelmäßige spirituelle Rituale (z.B. tägliche, gemeinsame Meditationen). Die Gemeinschaft hat verschiedene Subkulturen. Diese haben sich teilweise in Wohngemeinschaften, in denen die Mitglieder leben, gebildet oder sind auf der Grundlage einer gemeinsamen Gemeinschaftslaufbahn entstanden (z.B. Mitglieder, die schon sehr lange in der Gemeinschaft leben, oder Neueinsteiger, die zusammen einen Gemeinschaftskurs durchlaufen haben).» Paraphrases 3.11 et 3.12 de l'interview n° 3 dans: *ibid.*, p. 158. La même idée est exprimée dans l'interview 4 (par. 4.25): «Es gibt die Gruppe der Schamanen, die sich intensiv mit Naturreligionen beschäftigen und darüber eine eigene Kultur entwickelt haben. Es gibt die Gruppe der Anarchisten, und es gibt die Gruppe der Traditionalisten, die sehr stark die Gedanken von Dieter Duhm und Sabine Lichtenfels vertreten.» *Ibid.*, p. 170.

97 Paraphrases 4.71 et 4.72, *in: ibid.* p. 173 *sq.* (traduction O.H.).

tions (un total d'environ 13 000 nuitées annuelles),[98] parmi lesquels certains se sentiront peut-être la vocation de participer au *Gemeinschaftskurs* pour envisager leur intégration progressive dans la communauté. Les couples hétérosexuels et homosexuels sont acceptés, même si le discours dominant récuse l'exclusivité amoureuse et souligne la complémentarité du masculin et du féminin pour la «circulation des énergies». De par son rayonnement bien réel, le ZEGG a su s'entourer de dizaines de sympathisants, étudiants ou actifs, résidant dans les alentours ou bien à Berlin. Aux côtés d'autres groupes ésotériques et d'une majorité d'activistes anthroposophes, il participe depuis sa création en 2001 aux activités du petit parti en faveur d'une «politique spirituelle» *Die Violetten*, lequel ne dépassa jamais les 0,1% des voix à une élection fédérale.

– Troisièmement, cette logique de compromis avec le monde extérieur, conditionnée par la nécessité de stabiliser le projet en le dotant de structures durables, en le professionnalisant et en multipliant les échanges avec l'environnement local au détriment de sa cohésion idéologique, conduit à partir de 1995 une partie du noyau dur des «traditionnalistes» à rejoindre D. Duhm et sa compagne Sabine Lichtenfels (*1954) au Portugal, dans le «biotope thérapeutique» de Tamera, à l'intérieur duquel s'organise désormais l'élite du réseau MEIGA, un centre supposé vivre dans la plus parfaite autarcie possible (par-delà son lien avec les centres partenaires à bâtir et le travail ponctuel envisagé avec l'ONU et quelques ONG) et entretenir le «charisme d'idée» originel de la pensée de D. Duhm (mélange de théorie reichienne, d'ésotérisme et d'optimisme New Age) dans sa forme la plus pure. A Tamera, loin des pressions de l'opinion publique allemande, l'objectif formulé n'est pas des moindres: par l'expérimentation locale d'un nouveau rapport entre les sexes et avec la nature, insuffler à toute la biosphère une nouvelle «matrice» de paix et de confiance appelée à se répandre progressivement à partir du changement de paradigme annoncé pour le 21 décembre 2012 par le calendrier maya.[99] L'originalité

98 Chiffre tiré de la brochure: *ZEGG. Forschungs- und Bildungszentrum GmbH*, Bad Belzig 2012, p. 4.

99 *Cf.* Dieter DUHM, *Nach 2012*, Tamera 2010. Notons que ce ralliement tardif au mayanisme New Age est caractéristique de la tendance de ce courant à pouvoir amalgamer plus ou moins toute croyance (y compris la communication avec les dévas, les esprits des plantes, sans doute dans un souci de rapprochement avec Findhorn, ou bien certains rites néochamaniques). Pour une présentation synthétique du mayanisme New Age de son plus célèbre prophète José Argüelles (1939-2011), l'auteur de *The Mayan Factor: Path Beyond Technology* (1987) et co-inspirateur de la méditation de la «convergence harmonique» des 16 et 17 août

de cette bipartition entre le ZEGG et Tamera réside dans le fait qu'elle n'est jamais présentée comme une scission mais comme un élargissement et un recentrage du réseau. Même si Tamera provoque le départ du noyau dur des combattants de la première heure et des esprits les plus motivés par la conservation de l'idéal commun dans sa forme la plus révolutionnaire, le projet portugais n'apparaît jamais comme un concurrent du ZEGG mais comme une «communauté sœur», membre du même réseau MEIGA et poursuivant les mêmes objectifs avec une cohésion idéologique plus forte, liée entre autres à sa position autarcique et à la présence sur place du maître à penser.

Bilan

En résumé, les apologies indifférenciées des micronations implantées de par le monde ou bien les accusations de psychosecte et les tentatives, menées par Oliver Geden[100] et Claudia Barth,[101] pour relayer au niveau scientifique la lutte de Jutta Ditfurth contre l'ésotérisme et l'«écofascisme», ne permettent guère de progresser dans la compréhension de communautés intentionnelles comme le ZEGG, et encore moins de saisir l'attractivité bien réelle du courant *New Age* à l'ère postmoderne. Le triple éclairage que nous avons proposé a montré, quant à lui, l'aptitude du projet étudié à servir tout autant une aspiration, caractéristique du «renversement de tendance» observé dans les années 70, à un repli sur la «ruche tribale» qui conserverait néanmoins une certaine saveur subversive, que la volonté de mener une sorte de double existence faite d'adaptation superficielle aux modes de vie du *mainstream* et de rébellion intérieure caractérisée par la recherche d'un ailleurs et l'attente de temps meilleurs.

Mélange de résignation et de lutte métapolitique, la logique New Age du ZEGG allie de manière inextricable des tendances progressistes et réactionnaires tout en nourrissant l'espoir d'une transformation individuelle et collective conditionnée par un changement global de paradigme. Cette croyance n'en débouche toutefois pas pour autant sur une attitude exclusivement passive et contemplative, dans la mesure où le projet érotico-spirituel de Dieter

---

1987, lire: Véronique CAMPION-VINCENT, «Bugarach (Aude) et la fin du monde en l'an 2012», *in: Schweizerisches Archiv für Volkskunde* 107 (2011), pp. 150-156.

100 *Cf.* Oliver GEDEN, *Rechte Ökologie*, Berlin 1996, en particulier pp. 168-186.

101 *Cf.* Claudia BARTH, *Über alles in der Welt – Esoterik und Leitkultur*, Aschaffenburg, 2006, en particulier pp. 123-128.

Duhm et la voie de la synthèse qu'il préconise induisent, dans la tradition de la *Lebensreform* et des voies indirectes *(Umweg)*, une logique de laboratoire social dans laquelle la réalisation très concrète d'un mode d'existence conciliant émancipation de l'individu, progrès de la cohésion sociale et partenariat avec la nature est supposée pouvoir servir un jour de modèle à une réorganisation plus large de la société.

Par son institutionnalisation réussie, son pluralisme relatif et l'ouverture vers l'extérieur qui le caractérisent aujourd'hui, le ZEGG est parvenu à se stabiliser et à améliorer son image tout en devenant progressivement un acteur local de premier ordre et un facteur de dynamisation du Hoher Fläming. Néanmoins, son refus global du système, sa tendance à l'irrationalisme et au syncrétisme le plus confus, sa volonté de détourner de l'action politique traditionnelle au profit d'une logique d'auto-réforme et de lutte en réseau, son utilisation abusive du terme de «recherche scientifique» (le «salon bleu» des rencontres amoureuses informelles comme centre de recherche en faveur de la paix dans le monde), son insidieuse tendance à la médicalisation du discours ou à l'enfermement du féminin dans une figure éminemment réductrice constituent autant d'indicateurs du caractère problématique, voire potentiellement dangereux, d'une idéologie holistique et communautariste facile à détourner au profit du leadership d'un individu ou d'un groupe qui s'autoproclamerait détenteur des remèdes applicables à la société.

Résumé

La communauté intentionnelle brandebourgeoise du ZEGG a récemment fait l'objet de commentaires neutres voire favorables dans les médias, qui contrastent avec les accusations de psychosecte qui prévalaient dans les années 90. Une étude approfondie du discours et de l'histoire de ce centre alternatif fait ressortir ses liens avec la démarche métapolitique du New Age, laquelle relie un projet d'action indirecte sur la réalité sociale à la croyance en un «changement de paradigme» à l'œuvre dans les civilisations occidentales. Déçu par le retour à la normale qui a suivi la révolution étudiante de la fin des années 60, l'initiateur du ZEGG Dieter Duhm défendit l'idée selon laquelle la «libération sexuelle» réclamée par les freudo-marxistes devait maintenant aboutir à une fusion entre érotisme et religion. Car d'après lui, comme l'a montré l'échec des expériences de la Kommune 1 de Rainer Langhans et du Friedrichshof de l'actionniste viennois Otto Muehl, la spiritualité est indispensable à la construction d'un modèle positif sur les ruines de la famille bourgeoise. Fidèle à ce projet d'une difficile synthèse entre

Wilhelm Reich et Rudolf Steiner, la communauté de type «charisme comme mode de vie» (Winfried Gebhardt) qu'est le ZEGG a rapidement tiré les leçons des campagnes dont elle a été victime et s'est engagée dans une logique d'institutionnalisation impliquant à la fois de nombreux compromis avec la réalité économique et sociale environnante et une ouverture idéologique marquée entre autres par la constitution de plusieurs sous-groupes d'obédience différente. Cette dynamique, qui explique partiellement la nouvelle respectabilité régionale du centre mais aussi sa longévité, a provoqué le départ d'une partie du «noyau dur» des disciples de Duhm pour le «biotope thérapeutique» de Tamera qu'il a fondé au Portugal. A la fois partenaires et concurrents, les deux centres alternatifs membres du Global Ecovillage Network accusent de lobbying la politique traditionnelle dans son ensemble et voient dans l'élargissement individuel des consciences et l'expérimentation concrète d'une alternative le préalable indispensable de tout bouleversement social durable.

Zusammenfassung

In der medialen Berichterstattung über die brandenburgische Gemeinschaft ZEGG (Zentrum für experimentelle Gesellschaftsgestaltung) finden sich seit einiger Zeit zunehmend neutrale oder sogar positive Bewertungen, die mit den Psychosekten-Vorwürfen, wie sie noch in den 90er Jahren vorherrschend waren, stark kontrastieren. Eine genaue Analyse des Diskurses und der Geschichte dieses Alternativzentrums ermöglicht es, seine Nähe zur metapolitischen New Age-Bewegung aufzuzeigen, die das Ziel einer indirekten Beeinflussung der sozialen Wirklichkeit mit dem Glauben an einen sich in den westlichen Zivilisationen vollziehenden «Paradigmenwechsel» verbindet. Enttäuscht über die Rückkehr zur Normalität, die im Anschluss an die Studentenrevolution Ende der 60er Jahre einsetzte, verfolgte der ZEGG-Initiator Dieter Duhm die Idee, dass die von Freudomarxisten geforderte «sexuelle Befreiung» nun in eine Verschmelzung von Erotik und Religion münden solle. Wie es das Scheitern der Experimente in Rainer Langhans' Kommune 1 und in der Friedrichshof-Kommune des Wiener Aktionismus-Künstlers Otto Muehl gezeigt habe, sei Spiritualität nämlich nötig, damit auf den Ruinen der bürgerlichen Familie ein positives Modell entstehen könne. Das ZEGG blieb als Gemeinschaft vom Typ «Charisma als Lebensform» (Winfried Gebhardt) dem Projekt einer schwierigen Synthese zwischen Wilhelm Reich und Rudolf Steiner treu und zog seine Lehren aus den Hetzkampagnen, denen das Zentrum ausgeliefert war, indem es den Weg einer starken Institutionalisierung einschlug. Neben zahlreichen Kompromissen mit der sozialen und wirtschaftlichen Umwelt fand eine ideologische Öffnung statt, die u.a. zur Bildung verschiedener Untergruppen mit unterschiedlichen Obedienzen führte. Diese Dynamik, die das neue regionale Ansehen des Zentrums und seine Langlebigkeit zum Teil erklären kann, brachte einen Teil des «harten Kerns» der Schüler Duhms dazu, das ZEGG zugunsten des von letzterem gegründeten «Heilungsbiotops» in Tamera (Portugal) zu verlassen. Zugleich Partner und Konkurrenten werfen beide Alternativzentren und Mitglieder des Global Ecovillage Network der traditionellen Parteienpolitik vor, Lobbyarbeit zu betreiben, und sehen nur im Ziel einer individuellen Bewusstseinserweiterung und im konkreten Experimentieren mit einer Alternative die einzig möglichen Voraussetzungen für eine dauerhafte Umwälzung der Gesellschaftsordnung.

ENTRE RÉSISTANCE A L'UNIFORMITÉ, ATTITUDE NON CONFORMISTE ET AMBIGUÏTÉ DU RAPPORT AU MAINSTREAM

Untergrund-West: Ploog, Fauser, Hübsch und die Folgen

Enno STAHL
Heinrich-Heine-Institut Düsseldorf

Nach spektakulärem Hype und raschem Verglühen der 1990er-Jahre-Popliteratur in Deutschland hat sich die Kulturwissenschaft dieses Phänomens überraschend schnell bemächtigt. Seriöse und auch weniger seriöse Betrachtungen haben versucht, Popliteratur als Genre zu verstehen, bzw. diesen Begriff überhaupt erst einmal zu etablieren. Dazu war es nötig, die Traditionen zu begreifen und nachzuvollziehen. So kam man zwangsläufig auf Rolf Dieter Brinkmann (ABB. 1), jenen früh verstorbenen Lyriker, der als Erster den deutschen Literaturbetrieb kulturell zu subvertieren suchte.

ABB. 1: Rolf Dieter BRINKMANN by Henry MAITEK
Heinrich-Heine-Institut Düsseldorf ©

Von «Popliteratur» sprach in den Neunzehnhundertsechziger Jahren – mit Ausnahme Leslie A. Fiedlers, der auf etwas ganz anderes damit abzielte[1] – allerdings niemand. Rolf Dieter Brinkmann und sein Kölner Kreis, insbesondere Ralf Rainer Rygulla und Rolf Eckart John, waren stattdessen maßgeblich von jener widerständigen «Sub-Literatur» beeinflusst, die sich in den USA zeitgleich im Umfeld unabhängiger Verlage und Zeitschriften ausbreitete. Brinkmann, John und Rygulla schleusten mit diversen Anthologien und Einzelpublikationen den US-Underground in den literarischen Diskurs Deutschlands ein.[2] Vor allen anderen ist hier natürlich die Anthologie *ACID* zu nennen (ABB. 2), die 1969 von Brinkmann und Rygulla herausgegeben wurde und «mit einer Startauflage von 20 000 Exemplaren und mehreren weiteren Auflagen rasch zum wichtigsten Dokument der literarischen Subkultur der späten sechziger Jahre wurde».[3] Dieses Buch strotzt vor provokativen Texten und Zeichnungen, vor teilweise offen pornographischen Inhalten.

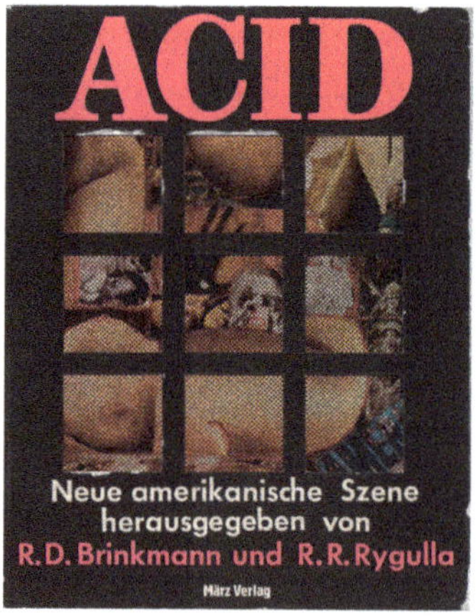

1 Vgl. Leslie A. FIEDLER, «Überquert die Grenze, schließt den Graben!», *in:* Jörg SCHRÖDER (Hrsg.), *Mammut. März-Texte 1 und 2, 1969-1984*, Herbstein, März 1984, S. 673-697, bes. S. 677.

2 Zwischen 1968 und 1971 kamen nahezu alle wirkungsmächtigen «Pop»-Publikationen in Deutschland heraus, unter anderem *Fuck you* (Darmstadt 1968), herausgegeben von Ralf-Rainer RYGULLA, BRINKMANNS Übersetzungen von Frank O'HARA (*Lunch Poems*, Köln 1969) und Ted BERRIGAN (*Guillaume Apollinaire ist tot*, Frankfurt/M. 1970) sowie dessen Anthologie neuer amerikanischer Lyrik *Silverscreen* (Köln 1971), dazu Rolf Eckart JOHNS Übersetzung von John GIORNOS *Cunt* (Darmstadt 1970).

3 Jörgen SCHÄFER, *Pop-Literatur. Rolf Dieter Brinkmann und das Verhältnis zur Populärkultur in der Literatur der sechziger Jahre*, Stuttgart 1998, S. 95.

Brinkmann selbst war entgegen seinen oft vulgären Attacken auf das Establishment, dennoch immer, zumindest bis zum «Maschinengewehr»-Eklat,[4] Teil des *Overgrounds*, veröffentlichte alle seine größeren Gedichtbände ebenso wie den Roman «Keiner weiß mehr» im renommierten Verlag Kiepenheuer & Witsch.

Doch auch im Deutschland jener Jahre explodierte die Szene unabhängiger Editionen (ABB. 3 + 4): Selbst verfertigte Literatur-Fanzines ebenso wie Little-Mag's mit allgemein kulturellem oder politisch-satirischem Inhalt schossen aus dem Boden.

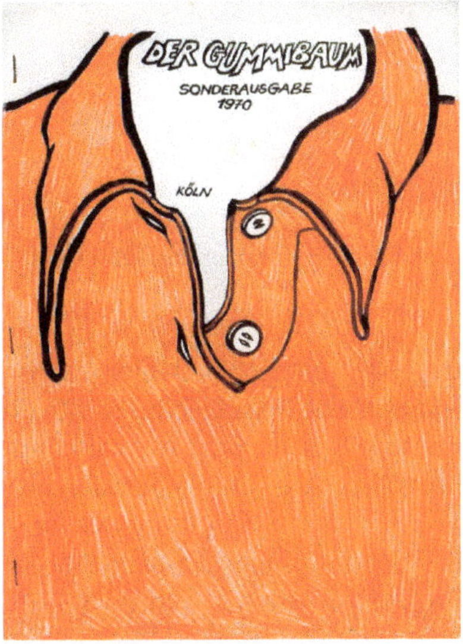

ABB. 3: *Gummibaum*
Heinrich-Heine-Institut Düsseldorf ©

4 Bei einer Podiumsdiskussion in der Berliner Akademie der Künste konfrontierte er den (jüdischen) Literaturkritiker Marcel Reich-Ranicki mit dem Ausruf: «Wenn dieses Buch ein Maschinengewehr wäre, würde ich Sie jetzt über den Haufen schießen.» Eine Aussage, die Reich-Ranicki als Verfolgten des NS-Regimes schwer verletzen musste.

ABB. 4: *Fuck You*
Heinrich-Heine-Institut Düsseldorf ©

Ein literarisches Zentrum des deutschen Untergrunds war das Rhein-Main-Gebiet, wo die einflussreichsten Verlagshäuser für die rebellische Literatur der Umbruchzeit residierten. Der wichtigste unabhängige Verlag der damaligen Zeit, der auch die *ACID*-Anthologie herausgab, war der Darmstädter März-Verlag (ABB. 5). Er war, als Gründung des begabten Impresarios Jörg Schröder (geb. 1938), 1969 durch eine «Sezession» aus dem Melzer Verlag hervorgegangen, dessen Geschäftsführer Schröder von 1965 an gewesen war. Schröder hatte das Programm des Melzer Verlags durch die verstärkte Berücksichtigung von Untergrundliteratur so sehr umgekrempelt, dass der Verleger Joseph Melzer die Reißleine zog und ihn entließ.

ABB. 5: *Über das sexuelle März*
Heinrich-Heine-Institut Düsseldorf ©

Schröder gründete nun seinen eigenen kulturrevolutionären Verlag, der mit unverwechselbaren Covers, «MÄRZ» in den signalroten Lettern einer Plakatschrift auf knallgelbem Grund gedruckt, in den Endsechziger bis Mittsiebziger Jahren geradezu omnipräsent war.

Pikanterweise finanzierte Schröder dieses Unternehmen weitgehend mit Geldern eines Parallelverlags, der Olympia Press, der sich auf (mehr oder weniger) literarische Pornographie spezialisiert hatte. Im März Verlag erschienen Pop-Autoren der damaligen Zeit, neben Brinkmann und Rygulla etwa Peter O. Chotjewitz oder Bernward Vesper, aber auch überaus erfolgreiche Sachbücher zu Themen wie Sexualität, Drogen oder emanzipatorischer Pädagogik, bis zum Konkurs 1974 brachte es der März Verlag mitunter auf siebenstellige Umsatzzahlen.

In Frankfurt lebten aber auch die wichtigsten Autoren des deutschen Untergrunds, Jürgen Ploog (geb. 1935), Paul Gerhard Hübsch, ab 1969 nach Übertritt zum Islam: Hadayatullah Hübsch (1946-2011) und Jörg Fauser (1944-1987), die über direkte Kontakte zu späteren Generationen Bezugspunkte und Zeugen des literarischen Aufbruchs dieser frühen Jahre wurden. Auch der wichtigste Übersetzer amerikanischer Undergroundliteratur Carl Weissner (1940-2012) stammte aus Frankfurt, er war 1966 für zwei Jahre mit einem Fulbright-Stipendium nach New York gegangen, wo er engen Kontakt zur Beat- und Undergroundszene unterhielt, er übersetzte William

S. Burroughs, Nelson Algren und Charles Bukowski. Insbesondere Letzterer gewann in den siebziger Jahren eine enorme Popularität in Deutschland. Doch auch andere Beat-Poets, Mary Beach, Claude Pelieu, Charles Plymell, Allen Ginsberg und Harold Norse, wurden von Weissner übertragen, dazu Bücher von Andy Warhol und J. G. Ballard.

Man kann ohne Umschweife sagen, dass Weissner der wichtigste Brückenkopf US-amerikanischer Gegenliteratur in Deutschland war, mehr als Brinkmann, zumal er diese Funktion noch bis vor kurzem ausübte (er verstarb am 24. Januar 2012). Weissner hatte inzwischen zum Beispiel auch sämtliche Songtexte Bob Dylans und Frank Zappas ins Deutsche übertragen. Gemeinsam mit Jörg Fauser und Jürgen Ploog rief Weissner die legendäre Untergrundliteraturzeitschrift *Gasolin 23* ins Leben, von der 1973 bis 1986 acht Ausgaben erschienen,[5] die sich explizit als Sprachrohr für ein «unabhängiges, nicht zensiertes Schreiben»[6] sah, und das meinte: Beat- und Cut-Up-Literatur. Ab der zweiten Ausgabe zeichneten für *Gasolin 23* Ploog und Walter Hartmann verantwortlich, unter Mitarbeit von Weissner und Fauser. Die Zeitschrift enthielt Texte ihrer Herausgeber und der amerikanischen Vorbilder Bukowski, Burroughs, Neal Cassady, Ginsberg, Brion Gysin, Jack Kerouac, Norse, Plymell, aber auch junge deutsche Autoren veröffentlichten hier, teils eher epigonaler Provenienz, teils solche, die wie Michael Buselmeier, Helmut Eisendle, Bodo Morshäuser oder Wolfgang Welt hier erste literarische Gehversuche unternahmen und inzwischen für ganz andere Konzeptionen stehen.

Ploog, Fauser und auch Hübsch rezipierten also unmittelbar die Literatur der US-amerikanischen Beat-Generation, so dass die Traditionslinie, die hier verhandelt wird, im Grunde sogar noch bis in die fünfziger Jahre hinein rückzubeziehen ist. So wie Hübsch deutlich beeinflusst war von Allen Ginsberg, so waren es Jürgen Ploog und Jörg Fauser in seiner Anfangszeit von William S. Burroughs und seinem Cut-Up-Verfahren.

Ploog, der sich als Langstreckenkapitän der Lufthansa häufig in New York aufhielt, war mit Burroughs gut befreundet. Er veröffentlichte 1969 im Melzer Verlag denn auch das erste deutsche Cut-Up-Buch *Cola-Hinterland*,[7] das heute nur noch antiquarisch erhältlich ist und als die erste, originäre Einzelpublikation des deutschen Literaturuntergrunds gelten kann. Das Buch ist mit Illustrationen versehen, ähnlich wie Rolf Dieter Brinkmanns Essays,

5 Die erste Nummer zirkulierte ausschließlich im privaten Kreis und wird daher nicht mitgezählt, öffentlich vertrieben wurden nur die Nummern zwei bis neun.

6 Jürgen PLOOG zitiert nach einer Webseite, die *Gasolin 23* in digitaler Form zugänglich macht (http://gasolinconnection.wordpress.com/2011/04/26/gasolin-23/).

7 Jürgen PLOOG, *Cola-Hinterland*, Darmstadt 1969, nicht paginiert.

Versatzstücke, alte oder verfremdete Fotos (etwa von Mata Hari) tauchen ebenso auf wie Nacktbilder aktueller Grazien. Der Text selbst spart nicht mit sexuellen Konnotationen und Kraftausdrücken, sie stellen vielmehr eine prägnante Spur im stark geschnittenen Sprachstrom dar («Ich bin in Cuntsville in ihr Kommunikations-System geraten//atomare Fotzen-Medien»).[8] Es sind dies die zeittypischen Provokationen, bewusst dem bürgerlichen Literaturbetrieb entgegengeworfen, im prüden Deutschland der Sechziger Jahre war das die effektivste, daher bevorzugte Angriffsfläche, sexistische Tendenzen sind dennoch unübersehbar («im Inneren des Planeten Orte trockenheiß wie eine beschnittene Vulva mit dem Gefühl als seien Hoden explodiert»[9] / «mittags in Antipolis ekstatische Ehemänner an überdimensionalen Fotzen [...]»[10]).

Michel Foucault hat solche Ansätze 1976 ebenso treffend charakterisiert wie kritisiert: Wenn Sex als Faktum verschwiegen werde, quasi mit einem Tabu belegt sei,

> so hat die einfache Tatsache, vom Sex und seiner Unterdrückung zu sprechen, etwas von einer entschlossenen Überschreitung. Wer diese Sprache spricht, entzieht sich bis zu einem gewissen Punkt der Macht, er kehrt das Gesetz um und antizipiert ein kleines Stück der künftigen Freiheit.[11]

Dies markiert recht eindeutig die strategischen Absichten der sexuell aufgeladenen Texte Ploogs (und vieler anderer Autoren der Endsechziger, Anfang Siebziger Jahre), die Grenzen dieser Strategie zeichnen sich hingegen ebenso klar ab – wenn nämlich die Gesellschaft das Tabu als solches aufhebt, verlieren die subversiven Reden von einst postwendend ihre Sprengkraft.

Wie bei Cut-Ups üblich, ist der Text überaus sprunghaft, eruptiv, mit sprachlichen Bildern in Serie geschaltet, einem Experimentalfilm gleich:

> schraffierte Vorstellungen menschlicher Wirklichkeit in schwankender Musik des sphärischen WIEDER: verloren unbekannt erschlagen überm Oxford Circus damals in anonymer Kif-Atmosphäre aus Gehirn-Zellen vegetativer Fauna gefärbten Nachrichten & undurchschaubaren Dimensionen[12]

Die Schnitte sind auch orthografisch gekennzeichnet, Spiegel und Gedankenstriche, im späteren Verlauf treten (die von Louis Ferdinand Céline bekannten) drei Punkte als Endmarker der jeweiligen Cuts in Erscheinung, sie

8 *Ibid.*, (S. 1).
9 *Ibid.*, (S. 7).
10 *Ibid.*, (S. 8).
11 Michel FOUCAULT, *La volonté de savoir* (1976), hier zitiert nach der deutschen Übersetzung, *Der Wille zum Wissen*, Frankfurt/M. 1983, S. 14.
12 PLOOG, *Cola-Hinterland* (Anm. 7), (S. 1).

wirken dann noch atem- und rastloser, sind häufig tatsächlich nur mehr Bruchstücke von Sätzen («Fieber-Kif-Fêten in der Hitze [...] Mädchen für die Deutschen [...] Veränderung der Planeten [...] Mafia der Erde [...]»).[13]

Einer linearen Lektüre entzieht sich dieser Text, aber das ist gerade die Intention der Cut-Up-Methode,[14] will sie doch – als spezifischer Abkömmling der surrealistischen *écriture automatique*[15] – unterbewusste Inhalte auf diese Weise ans Licht bringen.

Auch deshalb wahrscheinlich präsentiert Ploog hier so ausgiebig sexuelle Inhalte, da diese nach Freud als verdrängt galten, sein Cut-Up-Text entspricht insofern einer Theorie der sexuellen Revolution im Gefolge Wilhelm Reichs, der bekanntlich gerade für William S. Burroughs' Auffassungen eine zentrale Rolle spielte.

Ploog ist seinem Cut-Up-Stil bis heute treu geblieben, praktiziert ihn in fortgeschrittenem Alter – nicht ohne «Western-Romantik», auch abzüglich der schwerpunktmäßig sexuellen Ausrichtung – als eine Art Partisanenschreibweise am Rande eines Literaturbetriebs, der immer stromlinienförmiger und mainstreamhafter wird.

Mittlerweile hat er über zwanzig Bücher veröffentlicht, vornehmlich in kleineren, oft nur kurzlebigen Alternativverlagen. Neben literarischen Titeln finden sich darunter auch essayistische Texte, in denen er sich mit neueren Theoretikern wie Jean Baudrillard oder Paul Virilio auseinandersetzt. Nicht von ungefähr sind Ploogs Cut-Ups daher immer wieder für neuere Theoriekonzeptionen anschlussfähig, wie etwa sein jüngstes «Berlin – New York-Tagebuch», das mit einer gewissen Topographieversessenheit aktuellen Raumkonzeptionen im Gefolge des spatial turns Nahrung gibt.

Auch die unleugbare Medialität seines Schreibens zieht immer wieder Interesse aus verschiedensten Perspektiven auf sich, Ploogs Bildlichkeit ist stets durch ein überaus zukunftsorientiertes Interface geprägt. Die Zeit- und Raumsprünge seiner Texte, die in seinem Pilotenleben geradezu als Normalität gelten konnten, inszenieren einen futuristischen Hyperraum, der sich gegen das wohl eingerichtete Realitätsgefüge der so genannten deutschen «Hochliteratur» in Stellung bringt, einen Raum, der die Ränder der Gesellschaft thematisiert, und zwar in globalem Maßstab.

13 *Ibid.*, (S. 9).

14 Hinweise zu Idee und Praxis der Cut-up-Methode, die 1960 von Brion Gysin und in der Folge von William S. Burroughs zur vollen Ausprägung gebracht wurde, gibt unter anderem Florian VETSCH, «Ploog im Fokus», *in:* DERS. (Hrsg.), *Ploog-Tanker*, Herdecke 2004, S. 278-285, hier insbesondere S. 278-279.

15 Zur *écriture automatique*, Vgl. Enno STAHL, *Anti-Kunst und Abstraktion in der literarischen Moderne. Vom italienischen Futurismus bis zum französischen Surrealismus 1909-1933*, Frankfurt 1997, S. 400-403.

Etwas mehr Aufmerksamkeit hat inzwischen Jörg Fauser auf sich gezogen. Schon zu Lebzeiten war er mit seinen späten Büchern, einer Marlon-Brando-Biografie[16] sowie den Kriminalromanen *Der Schneemann*[17] (1984) und *Das Schlangenmaul*[18] (1985), die teilweise sogar verfilmt wurden, bei einem größeren Publikum erfolgreich gewesen, galt aber eben weitgehend als Krimiautor. Inzwischen wurden aber zwei Gesamtausgaben seiner Werke realisiert.[19]

In seinen Anfängen hatte auch Fauser sich unter Einfluss William S. Burroughs' an Cut-Ups versucht, speziell in seinen Debütbänden *Aqualunge*[20] und *Tophane*.[21] Und es war nicht nur ein literarischer Einfluss, den Burroughs ausübte, sondern ebenso sein Lebenswandel, die Existenz mit der Droge, färbte auf Fauser ab.[22] Wie Burroughs, der lange Jahre in Tanger verbrachte, zog es auch Fauser in den Orient, zumindest an die Schwelle dorthin, nämlich nach Istanbul, wo er – schwer heroinsüchtig – ein Jahr verbrachte.

Tophane, so auch der Name des Istanbuler Stadtteils, in dem Fauser wohnte, erschien 1972 im Maro Verlag. Auch diese damals im bayrisch-ländlichen Gersthofen, später in Augsburg angesiedelte, kleine Edition, entwickelte sich in den Siebziger Jahren zu einem wichtigen Alternativverlag, feierte insbesondere mit der deutschen Erstveröffentlichung zahlreicher Titel Charles Bukowskis große Verkaufserfolge.[23]

Fausers Buch verbirgt sein zentrales Thema nicht lange, gleich auf der ersten Seite von *Tophane* wird sehr wirklichkeitsnah und detailgetreu geschildert, wie sich jemand auf der Toilette des Frankfurter Club Voltaire – einer Lokalität, die noch heute existiert – eine Spritze setzt.

Fausers Cut-ups, das merkt man von Beginn an, sind «welthaltiger» als die Ploogs oder Burroughs', die realistische Schreibweise, die Fauser in seinen späteren Büchern bevorzugte, deutet sich hier trotz aller Schnitttechnik unmissverständlich an: «Auf der Rolltreppe erbrach ich mich – kotz-

16 Jörg FAUSER, *Marlon Brando*, Reinbek 1978.

17 Jörg FAUSER, *Der Schneemann*, Hamburg 1981, mehrere Neuauflagen.

18 Jörg FAUSER, *Das Schlangenmaul*, Frankfurt/M. 1985.

19 *Jörg-Fauser-Edition*, 8 Bde., Frankfurt/M. 1990 / *Jörg-Fauser-Edition*, 9 Bde., Berlin 2004-2009.

20 Jörg FAUSER, *Aqualunge [Ein Report]*, Göttingen 1971.

21 Jörg FAUSER, *Tophane. Roman*, Gersthofen 1972.

22 Vgl. Matthias PENZEL, Ambros WAIBEL, *Rebell im Cola-Hinterland*, Berlin 2004, S. 39, «Und schließlich stößt er auf einen Schriftsteller, dessen Lebenswandel und dessen Werk ihn für immer prägen wird: William S. Burroughs».

23 Vgl. zur Verlagsgeschichte des Maro Verlags bis heute: https://www.maroverlag.de/geschichte.php.

te einem Computergesicht den Gabardine voll und der wollte die Schmiere holen und wieder mußte ich wetzen.»[24]

Drogenjargon und Gossensprache erhöhen den Authentizitätscharakter seines Textes, der neben Schlaglichtern auf Suchtszenarien auch Dialogpassagen enthält, welche die Spießerwelt – quasi naturalistisch – in ihrer eigenen, stereotypen Sprache dekuvrieren: «Erinnerse sich noch an damals das Mädel vom Bethanienkrankenhaus – die blonde Schwester dies nicht lassen konnte – son flottes Mädel – tat mir direkt leid – aber Dienst bleibt Dienst und Schnaps.»[25]

Im weiteren Verlauf berichtet der Autor, wie er durch Bulgarien schließlich in die Türkei gelangt, der ursprüngliche Cut-Up-Stil wandelt sich allmählich zu einer kohärenteren Montagetechnik, die auch experimenteller Literatur anderer Provenienz entstammen könnte, etwa der historischen Avantgarde, bestimmten Sprachspielen der Wiener Gruppe oder der französischen Oulipo-Gruppe, ohne deren konstruktivistischen Unterton allerdings, denn Fauser *erlebte* tatsächlich, was er hier beschrieb, und seien es auch Visionen im Drogenrausch:

> Luft. Regen. Fächer. Blätter. Stille. Sand zwischen Fingern. Sie starren mich an. Die blauen Gesichter. Nüstern voller Rauch. Schwärme durch mein Blut. Jukebox plärrt: COME TOGETHER. Rauch kriecht über mich. Gelächter. Am Boden: SCHAFF MICH SCHAFF MICH SCHAFF MICH. Mein Haar gefesselt. Disteln unter mir. Glotzende Fischaugen. Licht. Kaltes Metall. COME TOGETHER. Yeah, Yeah. Ich krieche. In mich hinein. Zum einen Wunden. Allen Worten. Alles endet auf Angst. Angst Angst. Krank krank krank. Der Fluß wirft Blut über den Sand. Jemand vergaß mich zu töten.[26]

Das Kriterium der Bindung an subkulturelle, teils auch revolutionäre Milieus, das sich insbesondere durch Slangbegriffe, gewissermaßen milieubedingte «Fachsprachen» einstellt, zeigt sich sehr stark in einem Gedicht des Bandes *Die Harry-Gelb-Story*,[27] erschienen 1973, ein Jahr nach *Tophane*. Dieser Text enthält eine Vielzahl von Anspielungen auf die damalige «Szene», etwa die berühmtberüchtigte K1 (Kommune 1), landesweit bekannt geworden durch ein Coverfoto der auflagenstarken Illustrierten *Stern*, auf dem die Kommunarden nackt vor einer Wand posierten. Hier lebten Rainer Langhans und Uschi Obermaier, frequentiert wurde die K1 auch von Paul Gerhard Hübsch und Jörg Fauser, der dort allerdings, wie Hübsch zu berichteten

24 Hier zitiert nach: Carl WEISSNER, *Jörg Fauser Edition, Neuausgabe in zwei Bänden*, Bde. 1-4: Romane und Erzählungen, Bd. 3: Erzählungen I, Frankfurt/M. 1994, S. 44.

25 *Ibid.*, S. 44.

26 *Ibid.*, S. 148.

27 Jörg FAUSER, *Die Harry-Gelb-Story*, Gersthofen 1973.

wusste,[28] vornehmlich Drogen nahm und nach einigen Wochen verschwand. Ebenfalls Erwähnung findet eine andere berühmte Gestalt der 68er-Zeit, Dieter Kunzelmann, und es werden Film- und Musikreferenzen eingebaut, («Der Schatz der Sierra Madre»; Lou Reed und das Velvet-Underground-Stück «Run, run, run» von der legendären ersten LP dieser New Yorker Band, die sich fast ausschließlich mit Heroinsucht beschäftigt). Zudem wird Drogen- und Szenensprache verwendet: «Die RD[Rauschgiftdezernat]-Streife checkt ihre Kundschaft», «Bonnies Ranch» (gemeint ist die Karl-Bonhoeffer-Nervenklinik in Berlin-Reinickendorf), «zuletzt kein Horse [=Heroin] mehr».

Ähnlich wie *Tophane* beschreibt Fausers Gedicht in überaus komprimierter Form die alptraumhafte Entwicklung von Sucht und Entzug und vermittelt zugleich viel Zeitpanorama, die Atmosphäre der damals «angesagtesten» Szenerien Deutschlands.

Wie in diesem Poem jedoch war Fauser nie wirklich Teil dieser Hip-Zirkel, eher außenstehender Beobachter. Später, als er sich vom Heroin befreit hatte, dafür zu einem gewissen Maße den Alkohol eintauschte, wechselte er das Milieu, jobbte am Frankfurter Flughafen und besuchte die subproletarischen Kneipen Frankfurts; auch sein Schreiben passte sich, unter spürbarem Einfluss Charles Bukowskis (bei gleichzeitig schwindendem Einfluss Burroughs'), den geänderten Wahrnehmungsbedingungen an, wurde sowohl in seinen Erzählungen wie in seinen Reportagen strikt realistisch.

Ebenso in seinem Roman *Rohstoff* (1984), vielleicht seinem wichtigsten Buch überhaupt, bleibt die Darstellung auf Tuchfühlung mit der Wirklichkeit, stark autobiografisch zeichnet Fauser hier seine Entwicklung zum Schriftsteller nach. Ausgehend von seiner Istanbuler Zeit bis in die Siebziger Jahre hinein beschreibt er dabei en passant die Mutation der Post-68er-, Post-Flower-Power-Community zu einem leistungsstarken Marktteilnehmer.

Gerade aus Distanz als reflektierender Außenseiter gelingt Fauser eine getreue Skizze der damaligen Subkultur, die sich anschickte, auf dem Marsch durch die Instanzen zur «Gewinnerkultur» zu werden.

Den Untergrund-Touch behält und kultiviert der Roman aber gerade deshalb, als (immer noch) Anti-These zur vormaligen, inzwischen längst integrierten gesellschaftlichen Anti-These.

Auch der vor Kurzem verstorbene Hadayatullah Hübsch war bis zu seinem Tod eine Ikone subliterarischer Ästhetik und Kontrapunkt zum Betrieb. Obwohl er über einhundert Bücher veröffentlichte, Lyrik, Prosa, ebenso wie zahlreiche Sachtexte zum Islam, besaß er seine eigentliche Bedeutung als Bühnenautor, als spiritus rector aller Spoken-Word-Aktivitäten in Deutschland.

28 Hübsch äußerte das einst im Gespräch mit dem Verfasser.

Schon 1967 startete er mit dem Autor und Zeitschriftenherausgeber Hansjürgen Bulkowski eine denkwürdige Tour unter dem Titel «Beat & Lyrik», die in mehreren Städten Nordrhein-Westfalens gastierte. (ABB. 6) In der Forschung ist diese frühe Live-Literatur-Show, die Verse mit Beatmusik einer Band namens *Free-Group* kombinierte, nahezu unbekannt; der Bestand Pop am Rhein im Rheinischen Literaturarchiv des Heinrich-Heine-Instituts birgt zahlreiche Materialien, mittels derer diese Pop-Aktion sehr gut dokumentiert ist, unter anderem ein ungewöhnlich detailreicher WDR-Fernsehbeitrag[29] sowie Klangmitschnitte, die die Gruppe selbst realisiert hatte.[30]

ABB. 6: *Beat und Lyriktour*
Heinrich-Heine-Institut Düsseldorf ©

Hübsch veröffentlichte seinen ersten Gedichtband *mach was du willst*[31] 1969 im renommierten Luchterhand Verlag (damals auch der Verlag Günther Grass'). Später jedoch erschienen die meisten seiner vielen, oft sehr schmalen Veröffentlichungen in eher kleineren Verlagen. *mach was du willst* ist ein formal sehr heterogenes Buch, als roter Faden lässt sich die

29 «Beat & Lyrik in Wuppertal», *in: Hierzulande – Heutzutage* (8.6.1967), Autor, Peter D. MALCHUS.

30 Diese Materialien werden im Rheinischen Literaturarchiv im Heinrich-Heine-Institut der Landeshauptstadt Düsseldorf im Bestand *Pop am Rhein* bewahrt.

31 Paul Gerhard HÜBSCH, *mach was du willst. Gedichte*, Neuwied und Berlin 1969.

Begeisterung für die neue Aufbruchsbewegung erkennen, verbunden mit dem Kampf gegen das System der Väter und das Spießertum der miefigen bundesdeutschen Gesellschaft der Sechziger Jahre.

Gleich das Auftaktgedicht beschwört Revolte und Ausbruch: «Es ist soweit, komm pack die siebensachen / und spuck den paukern auf den kopf [...] ich lasse mich mit freuden ein- / lullen vom asfalt-gestank und den lang- / mähnigen frauen, die ich so antreffe.»[32]

Der Tonfall der Gedichte ist bewusst anti-seriös, sie schrecken nicht vor Kalauern und Spielereien zurück, wie etwa das Gedicht «beweissführung zur rettung des COMIC-STRIPS» zeigt: «beweisführe die / meyne fürtröffliche genasführung / blubbte (plab, blap) mynnig sengär- / leyn zu reymen / auf gehodelte spene: scheme / DICH: ach DU meyne göte».[33] Das karikiert phonetisch eine besonders vornehme Intonation des Deutschen («fürtröffliche genasführung», «ach DU meyne göte»). Im letzten Textteil werden dann einige Comic-Titel aufgeführt («BARBARELLA»,[34] «föbe ßeitgeißt»,[35] «ficks&phocksi»[36]), wobei der letzte, Fix & Foxi, sich als eher harmloses, deutsches Disney-Äquivalent deutlich von den beiden anderen, sexuell drastischen Titeln absetzt. Die Stoßrichtung dieses Gedichts wird sehr klar, wenn man sich ein Zitat des damals sehr einflussreichen Literaturchefs der Wochenzeitschrift «Die Zeit», Fritz J. Raddatz vor Augen hält, er schrieb 1968: «Die neuen Heldinnen der westlichen Welt – Barbarella, Jodelle, Phoebe Zeit-Geist – sind Dienerinnen eines modischen snob appeal; entlaufene Vestalinnen, die ursprünglich einem dienen sollten: dem lesenden Analphabeten.»[37]

Das Widerstandsmotiv gegen die Wohlanständigkeitsgesellschaft, ihre Gesetze, Rituale und Diskurskonventionen, zieht sich denn auch durch Hübschs gesamtes literarisches Werk.

32 *Ibid.*, S. 5.

33 *Ibid.*, S. 11.

34 Französischer Comic, der wegen sexuell freizügiger Darstellungen mit Zensurmaßnahmen zu kämpfen hatte. Dadurch wie durch die Verfilmung Roger Vadims im Jahr 1968 mit Jane Fonda in der Titelrolle wurde *Barbarella* sehr populär.

35 Gemeint ist hier*: Die Abenteuer der Phoebe Zeit-Geist* (Englisch: The Adventures of Phoebe Zeit-Geist), dies ist ein US-amerikanischer Comicstrip von Michael O'Donoghue, der wegen stark pornographischen Inhalts teilweise indiziert wurde.

36 Gemeint ist der erfolgreichste deutsche Comic *Fix & Foxi.*

37 Fritz J. RADDATZ, «Die neuen Heldinnen der westlichen Welt», *in: Die Zeit* 11/1967 (17. März 1967), auch online: http://www.zeit.de/1967/11/die-neuen-heldinnen-der-westlichen-welt.

Noch 1998 in seinem Gedichtband *Macht den Weg frei*[38] schreibt er, damals also schon 54-jährig, aus der Perspektive der Gegenkultur, nun einer ganz anderen Generation, der Punks und Hausbesetzer der Neunziger Jahre:

> Die Wegwerfschlacht in der Pank-Straße zu Berlin
> Die Punks in Kiel wollten es ja nicht glauben, als
> Ich ihnen erzählte, dass es in Berlin
> Eine Pank-Straße gibt und außerdem
> Eine Untergrundstation namens Pank,
> Aber dann sind wir doch losgedüst, in einem wackeligen
> VW-Golf oder so ähnlich [...]
> Schließlich erreichten wir das besetzte Haus,
> Zuerst wollte uns keiner reinlassen,
> Es war alles verbarrikadiert,
> Wir trommelten uns die Fäuste wund,
> Endlich erschein einer mitm Mondgesicht am Fenster
> Des obersten Stocks und schrie,
> Verpißt euch,
> Wir schrien zurück,
> Wir sind doch die Punks aus Kiel.
> Der Typ brüllte zurück.
> Ich kenn euch, alles nur Tarnung, Ihr seid Bullen,
> Erst als wir geschlossen im Chor
> Anarchy in You-Key sangen,
> Glaubte man uns und erklärte nach dem ersten Six-Pack,
> Daß sie aus sicherer Quelle wüßten,
> Daß heut nacht die Erstürmung ihrer Heimstatt fällig sein würde.[39]

Die Befürchtung bewahrheitet sich und es entspinnt sich eine grotesk anmutende Schlacht zwischen Polizei und Hausbesetzern, bei der Letztere die gesamte Hauseinrichtung als Munition gegen die Angreifer nutzen und auf die Straße werfen.

Dieses furiose, sehr witzige Langgedicht wirkte bei Auftritten weit mehr als im Buch, tatsächlich scheint Hübsch sich grundsätzlich nicht allzu sehr um Korrektur und Lektorat seiner Veröffentlichungen gekümmert zu haben, sie trafen meist bei den Verlagen als Typoskripte aus der Schreibmaschine ein, ganz so als habe er sie direkt heruntergetippt, ohne groß noch einmal Hand anzulegen oder gar einen homogenen Buchkorpus konzeptuell zu planen.[40]

38 Hadayatullah HÜBSCH, *Macht den Weg frei*, Bad Honnef 1998.
39 *Ibid.*, S. 42.
40 Der Verfasser weiß dies aus eigener Erfahrung.

Bei seinen Live-Auftritten brachte Hübsch die Texte zum Leuchten, lange bevor in Deutschland die Rede ging von Spoken-Word, von Poetry Slams, war Hübsch schon sein eigener Slammer. In den siebziger Jahren tourte er mit Jazzbands, in den Achtzigern und Neunzigern trat er immer noch an zahlreichen Orten Deutschlands auf, oft in Verbindung mit den aufkeimenden, jungen Poetengruppen, wie etwa dem Social Beat-Netzwerk der beginnenden Neunziger Jahre.[41]

Die Autoren, die hier verhandelt wurden, sind – vielleicht mit Ausnahme Fausers – bis heute nicht vom Literaturbetrieb anerkannt worden, *Szeneberühmtheiten* waren und sind sie aber schon. Als solche haben sie nachdrücklich auf spätere Generationen gewirkt. Die Bühnenliteratur, die sich in Deutschland seit Anfang der Neunziger Jahre so ungemein entwickelte,[42] hat, wie gesagt, stark von Hübsch profitiert.

Aber auch als literarisch-schriftliche Tradition stellten Fauser, Hübsch und Ploog für eine ganze Reihe jüngerer deutscher Autoren, wenn nicht einen unmittelbaren Bezugspunkt, so doch einen gewissen Einfluss dar. Das gilt ganz sicher für viele jener Schriftsteller, die in Anthologien wie *German Trash*[43] oder *Trash-Piloten*[44] auftauchten. Autoren wie Stan Lafleur, Ulrich Bogislav, Matthias Penzel, Lou Probsthayn, Caroline Hartge, Kersten Flenter oder Jan Off wären hier zu nennen.[45] Selbst bei der jüngeren und jüngsten Riege deutscher Lyrik (nach 1975 geboren), etwa Gerald Fiebig, Björn Kuhligk, Tom Schulz, Jan Skudlarek oder Tom Bresemann sind zumindest Fauser und Ploog keine Unbekannten, auch wenn man ihren Einfluss nicht spüren mag, er existiert. Er zeigt sich im realistischen Zugriff, in der Zuwendung zum Abseitigen, Rückständigen und nicht zuletzt in einem Duktus politischer Widerständigkeit, der die literarische Produktion durchzieht.

41 Vgl. dazu: Enno STAHL, «Social Beat, Trash und Slam – eine Begriffsverwirrung», *in:* Heinz-Ludwig ARNOLD / Jörgen SCHÄFER (Hrsg.), *text + kritik: Popliteratur.* Sonderband, München 2003, S. 258-278, insbesondere S. 259-262.

42 Vgl. dazu: Enno STAHL, «Am Anfang war das Wasserglas [...] Vom Ende der Literatur zur Wiederentdeckung der Mündlichkeit: Pop, Trash, Poetry Slam, LitCologne und Verwandtes. Ein Zeitzeugenbericht», *in:* Gertrude CEPL-KAUFMANN und Jasmin GRANDE (Hrsg.), *Schreibwelten – Erschriebene Welten. Zum 50. Geburtstag der Dortmunder Gruppe 61* (im Auftrag des Fritz-Hüser-Instituts), Klartext, Essen 2011, S. 288-294.

43 Enno STAHL (Hrsg.), *German Trash*, Berlin 1996.

44 Heiner LINK, *Trash-Piloten*, Leipzig 1997.

45 Auch mich selbst will ich hier nicht ausschließen.

Zusammenfassung

Nach spektakulärem Hype und raschem Verglühen der deutschen Popliteratur der 1990er Jahre hat sich die Kulturwissenschaft dieses Phänomens überraschend schnell bemächtigt. Seriöse und auch weniger seriöse Betrachtungen haben versucht, Popliteratur als Genre zu verstehen, bzw. diesen Begriff überhaupt erst einmal zu definieren. Dazu war es nötig, die Traditionen zu begreifen und nachzuvollziehen. So kam man auf Rolf Dieter Brinkmann, an dessen speziell essayistischem Werk nahezu alle relevanten Pop-Elaborate von 1965 bis 2000 gemessen wurden. Auf dieser Basis wurden dann Autoren wie Stuckrad-Barre oder Christian Kracht als eher retrograd und affirmativ oder aber als wahre Nachfahren Brinkmanns gewertet. Immer befand man sich bei dieser Traditionsziehung aber im Mainstream-Bereich. Auch Rolf Dieter Brinkmann verlegte seine Bücher in einem großen Pubklikumsverlag, Kiepenheuer & Witsch, demselben sogar wie Kracht und Stuckrad-Barre.

Tatsächlich gab es aber schon zu Brinkmanns Zeiten Autoren, die entweder mangels Alternative oder aufgrund eines expliziten politischen Anspruchs eher in Underground-Verlagen und -Zeitschriften veröffentlichten, die sich selbst auch nicht im Netzwerk des literarischen Overgrounds bewegten und von diesem auch nicht wahrgenommen wurden. Stattdessen agierten sie in einem «subliterarischen» Feld, etwa Jürgen Ploog, Pilot und Cut-Up-Pionier, Hadayatullah Hübsch, einer der bedeutendsten Rock- und Bühnenautoren, oder Jörg Fauser, der später mit seinen Kriminalromanen im Big Business reüssierte.

Diese Tradition wird bis heute kaum oder gar nicht nachverfolgt, ebenso wenig wird gesehen, welche Konsequenzen diese Autoren in den Achtziger und neunziger Jahren hatten, welche jüngeren Spoken-Word-, Trash-, Poetry-Slam- und Social Beat-Autoren sich an diesen Urvätern der literarischen Untergrundliteratur orientierten bzw. auch eigene neue Akzente setzten. Diese Linie versucht der Aufsatz kurz zu skizzieren, um damit Anknüpfungspunkte für weitere, speziellere Forschungsvorhaben zu liefern. Der Beitrag beschränkt sich dabei auf die Geschichte des westdeutschen Literatur-Untergrunds, da die ostdeutsche Szene völlig anders geartet und auch schon häufiger in den wissenschaftlichen Fokus geraten ist.

Résumé

Après le succès spectaculaire puis le déclin rapide de la littérature pop allemande des années quatre-vingt-dix, les études culturelles se sont emparées de ce phénomène avec une célérité étonnante. Des travaux plus ou moins sérieux ont tenté de comprendre la littérature pop en tant que genre, voire se sont penchés sur la définition même de ce concept. Pour ce faire, il a été nécessaire de déterminer et de s'approprier les différentes traditions sous-tendant ce mouvement littéraire. C'est ainsi que la quasi-totalité des créations pop de valeur réalisées entre 1965 et 2000 a été mesurée à l'aune de l'œuvre, en particulier essayistique, de Rolf Dieter Brinkmann, redécouvert à cette occasion. C'est sur cette base que des auteurs comme Stuckrad-Barre ou Christian Kracht ont été jugés comme plutôt rétrogrades et affirmatifs ou au contraire comme de véritables successeurs de Brinkmann. Mais, en établissant cette ligne directrice, on s'en tenait immanquablement à la sphère du *mainstream*. Rolf Dieter Brinkmann lui-même publiait ses livres chez un éditeur ayant pignon sur rue, Kiepenheuer & Witsch, le même d'ailleurs que celui de Kracht et de Stuckrad-Barre.

Mais, en réalité, il existait déjà du temps de Brinkmann des auteurs qui, soit parce qu'ils n'avaient pas d'autre choix, soit du fait de leurs revendications politiques, publiaient dans des maisons d'édition et des revues *underground*, et qui ne se mouvaient pas dans les cercles de l'*overground* littéraire, dont ils étaient d'ailleurs ignorés. Au contraire, ils agissaient dans un champ «sous-littéraire», tel Jürgen Ploog, pilote et pionnier du Cut-Up, Hadayatullah Hübsch, un des plus importants auteurs de rock et de théâtre, ou encore Jörg Fauser, qui connut le succès plus tard grâce à ses romans policiers.

Cette tradition n'est jusqu'à aujourd'hui que peu, voire pas du tout prise en compte. De même, on ne se demande pas quelles influences ont eues ces auteurs dans les années quatre-vingt et quatre-vingt-dix, ni quels auteurs actuels de *Spoken-Word*, *Trash*, de *Poetry-Slam* et de *Social Beat* ont pris ces pionniers de la littérature *underground* comme modèle ou ont apporté leur propre pierre à l'édifice. C'est ce courant que notre étude tente d'esquisser, avec la volonté de servir d'impulsion à d'autres projets de recherche plus spécialisés. Notre contribution se concentre sur l'histoire de l'*underground* littéraire ouest-allemand, la scène est-allemande étant organisée d'une toute autre manière et ayant déjà fait l'objet de plusieurs travaux de recherche.

Une contre-culture sous étroite surveillance: les pionniers de l'art informel en RDA

Patrice NEAU
Université de Nantes

La compétition idéologique exacerbée que se sont livrée dans les années cinquante le bloc occidental et les pays de l'Est est à l'origine d'un malentendu tenace: la suprématie de l'art informel en Europe serait la conséquence d'une offensive massive des Etats-Unis visant à imposer dans tous les domaines de la vie publique une suprématie américaine, l'art informel serait donc un produit d'exportation, le pendant européen de l'expressionnisme abstrait des années cinquante. Cette thèse a été défendue dans les années 1980 par Serge Guilbaut.[1]

Il est indéniable que les Etats-Unis ont dès la fin de la guerre lancé une vaste offensive dont le but était d'imposer la distribution et la diffusion de leurs produits culturels en Europe, mais le vecteur principal de cette offensive fut plus le cinéma que les arts plastiques. Même si leur diffusion a été activement soutenue par les pouvoirs publics (ce qui est assez rare aux Etats-Unis pour être noté) et les grandes fondations, les Beaux-Arts ne peuvent, dans une stratégie de prise d'influence culturelle, avoir le même impact sur les masses que le cinéma qui reste l'instrument privilégié d'une domination idéologique.

L'explication assez simpliste qui fait de l'Europe occidentale le réceptacle béat des productions américaines fait fi de la complexité des héritages et des transferts dans le monde artistique et des influences croisées qu'il y a pu avoir entre les deux côtés de l'Atlantique. Dans les années cinquante, cette théorie avait cependant un avantage évident, aussi bien pour l'Ouest que pour l'Est. Elle permettait à l'Allemagne fédérale d'affirmer son ancrage dans le monde occidental, elle offrait aux fonctionnaires culturels de la RDA un argument dissuasif pour discréditer des artistes qui refusaient de se plier au canon artistique en vigueur, le réalisme socialiste, en les accusant d'être inféodés au système capitaliste. Assimiler l'art informel à un produit d'imitation de l'art «décadent» de l'Occident était un argument d'autorité qui interdisait tout débat parmi les créateurs est-allemands et jetait l'opprobre sur ceux qui

1 Serge GUILBAUT, *Comment New York vola l'idée d'art moderne*, Paris 2006. La version originale en anglais a été publiée en 1983.

osaient se réclamer de l'abstraction. En écho, cette exclusion d'un courant du champ artistique permettait de porter, en Allemagne fédérale, un jugement global et sans nuance sur les productions de l'art est-allemand. En fait, ce schéma antinomique, caractéristique de la guerre froide, arrangeait tout le monde.

Comment expliquer alors la persistance en Allemagne de l'Est de niches, de foyers indépendants de création, semi-clandestins, cantonnés à la sphère privée, mais dont on perçoit, avec le recul du temps, qu'ils ont contribué à la vigueur d'une scène artistique qu'aucun historien de l'art sérieux ne peut limiter aux expressions officielles de l'art reconnu?

Contrairement aux affirmations des autorités culturelles de RDA, la peinture est-allemande était loin d'être monolithique, malgré toutes les tentatives pour simuler un consensus brisé par des départs, volontaires ou involontaires: les plus grands peintres d'Allemagne fédérale (Baselitz, Richter, Polke, Penck, pour ne citer que ces noms) ne furent-ils pas formés dans les académies des Beaux-Arts de la RDA? Et parmi ceux qui sont restés, tous ne se sont pas pliés aux impératifs du réalisme socialiste et ont cherché des voies originales pour préserver leur liberté de créateurs.

Nous étudierons donc dans un premier temps la mise en place d'un système de contrôle et d'instruments de répression systématique dont le but est d'exclure toute expression artistique discordante, nous nous pencherons ensuite sur le milieu culturel de Dresde pour essayer de comprendre comment des conditions locales, très spécifiques et sans doute uniques en RDA, ont pu permettre la persistance de courants créatifs et enfin nous nous poserons la question de l'intrumentalisation de l'informel dans le cadre de la «guerre froide» qui oppose les deux Etats allemands.

La mise en place d'un système de contrôle des arts plastiques

A l'autonomie de l'art que pouvaient, après douze ans de dictature national-socialiste, légitimement revendiquer les créateurs, le nouveau pouvoir politique, s'appuyant sur les officiers culturels soviétiques (le colonel Tulpanow et le major Dymschitz[2] règnent sans partage sur la scène culturelle de la

2 Sergeï J. TULPANOW (1902-1986) fut chef du service d'information de la SMAD (Administration militaire soviétique en Allemagne). Malgré ce titre modeste, il joua un rôle essentiel dans la mise en place de nouvelles institutions politiques, économiques et culturelles. Universitaire de formation, il fut très attentif au développement d'une politique culturelle calquée sur le modèle soviétique. Alexander

zone d'occupation soviétique), oppose, dès 1945, une nouvelle définition des rapports entre art et société, faisant de l'artiste un «ingénieur de l'âme» pour reprendre la formule attribuée à Staline. Pour briser les hésitations des artistes à s'engager dans cette voie, le recours imposé à une coopération avec la classe ouvrière va constituer un levier d'action efficace. Dans un paysage artistique marqué à la fois par la diversité des courants et par la perplexité d'artistes qui avaient été coupés des évolutions artistiques majeures qui avaient eu lieu en Europe et aux Etats-Unis et qui fondamentalement s'interrogeaient sur la capacité de l'art à rendre compte de la catastrophe anthropologique qu'avait été le national-socialisme, le rapprochement avec le peuple et la classe ouvrière pouvait, pour une partie des créateurs désemparés, représenter une voie nouvelle qui fut fortement encouragée par les autorités soviétiques, le SED et le syndicat FDGB. On ne citera, à titre d'exemple, que les injonctions du major Dymschitz dans le discours qu'il prononça à l'occasion de l'inauguration de la *Allgemeine Deutsche Kunstausstellung* à Dresde en 1946.[3] A la suite de cette exposition, des congrès d'artistes furent organisés par les autorités dans les différents Länder. Les officiers culturels soviétiques, convaincus de la force sociale de la culture, furent chargés de délimiter le territoire artistique et de préciser la doctrine esthétique qui, progressivement, allait représenter la seule norme acceptée: le réalisme socialiste.[4]

L'année 1948 va marquer un tournant dans la politique culturelle de la zone soviétique. Le début de la guerre froide en 1947 et le blocus de Berlin creusent le fossé entre les deux blocs. Les pressions sur le monde artistique et culturel s'accentuent. Jusque là, le SED, par simple souci tactique, avait favorisé l'émergence de groupes d'artistes non inféodés à des organisations de masse et qui accompagnaient, en partie, la volonté politique officielle. Le 24 novembre 1948 Dymschitz publie dans la *Tägliche Rundschau* un article

---

L. Dymschitz (1910-1975), chef du service culturel de la SMAD, était également rédacteur à la *Tägliche Rundschau*, organe de la SMAD.

3 «Und so spreche ich dieser Ausstellung folgende Wünsche aus: 1. Schafft eine Kunst, die die Seele eines befreiten Volkes widerspiegelt. 2. Schafft eine Kunst, die dem deutschen Volke die Selbstachtung und die Achtung anderer Völker wiedergibt. 3. Schafft eine Kunst, die tief im Volke wurzelt, die das Volk begeistert, und die es mit allen Völkern verbindet.» Catalogue de la *Allgemeine Deutsche Kunstausstellung*, Dresde 1946, sans pagination.

4 *Neues Deutschland* du 1.11.1946 reprend les propos du colonel Tulpanow lors du Congrès des artistes de Saxe: «Die Kunst habe die Aufgabe, die Gefühle und Bestrebungen des Volkes zum Ausdruck zu bringen, denn der Künstler sei dem Volke Diener und Führer zugleich, sie habe auch eine erzieherische Aufgabe und diene dem ganzen Volke.»

«Über die formalistische Richtung in der deutschen Malerei» qui marque le point de départ d'une campagne systématique contre l'art moderne. Le 25 et le 26 novembre a lieu à Bitterfeld la première réunion du FDGB «Kultur und Arbeit – der Kunstschaffende im Betrieb». Fin 1948 se développe donc une politique offensive qui précède immédiatement la mise en place d'un dispositif d'intégration et de contrôle des activités artistiques contraignant.

La méfiance des fonctionnaires culturels envers les plasticiens est grande et va s'exprimer de manière brutale: le Prix national, institué en mars 1949 et attribué pour la première fois en août de la même année, ne récompense aucun artiste plasticien. De même, lors de la deuxième *Kunstausstellung* de Dresde en 1949, manifestation emblématique, seul un prix de troisième catégorie est attribué. En novembre de la même année la parution de *bildende kunst*, revue consacrée aux Beaux-Arts, est suspendue.

Le réalisme critique et l'engagement social n'étaient pas étrangers à tout un courant de la peinture allemande (Otto Dix, Hans et Lea Grundig, Oskar Nerlinger, Otto Nagel, Curt Querner, Conrad Felixmüller, Käthe Kollwitz). Ce réalisme critique qui dans l'immédiat après-guerre montre la souffrance des populations civiles meurtries par les bombardements et les déplacements de population, la pénibilité du travail ouvrier, la condition des femmes est bientôt proscrit, non pour des raisons esthétiques, mais parce que dans le contexte de la création prochaine d'un Etat allemand, toutes les forces doivent être mobilisées contre ‹l'impérialisme occidental› et s'aligner sur la politique de l'URSS. Au nom de cette conception idéologique aucune déviation, assimilée à une tentative d'influence perverse venant de l'Ouest, ne peut être tolérée. Dans la lutte idéologique contre l'occident, l'art informel, tellement éloigné des prescriptions du réalisme socialiste et donc dénué aux yeux du régime de toute légitimité, permet de mener une offensive contre toute forme de déviation esthétique et idéologique.

Le 12 janvier 1949, un décret ordonne que toutes les associations culturelles soient intégrées dans les organisations de masse (soit dans le *Schutzverband bildender Künstler* ou bien dans le FDGB). C'en est donc fini de l'autonomie des artistes, amateurs ou professionnels, soumis désormais au contrôle étroit du pouvoir politique. Le réalisme socialiste étouffe de son omniprésence hégémonique toute tentative originale, la ligne politique du SED dicte aux artistes leurs thèmes. Cette peinture de commande qui n'a qu'une valeur illustrative est soumise aux impératifs dictés par la théorie du réalisme socialiste, et culmine dans la doctrine imposée dix ans plus tard par Walter Ulbricht du «Bitterfelder Weg».

Parallèlement, un système de répression se met en place: le MfS (Ministerium für Staatssicherheit, plus connu sous le nom de Stasi) est créé en 1950 et surveille aussi la scène artistique.

La scène culturelle de la métropole saxonne

Dès le début de l'existence de la RDA toute une culture que l'on qualifierait maintenant d'alternative réussit à se maintenir à Dresde dans des espaces privés et des niches institutionnelles. Dresde, qui jusqu'en 1918 avait été la résidence des rois de Saxe, grands collectionneurs d'art depuis la Renaissance, était depuis le début du XXe siècle un des foyers les plus actifs de création artistique et rayonnait dans tout l'espace germanophone. C'est sur la puissance de cette tradition que s'appuyaient des institutions prestigieuses comme la Hochschule für bildende Künste,[5] mais aussi un ensemble de musées de réputation internationale et de galeries renommées. Dresde est aussi une ville de forte tradition musicale: la Sächsische Staatskapelle a été créée en 1548, la Dresdner Philarmonie en 1870. Ville princière devenue aussi une métropole industrielle, elle pouvait s'enorgueillir d'un public cultivé, fréquentant assidûment aussi bien l'opéra de Semper que les nombreux musées, les théâtres, les salles de concert. Ce public d'amateurs et de collectionneurs a sans doute joué un rôle essentiel dans le maintien d'une tradition d'éclectisme, au sens positif du terme.

C'est dans cette ville qu'Hermann Glöckner voit le jour en 1889. Il commence à peindre en 1911, après avoir tenté deux fois d'être admis à l'Académie des Beaux-Arts de sa ville natale. C'est la même année que se constitue à Dresde l'un des deux groupes majeurs de l'expressionnisme allemand, *Die Brücke*. Glöckner est pourtant dans ses œuvres d'avant-guerre encore assez proche du néo-impressionnisme. Même si *Die Brücke* connaît une existence éphémère (le groupe se dissout dès 1913), le groupe reste aussi intimement associé à Dresde que le *Blaue Reiter* peut l'être à Munich. A la même époque, la cité-jardin d'Hellerau et son centre culturel attirent une élite artistique qui vient de toute l'Europe et entend s'émanciper d'un art académique

5 Etudier à la Hochschule présentait du temps de la RDA, même pour des artistes peu enclins à suivre les préceptes officiels, un certain nombre d'avantages non négligeables. Chaque diplômé se voyait attribuer, à la fin de ses études, la possibilité d'exercer son activité par l'octroi d'un atelier qu'il pouvait garder, même s'il était exclu du Verband Bildender Künstler qui était l'association des artistes plasticiens de RDA. Cette mesure visait bien sûr à discipliner les artistes, à garder un moyen de pression, voire de chantage, elle permettait aussi une surveillance plus facile. Peut-être est-il envisageable, ici, de reprendre l'expression qui en son temps fit tant de bruit de ‹dictature commode› que Günter Grass employa pour qualifier la RDA par rapport à d'autres Etats dont la politique culturelle répressive fut beaucoup plus violente.

stérile et pesant. Les galeries d'art se multiplient à Dresde, attirant un public international de collectionneurs.

Après la Première Guerre mondiale, des peintres comme Conrad Felixmüller, Hans Hartung, Otto Dix et Oskar Kokoschka perpétuent la tradition novatrice de Dresde et anticipent déjà, pour certains d'entre eux, ce qui deviendra l'abstraction: la série d'aquarelles abstraites de Hartung qui date des années 1922-1923 est une anticipation du tachisme, Kokoschka développe à Dresde à la même époque le geste pictural libre, comme auparavant Kirchner. Le coup de pinceau libre, le dessin à main levée, le nu-minute, dans le fond c'est le but de la peinture gestuelle.[6]

Les premiers travaux abstraits de Glöckner (qui a suivi une formation de dessinateur de motifs textiles à la Kunstgewerbeschule de Dresde) datent du début des années vingt et sa notoriété dépasse vite le cadre de sa ville natale. En 1929, il adhère au *Deutscher Künstlerbund*, forum de l'avant-garde allemande créé en 1903, et expose dans toute l'Allemagne. Interdit d'exposer par les nazis, Glöckner survit grâce à des activités de décorateur dans le bâtiment qu'il doit reprendre au début des années cinquante lorsque le durcissement idéologique eut réussi à mettre fin à toute expérimentation artistique en RDA.

Glöckner est sans doute le peintre de Dresde qui dès les années trente va le plus loin dans l'expérimentation formelle: papier déchiré, emploi de matériaux de récupération, techniques de collage, de pliage et de frottage. Dès les années trente, il rompt définitivement avec la figuration et trouve son inspiration dans les travaux des constructivistes russes dont les œuvres furent révélées au public allemand dès 1922 lors d'une exposition fameuse: la «Première exposition d'art russe» à la galerie van Diemen à Berlin. C'est bien du côté des avant-gardes russes qu'il faut chercher les sources d'inspiration du jeune Glöckner. Ces avant-gardes entretiennent des liens étroits avec les avant-gardes allemandes de la République de Weimar: El Lissitzky enseigne un temps au Bauhaus, collabore à la revue *Merz* de Kurt Schwitters et se rallie au mouvement De Stilj de Mondrian. Glöckner, même en restant à l'écart de tout mouvement structuré, s'inscrit bien dans la tradition des avant-gardes européennes de l'entre-deux-guerres. Ironie de l'histoire, le constructivisme russe et tous les mouvements d'avant-garde sont condamnés par Staline dès le début des années trente.

Dès les années vingt, Glöckner se place donc dans le champ des expérimentations constructivistes qui se diffusent en Allemagne par le biais du Bauhaus et poursuit des recherches formelles qui vont progressivement l'éloi-

6 Voir à ce sujet Sigrid HOFER (éd.), *Gegenwelten. Informelle Malerei in der DDR*, Francfort/Main 2006, p. 41.

gner de la figuration. Là encore, le contexte de Dresde joue un rôle primordial: la plupart des peintres néo-expressionnistes de Dresde qui avaient été à l'initiative de la Dresdner Sezession en janvier 1919 adhèrent, dès sa fondation, à la nouvelle Dresdner Sezession de 1932.

Cette proximité des expressionnistes de Dresde a contribué à éloigner Glöckner de la figuration: la vigueur de la touche expressionniste va l'amener à privilégier le mouvement, le coup de pinceau, le geste pictural.

Hermann Glöckner continue, après 1945, dans la voie dans laquelle il s'était engagé dès les années vingt, le constructivisme et aussi une abstraction très proche de l'art informel, dans son acception des années cinquante. Il s'inscrit donc dans une tradition européenne que l'on peut faire débuter avec d'une part le constructivisme russe de Tatline et l'art abstrait du tout jeune Hans Hartung d'autre part, et sa recherche vit de cette tension entre deux expressions esthétiques qui relèvent certes toutes deux de l'art non-figuratif, mais sont profondément différentes, si ce n'est opposées. Il fait partie en 1945 des membres fondateurs du groupe «Der Ruf» qui expose dès 1945 à Dresde. Le groupe avait pour ambition de concilier création artistique et engagement pour le socialisme. Il se dissout en 1948.

Le climat de l'immédiat après-guerre permettait encore une expression libre, car les autorités de la zone d'occupation soviétique et l'administration militaire, tout en préparant la mise sous tutelle des artistes, souhaitaient néanmoins préserver les chances de réunification de l'Allemagne en affichant un consensus de façade qui donnait une image biaisée de la création artistique dans l'ensemble de l'Allemagne. Glöckner participe donc à la première exposition de peinture de Dresde en 1946 suscitée par l'administration militaire soviétique et qui correspondait plus à des objectifs politiques qu'esthétiques. Sa participation en 1949 au «jury préliminaire» de l'exposition générale de Dresde n'avait sans doute qu'une fonction d'alibi. Il est néanmoins encore représenté à cette exposition avec quatre toiles.

La persistance d'une culture bourgeoise à Dresde (peut-être plus que dans toute autre grande ville de RDA) a sans doute grandement facilité le maintien d'une culture d'avant-garde, voire d'une contre-culture. Si ce sujet n'a fait l'objet que de quelques études ponctuelles, il s'est surtout révélé au grand public par l'intermédiaire du roman de Uwe Tellkamp, *Der Turm*, vaste kaléidoscope d'un milieu que l'on aurait pu croire disparu dans la société socialiste, celui du *Bildungsbürgertum* qui survit en marge de la société socialiste: communauté de scientifiques, d'universitaires, d'ingénieurs et de médecins qui restent fidèles à une certaine conception de la culture.[7]

7 Richard Hoffmann, chirurgien, reçoit pour son anniversaire une aquarelle de Curt Querner (Uwe TELLKAMP, *Der Turm*, Francfort/Main 2008, p. 52).

Cette persistance peut s'expliquer à la fois par le passé de la ville, comme nous l'avons vu plus haut, mais aussi par une volonté politique, qui dans l'immédiat après-guerre conduit les nouvelles autorités à chercher le soutien des anciennes élites intellectuelles tout en les privant de leur pouvoir économique et politique. Ces anciennes élites n'étaient pas seulement nécessaires pour assurer le bon fonctionnement des institutions scientifiques et universitaires, elles furent, jusqu'en 1949 tout du moins, courtisées par un pouvoir qui cherchait à asseoir son autorité sur un consensus, même si celui-ci était illusoire: la nouvelle Allemagne démocratique se veut être la gardienne du patrimoine culturel, que ce soit le patrimoine littéraire du classicisme ou celui des Beaux-Arts. Si la politique culturelle officielle réussit à imposer dans les arts plastiques une palette de thèmes nouveaux (l'activiste, le héros du travail), elle est au niveau de la doctrine esthétique profondément conservatrice: l'imitation des maîtres anciens de la peinture allemande de Dürer à Menzel, mais aussi le rejet de toutes les tendances de l'art moderne depuis le début du XXe siècle, et en particulier de l'expressionnisme en constituent un fondement compatible avec le réalisme socialiste. Dans ce contexte particulier un compromis peut être passé avec cette ancienne bourgeoisie.

Cette intégration partielle et contrôlée peut se faire par le biais de la culture, culture classique (qui inclut littérature, peinture et musique) préservée comme un patrimoine commun à tous les Allemands. Il n'y a certes pas de place pour une culture d'avant-garde, mais c'est justement ce milieu bourgeois, qui n'est pas seulement dépositaire d'une culture patrimoniale figée, mais à Dresde, plus que dans d'autres grandes villes allemandes,[8] est aussi ouvert à toutes formes de création contemporaine, qui va réussir à préserver des espaces de liberté utilisés non seulement, comme l'auraient souhaité les autorités culturelles, pour préserver un héritage, mais aussi pour promouvoir, avec certes de nombreuses difficultés, des espaces de création. Le rôle de ces élites bourgeoises a peut-être été sous-estimé par les fonctionnaires culturels de la RDA. Elles ont permis à un certain nombre d'artistes de ‹survivre› dans un système qui leur était fondamentalement hostile, au prix certes de compromis ou de renoncements. La biographie de Glöckner est particulièrement éloquente: âgé de 60 ans lors de la proclamation de la RDA, il peut vite se prévaloir du statut de retraité. Prudent (il a déjà été interdit d'expositions à partir de 1937), il continue à travailler avec sa femme comme décorateur de façades, ce qui lui assure une source de revenus réguliers. Glöckner est un novateur, un expérimentateur qui ne recherche pas la

8 On retrouve en partie aussi ce schéma à Leipzig, mais pas à Berlin. La situation particulière de Berlin, capitale de la RDA, mais aussi ville divisée, conduit à une polarisation forte entre l'Est et l'Ouest.

notoriété et à qui l'expérience a appris que l'innovation artistique ne peut se faire qu'en dehors de tout cadre idéologique. Il crée dans la solitude de son atelier, hors des contraintes idéologiques, proclamant par là l'autonomie de l'art. Wilhelm Müller (1928-1999) qui étudiera un an chez Glöckner (en 1964) était, lui, dentiste. Le fait d'exercer une activité professionnelle, outre la sécurité matérielle qu'elle apporte, relègue l'artiste dans le domaine de l'amateurisme, moins suspect d'exercer une influence contestataire, elle le délégitime en quelque sorte. Ces contraintes ne peuvent être acceptées par tous les créateurs, et bien sûr pas par ceux qui ne veulent vivre que de leur création: Gerhard Richter qui a étudié à Dresde quitte la RDA en 1961, bien d'autres l'ont précédé. Rester à Dresde implique de renoncer à exposer (ce sera le cas d'autres grandes figures de l'art abstrait de RDA, Carlfriedrich Claus et Gerhard Altenbourg) ou bien d'être dépendant de décisions politiques.

Même si ces élites bourgeoises ont progressivement disparu pendant les quarante ans d'existence de la RDA, elles ont réussi à maintenir des formes de sociabilité qui ont permis d'inclure les avant-gardes artistiques, par le biais de lectures, conférences, expositions qui avaient lieu dans le cadre d'invitations privées. La disparition progressive de ces élites bourgeoises a été en partie, à Dresde, compensée par l'arrivée de scientifiques de haut niveau:[9] on pense en particulier au baron Manfred von Ardenne, inventeur prolixe qui dirigeait à Dresde le seul institut de recherche scientifique privé de tout le bloc soviétique.

Dans toute la RDA, les intellectuels (ce qu'on appelait die Intelligenz) se retrouvaient dans des clubs créés pour eux et qui dépendaient du Kulturbund der DDR: à Dresde comme dans les autres villes de RDA existait aussi un Klub der Intelligenz.

Dans cette ville exista aussi entre 1957 et 1972 un «Dresdner Klub» autonome dont la création est sans doute due à une initiative de Manfred von Ardenne. Ce club offrait à des membres choisis pour leurs qualités personnelles un cadre que l'on ne trouvait habituellement pas en RDA: situé dans un château ayant appartenu à un industriel, il offrait à un nombre limité de membres cooptés aussi bien le confort et la discrétion d'un club anglais que les manifestations d'un centre culturel: concerts, conférences scientifiques et

9 Le Zentralinstitut für Kernforschung der Akademie der Wissenschaften der DDR situé à Rossendorf près de Dresde organisa ainsi dans les années 50 plusieurs expositions auxquelles des peintres abstraits (dont Glöckner) purent participer. Voir à ce sujet Paul KAISER, «Ordnungsstörende Entfaltungszonen. Fallstudien zu Auftragskunst und Kunstförderung in wissenschaftlichen Institutionen in der DDR», *in:* Paul KAISER, Karl-Siegbert REHBERG (éds.), *Enge und Vielfalt. Auftragskunst und Kunstförderung in der DDR*, Hamburg 1999, pp. 159-172.

culturelles, débats. Cette institution, unique en son genre, est un exemple de cette particularité de la scène culturelle de Dresde: elle s'adresse à une élite, scientifique et culturelle, elle est – malgré le contrôle du SED – un espace de rencontres et de discussion. Le SED mit fin de manière autoritaire à cette expérience en 1972 en obligeant le club à fusionner avec le Kulturbund.

Le Kulturbund lui-même n'était pas une organisation monolithique. Organisé en sections, il permettait de perpétuer une tradition associative très vivace en Allemagne. D'autres organisations suprarégionales étaient aussi représentées à Dresde: la Goethe-Gesellschaft et surtout la Pirckheimer-Gesellschaft qui se consacrait à la bibliophilie et aux arts graphiques. N'avaient pas non plus disparu les cercles informels où se retrouvaient selon leurs affinités des membres de cette bourgeoisie cultivée. On peut citer le Lewek-Hauskreis, le Bischofshauskreis, le Mathildenkreis.[10]

Les arts graphiques ont en Allemagne traditionnellement une importance particulière. Depuis l'invention de l'imprimerie par Gutenberg, les plus grands artistes allemands (l'un des premiers fut Dürer) ont attaché la plus grande importance à l'art de la gravure. Moyen de diffusion efficace, la gravure, par son coût relativement modeste, pouvait attirer des collectionneurs de tous milieux. Cette tradition était particulièrement développée à Dresde qui pouvait s'enorgueillir de posséder un des plus prestigieux établissements de formation dans ce domaine: la Hochschule für Buchkunst und Graphik dont Glöckner fut l'élève.

Cette tradition de l'art graphique s'est maintenue en RDA et a permis à de nombreux artistes de faire connaître leur œuvre et aussi de tirer quelque source de revenus de la vente de ces gravures. Ces ventes échappaient en grande partie aux circuits officiels, car la loi autorisait les tirages privés de moins de 100 exemplaires. Ces œuvres étaient donc vendues soit directement par l'artiste, soit dans le cadre de réunions privées ou bien à partir de 1981 à Dresde dans le cadre d'une foire annuelle organisée par la Pirckheimer-Gesellschaft. On ne soulignera jamais assez l'importance que cet espace de liberté a pu représenter pour les créateurs, les collectionneurs, et même dans une moindre mesure pour les conservateurs de musée. Chaque artiste avait le droit de tirer 99 exemplaires d'une œuvre originale, et tous les citoyens avaient la possibilité de les acquérir.

Les musées ont donc eux aussi apporté un soutien discret aux artistes abstraits. Il était hors de question que le musée des Beaux-Arts (la prestigieuse Galerie Neue Meister) acquière des œuvres abstraites, mais le Kupferstich-Kabinett (section des arts graphiques) a réussi à constituer jusqu'en 1989

10 Voir à ce sujet HOFER (éd.), *Gegenwelten* (note 6), p. 31.

une collection solide d'œuvres graphiques abstraites.[11] Ceci tient tout autant à la structure de cette institution qu'à la personnalité de son directeur, Werner Schmidt qui dirigea le Kupferstichkabinett de 1958 à 1990. Un cabinet d'estampes ou d'œuvres graphiques ne peut exposer l'ensemble de ses collections. L'accès en est aussi moins aisé que dans un musée des Beaux-Arts: la fragilité des œuvres sur papier interdit une présentation permanente, la salle de lecture n'est accessible que sur rendez-vous. C'est donc un lieu relativement protégé des regards indiscrets de la Stasi, fréquenté par un public d'initiés, artistes, amateurs, collectionneurs.

Werner Schmidt a réussi à constituer cette collection en ayant recours à des trésors de ruses et d'imagination: dons d'artistes, legs, donations. Les œuvres d'artistes étrangers provenaient souvent de dons personnels de ces artistes et étaient ramenées clandestinement par le directeur lors de ses déplacements à l'étranger. Les collections du Kupferstichkabinett étaient donc un lieu d'information privilégié pour les créateurs qui pouvaient connaître directement la création contemporaine étrangère: en cela, le Kupferschtichkabinett ne faisait que remplir l'une des missions traditionnelles dévolues au musée.

La scène culturelle de Dresde se caractérisait aussi par une autre particularité: la galerie Kunstausstellung Kühl, créée en 1924, fut longtemps la seule galerie privée de toute la RDA (les quelques autres qui subsistaient en 1945 furent progressivement contraintes de fermer). On peut s'interroger sur ce choix des autorités: la galerie gardera toujours la possibilité d'exposer les artistes les plus novateurs, en contradiction avec les préconisations officielles, tout en ayant à subir les contrôles et la surveillance incessants de la Stasi. Il faut se garder de voir dans le maintien de la galerie Kühl un signe de libéralisme et d'ouverture mais bien une possibilité, comme en attestent les documents des archives de la Stasi,[12] de pouvoir contrôler plus facilement des activités considérées comme criminelles. Depuis la mort de son fondateur, Heinrich Kühl, la galerie était dirigée par son fils Johannes, lui-même peintre et qui avait réussi à se faire un nom à Dresde comme peintre abstrait. Glöckner expose chez Kühl dès 1927, puis en 1930 (avec Käthe Kollwitz et Karl Schmidt-Rottluff), en 1947 (avec Ernst Wilhelm Nay et Karl Otto Götz), en 1951 et ensuite seulement en 1966.

11 D'après Werner Schmidt, ancien directeur du Kupferstichkabinett, elle comprend entre autres 324 œuvres de Carlfriedrich Claus, 571 de Hermann Glöckner, 88 de Wilhelm Müller. Les informels ouest-allemands sont aussi représentés: 30 œuvres d'Emil Schumacher, 60 de Günter Uecker.

12 On peut se reporter pour plus de détails à HOFER, *Gegenwelten* (note 6), p. 75.

La galerie Kühl a joué dès sa fondation un rôle prépondérant dans la diffusion de l'art contemporain. Dès 1924, Glöckner peut y découvrir Mondrian, El Lissitzky. Hartung y expose lui-même pour la première fois en 1931. On ne sait si Glöckner connaissait personnellement Hartung, mais il ne pouvait ignorer son œuvre au début des années trente.

En 1947, la galerie Kühl organise une exposition qui réunit Hermann Glöckner, Karl Otto Götz et Ernst Wilhelm Nay, deux des principaux protagonistes de l'art informel en Allemagne de l'Ouest. Götz avait fait plusieurs séjours à Dresde dans les années trente. Interdit de peinture par le IIIe Reich, il avait continué de travailler en secret. Il connaissait bien le milieu artistique de Dresde, en particulier l'artiste constructiviste Edmund Kesting, un des créateurs du groupe *Der Ruf* qui tombera en disgrâce au début des années cinquante (il ne pourra exposer à nouveau qu'en 1959, toujours à la galerie Kühl).

Parmi les passeurs entre artistes et société civile, il faut rendre hommage à Ursula Baring, qui, dans la salle de gymnastique qu'elle dirigeait, organisait des expositions, et ce depuis 1948. Will Grohmann, ‹pape et doyen des critiques d'art›,[13] inaugura en personne ce lieu d'exposition. Lorsque la discussion sur le formalisme débute, Ursula Baring décide d'organiser des expositions privées pour faire connaître un art dont elle sentait qu'il risquait de connaître le même destin que l'art dégénéré. Les expositions, qui furent de plus en plus fréquentes au début des années 60, n'étaient pas accompagnées de débats, pour éviter toute provocation. Pourtant en 1963, Ursula Baring fut, sous la pression de la Stasi, contrainte de renoncer à ces expositions privées.

La présence d'une école des Beaux-Arts prestigieuse, d'un public cultivé attentif qui a su maintenir une forte cohésion, de collectionneurs, de «passeurs» entre artistes et public, de lieux de rencontre plus ou moins tolérés, en un mot la persistance d'une société civile en marge des institutions officielles explique ce foisonnement culturel.

Malgré une omniprésence policière et une répression qu'il ne faut pas sous-estimer et qui conduit les artistes les plus exposés à l'exil, Dresde se caractérise par un paysage culturel foisonnant, ce qui permettra dans les années soixante-dix l'émergence d'une contre-culture originale qui pourra s'appuyer sur la tradition créative de la ville. C'est dans ce contexte que l'art informel va, sans que l'on puisse parler d'une ‹école› à proprement parler, s'exprimer hors des circuits officiels.

13 L'historien de l'art Will Grohmann avait quitté Dresde dès 1947, mais maintint des contacts étroits avec les artistes qu'il avait connus (Carlfriedrich Claus et Hermann Glöckner en particulier). C'est sans doute Grohmann qui a fait connaître à Claus l'œuvre de Pollock avant que celle-ci ne soit vraiment connue en Europe.

L'informel dans les relations avec les deux Etats allemands

L'art abstrait règne incontestablement sur la scène artistique aux Etats-Unis et en Europe des années cinquante. Le mot d'ordre de la seconde documenta à Kassel en 1959 ne sera-t-il pas «L'abstraction, langage universel»? On a vu que cette forme d'art ne pouvait s'épanouir que très difficilement dans le contexte idéologique de la RDA. Elle était marquée d'un double sceau d'infamie, ‹formaliste› à deux titres: par son refus du réalisme socialiste et par sa soi-disant inféodation au capitalisme et à l'impérialisme. Ces constructions idéologiques auraient pu signifier son arrêt de mort, mais les circonstances particulières au milieu artistique de Dresde, la persistance d'une société civile ouverte ont permis à cet art de s'exprimer, même si ce fut dans un cadre restreint et au prix de privations extrêmes de la part d'artistes à qui on déniait toute reconnaissance. En choisissant délibérément une autre voie, en s'isolant des forces sociales ‹progressistes›, mais en ayant le soutien discret d'une petite élite cultivée, ces artistes savaient sans doute qu'ils posaient aussi des jalons pour l'avenir, qu'ils préparaient le retour vers la modernité.

Les années cinquante sont les plus difficiles. La lutte idéologique atteint son apogée. Le réalisme socialiste a certes partout été imposé aux créateurs et aux académies des Beaux-Arts, mais un nouveau front s'ouvre avec les documenta de Kassel et la confrontation directe avec l'art occidental entre dans une nouvelle phase. En proclamant l'universalité de l'art abstrait, les deux initiateurs de la documenta Will Grohmann et Arnold Bode provoquent la RDA qui mobilise ses idéologues, ses revues, ses journalistes pour lancer une contre-offensive violente contre l'art abstrait, accusé d'être à la solde des grands monopoles capitalistes.[14] Jusqu'à la fin des années cinquante, on note une absence quasi générale d'expositions individuelles d'artistes abstraits, même à la galerie Kühl. On retrouve certes les noms d'artistes abs-

14 Walter Hänel publiera au début des années soixante un petit ouvrage qui résume bien tous les griefs que les fonctionnaires culturels font à l'art abstrait, *Maler, Mäzene, Monopole*. «Comme dans tous les domaines de la politique, les milieux dominants de l'Etat de Bonn ne peuvent pas faire le moindre pas sans avoir à tenir compte de l'existence de la RDA. L'art du réalisme socialiste en RDA, étroitement uni à celui de l'Union soviétique et des autres pays socialistes, est la seule véritable alternative nationale à l'art dégénérescent d'Allemagne de l'Ouest. Il représente les meilleures traditions humanistes et démocratiques de l'art allemand, il est imprégné d'une réelle force d'innovation artistique et en même temps profondément enraciné dans le peuple et prend résolument parti pour le progrès social», *in:* Walter HÄNEL, *Maler, Mäzene, Monopole,* Berlin 1967, pp. 177-178.

traits, mais soit uniquement dans des expositions de groupe, soit dans des musées de villes d'importance très secondaire, soit pour Hans Christoph, par exemple, dans des expositions à visée idéologique qui permettent à des artistes accusés de ‹formalisme› d'exposer et en quelque sorte de servir de caution libérale au régime. L'œuvre d'après-guerre de Hans Christoph est influencée par Picasso, ce qui met les autorités culturelles en porte-à-faux: si la peinture de Picasso est condamnée comme formaliste, les prises de position idéologiques du peintre, membre du PCF depuis 1944, membre du Conseil mondial de la paix, ne peuvent être ignorées par le pouvoir en place à Berlin-Est et c'est sans doute ce qui explique la participation de Hans Christoph à l'exposition de Berlin en 1951: «Künstler schaffen für den Frieden», exposition censée avoir une résonance internationale. Toujours soucieuse de son image de marque à l'étranger, la RDA, tout en réprimant à l'intérieur toutes les expressions artistiques considérées comme non-conformes, permettait, par simple souci tactique, à quelques artistes abstraits de participer à des manifestations à résonance internationale.

Contrairement à ce qui est souvent affirmé, les artistes est-allemands ne sont donc pas totalement isolés et coupés des grandes évolutions artistiques. Jusqu'en 1961, il est encore possible de se rendre à l'Ouest. De même des artistes ouest-allemands, surtout ceux qui entretenaient des contacts avec les académies des Beaux-Arts de Dresde ou de Leipzig, pouvaient-ils aussi exposer à l'Est, bien que la RDA ne fît plus partie des circuits d'échanges artistiques.

On sait qu'Hermann Glöckner a participé dans les années cinquante à des expositions du Deutscher Künstlerbund qui s'était reconstitué après la guerre. Il expose ainsi à Francfort en 1954, à Düsseldorf en 1956, à Berlin en 1957, à Baden-Baden en 1961. Helmut Schmidt-Kirstein, également peintre abstrait de Dresde, participe également en 1956 à l'exposition du Deutscher Künstlerbund à Düsseldorf, et la même année il prend aussi part à des expositions de groupe à Dresde (galerie Kühl), Halle (galerie Henning). En 1952, l'exposition de ses œuvres à Halle avait été fermée deux jours après le vernissage sous le prétexte de ‹formalisme›.

Les artistes ont encore dans les années cinquante la possibilité de se rendre à Kassel, opportunément située près de la frontière occidentale de la RDA. Hans Christoph, Helmut Schmidt-Kirstein, Wilhelm Müller et Hermann Glöckner auront ainsi l'occasion de se rendre à la documenta de 1955 et de 1959.

C'est surtout la seconde documenta, en 1959, dédiée à l'art européen et américain depuis 1945, affirmant d'emblée l'ancrage de la création dans l'abstraction, qui va peut-être avoir l'influence la plus profonde et la plus durable sur les peintres abstraits de Dresde en leur faisant découvrir en particulier l'œuvre de Jackson Pollock dont l'influence sur Hans Christoph est indéniable. Certes le peintre américain peut-être le plus célèbre des années cinquante, mort en 1956, leur était connu, mais seulement de manière indirecte, par des publications occidentales, principalement américaines, la presse ouest-allemande s'intéressant encore assez peu à Pollock. Ce sont surtout les Maisons de l'Amérique qui ont fait connaître son œuvre au public et aux artistes ouest-allemands avant les deux grandes expositions internationales «Jackson Pollock 1912-1956»[15] et «The New American Painting» qui firent étape toutes deux à Berlin en 1958. La dimension politique de ces expositions ne doit pas être sous-estimée. L'abstraction était bien la réponse que l'Occident voulait donner au réalisme socialiste par l'affirmation de la liberté individuelle face à un style imposé. Ces expositions furent en partie financées par la CIA et sont à ce titre partie intégrante de la diplomatie culturelle américaine.

L'œuvre de Pollock était à la fin des années cinquante connue, indirectement[16] et pour une partie d'entre eux sans doute aussi directement, par l'ensemble des artistes abstraits de RDA.

Nous nous sommes posés des limites, les années cinquante, car elles correspondent à la grande période de l'art abstrait qui dès le début des années soixante est submergé par la vague du Pop Art, et en Allemagne fédérale par Zero, Fluxus et l'éphémère réalisme capitaliste.[17] On peut constater un décalage entre la République fédérale et la RDA, les temporalités ne sont pas les mêmes. L'art abstrait va perdurer en RDA pendant les années soixante, dans un contexte nouveau; la construction du mur de Berlin prive les artistes d'une source d'informations et de contacts irremplaçable: Berlin-Ouest, ses musées, ses galeries, sa maison de l'Amérique sont dorénavant inaccessibles, le contact direct avec les œuvres et les créateurs, les échanges et les débats artistiques deviennent impossibles.

15 Le succès de l'exposition Pollock à Berlin fut tel qu'elle ferma ses portes une semaine plus tard que prévu.

16 La connaissance indirecte de l'art pose un certain nombre de questions: fidélité des reproductions (en particulier des couleurs), format, choix des œuvres. C'est un autre sujet.

17 Nom ironique donné par Gerhard Richter et Sigmar Polke, tous deux transfuges de la RDA, et par Konrad Lueg, à une forme d'art qui se développe dans les années soixante à Düsseldorf.

Conclusion

On peut donc affirmer que l'art abstrait a été en RDA, et à Dresde tout particulièrement tout à fait vivant, créatif et innovant et de très haute qualité. Plusieurs obstacles, inhérents à la nature répressive du régime, ont cependant empêché son épanouissement:

- Les conditions matérielles très restrictives de production (difficultés matérielles à se procurer toile, pinceaux, couleurs, absence de véritables ateliers) ont fait que cet art se cantonne souvent dans la production de petits formats, d'œuvres sur papier.
- Dans un système qui ne laisse que peu de place à l'initiative individuelle, l'artiste est dégradé au rôle de prestataire de service et le FDGB est le plus important donneur d'ordres. L'absence de marché privé, de galeries d'art oblige l'artiste à respecter les canons en vigueur ou à faire des compromis.
- Des organes de répression obligent les artistes à œuvrer dans la discrétion, voire l'isolement. Hans Jüchser, dont seule une partie de l'œuvre peut être qualifiée d'abstraite, n'a jamais montré son œuvre abstrait à l'un de ses amis les plus proches, le peintre abstrait Hans Christoph. Il resterait à étudier les conséquences esthétiques de ces stratégies (isolement, mais aussi production concomitante d'œuvres plus conventionnelles dont il faudra bien que l'histoire de l'art s'interroge sur le statut).
- La contrainte idéologique a banni l'abstraction de toutes les grandes expositions et des collections des musées jusque dans les années soixante-dix. La relative libéralisation culturelle qui se fait jour sous Honecker arrive trop tard pour un courant artistique qui était alors, au niveau international, dépassé.
- Enfin l'assimilation globale de l'art de RDA au réalisme socialiste (image qu'il a voulu donner de lui-même et qui a été reprise sans nuance à l'Ouest) a fait que cet art a été passé sous silence. La réunification de 1990 n'a pas vraiment fait progresser la connaissance dans ce domaine, les discussions se focalisant plus sur l'attitude des artistes face au régime que sur leur forme d'expression esthétique. L'art informel a bien existé en RDA, la question de sa reconnaissance, ainsi que plus généralement de la réévaluation de l'art est-allemand reste posée.[18]

18 Voir à ce sujet Patrice NEAU, «60 Jahre, 60 Werke. Une autocélébration de la République de Bonn», *in: Allemagne d'aujourd'hui* n° 189 (juillet-septembre 2009), pp. 302-312.

– L'absence de reconnaissance internationale de la RDA qui ne participe pas aux grandes expositions fait obligation aux artistes de passer par le «Staatlicher Kunsthandel» qui ne favorise guère l'art contemporain. Ces artistes n'ont pas accès aux circuits de diffusion des arts plastiques qui passent obligatoirement depuis les années cinquante par les galeries. Privés de ces intermédiaires en RDA parce que les galeries privées sont quasi inexistantes et par l'impossibilité d'exporter leurs œuvres, ils ont été les victimes directes de la guerre froide.

Malgré la répression, malgré une surveillance tatillonne de la Stasi, les artistes informels est-allemands ont contribué à ce que les arts plastiques de RDA ne soient pas réduits à une production officielle stérile et à un provincialisme folklorique. Ils ont permis l'émergence d'un art original et surtout permis aux jeunes artistes de confronter leur pratique non seulement à un art officiel, mais à de multiples sources et courants souterrains. Il a contribué, dans une situation sans doute plus difficile que dans d'autres pays du bloc socialiste, à faire vivre une scène culturelle menacée par le conformisme.

Ouvrages cités

Catalogue de la *Allgemeine Deutsche Kunstausstellung*, Dresde 1946 (sans éditeur mentionné).

GUILBAUT, Serge (1983), *Comment New York a volé l'idée de l'art moderne, expressionnisme abstrait, liberté et guerre froide*, Paris, Hachette.

HÄNEL, Walter (1967), *Maler, Mäzene, Monopole*, Berlin, Dietz Verlag.

HOFER, Sigrid, Ed. (2006), *Gegenwelten. Informelle Malerei in der DDR. Das Beispiel Dresden*, Francfort/Main, Stroemfeld/Roter Stern.

NEAU, Patrice (2009), «60 Jahre, 60 Werke. Une autocélébration de la République de Bonn», in: *Allemagne d'aujourd'hui*, n° 189 juillet-septembre 2009, 302-312.

TELLKAMP, Uwe (2008), *Der Turm,* Francfort/Main, Suhrkamp.

On pourra également consulter les ouvrages suivants:

ECKARDT, Frank / KAISER, Paul, Eds. (2009), *Ohne uns! Kunst & alternative Kultur in Dresden vor und nach '89*, Dresde, efau Verlag.

FEIST, Günter (1988), *Stationen eines Weges. Daten und Zitate zur Kunst und Kunstpolitik der DDR 1945 – 1988*, Berlin, Verlag Dirk NiSHEN.

GILLEN, Eckhart (2005), *Das Kunstkombinat DDR. Zäsuren einer gescheiterten Kunstpolitik*, Cologne, DuMont Literatur und Kunst Verlag.
KAISER, Paul (Hrsg.) (2003), *Abstraktion im Staatssozialismus. Feindsetzungen und Freiräume im Kunstsystem der DDR*, Weimar, Vdg-Verlag.
SCHIRMER, Gisela (2005), *DDR und documenta. Kunst im deutsch-deutschen Widerspruch*, Berlin, Reimer Verlag.

Résumé

Dès 1946 les autorités politiques de la future République démocratique allemande mettent en place un contrôle étroit de la vie culturelle et artistique. Les artistes plasticiens sont très rapidement contraints de se soumettre à une doctrine officielle, celle du réalisme socialiste.

L'expressionnisme, le constructivisme, le surréalisme, et aussi les avant-gardes artistiques de la République de Weimar sont condamnés et taxés *a posteriori* de «cosmopolitisme» et de «formalisme», les contacts avec les créateurs d'Europe occidentale et des Etats-Unis deviennent très rapidement suspects.

L'art informel qui domine la peinture dans le monde occidental est l'objet d'attaques incessantes de la part du SED et des organisations culturelles qui lui sont soumises. L'abstraction, hâtivement assimilée à l'expression d'une hégémonie culturelle américaine, est considérée comme une menace potentielle.

Pourtant des artistes refusent ce carcan idéologique et poursuivent dans la solitude de leur atelier des expérimentations formelles.

C'est à Dresde que va se cristalliser un foyer de création artistique qui suit sa propre voie. La figure centrale en est Hermann Glöckner (1889-1987), artiste constructiviste reconnu dans les années 20, mais qui ne pourra à nouveau exposer à Dresde qu'en 1969.

Cette contribution entend étudier les circonstances dans lesquelles la peinture abstraite a pu se développer à Dresde dans un contexte d'hostilité et de répression. On étudiera comment, malgré les restrictions imposées par le régime, un petit groupe d'artistes a pu, en marge des milieux officiels, maintenir la tradition de novation artistique de Dresde et explorer de nouvelles voies formelles. En faisant acte de résistance active à une esthétique stérile, ces artistes ont contribué à préparer le terrain à une contre-culture qui réussira progressivement, dans les années 70 à conquérir des espaces de liberté.

Zusammenfassung

Schon 1946 wird in der SBZ und späteren DDR ein engmaschiges Kontrollsystem des künstlerischen und kulturellen Lebens eingeführt. Die bildenden Künstler werden sehr schnell gezwungen, sich der allein gültigen Doktrin, dem sozialistischen Realismus, zu unterwerfen.

Expressionismus, Konstruktivismus, Surrealismus sowie auch die Avantgarde der Weimarer Republik werden pauschal verurteilt und *a posteriori* als «Kosmopolitismus» und «Formalismus» gebrandmarkt, Kontakte mit westlichen Künstlern werden sehr schnell verdächtig.

Das Informel, das in den fünfziger Jahren die westliche Kunst prägt, wird seitens der SED und der ihr untergeordneten kulturellen Organisationen scharf angegriffen und die Abstraktion, einem kulturellen Ausdruck der amerikanischen Hegemonie gleichgestellt, wird als potentielle Bedrohung empfunden.

Dennoch werden bildende Künstler diese Bevormundung ablehnen und in der Einsamkeit ihres Ateliers nach neuen experimentellen Formen suchen.

Dieser Beitrag untersucht die Umstände, unter denen die abstrakte Malerei sich in einem feindseligen und repressiven Umfeld entwickeln konnte. Trotz der Einschüchterungsmaßnahmen wird eine kleine Gruppe von Künstlern, abseits der offiziellen Institutionen, die Tradition der Dresdner Avantgarde hochhalten können und neue ästhetische Wege gehen. Indem diese Künstler einer sterilen Ästhetik Widerstand leisteten, trugen sie dazu bei, einer Gegenkultur den Weg zu ebnen, die in den 70er Jahren mühselig Freiräume erobern wird.

«Plus de Goethe, moins de Newton!» Les médecines alternatives comme opposition philosophique à la culture scientifique dominante dans les années 1880-1945

Anne QUINCHON-CAUDAL
PSL, UNIVERSITÉ Paris-Dauphine, CICLAS

«Médecine traditionnelle», «médecine populaire», «médecine holistique», «médecine biologique», «médecine douce», «thérapies complémentaires», «traitements naturels», «autres méthodes thérapeutiques». Les dénominations ne manquent pas pour désigner ce que l'on appellera ici la médecine «alternative» ou «naturelle» («Naturheilkunde»). Compte tenu de la variété de ses formes, cette médecine non-conventionnelle pose encore aujourd'hui aux historiens de la médecine de nombreux problèmes de définition.[1]

Toutefois, on retrouve toujours au cœur de cette diversité le postulat suivant: il est possible, voire même souhaitable, d'obtenir la guérison d'un patient sans avoir recours aux méthodes enseignées dans les écoles de médecine.[2] Les soignants prescrivent pour ce faire des régimes alimentaires (végétariens par exemple), ou s'en remettent au pouvoir de guérison de l'eau, des massages, des mouvements de gymnastique, de la sudation, du soleil et de l'air pur, voire même de la boue. Si cette médecine alternative entend se passer du corps médical, c'est qu'elle proclame que c'est la Nature, et elle seule, qui guérit. Le corps de chaque individu disposerait en effet d'un pouvoir immanent de guérison qu'il suffirait de stimuler (celui que Paracelse, au XVIe siècle, appelait le «médecin intérieur»). «Le dogme suprême de la médecine naturelle», déclarait l'écrivain Philo von Walde en 1889, «c'est qu'il

1 *Cf.* Wolfgang Uwe ECKART, Robert JÜTTE, *Medizingeschichte. Eine Einführung*, Köln 2007, chap. 4.7; Thomas FALTIN, *Heil und Heilung. Geschichte der Laienheilkundigen und Struktur antimodernischer Weltanschauungen im Kaiserreich und Weimarer Republik am Beispiel von Eugen Wenz (1856-1945)*, Stuttgart 2000, chap. C.4.

2 *Cf.* l'article «Naturheilkunde» dans le *Meyers Großes Konversations-Lexikon* de 1906; cité par Wolfgang R. KRABBE, *Gesellschaftsveränderung durch Lebensreform. Strukturmerkmale einer sozialreformerischen Bewegung in Deutschland der Industrialisierungsperiode*, Göttingen 1974, p. 79.

n'existe pas de médicament; il n'y a qu'une force de guérison interne à notre corps – et qui contrebalance tout ce qui pourrait perturber notre santé».[3] Dans cette optique, les médicaments de synthèse, et plus encore les vaccins, constitueraient de dangereux poisons venant perturber l'ordre naturel du corps humain. Et l'on rencontre ici le second axiome fondamental de la médecine non-conventionnelle: l'idée selon laquelle un homme en bonne santé est un homme dont l'âme, l'esprit et le corps sont en harmonie – une harmonie qui reflète celle du cosmos dans son ensemble.

Ce double postulat d'un pouvoir de guérison inhérent à la nature et de l'adéquation entre santé et équilibre des forces individuelles et cosmiques, fait de la médecine non-conventionnelle une alternative philosophique au discours scientifique dominant. Pénétrée de vitalisme, elle peut en effet dire avec Ludwig Klages que le vivant n'est jamais connaissable par l'analyse rationnelle, car celle-ci ne fait que le réifier, le «tuer».[4] Si l'on observe l'Allemagne des années 1880, on ne peut qu'être frappé par la vivacité de cette opposition. En effet, au moment même où la médecine universitaire évolue vers plus de professionnalisation et de scientificité, un violent désir de revenir à des pratiques ancestrales de guérison, et de redécouvrir le pouvoir de l'intuition, se fait jour. Si l'on en croit le porte-parole de cette génération, Julius Langbehn, la science «se croit toute-puissante», alors qu'elle est «stérile», «dépourvue d'esprit», et «irréligieuse»; et pourtant, dit-il, «on a soif de synthèse»; le peuple doit apprendre à «revenir à la nature» pour «se créer la médecine dont il a besoin» et «retrouver Dieu dans le Tout».[5] Ce phénomène de rejet fut d'une telle ampleur, et l'inquiétude des médecins et des autorités si manifeste, que nous pouvons reconnaître dans cet intérêt durable pour les médecines alternatives l'émergence d'une véritable contreculture.

La constitution de cette contreculture procède ici très nettement d'un mouvement de va-et-vient. En effet, si la médecine non-conventionnelle critiqua les méthodes et les résultats de la médecine empirique, et appela à une refonte de la formation des médecins, elle fit elle-même l'objet de critiques très similaires de la part de la médecine universitaire. Comme nous le verrons, l'une comme l'autre furent amenées à évoluer sous l'effet de ces attaques. Mais il n'en demeure pas moins que la contreculture médicale

3 Philo von WALDE (Johannes REINELT), *in: Der Naturarzt* 27 (1889), p. 29; cité par FALTIN, *Heil* (note 1), p. 334.

4 *Cf.* par exemple Ludwig KLAGES, «Bewusstsein und Leben» (1915) ou «Geist und Seele» (1917), *in: Sämtliche Werke, Philosophie III*, Bonn 1974.

5 Julius LANGBEHN, *Rembrandt als Erzieher. Von einem Deutschen*, Stuttgart 1936, chap. *Leitgedanken* (p. 45 et suiv.), *Synthese des Geistes* (p. 113) et *Heilkunde* (p. 152).

constitua une contreculture très déstabilisante pour la culture dominante, même si elle ne parvint jamais à s'imposer vraiment durant la soixantaine d'années qui nous intéressent.

Distinguons ici trois périodes. Des années 1880 au début du premier conflit mondial se manifesta «le désir puissant de toute une époque de se jeter à nouveau à corps perdu dans les bras de la Nature», comme le constatèrent avec inquiétude deux médecins.[6] Ce succès des thérapies alternatives, et les controverses qu'il provoqua, perdura ensuite durant les années 1920, mais sous une forme atténuée. Le phénomène le plus marquant fut sans doute la crise que traversa alors la médecine universitaire. Finalement, l'avènement du Troisième Reich offrit à la contreculture médicale la possibilité d'accéder, pour quelque temps, au statut de discours quasi dominant, si bien que l'on peut se demander si ce succès, même provisoire, fut le simple fruit de tristes compromissions politiques, ou s'il ne faut pas plutôt voir en lui le signe d'une proximité idéologique entre certaines médecines alternatives et les thèses nationales-socialistes.

L'émergence d'une contreculture médicale influente

Pour expliquer le succès dont jouirent les médecines alternatives vers 1880 en Allemagne, il faut rappeler rapidement que des pratiques médicales héritées de l'Antiquité connurent une renaissance importante vers le milieu du XIXe siècle sous l'impulsion de trois guérisseurs: Vinzenz Prießnitz, Johannes Schroth et Arnold Rikli.[7] Se référant implicitement à la théorie hippocratique des humeurs,[8] ces guérisseurs prétendaient évacuer la «matière ennemie» («materia peccans»), c'est-à-dire les humeurs vicieuses, grâce aux douches froides, aux régimes, et/ou à la transpiration. Curieusement, cette médecine, dont le succès fut immédiat, était contemporaine de grands progrès scientifiques, tels que l'avènement de la pathologie cellulaire vers 1850 grâce à la découverte des globules blancs par Rudolf Virchow, ou encore la fondation de la bactériologie par Robert Koch une vingtaine d'années plus tard.[9]

6 MUNTER, DANELIUS, «Naturheilkunde. Heilwissenschaft», *in: Neue Deutsche Rundschau (freie Bühne)* 9 [erstes und zweites Quartal] (1898), pp. 286-300.

7 *Ibid.*

8 *Cf.* Maurice TUBIANA, *Histoire de la pensée médicale. Les chemins d'Esculape*, Paris 1995.

9 *Ibid.*, chap. 4.

Le plus célèbre des naturopathes de la fin du XIXe siècle fut sans aucun doute le prêtre bavarois Sebastian Kneipp qui, après s'être guéri lui-même de la tuberculose en se baignant dans les eaux froides du Danube, développa une thérapeutique consistant essentiellement en des bains froids destinés à nettoyer le sang de ses impuretés tout en rétablissant une bonne circulation sanguine. Des patients issus de toutes les couches sociales, y compris de l'aristocratie, vinrent confier leurs maux à Kneipp, dont la grande empathie et le don de guérison furent rapidement bien connus. On peut dire de Kneipp qu'il fut l'incarnation même du prêtre-guérisseur qui résistait à la nouvelle mainmise sur les esprits du médecin moderne des grandes villes, le médecin-confident.[10] Sa première maison de cure, le Sebastianeum, fut inaugurée en 1891 à Wörishofen. Deux autres maisons ouvrirent en l'espace de cinq ans. Quant à ses ouvrages, ils devinrent des succès de librairie, avec un total de 2 millions d'exemplaires vendus en Allemagne et à l'étranger jusqu'en 1921.[11]

En cette même année 1891 qui vit la naissance du Sebastianeum, on comptait plus de 130 centres de thérapie naturelle en Allemagne.[12] Evoquons simplement deux des plus célèbres: le centre de régénération Jungborn («fontaine de Jouvence») d'Adolf Just, qui proposait des massages, des bains de lumière et d'air pur, des séances de gymnastique, mais aussi – ce qui était plus original – un contact très direct avec la terre (même la nuit!) pour en percevoir la force. La cuisson des aliments y était totalement prohibée, car, disait Just, «Eve elle-même ne faisait pas cuire le repas d'Adam».[13] Quant au sanatorium Weißer Hirsch du Dr. Heinrich Lahmann, près de Dresde, où les patients se soumettaient à un régime très strict à base de sels minéraux et où l'on pratiquait l'électrothérapie, il parvint à attirer, peu après 1900, plus de 3 000 personnes originaires du monde entier.[14]

Ces chiffres sont impressionnants, mais pour se rendre compte de l'ampleur du phénomène, il faut leur ajouter celui des adhésions aux associations de médecine douce. La Fédération allemande des associations d'hygiène et de thérapie non médicamenteuse (Deutscher Bund der Vereine

10 *Cf.* Janos FRECOT, «Die Lebensreformbewegung», *in:* Klaus VONDUNG (éd.), *Das wilhelminische Bildungsbürgertum. Zur Sozialgeschichte seiner Ideen*, Göttingen 1976, pp. 138-152.

11 *Cf.* KRABBE, *Gesellschaftsveränderung* (note 2), chap. 4.2.2.

12 *Cf.* Renate ULMER, «Naturheilkunde und Sanatorien», *in:* Kai BUCHHOLZ, Rita LATOCHA, Hilke PECKMANN, Klaus WOLBERT (éds.), *Die Lebensreform. Entwürfe zur Neugestaltung von Leben und Kunst um 1900*, Darmstadt 2001, pp. 519-520.

13 Adolf JUST, cité par MUNTER / DANELIUS, «Naturheilkunde» (note 6), p. 293.

14 *Cf.* KRABBE, *Gesellschaftsveränderung* (note 2), chap. 4.2.2.

für Gesundheitspflege und arzneilose Heilweise),[15] fondée en 1889, devint rapidement le plus important mouvement de critique de la médecine conventionnelle. A sa création, elle rassemblait 142 associations régionales, soit 19 000 membres. Elle atteignit son apogée en 1913, avec 885 associations pour un total de 148 000 membres.[16] Autre phénomène de masse: les publications présentant des thérapies alternatives. En 1903, on pouvait recenser 56 revues de médecine naturelle dans les pays de langue allemande[17] – la plus célèbre d'entre elles étant *Der Naturarzt (Le Médecin naturopathe)*,[18] la revue de la Fédération. Les ouvrages permettant aux patients de pratiquer l'auto-médication connaissaient également un grand succès, de même que les pièces et les témoignages de patients ayant bénéficié de guérisons «miraculeuses».[19]

Qui étaient ces Allemands sensibles aux discours des naturopathes? Les statistiques révèlent que la plupart de ces patients habitaient des villes de taille intermédiaire et étaient issus de la classe moyenne ou de la frange supérieure de la classe ouvrière (artisans, employés, enseignants, ouvriers responsables d'équipe, etc.). Cette origine sociale les distingue de la majorité des tenants de la «Lebensreform» – dont la médecine alternative est pourtant une manifestation essentielle – en ce que ces derniers étaient plutôt issus de la bourgeoisie cultivée. Sans doute faut-il voir dans le succès des médecines alternatives la manifestation d'un malaise, celui des classes moyennes des villes grandissantes, qui peinent à s'adapter aux bouleversements engendrés par la modernité. Confrontés à l'urbanisation et à l'industrialisation galopantes, qui engendrèrent une multiplication des cas de neurasthénie, de

15 La Fédération fut rebaptisée en 1910 Fédération allemande des associations de défense d'un mode de vie et de pratiques thérapeutiques conformes à la nature (médecine naturelle) (Deutscher Bund der Vereine für naturgemäße Lebens- und Heilweise (Naturheilkunde) e.V.).

16 *Cf.* Robert JÜTTE, «Naturheilkunde», *in:* BUCHHOLZ, *Die Lebensreform* (note 12), pp. 387-390.

17 *Cf.* Cornelia REGIN, «Zwischen Angriff und Abwehr. Die Naturheilbewegung als medizinkritische Öffentlichkeit im Deutschen Kaiserreich», *in:* Martin DINGES (éd.), *Medizinkritische Bewegungen im Deutschen Reich (ca.1870-ca.1933)* [Jahrbuch der Instituts für Geschichte der Medizin der Robert-Bosch-Stiftung, MedGG-Beihefte 9], Stuttgart 1996, pp. 39-58.

18 *Der Naturarzt. Zeitschrift des Deutschen Bundes der Vereine für Gesundheitspflege und für arzneilose Heilweise* (à partir de 1900: *Zeitschrift des Deutschen Bundes der Vereine für naturgemäße Lebens- und Heilweise*), 1872-1922? (tirage: 112 000 exemplaires en 1903).

19 *Cf.* Martin DINGES, «Medizinkritische Bewegungen zwischen ‹Lebenswelt› und ‹Wissenschaft›», *in:* DINGES, *Medizinkritische Bewegungen* (note 17), pp. 7-38.

tuberculose et de syphilis en particulier, de nombreux Allemands estimèrent – partiellement à raison – que la médecine universitaire était bien incapable de leur venir en aide, et que les médecins considéraient davantage leurs patients comme des cas d'école que comme des êtres souffrants.[20] Aussi les pratiques traditionnelles, les «remèdes de grand-mère» bien connus et donc rassurants, semblèrent-ils souvent plus à même de lutter contre les nouveaux maux.

La communauté médicale se sentit rapidement menacée par le succès croissant des médecines douces, par les «tours de passe-passe» d'un Kneipp[21] et la «contamination» généralisée des esprits,[22] par «la prétention qu'ont des personnes sans diplôme d'être capables de déterminer par elles-mêmes la nature des maladies et leur traitement».[23] Aussi les médecins s'appliquèrent-ils à faire preuve, à leur tour, de pédagogie en organisant des expositions et en publiant des ouvrages de vulgarisation, afin d'informer l'opinion des progrès de la science. Mais leur inquiétude transparaît également dans des publications destinées à un public plus restreint. En 1876 par exemple, le Professeur Theodor Jürgensen, de l'Université de Tübingen, publia dans une revue médicale un article dénonçant en particulier l'homéopathie et le magnétisme thérapeutique sous le titre: *La médecine scientifique et ses adversaires*.[24] Trente ans plus tard, la polémique est encore vive, comme l'illustre le fait qu'un étudiant de Heidelberg consacre sa thèse de droit à la charlatanerie. Il précise d'ailleurs avec angoisse dans son introduction qu'«en Allemagne, le danger de la charlatanerie moderne apparaît de manière de plus en plus évidente aux individus et à la communauté».[25] Une terminologie similaire apparaissait déjà dans le long article que les médecins Munter et Danelius avaient fait paraître dans la *Neue Deutsche Rundschau*. Loin d'être un simple écrit polémique contre les thérapies naturelles, cet article offrait éga-

20 *Cf.* Jens-Uwe TEICHLER, *«Der Charlatan strebt nicht nach Wahrheit, er verlangt nur nach Geld». Zur Auseinandersetzung zwischen naturwissenschaftlicher Medizin und Laienmedizin im deutschen Kaiserreich am Beispiel von Hypnotismus und Heilmagnetismus*, Stuttgart 2002, chap. 2.1.

21 Pr. von ZIEMSSEN, cité par JÜTTE, «Naturheilkunde» (note 16), p. 387.

22 *Cf.* REGIN, «Zwischen Angriff und Abwehr» (note 17).

23 *Blätter für Volksgesundheitspflege*, 1902, p. 3; cité par REGIN, «Zwischen Angriff und Abwehr» (note 17), p. 49.

24 Theodor JÜRGENSEN, «Die wissenschatliche Heilkunde und ihre Widersacher (Homöopathie; die Lehren Mesmer's und Rademacher's)», *in: Sammlung klinischer Vorträge: Innere Medicin* 37, pp. 879-916.

25 Henry GRAACK, *Kurpfuscherei und Kurpfuschereiverbot. Inaugural-Dissertation zur Erlangung der juristischen Doktorwürde der Hohen juristischen Fakultät der Ruprecht-Karls-Universität zu Heidelberg*, Jena 1906, p. V.

lement une étude approfondie de ce qui en fait la force et le succès. Selon les médecins, l'enjeu serait historique:

> Dans le futur, quand un historien de la culture portera un regard critique sur le XIXe siècle, il ne devra pas négliger un mouvement qui est né et s'est développé en Allemagne, et qui constitue progressivement un danger social. La médecine naturelle – un nom qui ne veut rien dire en lui-même – dresse la tête avec de plus en plus d'audace et, soutenue avec bienveillance par des personnes haut placées, elle réclame d'être reconnue par l'Etat au même titre que ce que l'on appelle la médecine universitaire.[26]

Ces écrits, comme beaucoup d'autres, témoignent du grand débat sur la charlatanerie («Kurpfuschertum») qui a secoué l'Allemagne au tournant du siècle.[27] Depuis 1869 en effet, la Confédération de l'Allemagne du Nord, puis le Reich, considérait que le métier de guérisseur constituait une activité commerciale comme une autre, et qu'il n'était donc pas nécessaire de posséder un diplôme ou une autorisation légale pour l'exercer – à condition de ne pas se dire médecin si on ne l'était pas.[28] D'abord indifférents à cette loi qui, pensaient-ils, ne viendrait pas bouleverser leur monopole – monopole encore renforcé par l'instauration de l'assurance maladie obligatoire en 1883 –, les médecins durent rapidement constater qu'elle conférait en fait aux guérisseurs une légitimité économique et idéologique contraire à leurs intérêts et, pensaient-ils, à ceux de leurs patients. Il fallait donc faire interdire l'exercice de la médecine par les guérisseurs. A partir des années 1890, de nombreuses actions en justice furent intentées contre les «charlatans», aboutissant par exemple en Prusse à 177 condamnations pour meurtre ou blessure involontaire. Une Société allemande de lutte contre la charlatanerie (Deutsche Gesellschaft zur Bekämpfung des Kurpfuschertums) fut également fondée à Berlin en 1903, avec pour cible privilégiée la revue *Der Naturarzt*. Mais malgré toutes ces actions, aucune des lois contre la charlatanerie proposées entre 1890 et 1911 ne fut adoptée, et les attaques contre les guérisseurs célèbres ne firent que renforcer leur popularité.

Le débat sur la charlatanerie amena les tenants des médecines naturelles, de la médecine homéopathique et du magnétisme thérapeutique – les trois formes principales de médecine alternative vers 1900[29] – à définir leurs pratiques et à se regrouper en associations de défense de leurs intérêts. Leur

26 MUNTER et DANELIUS, «Naturheilkunde» (note 6), p. 286.

27 *Cf.* en particulier KRABBE, *Gesellschaftsveränderung* (note 2), chap. 4.2.1; TEICHLER, *Charlatan* (note 20).

28 Les guérisseurs n'étaient pas non plus autorisés à pratiquer des accouchements et devaient obtenir une autorisation pour ouvrir un centre de soin et commercialiser des médicaments; *cf.* FALTIN, *Heil* (note 1), chap. C,3.

29 *Cf.* TEICHLER, *Charlatan* (note 20), chap. 4.6.

objectif était triple: continuer à informer l'opinion publique de l'existence de thérapies alternatives; conserver le droit de soigner autrement, et notamment en refusant les vaccinations obligatoires;[30] et enfin, lutter pour leur reconnaissance par les caisses d'assurance maladie et les hôpitaux, afin de garantir au plus grand nombre l'accès à ce type de soins.

Ce qui est frappant dans ce débat, c'est la symétrie des arguments des deux parties. Médecins et guérisseurs s'accusaient mutuellement de n'avoir pas reçu une bonne formation ou de manquer de connaissances (soit de la médecine, soit des lois de la nature), de proposer des traitements inefficaces et coûteux par appât du gain, et surtout, d'avoir des pratiques dangereuses pour les patients (par exemple: les bains froids pour les uns, le recours excessif aux médicaments pour les autres). Si «charlatan» était une insulte, «allopathe» et «médecin diplômé» («Schulmediziner») le devinrent également![31]

On aurait tort toutefois de ne voir dans ces thérapies alternatives que la manifestation d'un refus global de la modernité, car elles sont profondément ambivalentes. Comme le déclara le magnétiseur Franz Jacob Hering, «ce ne sont pas les médecins en tant que personnes que nous combattons, [...] mais le système médical».[32] Nombre de naturopathes avaient ainsi à cœur de dénoncer le dogmatisme et l'arrogance des médecins, tout en prônant une coexistence pacifique entre différentes manières de soigner. S'il est vrai que le rêve d'une communion avec la nature présente des traits régressifs, cette médecine propose aussi une alternative constructive à la culture médicale dominante.[33] Revendiquer une plus grande autonomie dans le choix des procédés thérapeutiques, être libre de refuser les décisions du médecin – qui n'est jamais considéré comme le seul détenteur du savoir –, et vouloir utiliser les ressources naturelles de manière plus rationnelle: voilà autant de signes de l'attachement de la médecine alternative à une démarche critique très «moderne».[34]

30 *Cf.* Eberhard WOLFF, «Medizinkritik der Impfgegner im Spannungsfeld zwischen Lebenswelt- und Wirtschaftsorientierung», *in:* DINGES, *Medizinkritische Bewegungen* (note 17), pp. 79-108.

31 *Cf.* TEICHLER, *Charlatan* (note 20), chap. 2.2.

32 Franz Jacob HERING, *Der menschliche Magnetismus als vornehmster Heilfaktor, seine Freunde und Gegner*, Konstanz a.B. 1903, p. 31; cité par TEICHLER, *ibid.*, p. 146.

33 *Cf.* FRECOT, «Die Lebensreformbewegung» (note 10).

34 *Cf.* DINGES, «Zwischen Lebenswelt und Wissenschaft» (note 19), pp. 7-38.

La crise de la médecine universitaire

En 1914, médecine universitaire et médecine non-conventionnelle forment deux camps aux positions bien arrêtées, que rien ne semble pouvoir ébranler. Même la Première Guerre mondiale ne met pas fin au débat sur la charlatanerie, comme l'illustre par exemple la revue médicale de l'Association pour la préservation des intérêts économiques des médecins allemands. Dans un numéro de 1916, on peut lire ainsi parmi les faire-part de décès de médecins tombés au front et les articles scientifiques, que plusieurs commandants en chef ont interdit le traitement des maladies vénériennes par les guérisseurs, et que c'est là une mesure dont les caisses d'assurance allemandes se réjouissent.[35]

Il faut en fait attendre les années 1920 pour voir la situation évoluer en faveur de la médecine non-conventionnelle, comme l'illustre bien le cas du diététicien suisse Max Bircher-Benner. Le célèbre fondateur du sanatorium du Zürichberg était non seulement végétarien, mais aussi un fervent défenseur de la consommation de produits crus.[36] D'abord raillé par ses confrères pour sa théorie «énergétique» selon laquelle la valeur d'un aliment ne dépendrait pas de sa composition (graisses, sucres, protéines...), mais de la quantité d'énergie solaire qu'il aurait accumulée,[37] Bircher-Benner suscita davantage l'attention après que la famine des années de guerre et de l'immédiat après-guerre avait fait apparaître de manière évidente l'existence d'un lien entre une mauvaise alimentation et certaines pathologies. De plus, c'est essentiellement au cours des années 1910-1920 que des chimistes et des médecins découvrirent la plupart des vitamines et leur fonction. Signe de l'évolution de la médecine universitaire en matière de diététique: une douzaine de thèses de médecine furent consacrées à l'alimentation crue aux alentours de 1930, et des articles dans des revues spécialisées affirmèrent que les chercheurs avaient réussi à démontrer «scientifiquement» la valeur

35 *Ärztliche Mitteilungen nebst Anzeigen und wissenschaftlicher Beilage*, Hrsg.v. Verband der Ärzte Deutschlands zur Wahrung ihrer wirtschaftlichen Interessen, Leizpig, 7 (11 février 1916), p. 102.

36 *Cf.* Eberhard WOLFF (éd.), *Max Bircher-Benner und sein Sanatorium im historischen Kontext*, Baden 2010; Jörg MELZER, *Vollwerternährung. Diätetik, Naturheilkunde, Nationalsozialismus, sozialer Anspruch* [MedGG-Beihefte 20], Stuttgart 2003, chap. 2.3.2; Sonja FURGER, «Mit Rohkost gegen die Degeneration. Vor 100 Jahren: Max Bircher-Benner gründet das Sanatorium ‹Lebendige Kraft›», *in: Schweizerische Ärztezeitung*, 5 (2004), pp. 236-238.

37 Max BIRCHER-BENNER, *Grundzüge der Ernährungstherapie auf Grund der Energetik*, Berlin 1903.

de l'alimentation crue, ce qui devait lui permettre de n'être plus le domaine réservé de quelques «fanatiques sans qualification».[38]

Les arguments invoqués contre le médecin suisse et les nombreux partisans de sa diététique «naturelle» «plus saine» sont les mêmes que ceux utilisés à l'époque de la lutte contre la charlatanerie: l'extrémisme de Bircher-Benner – son refus de toute cuisson – présenterait des risques sanitaires, en particulier pour les nourrissons; il chercherait en réalité avant tout à faire de gros profits, grâce à ses luxueux sanatoriums et à ses ouvrages à succès; et surtout, il conférerait à ses écrits une teinte mystique peu compatible avec la rigueur et l'objectivité d'une démarche scientifique.[39] Il est vrai que Bircher-Benner n'œuvre pas seulement à la guérison de ses malades; il les appelle à «changer de vie» pour se sauver de la «décadence». Il conçoit sa diététique comme une «voie de salut» s'adressant au corps *et* à l'âme.[40] Et les patients sont nombreux à chercher la «force de vie»[41] promise sur le Zürichberg.

Pendant ce temps-là, la médecine universitaire se porte mal – si mal que les historiens parlent de «crise de la médecine scientifique» des années 1920.[42] Plus encore qu'avant la guerre, la population la juge peu efficace et trop coûteuse, au point de se tourner massivement vers les thérapies alternatives. On estime qu'environ un Allemand sur sept avait recours à ce type de thérapie au milieu des années 1920, et qu'à la veille de l'accession au pouvoir d'Adolf Hitler, ils étaient un sur deux.[43] Quant à la Commission nationale des associations de réforme de la vie et des méthodes thérapeutiques à but non lucratif (Reichsausschuss der gemeinnützigen Verbände für Lebens- und Heilreform), fondée en 1926, elle comptait dès sa création 5 millions d'adhérents.[44] De plus, les caisses d'assurance maladie faisaient peser une

38 A. LOEWY, W. BEHRENS, «Ein Beitrag zur Rohkosternährung», *in: Klinische Wochenschrift* 9 (1930), p. 390; cité par Uwe SPIEKERMANN, «Aussenseiter und Wegbereiter: die Rezeption Bircher-Benners im Deutschen Reich in den 1930er-Jahren», *in:* WOLFF, *Bircher-Benner* (note 36), p.137.

39 *Ibid.*

40 *Cf.* le titre de sa revue mensuelle, *Der Wendepunkt im Leben und im Leiden. Eine Monatsschrift zur Verbreitung nützlichen Wissens über das Leben des Körpers und der Seele über Wesen und Erhaltung der Gesundheit über Ursachen und Natur der Krankheiten über Heilprozesse und Heilkräfte*, hrsg. v. M. BIRCHER-BENNER, Zürich; Max BIRCHER-BENNER, *Der Menschenseele Not. Erkrankung und Gesundung*, Zürich 1927 (t. 1) et 1933 (t. 2).

41 Le sanatorium du Zürichberg, fondé en 1904, s'appelait «Lebendige Kraft».

42 *Cf.* DINGES, «Zwischen Lebenswelt und Wissenschaft» (note 19).

43 *Cf.* FALTIN, *Heil* (note 1), chap. C,3.

44 *Cf.* Achim THOM, Genadij Ivanovič CAREGORODCEV (éds.), *Medizin unterm Hakenkreuz*, Berlin 1989, chap. 10; Marina LIENERT, «Naturheilkunde ist keine Wis-

pression de plus en plus forte sur les médecins, alors qu'était créée dans le même temps une première caisse d'assurance maladie remboursant les traitements des naturopathes.[45] Les médecins conventionnels devaient travailler beaucoup pour espérer gagner convenablement leur vie. Et comme les caisses contrôlaient leurs prescriptions, ils avaient parfois le sentiment de se trouver dans un rapport plus financier que médical avec leurs patients — et c'était d'ailleurs bien cela que leur reprochaient les tenants des médecines alternatives depuis des décennies. Autant de dérives que dénonçait par exemple le célèbre médecin Erwin Liek, fondateur de la revue *Hippokrates*,[46] qui appelait ses collègues à «respiritualiser» la médecine.[47]

Et de fait, c'est à cette époque que sont créées les premières chaires de médecine douce: une chaire de médecine naturelle («Naturheilkunde») à Berlin en 1919, un cours de thérapie physique et diététique («physikalisch-diätetische Therapie») à Leipzig la même année, une autre chaire de médecine naturelle à Iéna en 1925,[48] ainsi qu'une première chaire de médecine homéopathique à Berlin en 1928.[49] La création de ces chaires marque une grande victoire de la médecine non-conventionnelle, car c'est une demande ancienne qui est enfin exaucée. Fait marquant: à Berlin, la chaire est occupée par Franz Schönenberger, l'un des éditeurs de la revue *Der Naturarzt*, qui se réfère explicitement à Vinzenz Prießnitz dans son discours inaugural.[50] Pourtant, il convient de remarquer que ces chaires sont toutes occupées par des médecins diplômés. L'ouverture de l'université à la médecine naturelle reste donc très prudente.

---

senschaft!›. Naturheilvereine, Ortskrankenkassen und Parteien in den Auseinandersetzungen um die Errichtung eines Lehrstuhls für Naturheilkunde an der Universität Leipzig (1894-1924)», *in:* DINGES, *Medizinkritische Bewegungen* (note 17), pp. 59-78.

45 En 1929, environ 40 000 personnes s'étaient affiliées à cette caisse de «soutien aux malades» (Volkswohl-Krankenunterstützungskasse der Volksheilbewegung); *cf.* FALTIN, *Heil* (note 1), chap. C,3.

46 *Hippokrates. Öffentliches Mitteilungsblatt der wissenschaftlichen Gesellschaft für naturgemäße Lebens- und Heilweise e.V.*, Stuttgart 1928-1978.

47 *Cf.* en particulier son article «Die Entseelung der Heilkunde», *in: Münchner medizinische Wochenschrift* 72 (1925), p. 1520; résumé par Herbert BROGHAMMER, *Der Danziger Arzt Erwin Liek (1878-1935) Chirurg und Medizinpublizist in der Medizinkrise vor 1933*, Pfaffenweiler 2000, chap. C,2.

48 Selon certains auteurs, la chaire de Iéna aurait été créée en 1924.

49 *Cf.* FALTIN, *Heil* (note 1), chap. C,3,1; LIENERT, «Naturheilkunde» (note 44); Fridolf KUDLIEN, *Ärzte im Nationalsozialismus*, Köln 1985, chap. I,3.

50 *Cf.* JÜTTE, «Naturheilkunde» (note 16), pp. 387-390.

Autre signe de la progression lente, mais réelle, de cette contreculture médicale: la naissance de la médecine anthroposophique vers 1920.[51] On retrouve dans cette médecine, théorisée par le théosophe Rudolf Steiner avec l'aide du médecin Ita Wegman, les deux principes fondamentaux communs à toutes les médecines alternatives: l'approche holistique du patient et la conviction que la maladie est due à un déséquilibre des quatre éléments constitutifs de l'être humain.

Toutefois, plus encore que les autres médecines alternatives, la médecine anthroposophique prétend ne pas s'opposer à l'exigence de scientificité de la médecine universitaire, mais elle entend contribuer à la faire «grandir», l'aider à devenir vraiment humaine et performante en lui apportant la dimension spirituelle qui lui ferait défaut.[52] Ainsi, dans une conférence de 1908, Steiner, qui avait œuvré dans sa jeunesse à la publication des écrits scientifiques de Goethe, avait-il déjà accusé les facultés de médecine d'accorder bien plus d'importance aux compétences en chimie qu'à la qualité de l'intuition des jeunes médecins. Ces derniers seraient même rendus aveugles au fonctionnement réel du vivant.[53] Steiner ne rejetait pas pour autant les découvertes de la science moderne; il admirait au contraire les progrès de la médecine. Les rédacteurs de la revue d'anthroposophie, par exemple, se plaçaient nettement du côté de la rationalité, s'associant à la médecine universitaire pour dénoncer la charlatanerie. Dans le même temps, ils rendaient la médecine officielle responsable du succès de la charlatanerie, à cause de son refus d'intégrer de nouvelles thérapies. C'est la médecine universitaire elle-même qui serait devenue déraisonnable.[54]

Son erreur serait d'avoir oublié ses origines religieuses. Fille d'Hippocrate, qui rompit avec les Asclépiades, la secte des prêtres-médecins, elle ne constituerait qu'une science de seconde catégorie.[55] Selon Steiner en effet, seule la

51 *Cf.* Norbert SCHWARTE, «Anthroposophie», *in:* Diethart KERBS, Jürgen REULECKE (éds.), *Handbuch der deutschen Reformbewegungen 1880-1933*, Wuppertal 1998, pp. 595-609.

52 *Cf.* par exemple Rudolf STEINER, Ita WEGMAN, *Grundlegendes für eine Erweiterung der Heilkunst nach geisteswissenschaftlichen Erkenntnissen*, Dornach 1925.

53 *Cf.* Rudolf STEINER, *Das Wesen der Krankheitsformen* (10 novembre 1908); cité par Olivier HANSE, *A l'école du rythme... Utopies communautaires allemandes autour de 1900*, Saint-Etienne 2010, chap. 2.1.

54 *Cf.* par exemple l'article du Dr. Otto PALMER, «Was uns auf ärztlichem Gebiete nottut. Ein Artikel, der eigentlich in eine medizinische Zeitschrift hinein gehörte», *in: Anthroposophie. Wochenschrift für freies Geistesleben* 2 (10 janvier 1926), p. 5.

55 *Cf.* Wilhelm KUNZE, «Hans Blüher und die Heilkunde», *in: Anthroposophie* 41 (10 octobre 1926), pp. 162-163. Il s'agit ici des propos de Hans Blüher, auxquels

«clairvoyance» permettrait d'atteindre la réalité ultime des phénomènes. L'expérimentation resterait toujours seconde par rapport à la vision. Or, si la vision est première, cela signifie que ni le constat d'erreur, ni la formulation de nouvelles hypothèses n'ont leur place dans la médecine anthroposophique.[56] De nombreux médecins ne manquèrent pas de dénoncer ce présupposé incompatible avec une démarche scientifique moderne. Mais le plus insupportable pour les médecins, c'était que Steiner prétendait soumettre la médecine empirique à sa médecine, sous prétexte que la première ne serait que le fruit du matérialisme. En définitive, loin de l'approfondir rationnellement, l'anthroposophie ne cherchait qu'à miner systématiquement la méthode des sciences naturelles.[57]

Plusieurs instituts «cliniques et thérapeutiques» de médecine anthroposophique furent fondés: l'un en 1921 à Arlesheim près de Bâle, un autre à Stuttgart la même année. En 1930, le neurologue Friedrich Husemann ouvrit un sanatorium à Wiesneck, près de Fribourg, où les troubles psychologiques étaient soignés selon les principes de l'anthroposophie. L'Institut Alersheim, qui devint en 1928 la société Weleda, se lança quant à lui dès 1922 dans la fabrication de médicaments anthroposophiques à base de composés végétaux, et préparés selon le mode homéopathique (quoique moins dilués).

Il est difficile d'estimer l'impact de la médecine anthroposophique sur la population allemande de cette époque, car les études objectives sur ce sujet sont rares.[58] On sait seulement qu'elle trouvait ses principaux soutiens au sein de la bourgeoisie très aisée qui l'aidait à surmonter les difficultés financières auxquelles elle était régulièrement confrontée. Notons toutefois que la clinique d'Alersheim connut rapidement un assez grand succès, puisqu'elle réussit à attirer des patients originaires de différents pays.[59]

Evoquons enfin une autre forme de contreculture médicale qui atteignit son apogée durant les années 1920: la médecine alternative du socialiste Hermann Wolf.[60] Cet ancien instituteur de la région de Dresde fonda en

---

W. Kunze adhère sans réserve. Sur la secte des Asclépiades, au sein de laquelle Hippocrate est né, *cf.* TUBIANA, *Histoire* (note 8), chap. 1.

56 *Cf.* Helmut ZANDER, *Anthroposophie in Deutschland. Theosophische Weltanschauung und gesellschaftliche Praxis 1884-1945*, Göttingen 2007, vol. 2, chap. 16.3.

57 *Cf.* Thomas J. DINGER, *Homöopathie und Anthroposophische Medizin. Ursprünge, Abhängigkeiten und Kontroversen von 1910-1990*, [Diss.] Münster 1996, p. 72; cité par ZANDER, *Anthroposophie* (note 56), p. 1472.

58 *Cf.* ZANDER, *ibid.*, chap. 16.1.

59 *Ibid.*, chap. 16.9.3 et 16.7.2.

60 Hermann Wolf est très rarement évoqué dans les ouvrages consacrés à la médecine alternative. On le trouve chez KRABBE, *Gesellschaftsveränderung* (note 2); Uwe

1908 la Fédération des associations de santé publique (Verband der Vereine für Volksgesundheit), qui comptait 16 000 membres au début des années 1930, essentiellement des ouvriers originaires de Saxe et de Thuringe. Comme cette appartenance sociale le laisse deviner, Wolf eut la particularité d'associer la défense des médecines non-conventionnelles à la lutte des classes – alors même que la plupart des tenants des médecines alternatives voyaient dans les médecines douces un moyen de changer la société «de l'intérieur» sans recourir aux méthodes de l'action politique ou à la violence du combat révolutionnaire. De fait, bien que Wolf ait été longtemps membre de la Fédération, il entretint avec elle des rapports houleux.

Sa critique de la médecine universitaire était originale. Il ne l'accusait pas tant de matérialisme que de soumission au capital. D'après lui, si la médecine universitaire soignait davantage les symptômes que les causes profondes des maladies, c'était pour que les ouvriers puissent reprendre rapidement leur travail. Qu'importait donc leur état de santé réel; la médecine officielle ne considérait que leur force de travail. Quant aux médecins, ils cherchaient à tout prix à défendre les privilèges que leur conférait ce système de santé, et c'est pourquoi ils étaient si hostiles à la médecine alternative.

Wolf espéra que la révolution de 1918 permettrait à la classe ouvrière d'organiser elle-même son système de couverture maladie, mais ses espoirs furent déçus.

Contrairement à ce qui se passa dans de nombreux autres domaines, l'arrivée au pouvoir des nationaux-socialistes ne marqua pas de rupture fondamentale dans le monde médical ou paramédical. Le 30 janvier 1933 fut même salué par de nombreux partisans des médecines alternatives comme un jour porteur d'espoir.[61] Et il est vrai que la lente évolution de l'entre-deux-guerres en faveur d'une plus grande prise en compte des médecines alternatives semble avoir largement préparé le terrain à la médecine nouvelle voulue par les nazis.

Le triomphe de la contreculture?

Dès octobre 1933, Gerhard Wagner, le chef des médecins du Reich, appela les médecins allemands à pratiquer une médecine bien plus large, c'est-à-dire une médecine intégrant davantage de méthodes thérapeutiques, que la

---

HEYLL, *Wasser, Fasten, Luft und Licht. Die Geschichte der Naturheilkunde in Deutschland*, Francfort 2006, chap. 4 et 6.

61 *Cf.* HEYLL, *ibid.*, chap. 9.

médecine à laquelle ils avaient été formés.[62] Il pensait en effet qu' «un lien organique étroit rassemble tout ce qui porte la vie en soi, et que toutes les fonctions humaines sont dépendantes des forces de la nature», et qu'il faut donc prendre en considération les résultats obtenus par ceux qui réussissent à guérir alors même qu'ils ne disposent pas du savoir théorique et technique des médecins diplômés.[63] Comme en écho, le grand partisan des médecines alternatives qu'était Rudolf Heß affirmait que la science actuelle faisait fausse route tant elle s'était atomisée. La médecine devait absolument revenir à sa source initiale: la Nature.[64] C'est donc sans surprise que Wagner annonça en avril 1934 l'avènement de la Nouvelle médecine allemande («Neue Deutsche Heilkunde»), une médecine holistique dans laquelle l'analyse devait céder la place à l'intuition selon la formule «plus de Goethe, moins de Newton!».[65]

Ce triomphe de la médecine alternative sur la médecine universitaire éclata au grand jour lors de l'inauguration de l'hôpital Rudolf-Heß de Dresde, en juin de la même année. Certes, l'hôpital comprenait une clinique chirurgicale et une clinique médicale, mais il proposait aussi un «centre de recherche médical sur les thérapies naturelles». Car tel était le projet de Wagner: que les médecins demeurent compétents dans le domaine des sciences naturelles, mais qu'ils apprennent aussi à respecter les forces de guérison inhérentes à la nature. L'hôpital devait représenter cette alliance entre médecine universitaire et médecine biologique, l'émergence d'une médecine «allemande, libérée des influences juives [et] capitalistes».[66] Parallèlement, l'Etat national-socialiste s'assignait pour tâche de lutter avec la plus grand fermeté contre les charlatans, non plus en opposant les médecins aux thérapeutes non diplômés, mais en associant ces derniers au corps médical pour éradiquer la vraie

62 Gerhard WAGNER, «Aufruf an alle Ärzte Deutschlands, die sich mit biologischen Heilverfahren befassen», *in: Deutsches Ärzteblatt* 63 (1933), p. 42; cité par HEYLL, *Wasser* (note 60), p. 230.

63 Gerhard WAGNER, Heilkunde-Tagung 1933; cité par Franziska WENZLER, *Was glaubt die Homöopathie und die Naturheilkunde der Zahnheilkunde bieten zu können?* [Inaugural-Dissertation zur Erlangung der Doktorwürde der Zahnheilkunde einer hohen medizinischen Fakultät der Eberhard-Karls-Universität zu Tübingen], Tübingen 1935, p. 3.

64 Rudolf HESS, Heilkunde-Tagung 1933; cité par WENZLER, *ibid.*, p. 3.

65 «Mehr Goethe, weniger Newton» est une formule de K. Kötschau; cité par Robert N. PROCTOR, *Racial Hygiene. Medicine under the Nazis*, Harvard 1988, p. 224.

66 Gerhard WAGNER, discours d'inauguration de l'hôpital Rudolf-Heß, le 5 juin 1934; cité par Karl HEA[DENKAMP], «Das ‹Rudolf-Hess-Krankenhaus›, in Dresden. Eine ärztliche Forschungsanstalt für natürliche Heilweise», *in: Deutsches Ärzteblatt* 64 (1934), p. 606; cité par SPIEKERMANN, «Aussenseiter» (note 38), p. 142.

charlatanerie.[67] Satisfaite de cette évolution, la Fédération allemande des associations de naturopathes (Heilpraktikerbund Deutschlands) s'empressa, dès sa formation en 1933, de constituer des tribunaux pour juger les mauvaises pratiques de ses membres, et de proclamer un code de bonne conduite des naturopathes, signe de sa volonté de collaborer avec le Parti et les autorités. Désormais, les naturopathes devraient être avant tout «au service de la santé de la nation».[68]

Malgré ces victoires remportées par la médecine naturelle sur la médecine universitaire, cette dernière reprit définitivement le dessus à partir de 1937. Elle n'avait en fait jamais accepté de fusionner avec la médecine naturelle. Seuls une minorité de médecins s'étaient engagés en faveur d'une reconnaissance de la médecine alternative; les autres y avaient résisté de manière passive, tout débat sur ce thème étant de toute façon impossible dans la presse. Ce que les médecins lui reprochaient essentiellement, c'était encore et toujours son absence de résultats probants.[69] Et dès 1937, le groupe de travail du Reich pour une Nouvelle Médecine allemande (Reichsarbeitsgemeinschaft für eine Neue Deutsche Heilkunde), vieux de deux ans seulement, fut dissout, probablement à cause de la résistance des médecins et de dissensions internes, et, dans un contexte de remilitarisation, de la nécessité de disposer de médecins capables de soigner efficacement les soldats blessés.[70] Quant à la question de la charlatanerie, elle trouva enfin une réponse législative dans la «loi sur les guérisseurs» (Heilpraktikergesetz) de 1939.[71] Elle offrit certes aux naturopathes la reconnaissance étatique tant désirée puisqu'ils purent obtenir le titre de «médecins naturopathes» («Arzt für Naturheilkunde»), mais l'exercice de la profession de guérisseur fut désormais soumis

67 *Cf.* WENZLER, *Zahnheilkunde* (note 63); Josef DIETZ, *Ueber Kurpfuscherei. Ihre Art und Bedeutung bei der Lupusbehandlung* [Inaugural-Dissertation verfaßt und einer Hohen Medizinischen Fakultät der Bayerischen Julius-Maximilians-Universität Würzburg zur Erlangung der medizinischen Doktorwürde], Würzburg 1937.

68 *Der Heilpraktiker*, 4 (1936), p. 232; cité par FALTIN, *Heil* (note 1), p. 314.

69 *Cf.* THOM, CAREGORODCEV, *Medizin unterm Hakenkreuz* (note 44), chap. 10.2.

70 Sur les causes de cette dissolution, comparer les analyses de THOM, CAREGORODCEV, *Medizin unterm Hakenkreuz* (note 44), chap. 10.2, et celles de Sven JOHNE, *Naturphilosophie und Naturheilkunde. Eine Reflexion über die inneren Verbindungen zu Beginn des 20. Jahrhunderts*, Aachen 2004, chap. 4.10; Hendrik van den BUSSCHE, *Im Dienste der «Volksgemeinschaft». Studienreform im Nationalsozialismus am Beispiel der ärztlichen Ausbildung*, Berlin/Hamburg 1989, chap. 4.4.

71 «Gesetz über die berufsmäßige Ausübung der Heilkunde ohne Bestallung (Heilpraktikergesetz)» du 17 février 1939.

à une autorisation. La contreculture médicale passa donc entièrement sous le contrôle de l'Etat. Il n'y eut pas de mouvement de résistance dans ses rangs.

Qu'en fut-il de la médecine anthroposophique durant cette période?[72] Elle aussi connut tout d'abord une phase de prospérité, puisque l'on compte une centaine de médecins anthroposophes déclarés au début des années 1930. Comme ils étaient peu organisés, ils furent peu touchés par la mise au pas. Quant à l'entreprise Weleda, sa domiciliation en Suisse la protégeait. On peut noter la création d'une nouvelle clinique en 1936, la clinique Burghalde de Bad-Liebenzell, près de Pforzheim, alors même que la Société anthroposophique avait été interdite l'année précédente à cause de son caratère sectaire et ésotérique.

Paradoxalement, ce qui fit le plus grand tort à la médecine anthroposophique durant le Troisième Reich, ce fut l'intérêt que Rudolf Heß lui portait. En effet, lorsque Heß s'enfuit en Angleterre, Martin Bormann prétendit qu'il avait été manipulé par des forces occultes, dont l'anthroposophie; quant à Jakob Wilhelm Hauer, qui dénonçait l'anthroposophie avec acharnement depuis des années, il déclara à Himmler que cette «religion enjuivée» constituait «un danger pour le peuple au sens le plus fort du terme».[73] Ordre fut donc donné en 1941 de dissoudre toutes les organisations anthroposophiques encore subsistantes, d'arrêter leurs dirigeants, et de fermer les centres de soin. Soulignons que, d'après les historiens anthroposophes, Friedrich Husemann serait parvenu jusque-là à protéger les malades mentaux de son sanatorium de Wiesneck contre le programme d'euthanasie.[74]

La grande tolérance, et même les faveurs dont bénéficia longtemps la contreculture médicale sous le Troisième Reich, s'expliquent largement par d'habiles calculs politiques et économiques.[75] Il semble en effet que les dirigeants nazis aient eu tout intérêt à intégrer un mouvement populaire qui rassemblait plus de 6 millions de partisans déclarés.[76] De plus, la diététique alternative et la phytothérapie furent développées en vue de l'entrée en guerre de l'Allemagne. Ainsi fut créé en 1939 un groupe de travail nommé «Nour-

72 *Cf.* Uwe WERNER, *Anthroposophen in der Zeit des Nationalsozialismus (1933-1945)*, München 1999, chap. I, 3 et III, 1.

73 Jakob Wilhelm HAUER à Heinrich Himmler le 30 mai 1941; cité par WERNER, *ibid.*, p. 304.

74 *Ibid.*, chap. III, 2.

75 *Cf.* THOM et CAREGORODCEV, *Medizin unterm Hakenkreuz* (note 44), chap. 10.2 à 10.4 en particulier; JOHNE, *Naturphilosophie* (note 70), chap. 4.10.

76 En 1933, la Commission nationale des associations pour l'amélioration de la santé du peuple à but non lucratif (Reichsausschuss der gemeinnützigen Verbände zur Hebung der Volksgesundheit) comptait environ 6,5 millions d'adhérents; *cf.* THOM, CAREGORODCEV, *ibid.*, chap. 10.1.

riture issue de la forêt» (Arbeitsgemeinschaft Ernährung aus dem Wald*)*, pour garantir au pays une certaine autarcie alimentaire, tandis qu'existait depuis 1935 le «Groupe de travail du Reich pour l'étude et l'approvisionnement des plantes médicinales» (Reichsarbeitsgemeinschaft für Heilpflanzenkunde und Heilpflanzenbeschaffung). Ce dernier fournit effectivement la Wehrmacht en plantes médicinales durant les années de guerre.

Plus encore, le changement de méthodes thérapeutiques auquel appelait la Nouvelle médecine allemande présentait de grands avantages pour les caisses de l'Etat, dans la mesure où elle faisait passer la prévention – un thème cher aux adeptes des médecines naturelles – avant les traitements et «l'interventionnisme» coupable des chirurgiens.[77] Karl Kötschau, une figure centrale de cette Nouvelle médecine allemande, déclara ainsi en 1939: «Le nouvel Etat se soucie en premier lieu de la santé héréditaire du peuple, et en second lieu de sa capacité à réaliser de grandes choses («Hochleistungsfähigkeit»). Aussi le [...] malade et le faible passent-ils au second plan.»[78] Le «bon» patient était un patient qui menait une vie saine, et non le malade, forcément responsable de son état à force de négligence et de paresse, et donc suspecté d'être dégénéré. Un bon patient est également un patient habité par la «volonté de guérir», signe de son énergie vitale.[79]

L'importance accordée à la volonté de guérir du patient, intimement liée à la croyance en un pouvoir immanent de guérison dont disposerait chaque individu, pose la question de la proximité idéologique de la médecine naturelle avec deux grands dogmes nationaux-socialistes: la primauté de la Nature sur la culture, qui se manifeste ici dans la singularité du traitement individuel, qui ne peut avoir de valeur universelle, et, parallèlement, la primauté de l'instinct sur le savoir livresque et la raison (le Vrai, c'est la conviction intime du soignant, ou son âme raciale, qui le détermine). Il me semble indéniable que cette proximité idéologique explique largement, et bien mieux en tout cas que les seules considérations tactiques, la facilité avec laquelle les dirigeants des organisations de médecine naturelle coopérèrent à la politique médicale nationale-socialiste. On lit ainsi en 1937 dans la revue *Der Heilpraktiker*:

77 C'est ici une critique souvent adressée aux médecins universitaires par les naturopathes.

78 Karl KÖTSCHAU, *Kämpferische Vorsorge statt karitative Fürsorge*, Nürnberg 1939, p. 23 et suiv.; cité par THOM et CAREGORODCEV (note 44), p. 266.

79 On trouve ainsi dans les écrits d'Erwin Liek la dénonciation de tous ceux qui «ne veulent pas guérir»; *cf.* par exemple «Die Aufgaben der künftigen deutschen Ärzte», *in: Ärztliche Rundschau* 41 (1931), p. 15 et suiv.; résumé chez BROGHAMMER, *Erwin Liek* (note 47), chap. C.20.

> Le naturopathe allemand défend une cause bien plus élevée que la préservation de son statut [...]. Avec les vrais médecins, il lutte pour la race et le sang, le sol et la patrie, en cherchant toujours à respecter la volonté de notre Führer, qui est le plus grand médecin et guérisseur de la nation, bien qu'il ne soit pas docteur en médecine et qu'il ne puisse pas présenter de diplôme universitaire.[80]

Kötschau avait déclaré pour sa part en 1934:

> Nous retrouvons dans la médecine biologique l'attachement du national-socialisme à la nature et au peuple, de même que nous trouvons [dans ces deux mouvements] la pensée de la totalité, ainsi que le refus des explications mécanistes et du morcellement.[81]

Il convient toutefois de souligner un point de divergence important entre ces deux conceptions du monde. Si la médecine naturelle est fille (ou mère) de la «Lebensreform» par son désir intense de retour à la nature, elle le fait dans un mouvement très individualiste. Comme l'illustre bien la résistance aux vaccinations obligatoires, les partisans des médecines naturelles se souciaient davantage de leur propre santé que de celle de l'ensemble de la population de leur pays.[82] Les nazis au contraire s'attachaient à guérir le «corps national», perçu comme un être collectif avec un patrimoine héréditaire partagé par tous les membres de ce corps. A cet égard, il est tout à fait caractéristique que la Commission nationale des associations de réforme de la vie et des méthodes thérapeutiques ait été rebaptisée en 1933 Commission nationale des associations pour l'amélioration de la santé *du peuple* (Reichsausschuss der gemeinnützigen Verbände zur Hebung der Volksgesundheit).[83]

Ajoutons pour conclure que la plupart des chaires de médecine alternative ne furent pas dissoutes après 1945. Aujourd'hui encore, les patients ont bien plus souvent recours aux médecines douces en Allemagne, en Autriche et en Suisse qu'en France.[84] L'homéopathie et la médecine anthroposophique,

80 *Der Heilpraktiker* 5 (1937), p. 22 et suiv.; cité par FALTIN, *Heil* (note 1), p. 299.

81 Karl KÖTSCHAU, le 2 juin 1934, lors de son discours inaugural à Iéna où il succéda à Emil Klein (évincé en raison de son appartenance à la race juive) à la chaire de médecine naturelle rebaptisée «chaire de médecine biologique»; cité par KUDLIEN, *Ärzte* (note 49), p. 133.

82 *Cf.* WOLFF, «Impfgegner» (note 30).

83 *Cf.* THOM et CAREGORODCEV, *Medizin unterm Hakenkreuz* (note 44), chap.10.1.

84 L'Office fédéral allemand de la statistique (Statistisches Bundesamt Deutschland) recensait 32 000 naturopathes (déclarés) en 2010. Des chiffres similaires ne semblent pas disponibles pour la France, ce qui s'explique sans doute par la différence de statut des médecines alternatives dans ce pays. A titre de comparaison, on comptait en France en 2012 environ 17 000 ostéopathes, dont 9600 ostéopathes exclusifs

par exemple, y sont pratiquées dans des établissements publics,[85] alors que l'anthroposophie fut qualifiée en France de «mouvement sectaire» dans un rapport parlementaire de 1999.[86]

Le fait que cette contreculture médicale ait constitué, et demeure encore, un phénomène de masse, nous indique que nous sommes vraisemblablement ici en présence d'un trait culturel spécifique aux pays de langue allemande, où la population semble considérer que la médecine doit se référer à d'autres réalités qu'aux seules lois de la biologie. Ce qui est réclamé, c'est un autre regard sur la Nature et sur l'Homme, un regard moins normatif et moins mécaniste.[87] De fait, au-delà de leur éclectisme et de leur relative inconsistance idéologique, tous ces mouvements de médecine douce illustrent de manière exemplaire la persistance du discours vitaliste dans la pensée allemande du XXe siècle.

Résumé

Les médecines alternatives connurent un tel engouement dans l'Allemagne des années 1880-1945 qu'elles constituèrent une véritable contreculture. Cette contreculture peut être qualifiée de «philosophique» dans la mesure où les deux principes fondamentaux communs aux médecines «douces» – l'approche holistique du patient, et la conviction que les maladies sont dues à un déséquilibre de l'ordre naturel et quasi mystique du corps – les oppo-

(ni médecins, ni kinésithérapeutes, ou autre). *Cf.* http://www.osteopathie.org/demographie.html, consulté le 25 février 2013.

85 En 1999, il existait 19 centres de médecine anthroposophique en Allemagne (sanatoriums, cliniques, etc.). Depuis 1978, la méthode curative anthroposophique est reconnue comme une «orientation thérapeutique particulière», ce qui signifie que les médicaments anthroposophiques peuvent être remboursés; *cf.* ZANDER, *Anthroposophie* (note 56), chap. 16.10. En France, les spécialités homéopathiques sont partiellement remboursées. La législation est hésitante en ce qui concerne les préparations magistrales spécifiquement anthroposophiques, la société Weleda ayant déposé ces dernières années plusieurs recours auprès du Conseil d'Etat, comme le rapporte le site de l'Association des Patients de la Médecine anthroposophique. http://www.apma.fr/b.html, consulté le 25 février 2013.

86 Le rapport de l'Assemblée nationale «Les sectes et l'argent» (1687/10 juin 1999) accuse essentiellement l'anthroposophie d'amener ses membres à lui verser de grosses sommes d'argent. L'argument médical (danger de certaines pratiques) apparaît également.

87 *Cf.* les analyses de JOHNE, *Naturphilosophie* (note 70).

sent fondamentalement au discours scientifique dominant à l'époque: un discours rationaliste, volontiers scientiste.

Inquiets du vif succès des thérapies proposées par S. Kneipp, A. Just et H. Lahmann, des représentants de la médecine universitaire s'efforcèrent d'avertir les patients des possibles dangers des traitements alternatifs et appelèrent les autorités à légiférer contre les pratiques des «charlatans». De leur côté, les naturopathes s'organisèrent en associations de plus en plus influentes. Médecins diplômés et naturopathes s'accusèrent alors mutuellement, et de manière très symétrique, de ne pas savoir ce qui est bon pour le patient.

Les années 1920 voient les naturopathes triompher quelque peu: reconnaissance par la médecine universitaire de certaines thèses de M. Bircher-Benner, création de plusieurs chaires de médecine douce. Cette période fut également celle de la conception de la médecine anthroposophique de R. Steiner. Parallèlement, la médecine universitaire traversa une grave crise: les patients la jugeaient trop coûteuse, peu efficace et sans âme, alors même que les caisses de maladie se faisaient plus exigeantes envers les médecins.

L'arrivée au pouvoir des nationaux-socialistes fut saluée par nombre de naturopathes, et l'avènement de la Nouvelle médecine allemande en 1934 put laisser croire à un triomphe définitif de la contreculture médicale sur la médecine universitaire. Pourtant, après quelques années, les dirigeants mirent un terme à cette expérimentation, notamment pour des raisons stratégiques, et instituèrent un contrôle strict des thérapies alternatives. Ainsi disparaissait une niche de liberté: celle de pouvoir choisir comment soigner ou être soigné.

Zusammenfassung

In den Jahren von 1880 bis 1945 genoss die Naturheilkunde in Deutschland einen solchen Erfolg, dass sie eine echte Gegenkultur bildete. Diese medizinische Gegenkultur kann man als «philosophisch» bezeichnen, weil die zwei Prinzipien, die allen alternativen Heilmethoden zugrunde liegen – die holistische Auffassung des Patienten und die Überzeugung, dass jede Krankheit auf einen Bruch im natürlichen, quasi mystischen Gleichgewicht des Körpers zurückzuführen ist –, im Gegensatz zur dominanten Kultur mit rationalistischem, oft wissenschaftsgläubigem Ansatz dieser Zeit standen.

Viele Schulmediziner, die die großen Erfolge der Therapien von S. Kneipp, A. Just und H. Lahmann beunruhigten, haben sich bemüht, ihre Patienten vor den etwaigen Gefahren der Laientherapien zu warnen, und die Behörden dazu aufgerufen, Gesetze gegen die «Kurpfuscher» zu erlassen.

Ihrerseits haben sich die Heilpraktiker zu immer einflussreicheren Interessenverbänden zusammengeschlossen. Akademisch ausgebildete Ärzte und Laienbehandler haben sich damals gegenseitig und symmetrisch der Gesundheitsschädigung bezichtigt.

Die 20er Jahre markieren den relativen Triumph der Heilpraktiker: Anerkennung von einigen von M. Bircher-Benners Thesen durch die akademische Medizin, sowie die Gründung von mehreren Lehrstühlen für Naturheilkunde. Zu dieser Zeit wurde auch die anthroposophische Medizin von R. Steiner gegründet. Gleichzeitig durchlief die Schulmedizin eine Krise: Den Patienten galt sie als zu kostspielig, zu unwirksam, zu seelenlos, wobei die Krankenkassen immer höhere Anforderungen an die Ärzte stellten.

Die NS-Machtergreifung wurde von einer großen Anzahl Naturheilkundlern begrüßt. Die vom Reichsärzteführer gewünschte Synthese von Schulmedizin und alternativer Medizin, sowie seine Betonung der Kraft der Natur und des Willens können den Eindruck erwecken, dass die Naturheilkunde im Dritten Reich als eine gleichrangige Medizin anerkannt wurde. Auf die Neue Deutsche Heilkunde wurde aber schon 1937 verzichtet, unter anderem aus strategischen Gründen, und die Laienkunde wurde strengen Regeln unterworfen. Eine Freiheitsnische – die des freien Heilens und Geheiltwerdens – ging somit verloren.

Bahro, Havemann, Kafka und der Prager Frühling

Reformsozialisten als Gegenkultur zum «hölzernen Sozialismus» in der DDR der 1960er und 70er Jahre

Susanne GÖTZE
Universität Potsdam / Université de Lorraine

> ‹Sozialismus ist Demokratie› – dies große Wort muss wahr gemacht werden [...]. Wenn (aber) in der CSSR bewiesen wird, dass Sozialismus und Demokratie nicht nur miteinander vereinbar, sondern wesensgleich sind, wenn bewiesen wird, dass wahre Demokratie nur im Sozialismus wirklich vollendet werden kann, dann wird die lähmende Enttäuschung weichen.[1]

Dieses Zitat des DDR-Oppositionellen Robert Havemann anlässlich des «Prager Frühlings» vor dem Einmarsch der sowjetischen Truppen im August 1968, steht exemplarisch für die Hoffnungen der Intellektuellen in der DDR, den Sozialismus zu reformieren. Jeder Reformversuch wurde jedoch von der SED-Führung sanktioniert und so gezwungenermaßen Teil einer Gegenkultur, die trotzdem immer wieder versuchte, den Dialog mit den Mächtigen zu erhalten. Doch diese Versuche führten zu keinem Ergebnis, denn die Partei weigerte sich stetig, die Vorschläge und Ideen der Reformsozialisten ernsthaft anzunehmen, selbst wenn jene ehemals zur führenden Elite des sogenannten Arbeiter- und Bauernstaates gehört hatten.

Ausgehend von dieser Feststellung soll der Beitrag auf diejenigen Akteure der DDR-Intelligenzija in den 1960er und 70er Jahren eingehen, die sich aus politischen Motiven gegen die SED stellten, jedoch nicht aus einem antikommunistischen Reflex heraus handelten, sondern versuchten für einen «anderen» Sozialismus einzutreten. Es soll in diesem Zusammenhang nicht um den großen Begriff des *Widerstandes* gehen, der sich nach Ehrhart Neubert in «nicht legalen Handelsräumen»[2] bewegt und auf die Schwächung und Dis-

1 «Sozialismus und Demokratie. Der Prager Frühling – ein Versuch den Teufelskreis des Stalinismus zu durchbrechen», *in: Die Zeit*, 31.5.1968, zitiert nach: Robert HAVEMANN, *Warum ich Stalinist war und Antistalinist wurde*, Berlin 1990.

2 Ehrhart NEUBERT, *Geschichte der Opposition in der DDR 1949-1989*, Bonn 1997, S. 31.

kreditierung der DDR insgesamt abzielte und somit auch über keine politische Alternativtheorie bzw. Programmatik verfügte, sondern es soll um *Oppositionelle* gehen, die dem frühen DDR-Realsozialismus politische Reformideen entgegenstellten, so wie sie sich später unten anderem in der Perestroika von Gorbatschow oder in der Reformbewegung der demokratischen Bewegungen 1989-1990 wiederfanden. Diese antistalinistische Opposition der Reformsozialisten war kein auf die DDR beschränktes Phänomen, sondern unter anderem in Polen, Tschechien sowie in weiteren Staaten der sowjetischen Einflusszone zu finden. Jedoch kann auch unter westlichen Sozialisten von reformsozialistischen Bewegungen und Ansätzen gesprochen werden – ein Beispiel sind die *eurokommunistischen Bewegungen*[3] in den 1970er Jahren sowie die *Ideen der Neuen Linken*[4] beispielsweise im Frankreich der 1960er Jahre. Hierbei gibt es konzeptionell entscheidende Überschneidungspunkte, auf die in dem vorliegenden Beitrag jedoch nicht eingegangen werden kann.

Es soll in der folgenden Darstellung ausschließlich um die Vertreter der DDR-Opposition in dem gegebenen Zeitrahmen gehen, die trotz ihrer Kritik überzeugte Sozialisten blieben bzw. aus ideologischer Treue heraus erst Oppositionelle der DDR wurden.

Anhand einzelner biographischer Beispiele wie Wolfgang Harich, Robert Havemann, Rudolph Bahro und Peter Huchel sowie der Kafka-Konferenz 1963 in Prag soll untersucht werden, inwiefern von einer *reformsozialistischen Bewegung* und einer *Gegenkultur/Untergrundkultur* gesprochen werden kann: Inwiefern war dies eine reformsozialistische *Bewegung* oder nur ein inoffizieller, von *einzelnen Individuen* bzw. im Westen publik gemachter Diskurs? Wer waren diese Leute, die sich zum Sozialismus bekannten und ihn in seiner bestehenden Form dennoch bekämpften? Und zuletzt: Welche kulturellen und politischen Ideen hatten die Reformsozialisten gemeinsam und wie artikulierten sie diese?

Rolle und Einordnung der Reformsozialisten in der DDR

Zunächst muss der Begriff Reformsozialisten von anderen Formen der Opposition bzw. des Widerstandes unterschieden werden. In der Literatur werden eine Reihe von unterschiedlichen Kategorisierungen und Begriffen für das

3 Vgl. Wolfgang LEONHARD, *Eurokommunismus*, München 1978.

4 Vgl. Pascal ORY, Jean-François SIRINELLI, *Les Intellectuels en France de l'Affaire Dreyfus à nos jours 1958-1968*, Paris 2004.

«unangepasste Verhalten gegen das SED Regime» verwendet: Die Definition von Ehrhart Neubert unterscheidet zwischen Widerstand und Opposition sowie Widerspruch. Für Neubert sind Reformsozialisten auf der Seite der Opposition in Abgrenzung zu Widerstand oder widerständigem Verhalten (Massenaufstand, Wehrdienstverweigerung etc.) sowie zu Widerspruch (teilweise offene Briefe, konkrete Reaktionen auf bestimmte Ereignisse) einzuordnen. Nach Neubert sind Oppositionelle diejenigen, die «auf der Grundlage verbindlicher Normen und verbindlichen Rechts die Machtträger zur Einhaltung dieser Normen und Rechtssetzungen zu veranlassen suchten, um deren Macht zu begrenzen».[5]

Er unterscheidet drei Gruppen von legaler Opposition: die parlamentarische Opposition in Form der Blockparteien, die Kirche sowie sozialethische und engagierte Gruppen und zuletzt die Bürgerbewegung 1989/1990.

Sobald eine ideologische Grenze überschritten wurde, konnte diese legale Opposition jedoch durch die Kriminalisierung der SED schnell zur illegalen Opposition bzw. Dissidenz werden. So wählt Neubert für oppositionelle sozialistische Intellektuelle jedoch nicht den Begriff *Reformsozialisten*, sondern vielmehr den Begriff *marxistische Dissidenten* – die aber eben erst in Interaktion zum Staat zu eben diesen wurden.

Neubert und Ilko-Sascha Kowalczuk[6] sind sich einig, dass diese reformsozialistischen Oppositionellen eng mit der Partei verbunden waren und dann oftmals ausgestoßen wurden. Kennzeichen ist aber ihre Nähe zur Macht und gleichzeitig die Infragestellung ihrer Politik.

Dabei verweist Neubert im Allgemeinen darauf, dass sehr viele Oppositionelle zumindest dem Staat DDR nicht vollständig negativ gegenüberstanden, sondern viele «Mythen und Geschichtsbilder» der offiziellen sozialistischen Ideologie teilten – wobei dies näher aufgeschlüsselt werden muss. Von den Wenigsten sei wirklich eine Auflösung der DDR gefordert worden.[7] Es habe sich also letztendlich um die Frage nach der Kritik an der SED als Vertreterin des status quo gehandelt. Es wurden demnach Reformen von den Kritikern gefordert, die je nach Ausrichtung und Epoche mehr oder weniger eine Demokratisierung und Umstrukturierung des Staates forderten.

In den 1950er und 1960er Jahren finden sich reformsozialistische Bestrebungen vor allem an Universitäten, Verlagen, Redaktionen und Literaturzir-

5 NEUBERT, *Geschichte der Opposition in der DDR 1949-1989* (Anm. 2), S. 30.

6 Ilko-Sascha KOWALCZUK, «Gegenkräfte: Opposition und Widerstand in der DDR – Begriffliche und methodische Probleme», *in:* Eberhard KURTH, Hannsjörg F. BUCK, Gunter HOLZWEIßIG (Hrsg.), *Opposition in der DDR von den 70er Jahren bis zum Zusammenbruch der SED-Herrschaft*, Opladen 1999, S. 51.

7 NEUBERT, *Geschichte der Opposition in der DDR 1949-1989* (Anm. 2), S. 26.

keln.[8] Auf einige ihrer Vertreter soll im Folgenden näher eingegangen werden.

Reformsozialistische Konzepte 1956 – Verpasste Chance – erste große Enttäuschung

1956 war ein Schlüsseljahr für Reformsozialisten in der DDR und anderen Staaten der sowjetischen Einflusszone. Hinsichtlich des XX. Parteitages, der Rede Chruschtschows und der Ereignisse in Polen und Ungarn regte sich Unmut bei vielen Intellektuellen, die mehr und mehr für eine Reformierung der DDR eintraten. Mit der neuen Regierung unter Władysław Gomułka und Imre Nagy wurden auch Hoffnungen auf Reformen in der DDR gespeist.

Neben verschiedenen Publikationen und Konferenzen wie der von der Akademie der Wissenschaften abgehaltenen Freiheitskonferenz[9] will ich vor allem auf Walter Janka und Wolfgang Harich eingehen, die zusammen mit weiteren Vertretern des Aufbau Verlages[10] die ausschlaggebende Intellektuellengruppe war, die sich 1956 für Reformen einsetzte und heftige Kritik an der SED-Führung übte. Der Verlag wurde zum Zentrum von kritischen Diskussionen, die teilweise den Dialog mit den Oberen suchten, wie zum Beispiel mit dem Kulturminister Becher und sich des ungarischen Petőfi-Clubs[11] zum Vorbild nahmen, um die Zustände in der DDR als nicht mehr zeitgemäß und reformbedürftig zu kritisieren. Verbindungen zu den Reformern in Ungarn gab es nicht nur durch Besuche von Verlagsmitgliedern in Budapest, sondern auch durch den Besuch des Literaturkritikers Lukacs, der bis 1956 in der DDR ein hohes Ansehen hatte. Dessen Mitwirkung an der Reformbewegung in Ungarn führte dann aber zu einer totalen Ablehnung von Lukacs seitens des DDR-Regimes.

8 KOWALCZUK, «Gegenkräfte: Opposition und Widerstand in der DDR – Begriffliche und methodische Probleme» (Anm. 6), S. 58.

9 Sieglinde HEPPENER, Wladislaw HEDELER (Hrsg.), *Das Problem der Freiheit im Lichte des wissenschaftlichen Sozialismus*, Berlin 1991 (Originalausgabe 1956).

10 Unter anderem Cheflektor Schroeder und Redakteure wie Heitkamp, Hensel, Müller-Claud. Vgl. Sven SIEBER, *Walter Janka und Wolfgang Harich: zwei DDR-Intellektuelle im Konflikt mit der Macht*, Berlin 2008, S. 95ff.

11 Seit März 1956. Versammelt Intellektuelle und Künstler, die sich für eine Entstalinisierung einsetzen auf Anlass des XX. Parteitages. Unter anderem sprach dort auch Lukacs (14.6.1956). Vgl. Guntolf HERZBERG, *Anpassung und Aufbegehren: Die Intelligenz der DDR in den Krisenjahren 1956/1958*, Berlin 2006, S. 212.

Ein größerer Zusammenschluss im Zuge der Ereignisse von 1956, der sich öffentlich der freien Diskussion und Wissenschaft verschrieb, war der Donnerstags-Club, der unter anderem vom Cheflektor des Verlages Volk und Welt, Fritz Joachim Raddatz, geleitet wurde.[12] Gerade als sich dessen Gespräche vertiefen wollten (Vortrag von Harich über Hegel) wurde dieser aufgrund der Festnahme des Philosophieprofessors und Lektors Wolfgang Harichs[13] aufgelöst (6.12.1956). Der Philosoph war eine der wichtigsten und schillerndsten Figuren, die für die Vorgänge in Polen viele Sympathien zeigten. Die Gruppe Harich, zu der unter anderem noch Bernhard Steinberger und Manfred Hertwig sowie Teile des Aufbau Verlags wie Walter Janka gehörten, wurde im Dezember 1956 verhaftet. Harich schrieb das Manifest «die Plattform für einen besonderen deutschen Weg zum Sozialismus»,[14] in der ein eigener sozialistischer Weg für die DDR gefordert wurde und am Beispiel von Polen eine Loslösung der engen Bindung an die UdSSR. Harich trat in seinem ersten Manifest für unter anderem folgende Punkte ein:[15]

- Eine grundlegende Demokratisierung der SED (Vorbild unter anderem Jugoslawien, KPD; KP China; damit einhergehend eine Entstalinisierung der SED und die Entfernung von belasteten Personalien, gegen Privilegien, Korruption, Vetternwirtschaft und Bürokratismus,
- Das Vertrauen zwischen Partei und Arbeiterklasse soll wieder hergestellt werden (Kritik des Paradoxes zwischen Theorie und Praxis, Parallelgesellschaft),
- Gegen Vertuschung und Propaganda,
- Betriebe sollen unabhängiger werden und nicht mehr von der Partei bevormundet werden,
- Die Partei müsse auf dem Boden des Marxismus-Leninismus stehen, jedoch soll dieser von Wissenschaftlern schöpferisch weiter entwickelt werden und Agitation sowie Propaganda sollten nicht Einfluss auf die wissenschaftlichen Ergebnisse nehmen,

12 Siehe auch: HERZBERG, *ibid.*, S. 237ff.

13 Humboldt Universität, Leiter der *Deutschen Zeitschrift für Philosophie* und Lektor im Aufbau Verlag.

14 Wolfgang HARICH, *Keine Schwierigkeiten mit der Wahrheit. Zur nationalkommunistischen Opposition 1956 in der DDR*, Berlin 1993, S. 112ff.

15 Titel: «Über die Aufgaben der SED im Kampf für eine Festigung ihrer Reihen für die sozialistische Demokratisierung der DDR und für die friedliche Wiedervereinigung Deutschlands auf der Grundlage der Demokratie, des Sozialismus, der nationalen Souveränität und Unabhängigkeit und der Freundschaft mit allen Völkern». *Ibid.*, S. 112.

- Harich setzt sich für eine kritische Aneignung des «wertvollen Gedankenerbes» […] bedeutender deutscher und ausländischer Marxisten» ein und nennt unter anderem Luxemburg, Gramsci, Trotzki, Lafargue, Lukacs.

So stellt Harich seinen Zwiespalt zwischen Ideologiekritik und ideologischer Überzeugung und somit zwischen Öffnung und Erhalt des realsozialistischen Systems folgendermaßen dar:

> Die Partei hat das Recht und die Pflicht, die Bürger der DDR auf allen Ebenen des geistigen und kulturellen Lebens von der Wahrheit des Marxismus-Leninismus zu überzeugen […]. Die Partei hat weder das Recht noch die Pflicht, irgendeinem Parteilosen oder Angehörigen einer anderen Partei den Marxismus-Leninismus aufzuzwingen.[16]

Harich erklärt in seinem Manifest zudem, dass er für ein geeintes sozialistisches Deutschland eintrete und sich für die Annäherung der deutschen Arbeiterparteien SED, SPD und KPD sowie für die Anerkennung des parlamentarischen Weges der West-SPD auf Grundlage des Bonner Grundgesetzes einsetze.

Harich geht es um eine Art «ehrlichen» Sozialismus, der Kritik zulässt aber dessen Fundamente ideologisch nicht angetastet werden. So werden die ideologischen Grundlagen keinesfalls in Frage gestellt. Vielmehr geht es um eine Aufhebung der Kluft zwischen Theorie und Praxis und somit nicht um die Aufgabe des Sozialismus, sondern um seine korrekte Durchführung. So spricht er sich für eine Dezentralisierung und Öffnung der DDR aus, jedoch im Rahmen des Einparteiensystems und auf dem Boden der marxistisch-leninistischen Ideologie.

Robert Havemann

Havemann soll als Beispiel der intellektuellen Dissidenz gelten, der aus naturwissenschaftlicher Perspektive den Formalismus und die hölzerne Parteiideologie der SED kritisierte – wobei es sich weniger um direkte Kritik, sondern in erster Linie um logische Herleitungen handelte, die keineswegs zuerst politischer Natur waren oder einen kritischen Anspruch hatten, auch wenn sich deren Folgen relativ schnell als solche erwiesen.

Havemann setzte sich auch schon 1956 für demokratische Reformen ein, wurde im Rahmen des offiziellen Endes der «Tauwetterpolitik» nach der Niederschlagung des ungarischen Aufstandes von der SED gerügt und arbei-

16 *Ibid.*, S. 122.

tete nach 1958 weiter an der Entwicklung seiner Theorien. Havemann war in der Nachkriegs-DDR Stalinist und begann sich ab 1955 ideologisch umzuorientieren, um ab 1964 vor allem durch seine berühmten Vorlesungen an der HU zu Berlin von der SED ins Abseits gedrängt zum Bürgerrechtler und Oppositionellen zu werden. In diesem Beitrag soll vor allem auf die Entwicklung seiner Theorie bis 1965 eingegangen werden.

Havemann setzte sich vor allem dafür ein, dass es eine wissenschaftliche Freiheit gab, die keine Zensur und Bevormundung erlebte. Im Artikel «Meinungsstreit fördert die Wissenschaften»[17] sind die Worte des ehemaligen Stalinisten Havemann 1956 noch sehr seicht aber bestimmt, wenn er in Reaktion auf den XX. Parteitag und Chruschtschows Geheimrede dafür plädiert, eine angemessene Diskussionskultur unter Wissenschaftlern herzustellen: «Wer andere Meinungen nicht achtet und zu unterdrücken sucht, schätzt offensichtlich die Überzeugungskraft seiner eignen Ideen gering ein.»[18] Er sagte in diesem Essay zudem den «Dogmatikern» den Kampf an und erklärte:

> Weil der Dogmatiker dem Alten verhaftet ist, klammert er sich stets an Autorität und Tradition […]. Von seiner, des Dogmatikers großen Weisheit wird alles andere Denken zum Irrtum, ja mehr noch: zur Bosheit. Darum tut der Dogmatiker am liebsten so, als ob es gar keine Gegenargumente gäbe.[19]

Als Parteimitglied und überzeugter Sozialist sah Havemann das Problem nicht in der marxistischen Theorie, sondern in der Umsetzung und ihrer Interpretation durch die Parteielite, wenn er sagt:

> Die Philosophie des dialektischen Materialismus unterscheidet sich gerade dadurch von den idealistischen Philosophien, dass sie nicht aus einer Reihe starrer Lehrsätze und Dogmen besteht, die man nur auswendig lernen braucht, um ein Philosoph zu sein. Unsere Philosophie schöpft immer neue und tiefere Erkenntnisse aus dem Studium der Wirklichkeit, aus den Wissenschaften.[20]

Bezeichnend für die vorsichtigen Anfänge seiner Kritik an der SED waren seine Reaktionen auf die ablehnende Haltung der Vertreter des offiziellen Marxismus-Leninismus gegenüber der Relativitätstheorie. So sah man auf sowjetischer Seite die *absolute* Wahrheit durch Albert Einstein gefährdet, da dieser von einer Abwesenheit eines unabhängigen und absoluten Bezugssystems ausging und die Partei so befürchtete, einen Relativismus in Bezug auf

17 Robert HAVEMANN, «Meinungsstreit fördert die Wissenschaften», *in:* DERS., *Rückantworten an die Hauptverwaltung «Ewige Wahrheiten»*, München 1971, S. 37.
18 *Ibid.*, S. 38.
19 *Ibid.*, S. 39.
20 *Ibid.*, S. 45.

ideologische Ausrichtungen und damit mehr Kritik und pluralistischere Perspektiven zu fördern.[21] In diesen ersten Aufsätzen versuchte Havemann die wissenschaftlichen Erkenntnisse Einsteins für den Sozialismus zu gewinnen: Er schloss eine unterstellte Unvereinbarkeit der beiden Systeme (der marxistischen Weltanschauung und der Relativitätstheorie) aus und ging sogar so weit – flankiert mit Zitaten von Friedrich Engels – zu sagen, dass diese zusammenpassten: «Das wesentliche Ergebnis der Relativitätstheorie ist aber, dass die allgemeinen Gesetzmäßigkeiten, die in bestimmten Gleichungssystemen ausgedrückt werden, objektiv und unabhängig von dem gewählten Bezugssystem sind.»[22]

Dieses Beispiel zeigt, dass es eine wichtige Voraussetzung war, dass Havemann in erster Linie Naturwissenschaftler war und sich, was die «Wahrheitsfindung» und Ideologiekritik betrifft, an naturwissenschaftliche Kriterien hielt. So schreibt Havemann-Forscher Christian Sachse dazu:

> Für einen Naturwissenschaftler gab es gegenüber einer naturwissenschaftlichen Theorie nur wenige Verhaltensmöglichkeiten: a) entweder hielt er sie für falsch, b) oder für zutreffend, c) Oder sie war noch falsch aber in eine zutreffende Theorie überführbar.[23]

Sein wichtigster Band «Dialektik ohne Dogma»[24] – der seine Vorlesungen an der HU umfasst – führt zum Parteiausschluss, zum Entzug des Lehrvertrages, zur gesellschaftlichen Isolierung sowie zum Hausarrest und seiner totalen Überwachung.

Durch den Entzug des Wortes und die immer heftigen Angriffe auf seine Person reagierte der Naturwissenschaftler mit immer kritischeren Texten, die sich aber nicht gegen den Marxismus an sich und das Ziel einer sozialistischen Gesellschaft wenden, sondern gegen jene SED-Kader, die meinen, ihn gegen Havemann verteidigen zu müssen. So besteht Havemann unangefochten auf der Unabdingbarkeit einer freien Diskussion und plädiert in seinem offiziell letzten Beitrag für «Regeln für einen fairen Kampf».[25] In dem wohl bekanntesten Aufsatz Havemanns bekennt er sich zu seinen ehemals stalinistischen Auffassungen und seinem Parteigehorsam und versucht,

21 *Ibid.*, S. 29ff.

22 *Ibid.*, S. 34.

23 Christian SACHSE, *Die politische Sprengkraft der Physik, Robert Havemann im Dreieck zwischen Naturwissenschaft, Philosophie und Sozialismus (1956-62)*, Berlin 2006, S. 53.

24 Robert HAVEMANN, *Dialektik ohne Dogma. Naturwissenschaft und Weltanschauung*, Reinbeck 1964.

25 Robert HAVEMANN, «Ehrlich um Klarheit ringen (1963)», *in:* DERS., *Rückantworten an die Hauptverwaltung «Ewige Wahrheiten»* (Anm. 17), S. 86.

diese mit seiner Vergangenheit als Widerstandskämpfer gegen den Nationalsozialismus und seiner Einstellung als «guter Marxist» zu erklären. So argumentierte Havemann unter anderem mit Sartre, dessen Stücke er noch in den 1950er Jahren nicht lesen wollte. Er erklärt, dass er nun «den anderen Sartre» entdeckt habe:

> Heute habe ich das in Rowohlts Deutscher Enzyklopädie erscheinende Buch ‹Marxismus und Existentialismus› gelesen. Ich fand darin einen anderen Sartre. Von ihm stammt auch das Wort ‹Sklerose› zur Charakterisierung der dogmatischen Erstarrung des Marxismus unter dem Einfluss des Stalinismus [...].[26]

Er nimmt Sartres politisch-philosophischen Wandelprozess in Bezug auf das Verhältnis von Existentialismus zu Marxismus – was Havemann bewunderte – zum Beispiel für sein eigenes Umdenken und schreibt:

> Um die Bedeutung dieses Wandels ganz zu verstehen, um die ganze Tiefe dieses Wandels zu würdigen, muss man auch heute noch lesen, was Sartre früher sagte und dachte. Dies gilt nicht nur für Sartre. Darum ist die Gegenüberstellung meiner damaligen und meiner heutigen Ansichten berechtigt und notwendig.[27]

In den folgenden Jahren weitete sich seine Kritik am «erstarrten Marxismus» zu einer Aufforderung aus, den Marxismus wissenschaftlich zu bereichern und weiterzuentwickeln. Nicht ohne Grund geht Havemann dabei auf Sartre ein, der in den 1960er Jahren von westlicher Seite aus begann, den Marxismus zu «individualisieren» bzw. den Existenzialismus mit Marx anzureichern und ihn mit anderen wissenschaftlichen Domänen zusammen zu denken.[28] Ebenso geht Havemann auch auf den Polen Adam Schaff[29] ein, der sich ebenfalls für mehr Individualismus im Marxismus stark machte. So vertrat Havemann in seinen Schriften folgende Überzeugungen:

- Während der stalinistischen Periode sind die Wissenschaften und die Weiterentwicklung des Stalinismus erlahmt und müssen wiederbelebt werden.
- Das SED-Regime zeichnet sich durch eine Unterdrückung durch Zensur und fehlende Streitkultur aus, Elitenherrschaft, die Erstickung individueller Grundrechte durch Kollektivzwang, und das Auseinanderklaffen von Theorie und Praxis: Eine Änderung des Bewusstseins habe trotz der «sozialistischen Gesellschaft» nicht eingesetzt.

26 Robert HAVEMANN, «Ja, ich hatte Unrecht», *in: ibid.*, S. 100.
27 *Ibid.*, S. 101.
28 Vgl. Jean-Paul SARTRE, *La Critique de la raison dialectique*, Paris 1960.
29 Robert HAVEMANN, «Kommunismus – Utopie und Wirklichkeit», *in:* DERS., *Rückantworten an die Hauptverwaltung «Ewige Wahrheiten»* (Anm. 17), S. 114ff.

- Havemann meint, die Unterordnung der Menschen unter die historische Notwendigkeit könne nicht der Weg zum Sozialismus sein.
- Er verteidigt die Formen von bürgerlicher Demokratie («unverlierbare Errungenschaften der gesellschaftlichen Entwicklung» unabhängig von der kapitalistischen Wirtschaftsform).
- Er tritt für eine «moderne kommunistische Utopie» ein: Durch die Aufhebung der Selbstentfremdung, das Überflüssigwerden der Ideologie als Täuschung, der Herstellung der Freiheit, wobei er davon ausging, dass Utopie und Wirklichkeit nicht übereinstimmen können und jede Gesellschaft, die behauptet die Utopie zu sein, sich selbst die Zukunft verbaue. Denn, so Havemann, auch im Zeitalter des Kommunismus werde man immer nur auf dem Weg sein.

Rudolph Bahro und seine «Alternative»

Ebenso wie Havemann, zweifelte auch Bahro – Autor des 1977 erschienenen Buches «Die Alternative» – erst nach und nach an der Logik und populistischen Ideologie der SED-Führung. Zentrale Punkte in seiner «Alternative» waren die Forderung nach Analyse statt Polemik und Propaganda – ebenso wie bei Havemann wollte dieser eine vernunftgeleitete Diskussion auf Grundlage der Analyse der Klassiker und unter Einbeziehung der historischen Situation des realexistierenden Sozialismus und seines historischen Entwicklungsstandes einleiten. Bahro ging in seinem Buch auf alle Lebensbereiche ein und formulierte aber auch ganz konkrete Vorschläge beispielsweise zur effizienteren Organisierung der Wirtschaft aber auch zur Demokratisierung der DDR-Gesellschaft. Auch Bahro war anfänglich ein überzeugter Marxist und auf der Linie der SED. So schreibt er 1978 in der U-Haft:

> Solange ich die Überzeugung behielt, dass unsere Verhältnisse in Richtung auf die kommunistische Perspektive in Fluß sind, habe ich mich nicht nur durch gute fachliche Leistungen, sondern auch durch politisch diszipliniertes (wenn auch nicht ganz unkritisches) Verhalten nach bestem Vermögen eingeordnet und dabei keinen anderen Ehrgeiz gezeigt als den, eine förderliche, intelligente Arbeit zu liefern […]. Der Anstoß kam vielmehr von wiederholten Erfahrungen mit der Weigerung des eigenen Apparates […], die dahinter stehenden Widersprüche anzupacken, ja auch nur als objektiv vorhanden anzuerkennen.[30]

30 Rudolf BAHRO, «Persönliche Niederschrift zu Anliegen und Charakter meines Buches ‹Die Alternative›», 15.4.1978, zitiert nach: Guntolf HERZBERG, Kurt SEIFERT, *Rudolf Bahro – Glaube an das Veränderbare. Eine Biographie*, Berlin 2002, S. 134.

Trotzdem verlässt Bahro die DDR schließlich, auch wenn Havemann Bahro noch in letzter Minute umstimmen will. Die Frage des Exils ist gerade für Reformsozialisten eine ambivalente, politische Entscheidung: Die Anhänger Havemanns waren der Ansicht, dass sich nur innerhalb der DDR etwas verändern lasse und ein Exil in den Westen deshalb eine Art Verrat darstelle und man die Gleichgesinnten zurücklasse. Zudem spielt auch bei Bahro wieder eine Rolle, dass auch dieser trotz des Prozesses und der Angriffe auf seine Person und der Überwachung, sich niemals zum Antikommunisten entwickelte, sondern die DDR im Westen sogar zu verteidigen begann. So erklärte er in einem Spiegelinterview 1979:

> Spiegel: Trotzdem bleibt ihre Grundsolidarität mit dem SED-Regime und sogar mit seinen Methoden ungebrochen. Bahro: Keineswegs, alles verstehen heißt ja nicht alles verzeihen. Es gibt ein rationales, das ist das richtige Wort, ein rationales Verständnis für die Gründe, warum die DDR-Führung so handeln musste, wie sie an mir gehandelt hat. Das Verhalten der DDR deckt sich mit meiner Analyse des Systems. Es mußte alles so kommen. Ich war und bin nicht in der Lage, deswegen Haß zu empfinden. Das liegt hinter mir. Ich bin nicht bereit, die DDR von anderen Voraussetzungen als von ihren eigenen aus zu beurteilen.[31]

Er erklärt in diesem Interview auch seinen ungebrochenen Glauben an Reformen in der DDR. Bahro geht sogar so weit zu behaupten, dass es in den Reihen der SED-Funktionäre Sympathisanten gäbe, die ihm «indirekt» Zustimmung signalisiert hätten. So falsch ist Bahros Behauptung sicherlich nicht gewesen, wenn man sich im Nachhinein die Entwicklung der innerparteilichen Opposition in der SED anschaut, die schon vor und während 1989 eigene Reformprogramme eines Dritten Weges in der DDR entwickelten. Erinnert sei hierbei nur an Dieter Klein, Rainer Land und Michael Bries Kreis «Moderner Sozialismus» an der Humboldt Universität in Berlin.[32]

Für Bahro war vor allem der Prager Frühling – wie für viele Reformsozialisten und kritische Intellektuelle – ein schwerer Schlag. Bahro meint, dass «rasche Gestaltveränderung der Kommunistischen Partei selbst bewies, wie dringlich diese neue Struktur, zumindest in den industriell entwickelten Ländern, darauf wartet, den Panzer abzuwerfen, der sie im Larvenstadium

31 «Ich weiß, ich kann völlig abrutschen», Interview mit Rudolph Bahro, *in: Der Spiegel* 22.10.1979.

32 Rainer LAND (Hrsg.), *Das Umbaupapier. Argumente gegen die Wiedervereinigung*, Berlin 1990; Rainer LAND, Ralf POSSEKEL, *Fremde Welten. Die gegensätzliche Deutung der DDR durch SED-Reformer und Bürgerbewegung in den 80er Jahren*, Berlin 1998.

geschützt hat, jetzt aber zu ersticken droht».[33] In diesem Zitat findet sich ein weiterer Hinweis auf die Loyalität Bahros zum System der DDR: Es birgt die Rechtfertigung vergangener Repressionen, die notwendig gewesen seien, um den Sozialismus überhaupt erst zu etablieren – hier bleibt Bahro in der Logik der Parteifunktionäre bzw. auch auf leninistischer Linie. In Folge der Ereignisse von 1968 festigte sich aber sein Vorhaben, seine Analyse und Vorschläge für eine Reformierung des Systems niederzuschreiben. Er war der Ansicht, dass der Machtapparat die natürliche Weiterentwicklung des Systems künstlich hemme und deshalb anachronistisch sei.

Reformsozialismus in Bezug auf den Literaturbetrieb: Auseinandersetzung in der Zeitschrift «Sinn und Form»: Die letzte Huchel-Ausgabe 1962

Die Zeitschrift «Sinn und Form» war eine publizistische Ausnahme in der DDR. Nicht nur unter der Regie des Chefredakteurs Peter Huchel war und blieb die Zeitschrift, trotz heftigen Gegenwindes, eine «stille Enklave des Liberalismus».[34] Auch nach 1962, nachdem Huchel den Posten der Chefredaktion niedergelegt hatte, blieb die Zeitschrift, soweit dies möglich war, eine der offensten und liberalsten Blätter.[35] Die Zeitschrift stand vor allem für einen internationalen Austausch von Literatur, wie Peter Huchel in einem Gespräch mit Becher merkte: «Ohne eine internationale Fühlungsnahme muss unsere nationale Literatur verkümmern.»[36] Dabei sind die interessantesten Beiträge in der letzten Ausgabe unter Chefredakteur Peter Huchel zu finden, im Heft 5/6 von 1962. In dieser Ausgabe hatte Huchel noch einmal provoziert, wohl wissend, dass dies seine letzte Ausgabe sein würde.[37] So kommen in dieser Ausgabe u.a. Jean-Paul Sartre, Hans Mayer, Ernst Fischer, Louis Aragon, Bertolt Brecht und Paul Celan zu Wort.

33 Rudolph BAHRO, *Die Alternative. Zur Kritik des real existierenden Sozialismus*, Frankfurt am Main 1977.

34 Marcel REICH-RANICKI, «Ein anderer Sinn, eine andere Form. Der Dichter und Redakteur Peter Huchel ist in Ungnade gefallen», *in: Die Zeit* 4.01.1963.

35 Dann unter der Führung von Bodo Uhse.

36 Peter HUCHEL, *Gesammelte Werke* (GW), Frankfurt am Main 1984, S. 363.

37 Nach Auseinandersetzungen mit der Akademie der Künste und deren wichtigsten Vertretern Alexander Abusch und Alfred Kurella ab 1960, dann auch mit Kurt Hager, wurde dem Blatt der Ruf eines «westlichen Aushängeschildes» angehängt, indem nach Kurella nie die DDR erwähnt würde. Nach dem Mauerbau, so Uwe

Diese letzte Ausgabe ist ein Beispiel für die «marxistische Dissidenz» im Kulturbetrieb. Peter Huchel und seine Redaktion versuchten anhand der Kommunikation mit ausländischen Schriftstellern und Intellektuellen ein offeneres Klima gegen die verhärmte Kulturpolitik und Literaturauffassungen der SED-Führung zu etablieren. Zwar stand hinter Huchel kein konkretes Reformprogramm, dennoch sprechen die abgedruckten Beiträge der letzten Ausgabe ihre eigene Sprache und waren Ausdruck einer klaren Forderung nach einer offenen sozialistischen Kulturpolitik, die die Moderne und westliche Philosophien nicht länger verteufelte, sondern zur Diskussion einlud. Denn alle abgedruckten Autoren dieser Ausgabe waren mehr oder weniger Sozialisten – wenn auch nicht im Sinne der SED.

So ist die von Huchel abgedruckte Rede von Sartre, die dieser auf dem Weltfriedenskongress in Moskau gehalten hatte, mehr ein politisches als ein literarisches Bekenntnis. Sartres Argumentation ist interessant, weil diese Rede weit reichende Wirkung hatte, bis hin zur Erwähnung auf der Kafka-Konferenz 1963 in Liblice.[38] Sartre geht in seiner Rede davon aus, dass die Kultur im Kalten Krieg als Kriegswaffe benutzt und damit als Mittel zum Zweck werde. Bücher und Kultur dürften nicht mit Sprengstoff versehen werden, um sie dann dem Gegner in die Hand zu geben. Als Beispiel dafür nennt er Franz Kafka, den der Westen im antikommunistischen Sinne gegen den Osten instrumentalisiert habe. Sartre plädiert mit seiner Rede nicht nur für eine friedliche Koexistenz von Ost und West, sondern für ein geistiges Zusammengehen und ein gegenseitiges Ergänzen der Wissenschaften und kulturellen Ansichten. Er tritt ähnlich wie in seinem 1964 veröffentlichten Band «Eine Frage der Methode» dafür ein, dass die marxistische Wissenschaft westliche Wissenschaften nicht pauschal ablehnen solle. Sartre kommt zu dem Schluss: «Sie brauchen Marx, aber auch Kafka; und es ist eine einheitliche Notwendigkeit, die uns Menschen aus Ost und West dazu bringen kann, uns für sie und durch sie zu einigen.»[39]

Ebenso kämpferisch im Sinne von Sartres Abrüstung der Literatur äußert sich Ernst Fischer im gleichen Heft zum von sozialistischer Seite verwende-

---

Schoor in seiner Darstellung, wurde dieses Aushängeschild dann nicht mehr benötigt. Zudem wurde die Akademie der Künste 1962 zu einer sozialistischen Akademie umfunktioniert, was auch die Aufgaben der Zeitschrift änderte. Vgl. Uwe SCHOOR, *Das geheime Journal der Nation*, Berlin 1992, S. 74.

38 U.a. griff Alfred Kurella Sartre auf Grund seiner Rede an in seinem Aufsatz «Der Frühling, die Schwalben und Franz Kafka» von 1968, *in: Sonntag* 31/1963. Aber auch positive Erwähnung z.B. Eduard Goldstücker, der in seiner Rede in Liblice explizit auf Sartres Rede hinweist.

39 Jean-Paul SARTRE, «Die Abrüstung der Kultur», *in: Sinn und Form* 5/6 (1962), S. 814.

ten Begriff der «dekadenten Literatur» und verteidigt vor allem Albert Camus gegen die Verdammung durch die Vertreter des sozialistischen Realismus. Er wendet sich gegen jenes Schwarz-Weiß-Denken, dem auch die Rezeption existentialistischer Denker in der DDR zum Opfer fallen würde. Er betont:

> Es gibt ein Bewusstsein der Beherrschten, es gibt einen Klassenkampf, den Kampf der Völker um Unabhängigkeit, die sozialistische Welt, eine Fülle von Widersprüchen. Dies alles wirkt auf den Künstler, den Schriftsteller ein, nicht nur als Ja oder Nein, als Entscheidung für die sozialistische oder die kapitalistische Welt für die Arbeiterklasse oder für die Bourgeoisie.[40]

Fischer positioniert sich klar gegen die offizielle Literaturrezeption. Er plädiert dafür, sie ernst zu nehmen und nicht «mit dem Schlagwort der modernistischen Dekadenz abzutun».

> Ihre Haltung birgt an sich die Gefahr der Entgesellschaftung, des Rückzuges in die ‹Innerlichkeit›, eines apokalyptischen Nihilismus, nicht aber die konformistischen Illusion […]. Auf Dauer können jedoch nur wir Kommunisten sie davor bewahren, ins Niemandsland zu emigrieren, können nur wir sie ermutigen, zu gesellschaftlicher Aktion zurückzukehren.[41]

Fischer geht soweit, den scheinbaren «Irrationalismus» der westlichen Literatur als Vordringen zur Wahrheit anzuerkennen. Er schreibt:

> Ein Messer schneidet ins behütete Fleisch der Zivilisation, und das Blut tritt hervor, das Dunkle, Unterirdische, Barbarische. Das Irrationale unter dem Geregelten, wildwachsende, unerwartete, beunruhigende Leidenschaft wird gestaltet, die Erschütterung scheinbarer Geborgenheit [...]. Nicht nur darin besteht die Funktion des großen Schriftstellers, dass er Geschichtsschreiber seiner Epoche sei, Schilderer seiner Gesellschaft, sondern dass er Menschen und Situationen darzustellen vermag, die über die Zeit, aus der sie stammen, hinausreichen und weiterwirken.[42]

Fischer stellt sich in diesem Artikel gegen jeden marxistischen Dogmatismus und verteidigt leidenschaftlich die Freiheit der Kunst, ohne ihre gesellschaftsverändernde Wirkung aufzugeben: Im Gegenteil, er versucht zu belegen, dass gerade mit Mitteln der modernen Kunst und der Betonung des subjektiven Faktors, die Entfremdung des modernen Menschen aufgedeckt und der Weg in eine «bessere» sozialistische Gesellschaft aufgezeigt werden kann. Denn er betont: «Daß der Sozialismus zwar geschichtliche Notwen-

40 Ernst FISCHER, «Entfremdung, Dekadenz, Realismus», *in: Sinn und Form* 5/6 (1962), S. 817.

41 *Ibid.*, S. 834.

42 *Ibid.*, S. 846.

digkeit ist, doch nicht von selber entsteht, sondern immer wieder von subjektiven Faktoren, von Entscheidungen in jeweiligen Situationen abhängt.»[43]

In unglaublich direkter, offener Weise, wie es wahrscheinlich nur in dieser letzten Ausgabe von Huchel gewagt werden konnte, sprach Fischer aus, was viele kritische Künstler in der DDR beschäftigte. Fischer mahnte einen künstlerischen Dialog zwischen Ost und West an und erwähnt kritisch die Sprengung des Paktes zwischen Revolution und moderner Kunst durch «die Funktion der sozialistischen Kunst und Literatur dem Kampf der Massen zu dienen»[44] und durch die Tendenz ausschließlich auf «alte Ausdrucksmittel» zurückzugreifen.

Der erzwungene Wechsel der Chefredaktion in «Sinn und Form» nach dieser letzten Ausgabe, bewirkte eine erzwungene starke Reduzierung des Dialoges zwischen Ost und West, war doch Huchels Zeitschrift schon länger als «Trojanisches Pferd des Westens» von Seiten der DDR-Führung empfunden worden. Uwe Schoor schrieb dazu 1991, dass Huchel nicht ohne ein «unversöhnliches Schlusswort» ging:

> Huchels eigene Gedichte sind in dem Heft, das dann im ‹grauen Parteijargoninferiorer› abgekanzelt wurde, poetischer Ausdruck der abgestorbenen Gespräche, jener Erstarrung der Weltkultur, die Sartre in seiner Rede als Ergebnis des Kalten Krieges bilanziert hatte.[45]

Kafka und der Prager Frühling

Die Konferenz «Kafka aus Prager Sicht», die 1963 in Liblice bei Prag stattfand, verdeutlicht den Kampf von kritischen Intellektuellen im Vorfeld des Prager Frühlings für ein freies und modernes Literaturverständnis. Die Kafka-Konferenz hatte nach Angaben des tschechischen Germanisten Eduard Goldstücker grundsätzlich zwei theoretische Ansätze, die in Bezug auf den Schriftsteller diskutiert werden sollten: erstens die Welt Kafkas und ob sich deren Assoziationen auch auf die gesellschaftlichen und zwischenmenschlichen Verhältnisse im Ostblock beziehen lassen und zweitens das Erlebnis

43 *Ibid.*, S. 851-852.

44 *Ibid.*, S. 852.

45 Uwe SCHOOR, «Ein beharrlich verteidigtes Konzept. Die Zeitschrift ‹Sinn und Form› unter der Chefredaktion von Peter Huchel», *in: Literatur der DDR, Rückblicke, Text und Kritik. Zeitschrift für Literatur* [Sonderband], München 1991, S. 53ff.

der Entfremdung,[46] das – so die These Goldstückers – nicht automatisch im Sozialismus verschwinde und weiterhin noch Leiden verursachen kann.[47] Goldstücker führt in seinem Vortrag seine These aus, dass gerade in der Übergangszeit – gemeint ist hier zum Sozialismus – die Entfremdung des Menschen noch viel stärker sein kann als in der kapitalistischen Welt:

> In der Übergangszeit kann es sogar vorkommen – und haben uns dies schließlich nicht die Erfahrungen unseres Lebens deutlich genug bewiesen? –, dass sich in manchen Etappen die Menschen noch viel stärker entfremdet fühlen als im Kapitalismus.[48]

Die moderne Zivilisation enthalte dehumanisierende Elemente – im Sozialismus wie im auch Kapitalismus. Kafka führe an die Grenze des Nihilismus und öffne dennoch ein «Fensterchen der Hoffnung» und sporne zum Kampf an. Diese Deutung von Kafkas Werk ist sehr liberal und versucht moderne, expressionistisch-avantgardistische Gedanken mit dem marxistischen Ansatz zu verbinden. Goldstücker warb für eine Aufdeckung der befremdenden Gefühle der Menschen in der Gesellschaft, um sie mit der sozialistischen Idee zu bekämpfen oder abzumildern.

So ging es den Kritikern im Vorfeld des Prager Frühlings vor allem um die Möglichkeit der Aufdeckung der Missstände. So erklärte der tschechische Philosoph Karel Kosik:

> Das Denken, dass die Pseudokonkretheit aufhebt, um zur Konkretheit zu gelangen, ist zugleich ein Prozeß, in welchem hinter der Welt des Scheins die wirkliche Welt, hinter dem äußeren Anschein der Erscheinung das Gesetz der Erscheinung, hinter der sichtbaren Bewegung die wirkliche, innere Bewegung, hinter der Erscheinung das Wesen enthüllt wird.[49]

46 Wird in diesem Kontext meist als Beherrschung des Menschen von Dingen beschrieben (u.a. von Werner Mittenzwei). Der Mensch ist Spielball der Kräfte und Dinge und dadurch wird/erscheint diesem seine Umwelt fremd und absurd. Entfremdung kann sowohl im marxistischen Sinne verstanden werden (früher Marx z.B. Deutsche Ideologie, vor allem bezogen auf die Entfremdung durch kapitalistische Arbeitsprozesse) sowie auch im bürgerlichen-philosophischen Sinne, wie bereits bei Sartre und Camus angedeutet, in der Beschreibung der Welt als absurd (nihilistische Weltauffassung). Diese sehr «flexible» Bedeutung macht den Spannungsprozess des Begriffes aus.

47 Eduard GOLDSTÜCKER, «Zur Ost-West Auseinandersetzung über Franz Kafka; Zehn Jahre nach der Konferenz von Liblice», *in:* DERS. (Hrsg.), *Kafka – Nachwirkungen eines Dichters*, München 1984.

48 Eduard GOLDSTÜCKER, «Zusammenfassung der Diskussion», *in:* DERS. (Hrsg.), *Franz Kafka aus Prager Sicht*, Berlin 1966, S. 282ff.

49 *Ibid.*, S. 15.

Kosik nennt die Destruktion des Pseudokonkreten und der verschiedenen Formen der Entfremdung «eine der dringlichsten Fragen» des 20. Jahrhunderts.

Fazit: Können Reformsozialisten in der frühen DDR bis in die 1970er Jahre als eine Untergrundbewegung bezeichnet werden?

Zusammenfassend können den aufgeführten Vertretern der Reformsozialisten folgende Eigenschaften zugeordnet werden:

- Nähe zur SED, oft einflussreiche Positionen,
- Trotz ihrer Kriminalisierung paradoxe Haltung zum DDR-System: Ablehnung des kapitalistischen Systems, deshalb Vorzug/Verteidigung der DDR gegenüber/in der BRD,
- Reformsozialisten waren weiterhin überzeugte Marxisten, vertraten einen «lebendigen Marxismus» gegen die ideologischen Schablonen der DDR-Führung,
- Ausarbeitung alternativer Sozialismuskonzepte, Glaube an die Reformierbarkeit des Systems,
- Ihre Opposition hatte oft dramatische Folgen für die eigene Biographie.

Die Eingangsfrage inwiefern die Reformsozialisten der frühen DDR eine Untergrundbewegung bildeten, muss negativ beantwortet werden. Aus den angeführten Beispielen kann geschlossen werden, dass es sich zwar nicht nur um Individuen gehandelt hat, sondern auch um lose Netzwerke, die temporär zu Austauschplattformen in Form von Zeitschriften, Konferenzen, Veranstaltungen oder Versammlungen/Vorträgen im Rahmen von Hochschulen wurden – jedoch kam es zu keiner organisierten oppositionellen Handlung. Jedwede Aktivität der aufgeführten Reformsozialisten beschränkte sich auf intellektuellen Austausch und die Veröffentlichung von entsprechender Literatur bzw. die Initiierung von Debatten oder den Versuch, bestimmte Diskurse anzustoßen. Weder war die Mobilisierung von kritischen DDR-Bürgern ein Ziel noch ein Hintergedanke der Reformsozialisten. Vielleicht entspringt dies der Tatsache, dass es sich bei den Reformsozialisten vor allem um Vertreter des intellektuellen Milieus gehandelt hat, die keinen Sturz des Regimes oder die Beseitigung der DDR anstrebten, sondern sehr lange auf die «Einsicht» der Oberen bauten bzw. auf eine Diskussion oder wie im Falle Havemanns auf eine Streitkultur setzten. Zudem spielt hinein, dass die besprochenen Vertreter jeweils hohe Positionen in Staat und Kultur bekleideten (Zeitschriften, Hochschulen, Akademie der Wissenschaften, Verlage) und nicht selten durch diese Positionen dem Machtapparat der SED bis zu ihrem Bruch oder Konflikt mit dem Regime recht nahe standen.

Wenn diese Reformsozialisten den Kontakt mit dem westlichen Ausland suchten, so geschah dies weniger, um – wie von der SED behauptet – die Konterrevolution zu fördern oder gar die «westliche Propaganda zu unterstützen» oder die DDR im Ausland zu diskreditieren – sondern vielmehr, um ihre verbotenen Bücher zu veröffentlichen und sie so auch DDR-Bürgern zugänglich zu machen. Zudem versuchten die Reformsozialisten teilweise mit anderen linken Intellektuellen in Kontakt zu treten, wie beispielsweise mit Jean-Paul Sartre[50] aber auch mit osteuropäischen Intellektuellen wie Adam Schaff,[51] Ota Sik oder Georges Lukacs. Die SED verstand die Kontaktsuche im Westen und in reformorientierten osteuropäischen Ländern sowie die Abweichung der Intellektuellen von der Parteilinie jedoch als «revisionistisches Denken» und den Versuch, die herrschende Ideologie aufzuweichen, um die DDR langsam auszuhöhlen und ihre Legitimierung zu unterwandern. Sie war nicht gewillt, sich auf die Diskussion mit den Reformsozialisten einzulassen – vor allem aus Angst, das Infragestellen des Machtanspruchs der DDR könnte weitere Kreise in der DDR ziehen und zugleich dem «imperialistischen Ausland» in die Hände spielen. Die Reformsozialisten waren also gezwungen, eine Gegenkultur bzw. einen Gegendiskurs aufzubauen, da ihnen ein Dialog verweigert wurde.

Dabei ist festzustellen, dass auch hier der Kontakt der Akteure nicht immer direkt abgelaufen ist, sondern sich oft auch nur auf indirekte Bezugnahmen beschränkte – beispielsweise auf publizistischer Ebene in Zeitschriften oder Veröffentlichungen. Es kann in diesem Zusammenhang eher von einer bestimmten Intellektuellenszene gesprochen werden, die untereinander vernetzt war und sich um eine Person, eine Institution oder Zeitschrift drehte – Beispiele sind hier der Aufbau-Verlag 1956 oder der Freundeskreis um Robert Havemann sowie die Zeitschrift *Sinn und Form* bis 1962 (Wolf Biermann, Jürgen Fuchs, Peter Huchel), deren Zusammenhalt vor allem

50 Sowohl auf der Prager Kafka-Konferenz, wie auch in Peter Huchels Ausgabe sowie die Diskussionen um seine Abhandlung «Marxismus und Existentialismus, Versuch einer Methodik», auf die verschiedene Intellektuelle wie Hans Mayer aber auch Havemann eingingen.

51 «Der Kommunismus ist eine Bewegung, die nicht nur ihre Feinde, sondern ihre eigenen Exponenten und ihre eigene Geschichte getötet hat. Zwischen Lenin und Breschnew klafft ein großes schwarzes Loch, in das alle hineingefallen sind oder hineingestoßen wurden». Zitiert nach: Norbert LESER, «Ein Don Quichote des Sozialismus», *in: Wiener Zeitung*, 9.02.2007.

durch ihren Widerspruch gegen die Regierenden und gleichzeitig für den Erhalt der DDR und eine Ablehnung des westlichen Systems geprägt war.

Kritischen Künstlern, Schriftstellern (die nicht zwangsläufig fertige Programme und politische Manifeste niederschrieben) und kritischen Intellektuellen wie Havemann und Bahro war eines gemein: Ihr Ziel, mehr intellektuelle Freiheit zu verlangen, um so einen demokratischen Sozialismus herzustellen. So wollte man aus dem autoritären Sozialismus ein «Reich der Freiheit» machen. Dieser wurde aber oftmals als notwendig angesehen, um die DDR aufzubauen und gegen äußere Feinde zu verteidigen – dieses Argument verlor aber in den 1960er Jahren an Überzeugungskraft und wurde deshalb von den Intellektuellen als nicht mehr zeitgemäß betrachtet.

Hingegen können die Reformsozialisten eindeutig als Wegbereiter und Schöpfer einer bestimmten Gegen- oder Untergrund*kultur* gesehen werden. Sie etablierten in jeweils verschiedenen Epochen der DDR-Geschichte einen Gegendiskurs zur herrschenden Kultur der SED-Führung, die in der DDR die Diskurs-, Meinungs- und Deutungshoheit besaß. Durch die Kriminalisierung der Kritiker durch die SED entwickelten sich diese Gegenkulturen oft zu Untergrundkulturen, das heißt, dass ihre Vertreter mundtot gemacht, eingesperrt, ausgewiesen und ihre Bücher verboten wurden und oftmals trotzdem weiter an ihren Projekten arbeiteten, wie die Beispiele Havemann und Bahro zeigen. So blieben diese Untergrund- oder Gegenkulturen zwar in ihrer Wirkung beschränkt, dennoch fanden ihre Ideen vor allem in intellektuellen Kreisen und über die Verbreitung ihrer Ideen durch Publikationen im Ausland Gehör. Zudem speisten die Reformsozialisten mit ihren Ideen die neuen Bürgerrechtsbewegungen der 1980er Jahre.[52]

Zusammenfassung

Reformsozialisten als Untergrundbewegung der DDR? Der Beitrag geht der Frage nach, welche Art von Opposition die sogenannten Reformsozialisten in der frühen DDR ausübten und welche Gemeinsamkeiten ihre unterschiedlichen Vertreter hatten. Untersucht werden die Fälle politischer Dissidenz

52 So schreibt Rudolph Bahro über die Friedensbewegung Anfang der 1980er Jahre in der DDR: «Die Initiative liegt bei anderen Kräften und akzentuiert die Fragen anders, als ich seinerzeit erwartet hatte. Das sind keine marxistischen ‹Dissidenten›, wie etwa Robert Havemann und ich es waren. Obwohl sie unsere Ideen aufgenommen haben, der Ansatz ist verschieden.» Vgl. DERS., «Ein Netz von erheblicher Spannkraft», *in: Der Spiegel*, Nr. 50 vom 13.12.1982.

Wolfgang Harich, Robert Havemann, Rudolph Bahro sowie als Exempel des literarischen Feldes Peter Huchel und die Kafka-Konferenz.

Diese Vertreter der DDR-Opposition zeichneten sich durch das Spannungsverhältnis von relativer Nähe zur SED-Führung und einer radikalen Kritik gegenüber den politischen Verhältnissen in der DDR aus. Es gilt deshalb, ihre Biographien vom antikommunistischen Widerstand abzugrenzen. Die Kritik der marxistischen Reformsozialisten, die in diesem Beitrag behandelt werden, zielte vielmehr auf eine Erhaltung der DDR hin, die durch grundlegende Reformen zu einem «wahren», demokratischen Sozialismus geführt werden sollte. Die einzelnen Dissidenten entwickelten unabhängig voneinander politische Programme oder verpackten ihre Kritik durch gezielte Provokationen, wie die Publikation von Büchern, Artikeln, Zeitschriftenausgaben, die Organisation von politischen Zirkeln oder Konferenzen.

Anhand der unterschiedlichen Biographien wird aufgezeigt, in welchem Zwiespalt sich die Dissidenten befanden: Als überzeugte Marxisten wollten sie die DDR erhalten, gleichzeitig wurden sie jedoch von ihrer Führung kriminalisiert, überwacht und ins soziale Abseits gedrängt. Rückblickend erscheinen sie eindeutig als Wegbereiter der Bürgerbewegungen der 1980er Jahre.

Résumé

Les «socialistes réformateurs» peuvent-ils être considérés comme un mouvement de résistance souterraine à la RDA? La présente contribution s'attache à répondre à cette question en décrivant le type d'opposition exercée par ce groupe ainsi que les principaux points communs entre ses différents représentants. Elle s'intéresse aux cas de dissidence politique de Wolfgang Harich, Robert Havemann, Rudolph Bahro, ainsi qu'à Peter Huchel et à la conférence sur Kafka en tant qu'exemples tirés du domaine littéraire.

Ces représentants de l'opposition à la RDA étaient caractérisés par une tension entre leur proximité relative à l'égard des élites de la SED et une critique fondamentale de la situation politique de la RDA. En ce sens, leur biographie doit être clairement distinguée de celle de la résistance anti-communiste. La critique des socialistes réformateurs traités par notre contribution visait quant à elle la préservation de la RDA, qui, par le biais de profondes réformes, devait être convertie à un «véritable» socialisme démocratique. Les différents dissidents développèrent leurs programmes politiques indépendamment les uns des autres, dissimulèrent leur critique dans des provocations ciblées ou la publication de livres, d'articles, de revues, ou l'organisation de cercles politiques et de conférences.

L'étude des différentes biographies permet de faire ressortir la tension qui caractérisait leur position: marxistes convaincus, ils souhaitaient maintenir la RDA en place mais se retrouvèrent néanmoins criminalisés, espionnés et marginalisés par leurs dirigeants. Rétrospectivement, ils apparaissent clairement comme des précurseurs des mouvements citoyens d'opposition des années 1980.

Entre underground et gentrification: Bert Papenfuß, dernière icône des cercles littéraires non officiels de Berlin-Est?

Sibylle GOEPPER
Université Jean Moulin Lyon 3

Né en 1956 à Stavenhagen dans le Mecklembourg, Bert Papenfuß appartient à la génération des «Nés dedans»[1] qui regroupe les auteurs nés autour des années 1950, n'ayant pas connu d'autre système que celui de la RDA. A partir du milieu des années 1970, Papenfuß est actif dans les milieux artistiques non officiels,[2] notamment dans le quartier du Prenzlauer Berg situé à Berlin-Est. Ses poèmes paraissent dans les revues autoéditées *Mikado, Liane, Ariadnefabrik*, sortes de samizdats culturels circulant alors illégalement dans la capitale.[3] Le cas de Bert Papenfuß est intéressant à plusieurs titres: d'une part parce que du temps de la RDA, il est l'un des protagonistes principaux de la scène artistique non officielle, d'autre part, parce qu'aujourd'hui encore, on le considère comme l'une des personnalités incontournables de la culture underground berlinoise.[4] Cette visibilité le distingue à la fois des collègues qui, après le scandale des indicateurs de la Stasi,[5] ont

1 Le terme a été inspiré par le titre du recueil d'Uwe KOLBE, *Hineingeboren. Gedichte 1975-1979*, Ost-Berlin 1980.

2 Nous préférons l'adjectif «non officiel» qui insiste sur le statut des productions artistiques de ces cercles à celui d'«indépendant» qui évoque davantage le comportement des acteurs.

3 Carola Hähnel-Mesnard utilise ce terme pour désigner le mode de production des revues. Elle souligne cependant que ces dernières n'ont pas la portée politique des samizdats des autres pays de l'Est. Elles touchent un public relativement restreint et ne font pas boule de neige. C. HÄHNEL-MESNARD, *La Littérature autoéditée en RDA dans les années 1980. Un espace hétérotopique*, Paris 2007, pp. 51-52.

4 Nous utilisons «underground» par opposition à «mainstream», pour qualifier les cultures minoritaires face à la culture majoritaire.

5 En 1991, le chansonnier Wolf Biermann révèle la collaboration prolongée de Sascha Anderson, l'un des leaders des cercles non officiels, avec la police du ministère de la Sûreté d'Etat est-allemand. *Cf.* Peter BÖTHIG, Klaus MICHAEL (éds.), *Machtspiele. Literatur und Staatssicherheit im Fokus Prenzlauer Berg*, Leipzig 1993. La génération du Prenzlauer Berg ne se remettra jamais totalement de ce scandale et disparaîtra en tant que groupe du champ littéraire réunifié. *Cf.* Jan

disparu du champ littéraire de l'Allemagne réunifiée et d'autres individualités, qui ont poursuivi leur carrière avec succès, mais pour lesquelles l'éloignement des canaux officiels n'est plus guère de mise.[6] De ce point de vue, Bert Papenfuß constitue une exception notable: cultivant l'esprit anticonformiste des origines, il est, depuis plus de deux décennies, à l'initiative de nombreux projets alternatifs, ainsi qu'à la tête d'une œuvre lyrique aussi originale que prolifique.

Bert Papenfuß occupe une position intermédiaire entre ce qui perdure de la culture artistique non officielle est-allemande jusqu'à nos jours et les évolutions contemporaines de la ville où il travaille. On sait l'importance que revêt la notion d'espace pour l'émergence des cultures *off*.[7] Il faudra donc rappeler comment l'espace propre à Berlin-Est a permis que s'épanouisse un underground à un moment donné de son histoire, puis se demander si et en quoi les mutations subies par la ville depuis 1990, résumées ici par le terme de «gentrification»,[8] constituent un péril pour ce mode d'expression. Il conviendra également de souligner l'ambiguïté de la position de Papenfuß qui, de la RDA à nos jours, évolue entre autonomie et intégration au système.

L'exemple de Bert Papenfuß est aussi singulier parce que le cadre de production qu'il a connu à ses débuts a disparu avec l'Etat socialiste. La question de la continuité et de l'évolution de sa pratique artistique au fil du temps se pose donc de manière particulièrement originale. Une permanence est-elle pensable dans ces conditions ou assiste-t-on à un renouveau total après 1990 et, dans ce cas, quelles en sont les orientations? Afin de mieux mesurer

---

FAKTOR, «Warum aus uns nichts geworden ist. Betrachtungen zur Prenzlauer-Berg-Szene zehn Jahre nach dem Mauerfall», *in: Text + Kritik. Zeitschrift für Literatur* [Sonderband] (2000), pp. 92-106.

6 On pense, entre autres, à Katja Lange-Müller (*1951), Jan Faktor (*1951), Uwe Kolbe (*1957), Kathrin Schmidt (*1958) ou encore Kerstin Hensel (*1961) qui ont obtenu une importante reconnaissance critique et publique au cours des dernières années.

7 Elsa Vivant considère les espaces *off* comme des lieux de socialisation essentiels pour les jeunes en cours de marginalisation face à l'espace majeur. E. VIVANT, *Le rôle des pratiques culturelles* off *dans les dynamiques urbaines*, thèse soutenue à l'université Paris VIII, 2006, p. 65.

8 Ruth Blass a forgé le terme «gentrification» dans les années 1960 «pour décrire le processus à travers lequel des ménages des classes moyennes avaient peuplé d'anciens quartiers populaires dévalorisés du centre de Londres, plutôt que d'aller s'installer dans des banlieues résidentielles selon le modèle dominant jusqu'alors pour ces couches sociales». Avec ce terme, elle décrivait «à la fois une transformation de la composition sociale de certains quartiers centraux et un processus de réhabilitation d'un bâti dégradé». Catherine BIDOU-ZACHARIASEN, «La Ville à trois vitesses: gentrification, relégation, périurbanisation», *in: Esprit* 303 (2004), p. 62.

le positionnement et le rôle de Papenfuß, il nous paraît donc nécessaire de ne pas étudier uniquement l'activité actuelle du poète, mais de retracer sa trajectoire depuis les années 1970. C'est en effet de l'approche diachronique que se dégage l'évolution que cette étude entend illustrer: celle du passage d'une sous-culture anticonformiste dans les années 1980 à une opposition contre-culturelle dans les années 2000.[9]

1973-1989: une culture de l'ambiguïté

La «scène» du Prenzlauer Berg

A partir du milieu des années 1970, et notamment de l'année 1976 qui a vu la déchéance de nationalité du chansonnier Wolf Biermann, on assiste sous l'influence de la jeune génération d'artistes à un renouveau du canon référentiel et des pratiques traditionnellement présentes en RDA. Performances, déclamations de manifestes, concerts de musique punk forment autant de happenings innovants qui accueillent, dans des appartements privés ou des églises, un public très divers, composé de musiciens, d'auteurs, d'acteurs, de peintres et de marginaux.[10] A cette époque, Papenfuß fonde le groupe de musique punk *Rosa extra* dont il est le chanteur, le guitariste, puis le parolier. Ces rencontres informelles forment le socle de communication et la base symbolique autour desquels la jeunesse est-allemande en rupture avec l'orthodoxie socialiste se retrouve. La production littéraire se caractérise quant à elle par le recours à des formes empruntées aux avant-gardes historiques, radicalement différentes des modèles officiels encore fortement influencés par le réalisme socialiste. L'un des symboles de cette rupture est le

9 Rolf Schwendter définit la sous-culture ainsi: «Somit ist Subkultur ein Teil einer konkreten Gesellschaft, der sich in seinen Institutionen, Bräuchen, Werkzeugen, Normen, Wertordnungssystemen, Präferenzen, Bedürfnissen usw. in einem wesentlichen Ausmaß von den herrschenden Institutionen etc. der jeweiligen Gesamtgesellschaft unterscheidet». A l'intérieur de cette catégorie, il distingue les sous-cultures régressives et progressives, seules ces dernières étant considérées comme des contre-cultures: «Die Subkulturen als Gegenkulturen, die progressiven Subkulturen hingegen sind solche, die sich als entschiedene Opposition zum bestehenden System ausdrücken und auch so verstanden werden wollen». R. SCHWENDTER, *Theorie der Subkultur*, Köln 1971, p. 11.

10 Voir la description que font d'eux-mêmes les membres de ces cercles. Sascha ANDERSON, Elke ERB (éds.), *Berührung ist nur eine Randerscheinung*, Köln 1985, p. 10.

manifeste *Zoro in Skorne*[11] cosigné en 1984 par Bert Papenfuß, Jan Faktor et Stefan Döring. Le texte affiche clairement sa filiation avec le mouvement Dada et le futurisme russe, courants réprouvés par le régime. La rupture ne se situe cependant pas uniquement sur un plan esthétique et référentiel, mais également sur celui de la production et de la réception, puisque les textes de ces poètes paraissent dans des revues auto-éditées qui, Est et Ouest confondus, toucheront au plus fort de leur diffusion plusieurs dizaines de milliers de lecteurs. Ce fonctionnement non orthodoxe contribuera à véhiculer, notamment en RFA, l'image d'un underground littéraire est-allemand ayant conquis son autonomie face au pouvoir.[12]

Le Prenzlauer Berg représente cependant davantage qu'un mouvement artistique: c'est un mode de vie qui s'inscrit dans un espace. Les appartements vides des quartiers du centre-ville de Berlin-Est, délaissés par les citoyens est-allemands partis s'installer dans des immeubles plus modernes situés à la périphérie de la capitale, sont investis sans autorisation afin d'abriter cette bohème. Si l'on n'assiste pas avec ce phénomène de squattage à un geste protestataire aussi visible qu'à l'Ouest au même moment,[13] il s'agit malgré tout d'une pratique déviante, puisqu'en RDA les logements sont normalement attribués par l'Etat selon des critères très précis.[14] Par ailleurs, dans la mesure où le paragraphe sur le parasitage menace les personnes ne participant pas au processus de production, cette jeunesse, souvent issue de la nomenclature, occupe des emplois modestes, sous-qualifiés qui lui permettent tout juste de vivoter.[15] Elle se soustrait ce faisant aux injonctions productivistes du pou-

11 Bert PAPENFUẞ-GOREK, Jan FAKTOR, Stefan DÖRING, «Zoro in Skorne», *in:* Klaus MICHAEL, Thomas WOHLFAHRT (éds.), *Vogel oder Käfig sein. Kunst und Literatur aus unabhängigen Zeitschriften in der DDR 1979-1989*, Berlin 1991, pp. 14-25.

12 Uwe WITTSTOCK, *Von der Stalinallee zum Prenzlauer Berg. Wege der DDR-Literatur 1949-1989*, München 1989, pp. 230-231.

13 Baptiste Colin insiste sur la recherche de médiatisation systématique des squatteurs de Berlin-Ouest dans les années 1980. B. COLIN, «A travers les murs, l'espace transnational des squatts: une approche croisée de l'été 1981 à Berlin-Ouest et Paris», *in:* Bernard LACROIX, Anne-Marie PAILHES (éds.), *La contre-culture: genèses, circulations, pratiques*. Ouvrage à paraître aux éditions Syllepse en 2014.

14 A propos de la politique d'attribution des logements en RDA, *cf.* Grégory MOUGEL, *Berlin (1990-2000). Processus et formes de division sociale d'un espace intra-métropolitain réunifié*, thèse soutenue à l'université de Caen en 2006, pp. 117-119. On pourra également consulter le paragraphe consacré à l'évolution de la division sociale de la ville: p. 119 à 122.

15 Le nouveau code pénal entré en vigueur en 1968 criminalise à l'aide du paragraphe 249 les phénomènes d'«asocialité» et de «parasitage» en RDA. *Cf.* Sven KORZILIUS, «Gesellschaftliche Ausgrenzung Asozialer in der Honecker-DDR», *in:* Leonore ANSORG, Bernd GEHRKE u.a. (éds.), *Das Land ist still – noch!*

voir et témoigne de sa désinvolture envers le travail, l'une des vertus cardinales du socialisme. Or, le renforcement du sentiment de communauté par des pratiques sociales propres est bien une caractéristique de la contre-culture.[16]

Une position de non-confrontation avec le pouvoir

En contexte de dictature, il convient cependant d'employer la notion de contre-culture avec prudence. C'est d'autant plus vrai dans le cas présent qu'en 1991, le chansonnier Wolf Biermann révèle la collaboration avec la police politique de la RDA (Stasi) du meilleur ami de Bert Papenfuß, Sascha Anderson, considéré lui aussi comme l'un des leaders du Prenzlauer Berg. Certes, nul n'ignorait que les cercles, à l'instar de toutes les couches de la population potentiellement déviantes aux yeux du pouvoir, étaient infiltrés par les informateurs de la Stasi. Qu'un de leurs agents se trouve à leur tête marque néanmoins une étape supplémentaire dans la manipulation. Si l'on ne peut nier aujourd'hui qu'Anderson a contribué à dépolitiser les cercles non officiels,[17] il demeure que l'on assiste bel et bien dans la deuxième moitié des années 1970 à une évolution dans les comportements face au pouvoir. Contrairement aux socialistes réformateurs et dissidents Robert Havemann (1910-1982), Rudolf Bahro (1935-1997) ou encore Wolf Biermann (*1936), la nouvelle génération renonce à affronter le socialisme réellement existant de RDA sur la base commune de l'utopie socialiste. Face à une situation qu'ils estiment bloquée, les jeunes du Prenzlauer Berg abandonnent le terrain du politique, prennent le parti de l'activité souterraine et des modes d'action alternatifs afin d'échapper à l'antagonisme traditionnel entre critique et fidélité. L'idée de non-confrontation est extrêmement importante pour

---

Herrschaftswandel und politische Gegnerschaft in der DDR (1971–1989), Köln 2009, p. 164.

16 Les études portant sur la contre-culture historique, née aux Etats-Unis dans les années 1960, soulignent le rôle que l'affichage d'un certain style de vie, notamment le refus d'entrer à l'université ou sur le marché du travail à la fin de l'adolescence, joue dans la constitution d'une identité contestataire. *Cf.* Andrew J. DIAMOND, Roman HURET, Caroline ROLLAND-DIAMOND (éds.), *Révoltes et utopies: la contre-culture américaine des années 1960*, Paris 2012, p. 31.

17 Les preuves définitives de la collaboration de Sascha Anderson sont livrées par l'article de Holger KULICK, «Der Dorfpolizist vom Prenzlauer Berg. Sascha Andersons letzte Geheimnisse», *in: Horch & Guck* 28 (2000), pp. 1-39. Pour un bilan sur l'affaire par un membre du Prenzlauer Berg: Jan FAKTOR, «Sechzehn Punkte zur Prenzlauer-Berg-Szene», *in:* BÖTHIG, *Machtspiele* (note 5), pp 91-111.

comprendre cette philosophie. On constate en effet que la majorité des poètes, Papenfuß en tête, refuse avec véhémence tout positionnement vis-à-vis du politique. Ils ne se disent ni pour, ni contre, juste indifférents au système.[18] Gerrit-Jan Berendse décrit l'insubordination pratiquée par Papenfuß ainsi:

> Papenfuß lässt die einzelnen Buchstaben in den Wörtern tanzen und neue Rangordnungen finden, um so einen Befreiungskampf gegen jegliche ‹Recht-Schreibung› zu ermöglichen. Dieses ‹kwehrdeutsch› [...] wurde vom Staat zu Recht als Provokation erkannt, entwickelte sich jedoch nicht zum öffentlichen Protest, denn die Revolten fanden immer nur im avantgardistischen Spiel statt.[19]

Il n'y a donc pas chez les artistes du Prenzlauer Berg de véritable volonté d'ébranler les fondements du système, mais simplement celle d'échapper à ses injonctions. Cette rébellion essentiellement esthétique et, qui plus est, destinée à un nombre limité d'initiés, n'entend pas non plus essaimer dans la société majoritaire. Or, de même que le principe de non-confrontation n'est pas synonyme de contestation et de protestation, il ne va pas de soi que la simple soustraction à une influence soit une forme de «résistance». C'est ce qui conduit Carola Hähnel à renoncer à l'idée de «contre-espace public» («Gegenöffentlichkeit») à propos du Prenzlauer Berg et à s'appuyer, en référence à Michel Foucault, sur la notion d'hétérotopie. C'est en tant que microcosme, dont le fonctionnement et l'organisation sont relativement indépendants de la société, que cette dernière remet en question les normes et les cadres de l'ordre et des hiérarchies existantes.[20]

Les traits de la contre-culture

Si quelques précautions s'imposent afin de ne pas galvauder les notions, la fréquentation d'autres aires et d'autres époques nous enseigne qu'historiens et spécialistes des sciences sociales n'hésitent pas à employer le concept de contre-culture de manière large, afin de désigner tout phénomène de déviance face au champ majoritaire et ce, sans qu'il y ait nécessairement volonté de la part des acteurs de renverser l'ordre établi. Ainsi la contre-culture n'a-t-elle pas forcément vocation à être révolutionnaire. Elle peut être réformiste, autrement dit s'opposer à certaines manifestations du système, tout en

18 Dans son avant-propos, Elke Erb refuse les qualificatifs de «pétitionnaire», «agressif», «underground» et «dissident». ANDERSON, *Berührung* (note 10), pp. 15-16.

19 Michael OPITZ, Michael HOFMANN (éds.), *Metzler Lexikon DDR-Literatur*, Stuttgart 2009, pp. 244-245.

20 HÄHNEL-MESNARD, *La Littérature autoéditée* (note 3), p. 41.

en étant partie prenante.[21] Or dès lors que l'on considère la contre-culture non plus comme une essence, mais comme un processus relationnel, temporel et local, le terme retrouve tout son intérêt dans le cadre du Prenzlauer Berg.

Différents traits de contre-culture y sont indéniablement réunis: le geste de reterritorialisation d'espaces laissés vacants, au sens topologique et discursif du terme, l'occupation au sens concret et figuré des lacunes du système. Que dans le cas de la bohème est-allemande, la rébellion culturelle soit portée par des enfants de privilégiés correspond également à une constante. Ce sont en effet souvent les acteurs issus des milieux les plus aisés et conformes qui sont en position d'importer un discours de contestation, autrement dit l'hérésie, au sein de leur champ social d'origine.[22] La recherche d'intégration, maintes fois soulignée à propos de la littérature non officielle, n'infirme pas non plus à elle seule son caractère contre-culturel: nombre de mouvements ont suivi le même processus tout au long de l'histoire. La «récupération» dont ils font l'objet est peut-être même la marque de leur succès, le signe que la contamination a réussi.[23] Quoi qu'il en soit, le phénomène de cooptation par le pouvoir n'est une particularité ni de la RDA, ni du Prenzlauer Berg. Malgré leur rôle de soupape, et peut-être même de stabilisateurs du régime, les artistes de ces cercles, qui n'étaient pas tous des indicateurs de la Stasi, sont les seuls à avoir premièrement proposé une réforme du style de vie en RDA en affichant leurs références à la Beat Generation et à la contre-culture occidentale, deuxièmement tenté de fonder une micro-société offrant des modes et lieux de vie alternatifs et fonctionnant en réseau, troisièmement choisi la voie de la marginalité institutionnelle en se dotant d'organes de communication indépendants. Pourtant, si certaine soit-elle, l'originalité, tant au plan social qu'esthétique, de ces cercles ne vaut que dans le cadre spécifi-

21 La génération qui, dans les années 1950, se met à écouter du rock-n-roll et à fumer des cigarettes aux Etats-Unis se comprend moins comme un mouvement politique que comme une jeunesse bien décidée à profiter de la vie – ce qui correspond en tous points à l'idéal consumériste de la société d'après-guerre. En ce sens, il est difficile de la considérer comme une «opposition» ou une «alternative» au système. DIAMOND, *Révoltes* (note 16), p. 28.

22 L'idée que pour se rebeller contre les normes comportementales traditionnelles, il faille en avoir les moyens et le temps, peut étonner lorsqu'on la rapporte à la société de pénurie est-allemande. Pourtant, Bert Papenfuß lui-même souligne combien, d'un point de vue matériel, il était facile de vivre dans le Berlin-Est des années 1980 et de se consacrer exclusivement à son art. Entretien avec l'auteur, 16.8.2009.

23 Pierre Bourdieu présente le processus d'intégration des avant-gardes comme le moteur naturel de l'histoire du champ littéraire. P. BOURDIEU, *Les Règles de l'art. Genèse et structure du champ littéraire* (1992), Paris 1998, p. 261.

que de la RDA. Ceci explique que les artistes n'existent plus en tant que groupe à l'heure actuelle et que Bert Papenfuß ait été amené à se repositionner après 1989.

L'après 1989: de nouveaux modes de dédommagement alternatifs

Diversification des activités

Malgré la disparition de la censure d'Etat après le «tournant», Bert Papenfuß et ses amis de toujours ont à cœur de conserver leurs propres structures afin de poursuivre leur travail. A Berlin, le début de la décennie 1990 offre de grandes ouvertures de ce point de vue. On assiste ainsi à une diversification des activités hors du domaine strict de l'écriture. L'imprimerie et maison d'édition Druckhaus GALREV est fondée en 1990. Située dans la Lychenerstraße, elle accueille dans un premier temps certaines revues auto-éditées comme *Ariadnefabrik, Liane* et *Verwendung*. Une visite sur son site web nous renseigne sur ses différentes activités.[24] On trouve d'abord un clin d'œil aux années d'illégalité par le biais d'une icône représentant une ronéotypeuse en train de fonctionner, mais les nouvelles technologies sont aussi à l'ordre du jour: vidéos à télécharger, lectures virtuelles de la bibliothèque, CD-Rom sur la maison d'édition indiquent que l'underground a su évoluer avec son temps. Parmi les membres historiques du Prenzlauer Berg, on découvre Stefan Döring, Andreas Koziol, Thomas Böhme, Elke Erb, Frank Wolf Matthies, Ulrich Zieger et Sascha Anderson. On n'en apprend cependant guère plus: aucun renseignement sur le statut juridique ou, plus généralement, sur l'histoire de la maison d'édition n'est disponible. Au premier abord, on pourrait y voir la marque du dilettantisme revendiqué par le Prenzlauer Berg. Mais il y a fort à penser qu'il s'agit en réalité d'une forme d'opacité qui, de tout temps, a existé et été cultivée par ses acteurs.

Une autre continuité avec la période précédente réside dans le fonctionnement en réseau et la mutualisation des moyens dans ces cercles. Ainsi GALREV collabore régulièrement avec la maison d'édition *BasisDruck Verlag* située à une rue de là, dans la Schliemannstraße.[25] Dans la mesure où cette dernière est tenue par des proches de l'opposition politique est-allemande, groupe avec lequel le Prenzlauer Berg a été en concurrence après

24 www.galrev.com (Dernière consultation: 2 mai 2013).
25 www.basisdruck.de (Dernière consultation: 2 mai 2013).

1989 autour des notions d'«autonomie» et de «résistance» face au régime du SED, il est intéressant de constater que les différends sont mis de côté afin de joindre ses forces et de survivre. En ce qui concerne les ouvrages à proprement parler, quelques centres de gravité se dessinent, tels que le mélange des genres et la rencontre entre différentes disciplines artistiques. Comme en RDA, la poésie est très représentée, qu'elle soit de langue allemande ou étrangère. Les traductions se situent dans la lignée des «adaptations» («Nachdichtungen»), très prisées en RDA et peu présentes en RFA. La poésie est souvent associée aux arts graphiques. Textes et reproductions de photos, dessins, tableaux, lithographies perpétuent la tradition des livres d'art. Une place importante est réservée à la musique grâce à la rubrique «audionautes»[26] qui met à disposition CD et disques 33 tours. Enfin, on annonce le renouvellement de la tradition des livrets d'opéra, en référence à l'époque où des artistes venus de différents horizons «collaboraient afin de développer ensemble un produit».[27]

En 1994, Bert Papenfuß fonde avec d'autres la revue *Sklaven* qui s'inspire du projet libertaire et anarchiste de Franz Jung développé dans les années 1930. A nouveau, l'impression est assurée par le *BasisDruck Verlag*. En 1998, des dissensions entre les acteurs provoquent leur séparation: *Sklaven-Aufstand* paraît jusqu'en 1999, puis elle continue à être éditée sous le titre de *Gegner*. Cette revue rassemble des textes de littérature, de philosophie et d'économie que les éditeurs baptisent «Etudes contemporaines d'un point de vue radical».[28] Des textes actuels sont combinés à des écrits originaux issus de la tradition révolutionnaire. L'orientation est claire: anarchisme, communisme, anti-productivisme, anti-nationalisme, pacifisme... Bert Papenfuß anime par ailleurs d'autres revues aux sous-titres aussi espiègles qu'évocateurs: *floppy myriapodo. Subkommando für die freie Assoziation*, *TorTour. Zeitschrift für antiautoritäre Wissenskraft* et *Zonic. Kulturelle Randstandsblicke und Involvierungsmomente*. Au niveau formel, ces revues éditées à compte d'auteur, à entre 500 et 1000 exemplaires, n'ont plus rien à voir avec les revues auto-éditées des débuts. Le texte domine, l'aspect artistique est secondaire, voire complètement absent. Après la valorisation du livre d'art, de la pièce de collection unique du temps de la RDA, on privilégie les traditions littéraires et philosophiques de critique sociale. Cette entrée dans le politique et cette radicalisation constituent l'une des évolutions majeures de l'après-réunification.

26 «Audionauten im Druckhaus».
27 «miteinander und gegenseitig ein Produkt entwickeln».
28 «Zeitgenössik aus radikalem Blickwinkel».

Après la fermeture du café KYRIL attenant à la maison d'édition GALREV, Bert Papenfuß reprend en 1990 le Kaffee Burger situé dans le quartier de Mitte.[29] Là encore il s'agit d'une entreprise collective dans le cadre de laquelle il s'acquitte d'une partie de la programmation culturelle. Le Kaffee Burger devient rapidement l'un des lieux incontournables de la «scène» berlinoise: musique, concerts, performances, lectures perpétuent la tradition datant des dernières années d'existence de la RDA. A ses débuts, le Kaffee Burger est clairement conçu comme la prolongation et le complément des débats initiés dans les revues animées par Papenfuß. La recherche d'un auditoire plus large par le biais de ce «café dansant» («Tanzwirtschaft») témoigne cependant d'une volonté de visibilité et d'une stratégie d'ouverture inédites.

Les défis de la gentrification et de la globalisation

Le terme de gentrification fait allusion aux travaux de rénovation et de revitalisation des quartiers du centre-ville de Berlin-Est qui ont eu pour conséquence positive de rendre cette partie de la ville attractive pour de nouveaux groupes, entraînant la coexistence de différentes couches sociales en un même lieu, et pour conséquence négative d'induire une hausse générale du coût de la vie, et en particulier du prix des loyers, qui menace les ménages les plus fragiles.[30] Si l'arrivée d'artistes, y compris ceux évoluant sur les scènes *off*, fait partie intégrante de la première phase de gentrification consistant à revaloriser des quartiers délaissés, Elsa Vivant constate la difficulté d'artistes aux revenus précaires à se maintenir dans les lieux investis lors de la deuxième phase, celle qui fait place aux classes moyennes aisées et aux promoteurs.[31] Ce constat nous amène à nous poser la question de la survie des activités évoquées jusqu'à présent dans un Berlin en pleine mutation.

Si le catalogue de GALREV présente toujours à ce jour plus d'une centaines d'ouvrages, l'absence de datation des volumes complique les tentatives de périodisation des activités de l'établissement. En se concentrant sur les anthologies, on constate toutefois qu'elles ont toutes été publiées dans les années 1990. La décennie 2000 enregistre un sensible fléchissement des

29 http://www.kaffeeburger.de (Dernière consultation: 2 mai 2013).

30 Grégory Mougel consacre la cinquième partie de sa thèse à la régénération urbaine des quartiers centraux de Berlin-Est. On lira en particulier le chapitre portant sur le processus de gentrification dans le quartier de Prenzlauer Berg. MOUGEL, *Berlin (1990-2000)* (note 14), pp. 539-563.

31 Elsa VIVANT, *Qu'est-ce que la ville créative?*, Paris 2009, pp. 46-47.

parutions, avec à peine un ouvrage par an de 2007 à 2011. Certes, beaucoup de textes sont sortis des tiroirs à la chute du Mur, de même qu'après des années d'attente, on a eu à cœur de publier des ouvrages de littérature étrangère, autant de phénomènes de rattrapage qui expliquent le dynamisme des premières années. Ils ne doivent toutefois pas masquer que le ralentissement entre les décennies est aussi lié à des difficultés matérielles et financières. Ainsi, la maison n'a aucun ouvrage à son actif en 2012 et 2013. Une telle entreprise semble vouée à cesser ses activités à plus ou moins court terme.

Le rythme lent peut toutefois aussi être interprété comme la volonté de conserver le caractère expérimental des origines et de s'adresser à un public restreint. C'est ce à quoi l'on pense en voyant le film documentaire de quatre-vingt-dix minutes «Poésie de l'underground – controverses à Prenzlauer Berg de 1976 à 1990»[32] réalisé par Matthias Aberle en 2009. Cette collaboration offre un exemple supplémentaire de diversification des modes d'expression puisque, cette fois, Bert Papenfuß rédige le script et conseille le réalisateur. Malgré le titre accrocheur, rappelant l'aura subversive du quartier et les polémiques qui l'entourent, le visionnage du film révèle que les concessions au média *mainstream* qu'est le cinéma sont très limitées. Comme du temps des samizdats, on ne comprend pas grand-chose au propos, à moins d'être initié. Hermétisme, allusions énigmatiques et absence totale de contextualisation renouent avec la tendance à l'opacité qui faisait déjà débat du temps de la RDA. Faut-il voir dans cette tendance à l'autoréférence la caractéristique de l'avant-garde et de l'underground? S'agit-il d'une forme de complaisance à ne pas être compris ou d'un moyen d'éviter la récupération, de l'exploitation habile d'une image qui a fait recette autrefois ou de simple dilettantisme? La réponse n'est pas claire, ce qui l'est en revanche, c'est que le profane reste à l'extérieur.

Avec l'arrivée de classes moyennes aisées dans le quartier de Prenzlauer Berg, on assiste à la montée en puissance des «réformismes», autrement dit de cultures très nettement moins radicales que par le passé, d'où une perte d'audience grandissante pour les artistes tels que Papenfuß. La stature de métropole de Berlin, qui attire désormais la jeunesse alternative de l'Europe entière, voire du monde entier, ne contribue pas à pérenniser la scène underground, car avec la globalisation surviennent de nouvelles difficultés.[33] Ainsi la programmation du Kaffee Burger a-t-elle été contrainte d'évoluer en raison des modifications dans la composition de la clientèle. L'internationa-

32 «Poesie des Untergrunds – Prenzlauer Berg kontrovers 1976-1990».

33 La présence massive de touristes a, entre autres, pour conséquence de transformer l'underground en simple attraction. *Cf.* «Die Szene ist kein Zoo», *in: taz.de*, 11 mars 2011. Dernière consultation: 2 mai 2013.

lisation et la mixité des visiteurs ont en effet conduit à ce que soient privilégiés des médias non seulement plus «entertainement», mais aussi permettant de franchir aisément la barrière des langues: la musique a pris le pas sur le texte, les concerts sur les lectures et les débats.[34] L'idée de départ, qui consistait à prolonger tout en le vulgarisant le contenu des revues, est en partie dévoyée. Telle est l'évolution structurelle qui a provoqué le départ de Bert Papenfuß en 2009.

1993-2013: Micro-réalisations contre-culturelles

Depuis la réunification, Bert Papenfuß ne tient plus un discours d'indifférence face au pouvoir. Lorsqu'on l'interroge, il dit explicitement vouloir intervenir dans la sphère sociale et combattre la culture *mainstream*.[35] Selon Marcel Bolle De Bal, afin d'affirmer son existence, la contre-culture doit manifester une double attestation: celle d'une rupture avec la culture dominante et celle d'une communion dans une culture antithétique. Au-delà de la rébellion contre les logiques en place, elle se doit donc aussi d'être une force propositionnelle afin d'assurer son succès: «Porteuse de valeurs nouvelles ou renouvelées (liberté, égalité, fraternité), la contre-culture pousse à la création de nouvelles structures, appropriées à leur mise en œuvre».[36] Telle est la perspective dans laquelle nous allons à présent aborder d'autres aspects de l'activité de Bert Papenfuß.

Aktion «Künstler machen Geld» (1993)

«Le fric se fait rare, l'argent nous glisse entre les mains, mince! Guerre aux intérêts! Vive la monnaie d'artistes!»,[37] voilà le slogan par lequel débute l'action intitulée «Loë Bsaffot», qui veut dire «documents falsifiés» en rotwelsch, l'argot de la pègre. En 1993, à l'initiative de Bert Papenfuß et en

34 Au-delà de cet aspect communicationnel, la musique a toujours été un élément clé des modes d'expression contre-culturels, y compris à Prenzlauer Berg dans les années 1980. Gerrit-Jan BERENDSE, *Beat am Prenzlauer Berg. Das Treffen zweier Subkulturen*, Amsterdam 1995, p. 54.

35 «Sozial einwirken». Entretien avec l'auteur du 16.8.2009.

36 Marcel BOLLE DE BAL, *La tentation communautaire. Les paradoxes de la reliance et de la contre-culture*, Bruxelles 1985, p. 141.

37 «Kohle ist knapp, Geld im flutsch futsch! Kampf dem Zins! Es lebe das Kunstgeld!».

collaboration avec la Galerie 0-zwei située dans l'Oderbergerstraße à Berlin, 55 artistes (parmi lesquels figurent entre autres A.R. Penck et Klaus Staeck) créent un billet de banque baptisé «os»,[38] numéroté et signé en 150 exemplaires. L'objectif est de protester contre la rigueur sociale à l'Est et la dépendance croissante des artistes vis-à-vis de la politique culturelle de l'Etat allemand réunifié. Reconnus par la banque centrale régionale de Berlin, cette monnaie est valable du 10 novembre au 29 décembre 1993. La Galerie 0-zwei fait office de «banque de décentralisation».[39] On peut y échanger un billet de vingt marks contre un billet de vingt «os». Durant la période arrêtée, la monnaie est admise comme moyen de paiement dans une vingtaine de magasins (cafés, épiceries alternatives, librairies, boutiques de CD) et de galeries situés autour de la place Käthe Kollwitz. Ceux-ci signalent leur accord grâce à une vignette placée sur leur vitrine, tandis que l'authenticité du billet est vérifiée à l'aide d'un book. L'action se termine par une vente aux enchères en février 1994.

Certes l'expérience n'est pas inédite: cette forme archaïque d'argent libre, théorisée dans le livre de Klaus Schmitt *Silvio Gesell – «Marx» der Anarchisten?* en 1989, a été pensée dès l'Antiquité par le philosophe Diogène. C'est à lui que les artistes empruntent le terme d'«os» ou d'«osselet» pour qualifier les billets. Cette utopie a également été concrétisée de façon temporaire en Autriche au début des années 1930 sous le nom de «monnaie accélérée»,[40] expérience dont les initiateurs de l'action à Prenzlauer Berg se réclament.[41] Certes l'initiative menée par Papenfuß n'a pas l'envergure du modèle historique de Wörgl, on ne peut pas qualifier les os de «deuxième monnaie» ou de «monnaie parallèle», mais elle est néanmoins très médiatique et possède un pouvoir d'action plus manifeste que les traités théoriques et les textes littéraires.

A cette même époque naissent les projets mentionnés plus haut du Kaffee Burger et de la revue *Sklaven*, lieux physiques et discursifs qui facilitent le passage et la rencontre autour de valeurs autonomes, solidaires, économes et localistes. Pourtant, les pressions nouvelles qui s'exercent sur les milieux artistiques dans les années 2000, la difficulté croissante à coexister avec la culture *in*, de même que le vieillissement par rapport à d'autres cultures *off* rendent la position de Papenfuß de plus en plus précaire. Ceci explique sans

38 «Knochen-Schein».

39 «Dezentralbank».

40 «Freigeld».

41 Le texte original est disponible dans les archives numériques du Deutsches Historisches Museum de Berlin. www.dhm.de (Dernière consultation: 2 mai 2013).

doute le recentrement sur l'œuvre littéraire, elle aussi marquée par la politisation et la radicalisation.

Rumbalotte (1998-2002) et *Rumbalotte Continua* (2004-2010)

Après des débuts prolifiques dans les années 1970, la deuxième moitié des années 1980 avait fait place à une phase d'écriture erratique chez Papenfuß. A partir de 1990 en revanche, le poète n'a plus aucun mal à trouver de nouveaux sujets. Le rapport critique de l'auteur à son environnement, qui jusqu'alors se reflétait essentiellement à travers la déconstruction du langage et le minage du sens, devient beaucoup plus explicite et frontal dans la décennie 2000. Poésie et réflexion politique sont unies de manière exemplaire dans la série de recueils intitulée *Rumbalotte*:

> Aufhebung des Privateigentums an Produktionsmitteln, Grundeigentum und Geld. Abschaffung der Prostitution und des Trauergottesdienstunwesens. Zinsverbot. Reklameverbot. Hundeverbot in den Städten. Relevanz- und Tiefenschärfekontrolle der Massenmedien. Wirtschaftsprüfung der sogenannten Hochtechnologie. Das sollte für den Anfang reichen. Los geht's![42]

Le texte figurant en quatrième de couverture de *Rumbalotte* a les allures d'un manifeste politique: il en appelle directement à l'abolition de la propriété privée, de la religion et de la prostitution, cette dernière étant l'une des revendications historiques des mouvements féministes. Le positionnement contre-culturel s'assortit ici d'un discours explicitement révolutionnaire qui s'inscrit dans la tradition de la lutte des classes – l'humour en plus, lorsque les déjections canines sont mises au même plan que les nuisances engendrées par la finance et le marketing.

Tandis que les procédés formels des jeunes années se retrouvent encore partiellement dans le recueil *Rumbalotte*, qui regroupe les poèmes de 1998 à 2002, on assiste dans *Rumbalotte Continua* à une désambiguïsation très nette du propos. D'une part l'expérimentation avec la langue disparaît, d'autre part les sources d'inspiration du poète sont désormais situées dans l'histoire et la pensée anarchiques:

> ENTROPIE
> ist einfach, umgänglich und unumgänglich:
> Mich bewegt das Irrationale im Realen –
> und Irrealen sowohl als auch umgekehrt;

42 Bert PAPENFUß, *Rumbalotte. Gedichte 1998-2002*, Basel 2005.

d.h. ANARCHIE beginnt in Dir selbst,
Oder ich irre unsäglich VORWÄRTS.[43]

Ces thèmes sont certes déjà présents dans les années 1980, mais là où Papenfuß avait à cette époque encore recours à l'allusion intertextuelle, il cite dans les années 2000 ses sources en note de bas de pages. Ce faisant, il place ses poèmes dans la lignée des essais et des écrits critiques, tout en les rendant accessibles au lecteur par la mention de références claires. Sans négliger une bonne dose de provocation, puisqu'il cite tour à tour les travaux de Staline sur les rapports entre marxisme et linguistique ainsi que les œuvres choisies de Mao Zedong.[44]

Dès les années 1980, Papenfuß plaçait son œuvre sous le signe d'artistes non orthodoxes, entrés en conflit avec le pouvoir: François Villon (1431-1463), incarnation du farceur escroc et du poète maudit, Johann Fischart (1546-1591), écrivain satiriste et traducteur de Rabelais ou encore Quirinus Kuhlmann (1651-1689) brûlé en place publique pour hérésie. En 1998, *Rumbalotte*, qui devait initialement être un opéra, est placé sous l'égide de la figure du pirate Klaus Störtebeker (1360-1401) qui sévit à la fin du XIVe siècle en mer du Nord et dans la Baltique et finit décapité à Hambourg. Outre les tribulations du personnage principal qui donne son titre au recueil, on retrouve dans de nombreux poèmes les thèmes chers à Papenfuß: le communisme *(gleiches mit gleichem)*, la critique du pouvoir de l'argent *(der kampfbund der feinde der hansestädte, herrschaften)*, la louange de l'anarchie *(one, two, anarchy)*. La volonté de perpétuer une histoire qui n'est pas celle de l'historiographie officielle, mais se situe dans la tradition révolutionnaire allemande et internationale s'accompagne de la promotion d'une conception rénovée de l'existence, qui consisterait à vivre dans sa propre vérité, dans des valeurs qui ne seraient pas frelatées par la société et à emprunter des chemins de traverse. On voit ici comment l'auteur se sert de mythes et de légendes locales pour mener un combat philosophico-politique beaucoup plus général.

En se saisissant de la figure du pirate, déjà présente à l'époque des samizdats, Papenfuß instille dans son propos la dimension de rêve et d'aventure que Michel Foucault prêtait déjà au navire dans ses écrits. Selon C. Hähnel-Mesnard, ce dernier constitue en effet le lieu hétérotopique par excellence «où l'imagination, où l'autre, où ce qui diffère des normes de la société [peuvent] se déployer entièrement».[45] Or ce projet esthétique et

43 Bert PAPENFUß, *Rumbalotte Continua 1. Folge*, Ostheim/Rhön 2004, pas de pagination.

44 Bert PAPENFUß, *Rumbalotte Continua 2. Folge*, Berlin 2005, p. 8 et 26.

45 HÄHNEL-MESNARD, *La littérature autoéditée* (note 3), p. 41.

littéraire possède à nouveau une part de construction sociale, puisque *Rumbalotte Continua* est aujourd'hui aussi le nom d'un bar ouvert à Prenzlauer Berg en 2010. Papenfuß se déclare avoir été amené à fonder ce «boui-boui culturel» («Kulturspelunke») devant la disparition progressive des anciens lieux de rendez-vous et ce, entre autres, suite aux plaintes pour nuisances sonores déposées par les familles de trente- et quarantenaires nouvellement installées dans le quartier. Ce «débit de boissons» («Schankwirtschaft») entend donc combler une lacune du système en offrant un lieu de rassemblement à ceux qui ne sont plus aussi déchaînés que les plus jeunes, sans être pour autant totalement assagis. Pour reprendre la terminologie de Marcel Bolle de Bal, on observe avec cet exemple comment la contre-culture met sur pied un projet de «reliance communautaire».[46] Ce dernier a pour vocation de proposer un espace à des individus repoussés à la marge qui pourront y satisfaire une part de leurs besoins et aspirations: ainsi, le site web de l'établissement propose une multitude de contacts, parmi lesquels figure un lien destiné à renforcer la mobilisation et la lutte contre l'augmentation des loyers et la gentrification à Berlin.[47]

Bert Papenfuß réalise des années 1980 aux années 2000 un mouvement inverse de ce qui se passe habituellement: chez lui on n'assiste ni à une intégration, ni à une reconversion, mais à une radicalisation au fil du temps. On passe moins du conflit à la convention que de la convention au conflit. La question de la crédibilité de son autonomie s'est posée du temps de la RDA; à l'heure actuelle encore, on peut se demander dans quelle mesure il est véritablement «contre-culturel» de s'afficher «underground» dans une ville qui tire son identité singulière de cette image. Si l'on suit la définition d'Alexander Kluge selon laquelle l'«espace public» («Öffentlichkeit») s'articule entre «information», «divertissement» et «culture»,[48] on s'aperçoit en outre que les différentes activités de Bert Papenfuß répondent au schéma des médias industriels, ce qui pourrait réalimenter le soupçon qu'il ne fait qu'occuper un créneau. Mais force est de constater que ses activités annexes permettent de faire subsister une œuvre poétique dont l'originalité ne s'épuise pas dans un discours contre-culturel. L'une des caractéristiques de Papenfuß réside incontestablement dans la fidélité au genre lyrique. De tous les types de littératures, la poésie est à l'heure actuelle le plus radical, le moins bien doté et de ce fait le plus autonome. Cette forme de stoïcisme, le

46 BOLLE DE BAL, *La tentation communautaire* (note 36), p. 143.

47 http://www.rumbalotte-continua.de (Dernière consultation: 3 mai 2013).

48 L'article d'A. Kluge, paru dans le numéro 425 de la revue *Merkur* en 1984, est cité chez Friedbert ASPETSBERGER, Hubert LENGAUER, Rolf SCHWENDTER (éds.), *Marginalisierung. Die Literatur und die neuen Medien*, Wien 1990, p. 7.

dénuement qui en résulte ne sont pas qu'une pose. Ils sont même assez admirables. Dans un contexte où les lacunes à combler sont de plus en plus rares, les marges de manœuvre de plus en plus étroites, le geste contestataire retrouve un sens et une valeur intrinsèques. La littérature, quand bien même elle s'adresserait à un public de connaisseurs triés sur le volet, redevient le véhicule privilégié de l'insoumission. De par son immobilisme générique, Papenfuß est un personnage rock'n'roll, une sorte de dernière icône de l'underground d'avant la chute du Mur. Et peut-être est-il au demeurant trop pessimiste de parler de «dernière icône» à son sujet: le Parti des pirates n'a-t-il pas le vent en poupe à Berlin ces jours-ci?

Résumé

Cette étude est consacrée aux différentes activités du poète underground Bert Papenfuß né en 1956 dans l'ancienne RDA. En retraçant son parcours du milieu des années 1970 à Berlin-Est à nos jours dans la capitale réunifiée, elle entreprend de montrer comment, au fil du temps, Papenfuß est passé d'une sous-culture déviante à une contre-culture politisée. Une première partie s'interroge sur le rapport entretenu par la «scène» du Prenzlauer Berg – dont Papenfuß était un des leaders – à la notion de contre-culture. Les scandales qui ont éclaté dans les années 1990, lorsqu'a été découverte la collaboration avec la Stasi de certains artistes, ont considérablement altéré l'image d'indépendance des cercles non officiels. Pourtant, malgré l'ambiguïté de leur position, ces derniers présentaient des similitudes avec de nombreuses contre-cultures historiques. La disparition de la RDA a radicalement modifié le cadre de production de Papenfuß. Dans la décennie 1990, il a malgré tout eu recours aux méthodes de travail développées en RDA: auto-édition avec la maison d'édition GALREV, mutualisation des moyens pour l'édition des revues *Sklaven* et *Gegner*. Le «tournant» a ouvert de nouveaux horizons si bien que l'œuvre de Papenfuß s'est considérablement diversifiée. Parallèlement à la visibilité croissante de l'underground qu'il incarne, grâce par exemple à l'animation du Kaffee Burger dans le quartier de Mitte, on observe une radicalisation politique des essais et de la poésie. La référence à l'anarchiste Silvio Gesell ou la reprise de l'expérience de la monnaie accélérée de Wörgl placent, plus clairement que du temps de la RDA, les activités de Papenfuß du côté de la contre-culture. Le phénomène de gentrification que connaît Berlin a cependant grandement réduit les marges de manœuvre. Dans ce contexte, la littérature redevient un lieu privilégié pour formuler un discours contre-culturel. Après avoir mis au centre du cycle *Rumbalotte*

Continua la figure du pirate Klaus Störtebeker, Papenfuß a ouvert un nouveau bar, placé sous le signe du bateau de pirates. Comme par le passé, il s'agit pour lui de se distinguer de la culture *mainstream*.

Zusammenfassung

Die Studie widmet sich den verschiedenen Tätigkeiten des Untergrund-Dichters Bert Papenfuß (1956) von der Mitte der 1970er Jahre im Ostteil der DDR-Hauptstadt bis heute im vereinigten Berlin. Es soll gezeigt werden, wie er von einer abweichenden Subkultur in eine politisierte Gegen-Kultur überging. Zunächst wird das Verhältnis untersucht, das die «Prenzlauer-Berg-Szene», zu deren Leitfiguren Papenfuß gehörte, zum Begriff der Gegen-Kultur unterhielt. In der Folge der Stasi-Skandale der 1990er Jahre wurde die Unabhängigkeit der inoffiziellen künstlerischen Kreise grundsätzlich in Frage gestellt. Trotz ihrer ambivalenten Position zeichneten sie sich jedoch durch Merkmale aus, die viele Ähnlichkeiten mit zahlreichen historischen Gegen-Kulturen aufwiesen. Nach dem Verschwinden der DDR änderte sich der Produktionsrahmen von Papenfuß grundlegend. Dennoch griff er weiter auf die in der DDR entwickelten Arbeitsmethoden zurück: Selbstverlag im Druckhaus GALREV, Vernetzung der Produktionsmittel für die Herausgabe der Zeitschriften *Sklaven* und *Gegner*. Die Wende brachte neue Möglichkeiten mit sich, so dass sich Papenfuß' Werk auch in verschiedene Richtungen entfaltete. Parallel zur größeren Öffentlichkeit des von ihm vertretenen Untergrunds, z.B. dank der Leitung des Kaffee Burgers in Berlin Mitte, ist eine politische Radikalisierung in den lyrischen und essayistischen Texten zu beobachten. Durch die Wiederbelebung des Anarchisten Silvio Gesell oder des Freigeld-Experiments von Wörgl, erscheinen Papenfuß' heutige Tätigkeiten eindeutiger als Ausdruck einer Gegen-Kultur als in der Zeit der DDR. Durch die Gentrifizierung der Hauptstadt hat sich allerdings der Handlungsspielraum stark reduziert. Dies erklärt, dass der Literatur wieder eine zentrale Stellung zukommt. So rückte u.a. die Figur des Seeräubers Klaus Störtebeker in den Mittelpunkt des Zyklus *Rumbalotte Continua*. Gleichzeitig öffnete Papenfuß eine gleichnamige «Schankwirtschaft» mit einem Piratenschiff als Aushängeschild. Nach wie vor sei die ausgesprochene Absicht, sich von der *mainstream* Kultur abzugrenzen.

Lectures rétrospectives

Harald Szeemann und der Monte Verità

Im Medium der Ausstellung zusammenfügen, was in der Realität gescheitert ist

Andreas SCHWAB

Die im Juli 1978 an fünf Standorten in Ascona eröffnete Ausstellung «Monte Verità – le mammelle della verità / Die Brüste der Wahrheit» fand zu einem wichtigen Zeitpunkt im Leben von Harald Szeemann statt. Als Direktor der Kunsthalle Bern hatte er sich 1969 mit der legendären Ausstellung «When attidudes become form» verabschiedet. 1972 war er als Generalsekretär der Documenta 5 in Kassel auf einem frühen Höhepunkt seiner Karriere. Obschon er immer wieder von Museen angefragt wurde, deren Leitung zu übernehmen, beschloss er willentlich, den Institutionen den Rücken zu kehren. Zu diesem Zweck gründete er nach seinem Weggang von der Berner Kunsthalle die «Agentur für Geistige Gastarbeit», die nur aus ihm selber bestand.[1] Ab 1976, zunächst von seinem Wohnsitz in Italien, später von Tegna aus, beschäftigte sich Szeemann mit der Erarbeitung der Ausstellung über den Monte Verità, die auf dem Berg der Wahrheit selber ihren Anfang nehmen sollte. Die Abkehr von den traditionellen Museen – zumindest für die erste Station der Ausstellung – war Teil des gegenkulturellen Konzepts von Harald Szeemann.

1972, während der Vorbereitungen der Documenta 5 in Kassel, hatte Harald Szeemann die Künstlerin Ingeborg Lüscher kennen gelernt. Zu dieser Zeit war er mit der Französin Françoise Bonnefoy verheiratet und hatte mit

1 Zu Harald Szeemanns Leben und Werk siehe: Tobia BEZZOLA, Roman KURZMEYER, *Harald Szeemann. with by through because towards despite. Catalogue of all Exhibitions 1957-2005*, Zürich 2007. Hans-Joachim MÜLLER, *Harald Szeemann – Ausstellungsmacher*, Bern 2006. Der Aufsatz ist die gekürzte Version eines Artikels, der in italienischer Sprache 2013 im *Quaderno des Bollettino storico della Svizzera italiana* erschienen ist. Andreas SCHWAB, «Lei non può lamentarsi di aver passato il suo tempo annoiandosi›. Harald Szeemann e l'esposizione sul Monte Verità», *in:* Claudia LAFRANCHI CATTANEO, Andreas SCHWAB (Hrsg.), *Dalla visione al chiodo. Dal chiodo alle visione. Il fondo Harald Szeemann dell'Archivio Fondazione Monte Verità*, Bellinzona 2013, S. 175-222.

ihr die beiden Kinder Jérôme (*1959) und Valérie (*1964). Doch die Ehe bröckelte bereits und ging bald darauf in Brüche. Szeemann und die in Tegna im Tessin wohnhafte Lüscher wurden ein Liebespaar. Bis zur Eröffnung der Ausstellung «Großvater. Ein Pionier wie wir» im Februar 1974 behielt Szeemann seinen Wohnsitz in Bern, dann sah er die Zeit für Veränderungen gekommen. Er übersiedelte in ein Haus nach Civitanova Marche in Italien, beließ jedoch sein bereits damals sehr umfangreiches persönliches Archiv in Bern. Doch bald schon war er häufiger im Tessin bei seiner neuen Partnerin Ingeborg Lüscher anzutreffen, zumal 1975 die gemeinsame Tochter Una auf die Welt kam.

Es war also ein Neuanfang des erfolgreichen Kurators, auf einer privaten wie auf einer beruflichen Ebene. An Ostern 1974 machte Harald Szeemann der Akademie der Künste in Berlin den Vorschlag einer Ausstellung mit dem Titel «Museum der Obsessionen». Dort schrieb er:

> Obsession ist also durchaus positiv zu werten und meint nicht nur die landläufige Gleichsetzung mit primitiver Teufelsbesessenheit als auszutreibendem Trieb. Und auch der Begriff Museum ist von der Freiheitsdimension, die dieser kulturelle Ort heute bietet, her anzusehen und meint nicht den ambivalenten Diskussionsgegenstand der letzten Jahre. Museum als Möglichkeit und Form, Zusammenhänge auszuprobieren, Fragiles zu bewahren, Triebe zu dokumentieren.[2]

Szeemanns «Agentur für Geistige Gastarbeit», die nur aus ihm selbst bestand, stellte sich nun in den Dienst des «Museums der Obsessionen», wie er 1979 in einem langen rückblickenden Aufsatz erklärte.[3] In unternehmerischer Selbstverantwortung wollte er als Kurator, frei von den Zwängen einer Institution, seinen Interessen nachgehen und die Themen behandeln, die für ihn bedeutsam waren.

Als Szeemann die Bedeutung des Themas Monte Verità erkannt hatte, fing er an, sich in die Recherche zu stürzen. Bald erkannte er, dass sich der Berg der Wahrheit als praktisches Anwendungsgebiet seines «Museums der Obsessionen» eignete. Hier fand er das «Bermudadreieck des Geistes», das er einer staunenden Öffentlichkeit präsentieren konnte. Der Monte Verità bot die Möglichkeit, sein selbstformuliertes Credo eines freien Kurators in die Tat umzusetzen. Von Anfang an war sie nicht als Museumsausstellung geplant, sondern sollte zuerst auf und um den Monte Verità selbst stattfinden. Eine Ausstellung am Standort, und nicht in einem etablierten Museum. Doch wie sollte er diesen Plan in die Tat umsetzen? Bereits nahmen die

2 Harald SZEEMANN, *Museum der Obsessionen*, Berlin 1981, S. 103. Vgl. Soren GRAMMEL, *Ausstellungsautorschaft. Die Konstruktion der auktorialen Position des Kurators bei Harald Szeemann. Eine Mikroanalyse*, Frankfurt am Main 2005.

3 SZEEMANN, *Museum der Obsessionen* (Anm. 2), S. 107-124.

Recherchen Szeemanns ausgesprochen umfangreiche Ausmaße an. Doch die Finanzierung und die Organisation der möglichen Ausstellungsorte stellten sich als nicht einfach heraus. Szeemann bemühte sich bei der Jubiläumsstiftung des Schweizerischen Bankvereins um ein Stipendium:

> Wie bei ihren Vorgängerinnen [Großvater und Junggesellenmaschinen, A.S.] ist die Finanzierung der Realisierung des Monte-Verità-Projekts durch die Museen gewährleistet, doch die Vorbereitungsarbeiten mit oft schlecht kalkulierbarem Aufwand (Fachliteratur, Reisen, Interviews, Herstellung der Fotos und der Modelle) müssen von mir getragen werden.[4]

Die finanzielle Unterstützung wurde ihm gewährt. Trotzdem zeigte sich bereits im Dezember 1976, dass die Monte Verità-Ausstellung um ein Jahr verschoben werden musste, «was dem Projekt nur zugutekommen wird», wie Szeemann betonte.[5]

Hier kam Pietro Beretta ins Spiel. Er wies Szeemann, nachdem dieser ein erstes Vorkonzept verfasst und einer ersten Budgetkalkulation für die Tessiner Ausstellung und die im Zürcher Kunsthaus aufgestellt hatte, einen Weg aus der Finanzierungsmisere: Eine Vorausstellung (mini-esposizione) anlässlich eines Kongresses der Wirtschaftskammer im September 1977. Diese erlaubte, das Projekt zu präsentieren und zusätzliche Finanzierungsquellen zu erschließen.

Unermüdlich setzte sich Szeemann für die Ausstellung ein und übernahm dabei auch die Aufgaben eines Kassiers. In seinen Aufzeichnungen finden sich zahlreiche Kalkulationen und Abrechnungen, die er akribisch sammelte. Er rechnete für das gesamte Aushilfspersonal (Aufsichten, Nachtwärter) der Ausstellung in Ascona den Lohn und die Sozialversicherungsbeiträge eigenhändig ab. Als nach Ende der Ausstellung das Spendenkonto Monte Verità mit Fehlbetrag von 1663 Franken schloss, übernahm er den Verlust.[6] Überhaupt lag es nicht in seinem Naturell, Projekte auf Profit hin zu kalkulieren; eine gute Idee aus finanziellen Gründen nicht zu realisieren, fiel ihm sehr schwer. Nicht selten bezahlte er den zusätzlichen Aufwand aus der eigenen Tasche, was seinem Credo entsprach: «Besitz durch freie Aktion ersetzen».[7]

Auf der anderen Seite zeugen zahlreiche seiner Briefe auch von einem betriebswirtschaftlichen Geschick, das es brauchte, um ein solch großes Unternehmen auf die Beine zu stellen. An den Katalogautor Theo Kneubüh-

4 Alles Archivmaterial stammt, wo nicht anders angegeben, aus dem Fondo Harald Szeemann des Archivio di Stato in Bellinzona. Harald SZEEMANN, Brief an Jubiläumsstiftung des Schweizerischen Bankvereins, 9.12.1976.

5 Harald SZEEMANN, Brief an Ellen Hill, 23.12.1976.

6 Harald SZEEMANN, Brief an Aldo Zurini, 17.1.1980.

7 Auskunft von Giò REZZONICO, Gespräch vom 10.1.2010.

ler, der ihn um eine größere Summe für seinen Beitrag bat, antwortete Szeemann:

> Ich habe Dir seinerzeit auf Deine Bitte um mehr Geld nicht antworten können, weil ich Dir vorher erklärt habe, dass es bei dieser Ausstellung keine getrennten Kassen gibt & ich bin auch am Stierlaufen, falls nicht bald etwas eingeht. Aber in dieser letzten Phase ist jede Summe nur Tropfen auf den heissen Stein; denn jetzt kommen die Handwerker, Rahmen, Fotovergrösserungen etc.[8]

Er stellte ihm jedoch nach Übernahme der Ausstellung zusätzliche Raten in Aussicht und erinnerte ihn daran, dass Kneubühler im Haus von Szeemann und Lüscher längere Zeit gratis gewohnt und alles Material zur Verfügung gestellt erhalten habe. Kneubühler ließ sich besänftigen und war froh, dass er den längsten Beitrag in der Zeitschrift «Du» schreiben durfte. Dem Urteil von Walter Grasskamp zufolge füllte Szeemann seine Rolle als Unternehmer «mit bestechendem Charisma, wachem Charme, trockenem Humor und einer ebenso gelassenen wie selbstverständlichen Präsenz im Mittelpunkt der Aufmerksamkeit» aus.[9]

Szeemanns Recherchen

1976 nahm Harald Szeemann die Recherchetätigkeit für die geplante Monte Verità-Ausstellung in der für ihn gewohnten Manier auf. Mit einem ungeheuren Arbeitspensum schuf er sich Kontakte, besuchte Zeitzeugen und ging in Archive und Bibliotheken. Bis zur Eröffnung der Ausstellung im Juli 1978 ging er allen erdenklichen Spuren nach, wie die akribisch abgelegte Korrespondenz zeigt, die nach Empfängername alphabethisch geordnet ist. Sie umfasst rund 3 400 Briefe in 20 Bundesordnern, wobei nicht nur die von Szeemann empfangenen Briefe erhalten sind, sondern auch Durchschläge und Kopien der von ihm abgesandten. Praktisch alle seine Briefe, ob handschriftlich oder mit der Schreibmaschine verfasst, sind mit Ort und Datum versehen, was eine detaillierte Rekonstruktion der Entstehung der Ausstellung ermöglicht.

Szeemann korrespondierte in den vier Sprachen deutsch, französisch, italienisch und englisch mit Zeitzeugen wie Katja Wulff, Charlotte Bara oder Robert Landmann, mit Kollegen wie Rudi Fuchs und Jean-Christophe

8 Harald SZEEMANN, Brief an Theo Kneubühler, 24.3.1978.

9 Walter GRASSKAMP, «Der Kurator als Held», *in:* DERS., *Ein Urlaubstag im Kunstbetrieb. Bilder und Nachbilder*, Hamburg 2010, S. 71-100, hier S. 82.

Ammann, mit Behörden, mit Leihgebern, mit Museen und mit vielen anderen. Die Liste seiner Briefpartner liest sich wie das Who is who der damaligen Kunstwelt.

Wie es in Szeemanns Schreibklause ausgesehen hat, hat der Journalist Peter Rüedi in der *Weltwoche* eindrücklich beschrieben:

> Das kleine Haus, in welchem Harald Szeemann unterhalb der Durchgangsstraße Locarno-Tegna, gleich beim Dorfeingang, seit einiger Zeit arbeitet, hat nicht mehr als zwei schmale Zimmer. In ihnen sieht es aus wie in anderen Wohnungen dieses Reisenden in Sachen Kreativität; die Archivkartons türmen sich, die Bibliothek, gewissermaßen der geistige Notproviant fürs Allernötigste, wuchert aus den Gestellen über Tische, Gestelle, Stühle, das Bett ist belegt mit raren Manifesten des Anarchismus, mit Bildmaterial, Manuskripten, Adresskarteien. Szeemanns ganze Bücher-, Dokumente-, Bildsammlung sperrt sich gegen die Mobilität ihres Besitzers.[10]

Die Ausstellungsrecherchen entwickelten sich zur Familienarbeit. Ingeborg Lüscher schrieb als «Mitarbeiterin von Herrn Szeemann» Briefe an diverse Adressaten,[11] Szeemanns Mutter Julie tippte in tagelanger Fleißarbeit das Tagebuch von Karl Vester ab und schrieb am Ende erleichtert an ihren Sohn: «Gott sei Dank, es ist vollbracht. Ich glaubte nie mehr fertig zu werden und am dicken Buch habe ich von Freitag an von morgens bis abends spät geschrieben.»[12]

Szeemann kontaktierte Hunderte von Personen und besuchte viele von ihnen persönlich. Als eine ausgesprochen wichtige Quelle von Informationen erwies sich das Internationaal Instituut voor Sociale Geschiedenis in Amsterdam, in welchem sich Szeemann über Wochen aufhielt. Er forschte in den Nachlässen der Anarchisten Max Nettlau und Raphael Friedeberg und machte auf hundertsiebzig Seiten handschriftliche Notizen und Exzerpte. Immer wieder brach er in Entzückungsrufe über das aufgefundene Material aus, etwa in einem Brief an Otto Hahn: «Il y a un matériel fou là-bas, toutes les correspondances des anarchistes qui ont visité ou qui ont vécu au Tessin. [...] Lors d'une Blitzvisite à Paris après Malmö j'ai visité en une journée Madame Szittya et Claire Goll, et c'était très précieux.»[13]

Diese obsessive Erarbeitung ist auch den Verantwortlichen des Amsterdamer Sozialarchivs aufgefallen. Mit dem Direktor J.R. van der Leeuw verband ihn eine Freundschaft. Van der Leeuw bedauerte, dass er nicht an die Vernissage nach Ascona kommen konnte, beglückwünschte Szeemann aber

10 Peter RÜEDI, «Der Gang des Junggesellen zu den Müttern», *in: Die Weltwoche* 21./24. Mai 1978.

11 Beispielsweise an Paul Bendix am 21.10.1977.

12 Julie SZEEMANN, Brief an Harald Szeemann, 27.9.1977.

13 Harald SZEEMANN, Brief an Otto Hahn, 7.12.1976.

aus der Ferne sehr herzlich: «Was wir bis jetzt erfahren haben, hat uns die Ueberzeugung gegeben, dass Sie eine erstrangige Leistung vollbracht haben.»[14] Immerhin ließ sich die Mitarbeiterin Pauline Huizinga, mit welcher Szeemann in ebenso engem Briefkontakt stand wie dem Leiter der Anarchismus-Abteilung Rudolf de Jong, nicht nehmen, nach Ascona zu kommen.

Den unterschiedlichsten Spuren ging Szeemann mit Verve nach, um seine Kenntnisse über den Monte Verità zu erweitern. Beim Vizedirektor der Swissair erkundigte er sich über die intensive Strahlung, auf die zahlreiche Bewohner von Ascona hingewiesen hätten.

> Einige erwähnten, dass die Alitalia und die Swissair Untersuchungen angestellt hätten, weil Piloten sich beklagten, dass über dem Gebiet von Locarno-Ascona sehr oft die Kompassnadel nicht mehr funktionierte. Ich wäre nun außerordentlich daran interessiert zu wissen, ob es solche Berichte tatsächlich gegeben hat und ob bei der Swissair ein Untersuchungsbericht angefertigt wurde.[15]

Der Vizedirektor ließ innerhalb der Swissair gleich Nachforschungen anstellen und antwortete Szeemann postwendend, doch leider negativ, wie er entschuldigend anfügte: «Mein Beitrag wird Sie enttäuschen, denn unsere Technokraten leben in einer anderen Welt.» Beiliegend war nämlich ein Bericht des Piloten R. Möhl, der die Anfrage Szeemanns nicht zu bestätigen vermochte:

> Soweit mir bekannt ist und soweit ich mich zurückerinnern kann, wurde uns dieser Sachverhalt noch nie zur Kenntnis gebracht [...]. Es wäre mir auch neu, dass in dieser Angelegenheit irgendwelche Untersuchungen angestellt worden wären. Diese würden nämlich durch Beobachtungen oder Reklamationen von Pilotenseite veranlasst, was bis heute nicht der Fall gewesen ist.[16]

Diese enttäuschende Antwort hat Szeemann nicht publik gemacht. Dafür nahm er als eines der zentralen Exponate der Ausstellung eine Isogonenkarte auf, die ein verstärktes Magnetfeld im Raum Ascona bewies. Im Katalog zitierte er einen Brief von Dr. Jörg W. Hansen vom Ufficio geologico cantonale in Bellinzona. Dieser erklärte die Ursache der in Ascona feststellbaren magnetischen Anomalie mit den darunterliegenden ultrabasischen Gesteinszonen.[17]

Die Assistentin von Jean-Christophe Ammann an der Kunstmuseum Luzern und spätere Künstlerin Marianne Eigenheer vermittelt in ihrem Brief

14 J.R. VAN DER LEEUW, Brief an Harald Szeemann, 30.6.1978.
15 Harald SZEEMANN, Brief an Albert R. Diener, 3.8.1977.
16 Albert R. DIENER, Brief an Harald Szeeman, 18.8.1977.
17 Harald SZEEMANN (Hrsg.), *Monte Verità*, Ascona 1978, S. 6.

eindrücklich, welche Faszination Szeemann auf sensible Persönlichkeiten ausüben konnte:

> Lieber Harry, wie geht es Deinen schönen blauen Augen? Eigentlich das Einzige, was mir von diesem sehr sehr betrunkenen Abend noch geblieben ist […]. Was ernst gemeint war: Wenn Du mal jemanden brauchst, der für Deine ‹Agentur› arbeitet, von Frühjahr an hätte ich richtig Spaß daran.

Von Bildaufträgen bis «intellektuelle Sätze basteln» könne sie alles übernehmen. Szeemann zeigte ihr eine Möglichkeit auf, ihre Kreativität auszuleben, denn wie sie im Brief weiter ausführte:

> Der beste Rat aus meiner Analyse-Zeit scheint mir immer noch der: Marianne, Du musst so viel Spinniges tun, so viel Phantasie nach draußen bringen wie Du kannst, sonst erstickst Du an Dir selbst […] und damit habe ich beinahe das Gefühl, dass wir uns gut verstehen würden und gut zusammenarbeiten.[18]

Die Antwort Szeemanns auf dieses Angebot fiel im Vergleich zum mehrseitigen Brief von Marianne Eigenheer kurz und knapp aus: «Liebe Marianne! Besten Dank für Deinen Brief & das Arbeitsangebot & die Transportiererei des Buren. […] Wenn ich Möglichkeiten zur Arbeit sehe, melde ich mich. Bestes Szeemann, der GRÜNÄUGIGE.»[19]

An dieser Episode lässt sich deutlich erkennen, wie attraktiv das Charisma und die persönliche Überzeugungskraft Szeemanns gewirkt haben müssen. Er manövrierte indes geschickt zwischen dem Entfachen des Enthusiasmus bei anderen und einer deutlichen Grenzziehung, wenn ihm jemand näher kommen wollte, als er dies für angebracht hielt. Die von vielen geäußerten Angebote zu einer kontinuierlichen Zusammenarbeit, die manchmal sehr persönliche bis geradezu erotische Avancen enthielten, schlug er immer aus. Szeemann gab das Heft nicht aus der Hand und wahrte die künstlerische Selbstbestimmung vollumfänglich. Daher blieben Begegnungen mit anderen auf Augenhöhe immer punktuell, ganz im Gegensatz zur personellen Kontinuität in den organisatorischen Belangen.

1981, als die Tournee der Monte Verità-Ausstellung durch die Museen bereits ihr Ende gefunden hatte, ergab sich ein herzlicher Kontakt mit Nora Kotlan in Budapest. Sie war eine Nachfahrin der aus Siebenbürgen stammenden Monte Verità-Gründer Karl und Gusto Gräser. Mitte März schrieb Harald Szeemann an Nora Kotlan, dass er in die Dauerausstellung in der Casa Anatta gerne zusätzliches Material mit einbeziehen möchte und daher gleich nach Budapest fliegen werde.[20] Die Suche muss erfolgreich verlaufen sein,

18 Marianne EIGENHEER, Brief an Harald Szeemann, 30.1.1978.

19 Harald SZEEMANN, Brief an Marianne Eigenheer, 6.2.1978.

20 Harald SZEEMANN, Brief an Nora Kotlan, 15.3.1981.

denn bald darauf begann eine außerordentlich umfangreiche Korrespondenz zwischen Budapest und Tegna. Als Harry, Ingeborg und «die kleine Una», wie Nora Kotlan die drei bald freundschaftlich nannte, sie zu dritt in Budapest besucht hatten, wurden die Briefe um privaten Inhalt erweitert. Später machten Harald Szeemann und Ingeborg Lüscher zusammen mit Nora Kotlan und der kleinen Una eine gemeinsame Reise durch Siebenbürgen, das Heimatland der Gräsers, wo sie sich auf die leider vergebliche Suche nach dem Rauchtischchen Gusto Gräsers machten. Nora Kotlan, die hinter dem Eisernen Vorhang lebte, schloss die Familie Szeemann-Lüscher in ihr Herz. Sie bedankte sich herzlich bei Ingeborg für die zugesandten Zeitschriften und fügte an, dass sie es schätze, mit diesem Kontakt «eine direkte Verbindung mit der großen Welt» zu haben.[21]

Es war auch Nora Kotlan, die Harald Szeemann nach Abschluss der Ausstellungstournee beim Kauf des Gemäldes «Der Liebe Macht» von Gusto Gräser unterstützte. Bis heute zählt dieses zu den Prunkstücken des Museums. Der Kaufpreis von 2500 Franken, den Szeemann aus eigener Tasche bezahlte, war schnell ausgemacht.[22] Bei den nötigen Ausfuhrgenehmigungen gab es hingegen Probleme; einmal musste Nora Kotlan Szeemann in einem Telegramm eindringlich ermahnen, keiner externen Person in der «Gräser-Angelegenheit» Auskunft zu geben als den bereits Eingeweihten.[23] Aber alles ging gut, das Gemälde konnte ausgeführt werden. In einem neuen, anthroposophisch anmutenden Holzrahmen bekam es einen Ehrenplatz in der Casa Anatta.

Die Ausstellung in Ascona

Die weitreichenden Recherchen Szeemann gingen zwar weiter, und doch musste spätestens Ende 1977 die Realisierung der Ausstellung in Ascona konkret angegangen werden. Das Vernissagedatum war auf Anfang Juli 1978 festgelegt worden. An nicht weniger als fünf verschiedenen Standorten sollte die Ausstellung stattfinden: in der Casa Anatta auf dem Monte Verità, in der Turnhalle und dem Ex-Teatro des Collegio Papio, im Museo Comunale di Ascona sowie auf den Brissagoinseln. All diese Standorte – ausser dem Museo Comunale keine eigentlichen Ausstellungsräume – mussten für die Ausstellung vorbereitet werden. Dazu kam eine riesige Logistik für die

21 Nora KOTLAN, Brief an Harald Szeemann und Ingeborg Lüscher, 24.7.1981.
22 Harald SZEEMANN, Brief an Nora Kotlan, 7.4.1981.
23 Nora KOTLAN, Telegramm an Harald Szeemann, 5.8.1981.

Transporte und Versicherungen der Leihgaben, die Produktion der Ausstellungstexte und Modelle sowie die Herausgabe des Katalogs.

Eine schier unermessliche Aufgabe für Szeemann, die er jedoch beherzt entsprechend seines Mottos «Von der Vision bis zum Nagel» selbst anpackte. Am wichtigsten für das Gelingen der Ausstellung war ohne Zweifel die enge Kooperation mit dem Kunsthaus Zürich. Dessen Direktor Felix Baumann kannte Harald Szeemann aus gemeinsamen Berner Studienzeiten. Die beiden schätzten sich und ergänzten sich gut: Auf der einen Seite der charismatische Starkurator mit spannenden Themen, einem riesigen Wissen und Beziehungsnetz, auf der anderen Seite ein umsichtiger Direktor, der seinem externen Kuratoren den Rücken frei hielt und ihn inhaltlich machen ließ. Während Szeemann das Rampenlicht und den Medienglanz genoss, wirkte Baumann lieber im Hintergrund und stellte sicher, dass der große Betrieb des Kunsthauses reibungslos funktionierte. Er handelte dabei aus der Erkenntnis heraus, dass es dem Leiter eines Institutes von der Größe des Kunsthauses nicht möglich ist, in eigener Regie sämtliche Ausstellungen zu kuratieren. Wie ein Intendant, der den besten Regisseur an sein Haus binden wollte, suchte Baumann den besten Ausstellungsmacher und war überzeugt davon, diesen in der Person von Harald Szeemann gefunden zu haben.

Aufgefallen ist Baumann der ungeheure Fleiß und die organisierte Arbeitsweise Szeemanns, der sich in der Öffentlichkeit jedoch immer als der «wilde Denker» dargestellt habe. Ihr Verhältnis war freundschaftlich und von einer großen Wertschätzung der gegenseitigen Arbeit geprägt, ohne jedoch ausgesprochen privat zu sein. Oft redeten sie über Exponate und Organisatorisches der Realisierung, und Szeemann zeigte Baumann stolz seine neuen Entdeckungen. Einmal war es eine Postkarte mit Benito Mussolini und Gabriele d'Annunzio. «Welcher von beiden möchtest Du lieber sein?», fragte Harry den Direktor. Dieser zog widerwillig den faschistischen Dichter dem Diktator vor, worauf Szeemann selbst spielerisch die Rolle Mussolinis für sich beanspruchte.[24]

Dass die Zusammenarbeit gut funktionierte, verdeutlicht ein Brief, den Baumann nach Abschluss der Ausstellung im Kunsthaus an Szeemann schrieb: «Es war mir persönlich eine Freude, dass wir Deine Ausstellung bei uns haben konnten und ich hoffe sehr, dass auch Dir Dein Gastspiel in unserem Haus Freude und Spaß bereitet hat.» Was kann sich ein Kurator Schöneres wünschen? Es kam aber noch besser, Baumann schrieb: «Bitte melde Dich bei mir, wenn sich Deine Projekte klären. Ich bin für alle Vorschläge

24 Gespräch mit Felix BAUMANN, 18.2.2011.

offen, auch wenn es sich um Projekte handelt, über die bisher noch nie gesprochen wurde.»[25]

Auch mit Baumanns Vorgesetzten, dem Bankier und Präsidenten der Zürcher Kunstgesellschaft Carlo von Castelberg pflegte Szeemann freundschaftlichen Kontakt. Im Briefwechsel ist nur eine kleine Unstimmigkeit dokumentiert, die freilich schnell beigelegt werden konnte. In einem für die von Castelberg kontrollierte Banca del Gottardo bestimmten Text Szeemanns über das Monte Verità-Projekt mussten geringfügige Änderungen vorgenommen werden; von Castelberg dankte Szeemann, dass dieser sie, offenbar nach einigen Diskussionen, letztlich akzeptierte. In seiner Antwort meinte Szeemann, das sei selbstverständlich gewesen, er wolle nicht, dass man sein Tun als aggressiv interpretiere, sei er «doch die Milde selbst». Und in seinem Brief fuhr er gleich fort, dass er gerne ein Bild aus von Castelbergs Sammlung für den Eingangsbereich der Casa Anatta ausleihen würde.[26] Der vom Charme Szeemanns besänftigte und geschmeichelte von Castelberg lieh sein Werk, eine Frauenbüste mit drei Brüsten, natürlich gerne aus.

Einen engen und kontinuierlichen Kontakt innerhalb des Kunsthauses Zürich pflegte Szeemann mit der Vizedirektorin Erika Billeter. Die promovierte Kunsthistorikerin mit einem breiten Interessengebiet von Fotografie bis hin zu lateinamerikanischer und europäischer Gegenwartskunst wurde nach ihrer Zürcher Zeit Direktorin am Musée des Beaux-Arts in Lausanne. Über ihren Schreibtisch lief der gesamte Leihverkehr der Ausstellung. Nachdem Szeemann den Kontakt zu den Leihgebern hergestellt und die Werke ausgewählt hatte, übernahm Billeter den offiziellen Briefverkehr (Leihanfragen, Leihverträge). Kopien ihrer Briefe sind in der Dokumentation Szeemanns erhalten. Die Briefe belegen, wie gut die beiden kooperierten. Zwei Wochen vor Ausstellungseröffnung schrieb Szeemann an sie: «Ich freue mich riesig, mit Dir den Monte Verità zu machen, und ich sende Dir in der Beilage den Stand der heutigen Vorbereitungen.»[27] Nach dem Weggang Billeters vom Kunsthaus Zürich besetzte Felix Baumann ihre Stelle nicht mehr intern. Er wollte den Kurator mit der stärksten Ausstrahlungskraft für das Kunsthaus gewinnen. Da er wusste, dass er Szeemann nie hätte überzeugen können, als angestellter Konservator unter seiner Leitung ans Kunsthaus Zürich zu wechseln, stellte er ihn als permanenten freien Mitarbeiter ein.

Eine weitere entscheidende Person für die Bewältigung der enormen Logistik der Ausstellung war Josy Kraft, der damals als gelernter Speditions-

25 Felix BAUMANN, Brief an Harald Szeemann, 9.2.1979.

26 Carlo VON CASTELBERG, Brief an Harald Szeemann, 25.4.1978; Harald SZEEMANN, Brief an Carlo von Castelberg, 2.5.1978.

27 Harald SZEEMANN, Brief an Erika Billeter, 27.6.1978.

kaufmann bei der Basler Transportfirma Kühne + Nagel angestellt war. Kraft organisierte sämtliche Transporte für die Ausstellung in Ascona und der späteren Tournee. Posthum hat Josy Kraft Szeemann unter dem Titel «Mein Vorbild, mein Freund, mein ‹Bruder› und Mentor» ein Denkmal gesetzt.[28] In diesem Artikel beschreibt er wie er Szeemann 1972 mit 23 Jahren kennen lernte und wie dieser ein väterlicher Freund für ihn wurde. Gleichzeitig gibt er einen interessanten Einblick in die Arbeitsweise Szeemanns. Für alle Künstler einer Ausstellung legte Szeemann jeweils eine Akte an. Alle im Team hatten Zugang zu diesen Akten und mussten sich herauskopieren, was für sie wichtig war. Damit war, ohne die heutigen elektronischen Mittel, sichergestellt, dass alle auf dem aktuellsten Stand waren. Genau in dieser Ordnung sind die Akten heute im Archiv abgelegt.

Rückblickend charakterisiert Josy Kraft die Arbeitsweise Szeemanns wie folgt: «Harry hat mich in meiner Arbeit geprägt wie kein anderer. Er war ein Perfektionist, Halbheiten und Schlampereien duldete er nicht. Er konnte sehr hart sein, wenn es um die Sache ging. Er verlangte viel – nicht nur von sich selbst, sondern auch von seinem Team.» Eine eindrückliche Episode, die auch die Ergebenheit und Bewunderung der Szeemann-Mitarbeiter verdeutlicht, ereignete sich 1988 bei der Ausstellung «Zeitlos» im Hamburger Bahnhof in Berlin. Kraft beschreibt, wie Szeemann ihn und Christoph Zürcher beauftragte, die beiden Land-Art Werke von Richard Long «Madrid Circle» und «Magpie Line» am Boden der weitläufigen Halle zu installieren und anschließend für zwei Tage weg war.

> Samstag und Sonntag verbrachten wir auf den Knien, um die verschiedenen Steine so zu legen und zu schichten, dass man den Boden nicht mehr zwischen ihnen sehen konnte. Am Sonntag Abend kam Harry wieder zurück nach Berlin, wir schlenderten zusammen durch die Halle und er betrachtete die beiden installierten Arbeiten von Long nachdenklich. Dann sagte er – ‹Ragazzi, schön, aber die beiden müssen beide circa einen Meter weiter nach hinten›. Stöffis und mein Rücken und Beine schmerzten, doch wir wussten – wir müssen es machen. Wer sich an diese Ausstellung erinnert, weiss was diese Inszenierung für eine Ausstrahlung hatte.[29]

Einer der wichtigsten Mitarbeiter Szeemanns im Tessin war Christoph (Stöffi) Zürcher. Der in Zürich aufgewachsene und in Locarno wohnhafte Architekt Zürcher lernte Szeemann in den frühen 1970er Jahren über Ingeborg Lüscher kennen. Am 27. Dezember 1977 schlossen Szeemann und der 16 Jahre jüngere Zürcher einen Vertrag ab, gemäß welchem Zürcher als technischer

28 Josy KRAFT, «Mein Vorbild, mein Freund, mein ‹Bruder› und Mentor», *in:* Simone SOLDINI (Hrsg.), *Harald Szeemann. Il viaggio meraviglioso,* Mendrisio 2009, S. 10-12.

29 KRAFT, *ibid.*, Gespräch mit Josy KRAFT, 17.2.2011.

Leiter der Ausstellung in Ascona angestellt wurde. Von da an war Zürcher bis zum Tode Szeemanns für diesen tätig; außerdem war er Architekt der «Casa Una», des Wohnhauses der Familie Lüscher-Szeemann. Zürcher beschreibt Szeemann in ähnlichen Worten wie Josy Kraft, nämlich als intensiven Diener an der Kunst: «Die Umsetzung seiner Ideen war sein Schaffenszentrum. Dem hatte sich alles unterzuordnen [...]. Er machte keinen Unterschied zwischen Privat- und Berufsleben.»[30]

Die Erinnerungen von Christoph Zürcher und Josy Kraft enthüllen mehrere Merkmale der Arbeitsweise Szeemanns. Mit seinem Enthusiasmus gelang es Szeemann, fähige Leute so loyal an sich zu binden, dass sie für ihn buchstäblich durch Feuer gingen. Durch sein Vorbild und seine unbürokratische Art konnte er sie zu Leistungen anspornen, die in einem «üblichen» Arbeitsverhältnis nie möglich gewesen wären. Szeemann schuf einen positiven Teamgeist. Die Mitarbeiter, auf die ja im Vergleich zum Starkurator Szeemann kaum persönlicher Glanz fiel, betrachteten die Erfolge Szeemanns immer auch als die Ihrigen. Durch die unprätentiös herzlichen und freundschaftlichen Charakterzüge von «Harry» wie durch die Bewunderung für dessen berserkerhaften Arbeits- und Lebensstil wurden die deutlich jüngeren Mitarbeiter zu Höchstleistungen angespornt. Szeemann schaffte es immer wieder, seinen eigenen Enthusiasmus auf andere zu übertragen. An Jeannot Simmen schrieb er drei Monate vor Ausstellungseröffnung in Ascona: «Das Buch ist auf besten Wegen und die Ausstellung hoffen wir auch hinzukriegen. Es wird grandios.»[31] An die Grandiosität seiner Unternehmungen glaubte Szeemann nicht nur selbst, es gelang ihm auch, dieses Bewusstsein anderen einzuimpfen. Diese empfanden es als Ehre mittun zu dürfen.

Inhalt der Ausstellung

Am 6. Juli 1978 abends fand die glanzvolle Eröffnung der Monte Verità-Ausstellung mit mehreren hundert Gästen in Ascona statt. Die Ausstellung selbst zeigte an vier verschiedenen Standorten die «Reformkulturlandschaft» von Ascona. Als Alternativausstellung war sie eine Spurensuche in Randgebieten der modernen europäischen Kulturgeschichte, so dass Szeemann nicht

30 Christoph ZÜRCHER, «Harry mein Freund», *in:* SOLDINI (Hrsg.), *Harald Szeemann* (Anm. 28), S. 16.

31 Harald SZEEMANN, Brief an Jeannot Simmen, 31.3.1978.

zu Unrecht als «Schliemann Asconas» bezeichnet wurde.[32] Der Teppich einander kreuzender Biografien am geografischen Ort Ascona verdeutlichte das Aufbruchspotenzial, das von dort ausgegangen war. 600 Viten (Lebensläufe) mit 600 verschiedenen Paradiesvorstellungen machte Szeemann in der Einleitung des Katalogs aus. Zwar sei die ideale Gesellschaft eine Utopie geblieben, aber mit der Ausstellung Monte Verità könne die Gesellschaft den Berg so behandeln, «wie wenn Utopie Realität geworden, wie wenn dieses faszinierende Potential von gelungenen Selbstversuchen zum WIR geworden wäre».[33] Es handelte sich um einen Versuch, die zerbrochenen Utopievorstellungen im Medium der Ausstellung wieder zusammenzufügen – der Ausstellung selbst kam in der Szeemann'schen Konzeption utopisches Potenzial zu.[34] Aus dem Mosaik der verschiedenen Ich-Verwirklichungen im Raum Ascona ergibt sich für Szeemann eine «sakrale Topographie», die er mit seiner Ausstellung in Szene setzt.

Geordnet ist die Ausstellung nicht nach chronologischen Schichten, sondern nach Sachgruppen, die Szeemann «Mammelle» (Brüste) nennt. Versinnbildlicht durch die vielbrüstige Artemis von Ephesus, die im Katalog abgebildet ist, erscheinen die zahlreichen Paradiesvorstellungen der dargestellten Individuen als Brüste einer mythischen Figur. Dieser Zugang, der sich dem Monte Verità im Rückgriff auf eine antike Gottheit näherte, war eine Mythologisierung, eine Rückführung des Monte Verità auf archaische Ursprünge, und dies im Gewande einer klaren geschlechtlichen Zuordnung.

Selbst im Ausstellungsplakat ist eine der Hauptthesen der Ausstellung zum Ausdruck gebracht. Ausgehend von einer Lichtquelle am Hügelkamm des Monte Verità ziehen sich Strahlen, die mit den Namen der einzelnen Mammellen Anarchie, Sozialtutopie, Seelenreform, Lebensreform, Geistesreform, Körperreform, Psychologie, Mythologie, Tanz und Musik, Literatur, Kunst bezeichnet sind, über den gesamten Himmel. Emblematisch steht das Plakat für die unvergleichliche Stellung des Monte Verità an der Wurzel dieser Bewegungen.

Aus einer Reihe von Gründen war der Monte Verità im Schaffen Szeemanns derart zentral. In einem Text, den er für eine Radiosendung schrieb, versuchte er seine Motivationen in Worte zu fassen:

> Es gibt für diese Ausstellung eine Reihe von Motivationen. Erstens einmal diese Nach-68er-Resignation, als die nicht gelungene Revolution, die zu einer Reihe von

32 Widmung von Hermann Müller in seinem Buch: Hermann MÜLLER, *Gusto Gräser. Aus Leben und Werk*, Knittlingen 1987.

33 SZEEMANN, *Monte Verità* (Anm. 17), S. 7-8.

34 Andreas SCHWAB, *Monte Verità – Sanatorium der Sehnsucht*, Zürich 2003, S. 229-245.

> Wiederentdeckungen führte, von dem was man den dritten Weg, also den Weg zwischen Kapitalismus und Kommunismus nennt, unter möglichster Umgehung der gewaltsamen Revolution, also der dritte Weg der Lebensreform. [...] Das Zweite ist eine konservatorische Angelegenheit. Der Monte Verità ist auch nach Ansicht der Fachleute die einzige erhaltene Reformsiedlung, welche noch heute dank einer sehr unexpansiven Geländepolitik im Tessin so geblieben ist, wie sie immer war. Sie umfasst die Licht-Luft-Hütten der Vegetarier bis zum Bauhaus-Hotel von 1927. Das Dritte ist meine persönliche Motivation: nach Documenta 5 versuchte ich selber Ausstellungen zu machen, die Teil meines Lebens sind, die ich auch selber finanziere, die Mittel dafür auftreibe. Im Laufe dieser Untersuchungen bin ich mehr und mehr zu einer Art mythologischer Ausstellung gekommen, also: Visualisierung eines Mythos.[35]

Szeemanns Motivation lässt sich also dergestalt umreißen, dass er mit seiner Monte Verità-Ausstellung als Visualisierung eines Mythos nicht weniger als die Geschichte umkehren wollte: Als Utopie eines Dritten Weges zwischen Kapitalismus und Kommunismus, der leider jedoch nicht in die Tat umgesetzt werden konnte, sollte der Monte Verità ein Beispiel geben. Die Bedeutung der Ausstellung lag im Punkt begründet, dass sie – auf imaginäre Weise und doch zumindest während ihrer Laufzeit real – ein Potenzial ausschöpfte, das in der Wirklichkeit Stückwerk bleiben musste. In der Auffassung Szeemanns erscheint der Monte Verità daher ebenso als Gesamtkunstwerk, das nie ganz erfüllt werden kann, wie auch als archimedischen Punkt, von ihm aus die Welt noch einmal anders und neu zu denken. Der Kurator als Weltenschöpfer: «Damit setzte sich Szeemann selbst nahe dem Rollenverständnis des Künstlers, wie es sich in der Moderne herausgebildet hatte.»[36] Der Monte Verità war für Szeemann ein nahezu paradiesischer Ort. In einem Artikel für die *Schweizer Illustrierte* beschrieb er ihn in einer zärtlichen Sprache. Die verschiedenen, im Archiv aufgehobenen Bearbeitungsstufen des hoch elaborierten Textes zeigen die intensive Beschäftigung Szeemanns mit ihm.[37] Er setzt gleich mit einem persönlichen Statement ein: «Seit neun Jahren sehe ich ihn täglich», um dann mit einer Beschreibung des Zugangs «als Wallfahrtsweg im Dunkel der Kastanienwälder» zu ihm in den verschiedenen Jahreszeiten fortzufahren:

> Dann wandeln sich die Wälder ins Braunschwarzviolette und heben sich als plastische Wucht vom blauen Himmel ab. In solchen südlichen Übergängen vom Tag zur Nacht, vom Sonnenschein zu scheinbar ungespiesenen Lichtfülle im Schatten wird der Monte Verità zum Landschaftskind, zum Erben gewaltiger Hügelschenkel. Dort

35 Harald SZEEMANN, Manuskript, 17.10.1978.

36 Vgl. auch die Einschätzung von Anne Marie FREYBOURG *in: Artnet*, 23.2.2005, http://www.artnet.de/magazine/zum-tod-von-harald-szeemann-1/.

37 Abgedruckt *in: Schweizer Illustrierte* 41 (1985), S. 44-57.

> wachsen dem Ort jene mythischen Dimensionen der Geologie und der Geschichte zu, die Mitteleuropa neu entdecken lassen.

Szeemann verbindet augenscheinlich sein persönliches Erleben und seine Stimmungen beim Anblick des Monte Verità mit dessen mythischen Dimensionen. Damit entrückt er den Berg einer profanen und materialistischen Sichtweise und weist ihm eine spezifische Symbolkraft zu. Er tut dies in einer poetischen Sprache, die ihrerseits archaische und geschlechtlich konnotierte Untertöne aufweist (Landschaftskind, Hügelschenkel). Wenn er der südlichen Erde zudem eine mütterliche Dimension zuschreibt, die für «Einzelgänger und Siedlergruppen [...] als Nährboden und Projektionsebene ihrer im Norden nicht zu realisierenden Utopien» gegolten haben, bewegt er sich in der gleichen Sphäre wie in der früheren Ausstellung «Junggesellenmaschinen»: Nämlich in der Orientierung der (männlichen) Schöpfer und Entdecker hin in eine als weiblich gedeutete südliche Landschaft, die erst durch die Okkupation der Nordischen zum künstlerischen Leben erweckt wird. In dieser Kombination liegt für Szeemann einer der Gründe für die über sich hinausweisende Bedeutung des «Mikroparadieses» Monte Verità.

Eine eigentümliche Episode

Es war geschafft, die Vernissagegäste waren abgezogen, die ersten Gratulationen und freundlichen bis enthusiastischen Rezensionen eingetroffen, da kam es zu einer eigentümlichen Episode, die sich im Nachhinein nicht mehr vollständig aufklären lässt. Genau eine Woche nach der Eröffnung, am 13. Juli 1978, schickte Szeemann an mehrere Partner der Ausstellung, mit denen er bislang eng kooperiert hatte, harte Briefe. Dem Verlag Electa editrice, der den Katalog nicht fertiggestellt hatte, teilte er mit: «Voi non avete funzionato. Potete uscire il libro o no, per me è lo stesso [...]. Sono stanco di voi e di tutti i musei senza la dimensione di fiducia e non voglio più perdere tempo per una cosa che mi sembra qui sul posto perfetta.»[38] Ein Brief mit einem ähnlichen Inhalt ging an den Präsidenten der Zürcher Kunstgesellschaft Carlo von Castelberg. Ihm teilte Szeemann mit, dass er darauf verzichten möchte die Ausstellung weiterzugeben. Ascona solle die erste und einzige Station bleiben:

> Ich möchte als Purist ganz schlicht und einfach, dass MONTE VERITA hier auf dem MONTE VERITA aufhört, mit allen Verlusten und Folgen, die das impliziert [...].

38 Harald SZEEMANN, Brief an Electa editrice, 13.7.1978.

> Ich finde es nicht mehr nötig die Ausstellung in Zürich zu machen, und Zürich wird das sicher verkraften, wie ich mir Mühe gebe, es zu tun. Ich habe unterdessen an der Schale der Aesthetik des Ephemeren getrunken und hoffe, ihr werdet mithalten. Festlegen, verschieben, festlegen war Zürichs Stärke. Ich mache nicht mehr mit und hoffe von Euch dasselbe.[39]

Die Antwort von Castelbergs ist leider nicht dokumentiert, sie muss mündlich erfolgt sein. Eine Reaktion gab es aber vom Verantwortlichen der Berliner Station in der Akademie der Künste Janos Frecot, der selber ein Spezialist der Lebensreform und Katalogautor war. Ihm hatte Szeemann schroff mitgeteilt: «Ihr seid mir alle eine große Enttäuschung gewesen, und ich habe keine Lust mehr, in Berlin auch nur einen Finger zu rühren.»[40] Im Gegensatz zu den anderen Empfängern reagierte Frecot mit einem Brief. Zunächst stellte er klar, dass Szeemann sich rein rechtlich nicht so leicht aus der Verantwortung stehlen könne: «Gelten Verträge zwischen ‹Freunden› (das Wort hast Du gebraucht) nur schriftlich? Für mich besteht ein mündlicher Vertrag.» Dann gab Frecot seinerseits einer Enttäuschung Ausdruck:

> Wir waren, soweit ich die Leute kenne [...] die einzigen Kollegen, die zur Eröffnung gekommen waren. Wir hätten uns etwas mehr Aufmerksamkeit Deinerseits gewünscht [...]. Du hättest deine nicht-alternative, sondern sehr im Rahmen des schlechten Üblichen liegende Medienbewusstheit mal vergessen können, um mit deinen Freunden aus Berlin ein paar Worte mehr zu wechseln, als es Dir nötig schien. Aber Du brauchtest uns nicht, die Medien dagegen sehr.[41]

In seiner Antwort – inzwischen war längst klar, dass die Ausstellung zumindest im Kunsthaus Zürich gezeigt würde – bemühte sich Szeemann, das zerbrochene Geschirr wieder zu kitten. Er stellte es als ein unglückliches Missverständnis dar, dass sie sich an der Vernissagefeier verpasst hätten. Keinesfalls habe er seine Freunde vernachlässigen wollen. Als schließlich noch der Streit um die Bezahlung des Katalogbeitrags von Frecot (er hatte zuerst verzichten wollen, ließ sich dann aber doch umstimmen, das Geld anzunehmen) beigelegt werden konnte, war das Verhältnis zwischen den beiden wieder hergestellt.

Insgesamt verlief die Affäre glimpflich und wurde rasch beigelegt. Durch vereinte Überzeugungskräfte, durch die Kraft des Faktischen, durch was auch immer: Szeemann ließ sich umstimmen. Schon eine Woche später war nicht mehr die Rede davon, die Ausstellung nur in Ascona zu zeigen. Was genau bei Szeemann zu dieser (Über-)Reaktion geführt hat, lässt sich nicht mehr klar eruieren. Verhandlungstaktische Gründe Szeemanns, der

39 Harald SZEEMANN, Brief an Carlo von Castelberg, 13.7.1978.

40 Harald SZEEMANN, Brief an Janos Frecot, 13.7.1978.

41 Janos FRECOT, Brief an Harald Szeemann, 27.7.1978.

genug hatte vom beständigen Verschieben von Terminen, mögen dabei eine Rolle gespielt haben, vermuten Ingeborg Lüscher und Christoph Zürcher. Der harte Brief an den Verlag sei Ausdruck seines Zorns gewesen, da er sich von Electa hereingelegt fühlte. Gleichzeitig scheinen die Briefe Ausdruck eines Erschöpfungszustands nach einer schier übermenschlichen Anstrengung zu sein. Denn in all seinen Tätigkeiten neigte Szeemann zur Selbstausbeutung; er verlangte sich immer auch selbst ab, was er von anderen forderte. Dazu hatte er kurz nach der Eröffnung das Gefühl, die Ausstellung habe in Ascona, in der Landschaft des Monte Verità selbst, ihren idealen Standort gefunden, wie er im Interview mit Angela Köhler ausdrückte: «Ich sehe auch jetzt die Monte Verità-Ausstellung eigentlich mit großer Trauer im Herzen diese Landschaft verlassen, um nun wieder in Museen weiterzufahren, was aber halt leider, vor allem aus finanziellen Gründen, notwendig ist.»[42]

Weitere Stationen und Einrichtung der Dauerausstellung in der Casa Anatta

Nach dem Sommer 1978 musste die Monte Verità-Ausstellung zum Leidwesen Szeemanns, der die Ausstellung ungern ihr ursprüngliches Terrain verlassen sah, in Ascona abgebaut werden. Im Zürcher Kunsthaus kam es im November 1978 zu einer weiteren glanzvollen Eröffnung. Wieder war die Prominenz versammelt, nur Vertreter der Gemeinde Ascona entschuldigten sich.[43] In Zürich wie an den weiteren Stationen in der Berliner Akademie der Künste, in Wien im Museum des 20. Jahrhunderts und in der Villa Stuck in München hatte die Ausstellung großen Erfolg. In Zürich hatte die Ausstellung in 71 Tagen Laufzeit 54 000 Besucher, in Berlin in den ersten drei Wochen nicht weniger als 200 000.[44]

Nach Beendigung der Tournee sollte die Wanderausstellung in der Casa Anatta auf dem Monte Verità einen dauerhaften Platz finden. Die Initiative ging vom Ente Turistico Ascona e Losone und dessen Direktor Luciano Bohrer aus. Dieser schrieb an Szeemann «wie bereits kurz besprochen, sind wir daran interessiert, in der Casa Anatta ein ‹Monte Verità› Museum einzurichten. Nach Beendigung der Wanderausstellung möchten wir nach Möglichkeit von Ihnen das Material übernehmen, um damit das Museum zu

42 Angela KÖHLER, *Kunstforum*, Bd. 30, 6/1978, S. 183-202, hier S. 193.

43 Municipio di Ascona, Brief an das Zürcher Kunsthaus, 16.11.1978.

44 *Jahresbericht der Zürcher Kunstgesellschaft 1979*, S. 45; Harald SZEEMANN, Brief an Annemarie Burckhardt, 19.4.1979.

gestalten.»[45] Für einen selbständigen Kurator wie Szeemann muss dieses Angebot bestechend gewesen sein. Aus einer temporären Ausstellung eine Dauerausstellung zu machen, noch dazu am Ort des Geschehens selbst, war eine einmalige Gelegenheit. Mit der von Bohrer vorgeschlagenen Vorgehensweise war Szeemann jedoch nicht einverstanden. Für ihn kam nicht in Frage, das Material aus der Hand zu geben und andere damit die Ausstellung realisieren zu lassen. Szeemann persönlich richtete die Ausstellung in der Casa Anatta zusammen mit seinem bewährten Assistenten Christoph Zürcher ein.

1981 wurde das Museum in der Casa Anatta eröffnet, nachdem unter der Leitung von Christoph Zürcher umfangreiche Restaurierungsarbeiten vorgenommen worden waren. Das ganze, etwas verlotterte Haus inklusive Dach wurde aufgefrischt, die Küche entfernt und die geschwungene Holztreppe anhand von alten Fotos wieder eingebaut.

Gescheiterte Ansätze zu einem Padiglione d'Arte Contemporanea (PAC)

Der erste Entwurf Szeemanns für ein Kulturzentrum auf dem Monte Verità stammt aus dem Jahr 1974, lange bevor er sich ernsthaft mit den Recherchen für seine Ausstellung befasste. Bereits in diesem frühen Papier klingen viele Punkte an, die Szeemann in späteren Jahren mit großer Energie, jedoch zu weiten Teilen ergebnislos, verfolgte. Schon da bezeichnete er den Monte Verità als ein von der «Natur herausgelesenes Gesamtkunstwerk» und stellte ihn als einen geradezu idealen Ort für eine regelmäßige kulturelle Aktivität dar.

Er regte an, den Monte Verità alle zwei Jahre für ein Großereignis zu nutzen. Seminare, Tagungen mit Spezialisten und eine Reihe eigenständiger Vorbereitungen sollten als Vorbereitung dienen. Publikation und die Ausstellung dienten dann als nach außen hin sichtbares Resultat. Seinen Berechnungen nach beliefen sich die jährlichen, von Bund und Kanton Tessin zu tragenden Kosten auf 400 000 bis 600 000 Franken. Als erste beide Themen schlug er eine Ausstellung über «La mamma», gefolgt von einer über «Il sole» vor. Mit anderen Worten: Szeemann wünschte, auf dem Monte Verità seine geplante Trilogie, die mit den «Junggesellenmaschinen» begonnen hatte, zu vollenden. Seine innovative Konzeption war für Szeemann eine

45 Luciano BOHRER, Brief an Harald Szeemann, 18.8.1979.

Alternative zum «Museumswesen nördlicher Prägung», das er überwinden wollte.[46]

Das Kulturzentrum ließ sich mangels einer gesicherten Finanzierung vorderhand nicht realisieren. Szeemann schob die Ausstellungen zur Mutter und zur Sonne zugunsten einer über den Monte Verità selbst auf. Als diese in der Casa Anatta als Dauerausstellung eingerichtet war, nahm Szeemann seine alten Pläne für ein Kulturzentrum wieder aus der Schublade und modifizierte sie leicht. Neu wollte er auf dem Monte Verità ein Padiglione d'Arte Contemporanea oder kurz PAC gründen. Gemäß seiner Idee sollte ein Mehrzweckbau errichtet werden, der für Sonderausstellungen diente.

Zwei große Ausstellungen pro Jahr waren vorgesehen: Die erste von Ostern bis in den Juni, die zweite vom Filmfestival Anfang August bis Oktober. Weiter sollte der Mehrzweckbau auch für Experimentalfilme oder für «Proben einer neuen Aufführung von Robert Wilson» zur Verfügung stehen. Bereits hatte Szeemann die Zusicherungen renommierter Künstler wie Mario Merz, Wolfgang Laib, Richard Serra und Joseph Beuys, die ihre Werke für Sonderausstellungen zur Verfügung stellen wollten. Soweit die Vorstellungen Szeemanns.[47]

In der Realität hatte das Projekt von Anfang an mit großen Schwierigkeiten zu kämpfen. Szeemann konnte noch so sehr auf das verletzte Testament des Baron von der Heydt hinweisen, der 1964 geschrieben hatte, der Monte Verità müsse der Kultur zur Verfügung stehen. Bund und Kanton wollten sich nicht im gewünschten Ausmaß finanziell engagieren. So musste Szeemann 1989, als einer anderen Lösung den Vorzug gegeben wurde, den Traum eines Padiglione d'Arte Contemporanea realistischerweise begraben. Sogar mit einer gesicherten externen Finanzierung – Szeemann hatte bereits bei externen Geldgebern angefragt und offenbar auch (mündliche) Zusagen erhalten – wollte der Kanton Tessin das Risiko nicht eingehen, später hohe Betriebskosten tragen zu müssen. Dieses dezidierte Nein des Kantons brachte das Projekt zu Szeemanns großer Enttäuschung zum Scheitern.

Der Tessiner Regierungsrat Giuseppe Buffi hatte eigene Pläne für den Monte Verità. Er berief ein Hearing ein, bei welchem die Frage diskutiert wurde, ob ein Padiglione d'Arte Contemporanea überhaupt sinnvoll sei. Die Jury verneinte diese Frage. Nach der Erinnerung von Ingeborg Lüscher musste ihr Ehemann mit Buffis Satz «es ist schwer Menschen zu finden, die sich für etwas begeistern, aber es ist ebenso schwer, sie los zu werden» die endgültige Niederlage seines Traumes akzeptieren. So konnte Buffi seine

46 Harald SZEEMANN, *Vorschlag für ein Kulturzentrum auf Monte Verità*, Ostern 1974.

47 Harald SZEEMANN, *Zeitlos auf Zeit. Das Museum der Obsessionen*, Regensburg 1994, S. 181-192. Eco di Locarno, 9.-10.1.1990.

alternative, eine dem Szeemann'schen Modell entgegengesetzte Konzeption, auf dem Monte Verità realisieren. Sie beinhaltete die Auflösung der Monte Verità SA und die Errichtung der Fondazione Monte Verità. Ihre Trägerschaft bestand neben dem Kanton Tessin und der Gemeinde Ascona aus den beiden Technischen Hochschulen der Schweiz (Zürich und Lausanne) mit dem neu gegründeten Centro Stefano Franscini. Auf der Seite des Fahrenkamp-Hotels errichtete der Tessiner Architekt Livio Vacchini einen Erweiterungsbau sowie einen unterirdischen Hörsaal. Im Zuge der Umbauarbeiten wurden die damals noch bestehenden Lichtlufthütten Aida und Andrea, Zeugnisse aus der Gründerzeit des Monte Verità, abgebrochen. Auch der Zwischenbau bei den Personalhäusern musste weichen, obschon Szeemann mittels Fotos beweisen konnte, dass der Architekt Livio Vacchini damit den Bau mitnichten in den ursprünglichen Zustand versetzte, wie er behauptete. Der Westsaal des Fahrenkamp-Baus wurde in drei Seminarzimmer unterteilt. Damit waren die baulichen Voraussetzungen für einen wissenschaftlichen Konferenzbetrieb gegeben. Von da an organisierte das Centro Stefano Franscini wissenschaftliche Kongresse unterschiedlichsten Inhalts. Die Plattform für Gedankenaustausch, wie der Seminarbetrieb auf dem Monte Verità beschrieben wurde, erfreute sich bald großer Beliebtheit, so dass sich der Kongressbetrieb zum unverzichtbaren wirtschaftlichen Standbein des Monte Verità entwickelte.

Harald Szeemann stand dieser Entwicklung negativ, doch machtlos gegenüber. Trotz eindringlichen Briefen hatte er Giuseppe Buffi nicht mehr umstimmen können. Für ihn war es eine vergebene Chance. In einem Interview, das er vier Jahre nach dieser Entscheidung gab, lässt sich trotz aller Zuversicht eine gewisse Verbitterung herauslesen. Offenbar habe seine Arbeit bisher nicht so richtig Fuß fassen können, meint er resigniert, weil er bisher alles gratis und aus eigenem Antrieb gemacht habe.

Mitgespielt haben bei diesen Ressentiments mag auch die Tatsache, dass sich Szeemann, der selbst sehr gut italienisch sprach, als Teil der deutschsprachigen Minderheit im italienischen Sprachraum marginalisiert vorkam. Dabei lag es ihm, wie er selbst ausdrückte, fern zu kolonialisieren. Immer habe ihn ein Tessiner begleitet, wenn er zu einer Tessiner Behörde gegangen sei. Letztlich kam ihm das bürokratische Prozedere zu lang und umständlich vor: «Aber ich weigere mich, Zeit in Kommissionen abzusitzen, denn ich bin Aktivist. Die Tessiner müssen ihre Probleme selber lösen.»[48]

Dennoch war nicht zu bestreiten, dass die meisten Exponate der Monte Verità-Ausstellung der deutschsprachigen Emigrantengemeinde in Ascona zu verdanken waren. In gewisser Weise war der Monte Verità viel eher in

48 SZEEMANN, *Zeitlos auf Zeit* (Anm. 47), S. 190.

der deutschen und in der deutschschweizerischen Geschichte verankert als in der tessinerischen. Diese Tatsache mag bei der Ablehnung des Padiglione d'Arte contemporanea unterschwellig auch eine Rolle gespielt haben. Trotz aller Enttäuschungen behielt Szeemann zahlreiche enge Kontakte mit Tessinern und verstieg sich nicht in eine Ablehnung des Tessiner Kulturlebens, wie sie die Schriftstellerin Aline Valangin in einem Brief an ihn formulierte:

> Ich las nochmals Ihren Auszug für die Ausstellung durch und fühlte mich beruhigt, dass da eigentlich nirgends zu lesen steht, der Tessin habe sich besonders ausgezeichnet. Alle Namen sind fremd; alle Tendenzen von Fremden getragen. So ist es eben. Ich weiß nicht, warum ich der Meinung war, Sie möchten in romantischer Weise dem Tessin ein falsches Kränzlein winden.[49]

Nach der Einschätzung seines Sohnes Jérôme verband Harald Szeemann eine ambivalente Beziehung mit seiner Wahlheimat Tessin, wo seine Familie lebte. Er nahm Teil am kulturellen Leben, ob als Berater bei der Neueinrichtung der Ex-Voti und der Ausstellung in der Kirche auf Madonna del Sasso oder als Vortragsredner am Filmfestival. Häufig regte er sich aber über die kulturpolitischen Entscheidungen im Tessin auf. Je länger desto stärker wurde das Tessin eine Art Rückzugsort oder Insel für ihn, wo er ungestört an seinen Projekten arbeiten konnte.[50]

Trotzdem blieb er weiterhin im Tessin aktiv. Das von Efrem Beretta geleitete Museo Comunale di Ascona hatte in den folgenden Jahren ein stark von Szeemann inspiriertes und getragenes Ausstellungsprogramm.[51] Es verdeutlicht die Stoßrichtung, die Szeemann unter Beteiligung seiner Künstlerfreunde auch im abgelehnten PAC auf dem Monte Verità hätte einschlagen wollen.

Bis zur Ausstellung von Mario Merz, der in Ascona 1990 seine Iglus ausstellte, war Szeemann für seine Tätigkeit nicht bezahlt. 1987 fanden Ausstellungen mit Werken von Arthur Segal und Oskar Schlemmer statt, 1991 folgten solche mit den Tessiner Künstlern Niele Toroni und Ettore Jelmorini, 1992 eine Ausstellung mit dem deutschen Künstler Wolfgang Laib. Dieser stellte seine bekannten gelben Blütenstaubhäufchen und Äste im Museum aus, was beim lokalen Publikum teilweise auf Unverständnis stieß. Efrem Beretta belauschte die Frau des Gemeindepräsidenten, die heimlich zu ihrem Mann sagte, dass es im Tessin doch alleweil genug Äste gebe. Warum müsse man diese auch noch im Museum ausstellen? Ganz zu schweigen von den Kosten, die dies verursache. Doch mit solchen Positionen schafften es Szeemann und Beretta, das Museo Comunale auf dem internationalen Kunst-

49 Aline VALANGIN, Brief an Harald Szeemann, 12.2.1977.

50 Gespräch mit Jérôme SZEEMANN am 17.2.2011.

51 Gespräch mit Efrem BERETTA, 10.3.2011.

parkett zu verankern, was Beretta höher einschätzte als die Ablehnung eines Teils der lokalen Bevölkerung.

Von 1996 bis 2001 war Szeemann Gastdozent an der Accademia di Architettura in Mendrisio. 2000 eröffnete er die Ausstellung «Museo Comico nel Teatro Dimitri» in Verscio, 2003 veranstaltete er die Skulpturenausstellung G2003 in Ascona und Vira Gambarogno. Doch im Zentrum seiner Tessiner Aktivitäten blieb stets der Monte Verità, dessen Wiederentdeckung er in den 1970er Jahren eingeleitet hatte. Während dreißig Jahren kam er immer wieder darauf zurück, vermittelte das Thema an andere und gab auf Anfragen bereitwillig Auskunft. Etwa Roman Kurzmeyer, dem späteren Mitherausgeber des Katalogs aller Ausstellungen von Szeemann, der ihm geschrieben hatte: «Mein Interesse ist also sowohl ein historisches, interdisziplinäres, als auch eines, das sich für die Glut einer solchen Bewegung interessiert, auf die ich immer wieder stoße, und die da und dort entflammt.»[52] Szeemann antwortete eine Woche darauf in seiner charakteristischen Art: «Eine Stiftung Monte Verità gibt es nicht. Es ist einfach viel nicht vergütete Arbeit. Natürlich lohnt sich eine Lizentiatsarbeit, aber Monte Verità ist uferlos – und das ist zu bedenken.»[53] Genau diese Uferlosigkeit an utopischen Weltentwürfen, die Harald Szeemann auf dem Monte Verità vorfand, war einer der Hauptgründe seiner eigenen Faszination. Durch sein immenses Wirken hat er es geschafft, sie an andere weiterzugeben.

Zusammenfassung

Anhand des von der Fondazione Monte Verità 2007 erworbenen Monte Verità-Nachlasses Szeemanns mit seiner gesamten Korrespondenz lässt sich die Entstehung einer seiner wichtigsten Ausstellungen über das erste Konzept bis hin zur Eröffnung beinahe hautnah mitverfolgen. Gleichzeitig kann damit ein Blick auf die Philosophie, die Ansätze und die Arbeitsweise Szeemanns geworfen werden, wie sie für sein Schaffen der folgenden Jahrzehnte prägend wurden. Kontakte mit zahlreichen wichtigen Persönlichkeiten, mit Archiven, Bibliotheken und Museen gehören ebenso dazu wie die häufigen Reisen und beharrlichen Recherchen an entlegenen Orten.

Im Aufsatz wird die Entstehungs- und Rezeptionsgeschichte des Monte Verità detailliert nachgezeichnet. Ein besonderes Augenmerk wird auf die dahinter liegenden utopischen Ideen von Harald Szeemann gelegt: Mit der

52 Roman KURZMEYER, Brief an Harald Szeemann, 17.4.1986.
53 Harald SZEEMANN, Brief an Roman Kurzmeyer, 24.4.1986.

Ausstellung hatte Szeemann die «Visualisierung eines Mythos» zum Anspruch. Die Bedeutung der Ausstellung lag im Punkt begründet, dass sie – auf imaginäre Weise und doch zumindest während ihrer Laufzeit real – ein Potenzial ausschöpfte, das in der Wirklichkeit Stückwerk bleiben musste. In der Auffassung Szeemanns erscheint der Monte Verità daher als Gesamtkunstwerk, das nie ganz erfüllt werden kann.

Nachdem die Ausstellung Monte Verità am Standort in Ascona gezeigt wurde, wanderte sie in die Städte Zürich, Berlin, Wien und München, um 1981 als Dauerausstellung in die Casa Anatta auf den Monte Verità selbst zurückzukehren. Im Aufsatz sind die letztlich gescheiterten Bestrebungen Szeemanns, auf dem Monte Verità einen «Padiglione d'arte contemporanea» zu gründen beschrieben. Sie illustrieren das Verhältnis, das der Kurator Szeemann zu seiner Wahlheimat, dem italienischsprachigen Tessin, pflegte.

Résumé

En travaillant sur les archives de Harald Szeemann sur le Monte Verità, dont la Fondazione Monte Verità a fait l'acquisition en 2007, on peut se rendre compte de manière très concrète de la genèse d'une des ses plus importantes expositions, du concept jusqu'à son ouverture. En même temps, il est ainsi possible de mettre en évidence la philosophie, les approches et la manière de travailler de Szeemann, lesquelles ont profondément marqué la création de ce dernier durant les décennies suivantes. Les contacts qu'il a entretenus avec de nombreuses personnalités importantes, avec les archives, les bibliothèques et les musées jouent dans sa démarche un rôle tout aussi important que les fréquents déplacements et les recherches obstinées dans des contrées reculées.

La présente contribution décrit de manière détaillée l'histoire du Monte Verità et de sa réception. Dans ce cadre, l'accent est mis sur le projet utopique d'Harald Szeemann: par son exposition, celui-ci avait pour objectif de présenter «la visualisation d'un mythe». Il s'agissait pour lui, du moins de manière imaginaire et pendant la durée de l'exposition, de parachever un potentiel qui, dans la réalité, avait été condamné à rester fragment. En ce sens, dans l'esprit de Szeemann, le Monte Verità apparaît comme une œuvre d'art totale n'ayant jamais pu être achevée.

Après avoir été montrée sur le site d'Ascona, l'exposition Monte Verità a accompli un long périple la faisant passer par Zurich, Berlin, Vienne et Munich, pour revenir enfin en 1981 comme exposition permanente dans la Casa Anatta du Monte Verità lui-même. Notre contribution décrit la tentative menée par Szeemann de fonder sur le Monte Verità un véritable «Padiglione d'arte contemporanea». Ces efforts, qui ont finalement abouti à un échec, illustrent le rapport de Szeemann à sa patrie élective, le Tessin italophone.

Le nudisme en RDA, une culture de la «niche»?

Marc CLUET
Université de Strasbourg (EA 1341)

Le nudisme est-allemand, tel qu'il s'est développé en RDA à partir de 1956 (on reviendra sur cette date), a émergé dans les consciences au fil des saisons estivales enchaînées depuis la réunification. Les touristes venus de l'Ouest pour (re)découvrir les plages du littoral oriental ou encore les lacs de la plaine germano-polonaise furent surpris de voir avec quelle facilité leurs cousins et cousines de l'ancienne RDA pratiquaient le nu intégral. En réalité, les habitués des lieux s'en tenaient, tout simplement, à ce que le géographe Emmanuel Jaurand appelle le «modèle allemand de naturisme», à savoir un «nudisme ‹hors les murs›, en espace public de plein air»,[1] plutôt qu'en «camp», – où sont donc indistinctement mêlés nudistes et non-nudistes, oisifs, sportifs, promeneurs, passants... Ce modèle avait déjà eu cours à grande échelle dans la seconde moitié des années 1920 et plus particulièrement à l'époque de la crise de 1929, pour toute une série de raisons. Nombreux étaient alors les nudistes adhérents d'associations qui ne renouvelaient pas leur adhésion pour faire l'économie de leur cotisation, mais ne renonçaient pas pour autant, et passaient donc au «nudisme sauvage». Or, ils reçurent le renfort de nouveaux adeptes, qui s'étaient abstenus jusque là par refus des contraintes associatives ou par crainte de camps surfréquentés. Enfin, la crise de 1929 favorisa un certain escapisme nudiste. On espérait se soustraire aux contingences économiques et sociales en rejoignant une nature et une corporéité apparemment intemporelle.[2] Mais ce nudisme invasif reçut un coup d'arrêt brutal sous le chancelier Franz von Papen (en fonction du 1er juin au 3 décembre 1932) à travers une série de décrets visant à restaurer l'ordre moral.[3] L'un d'eux, qui

1 *Cf.* Emmanuel JAURAND, «Les espaces du naturisme: modèle allemand et exception française?», *in: Revue géographique de l'Est* (Nancy) 2007/1 [mars 2007], numéro thématique sur «Nature, environnement et société en Allemagne», pp. 23-33, ici p. 27.

2 Pour ce diagnostic, *cf.* Siegried KRACAUER, *Die Angestellten. Aus dem neuesten Deutschland* (E.O. 1930), Francfort-sur-le-Main ³1980, p. 101.

3 *Cf.* Communiqué [Aufruf] de Franz Bracht, représentant [Stellvertreter] de Franz von Papen, en date du 12 août 1932, cité par Hermann HASS, *Sitte und Kultur im Nachkriegsdeutschland*, Hambourg 1932, p. 204 *sq.*, note 8. Ce communiqué livre la «philosophie» de la série de décrets.

portait sur la décence aux bains [Badepolizeiverordnung / BPV], précisait la législation en vigueur dans l'intention d'enrayer la jurisprudence «libérale» des années passées.[4] Parvenus au pouvoir, les nationaux-socialistes qui tenaient en horreur le «troupeau nudiste», symbole de la «République de Novembre», continuèrent sur la même ligne offensive à l'encontre du «modèle allemand de naturisme».[5] Il fallut attendre la seconde moitié des années 1950 pour le voir réapparaître en RDA, au terme de plusieurs saisons de vaine répression policière, puis le voir s'étendre jusqu'à devenir la norme est-allemande pour toutes activités balnéaires dans les années 1970. A l'Ouest, le phénomène ressurgit également, dans les années 1970-1980, de manière spontanée, sans longue incubation, manifestement par contagion hippie et soixante-huitarde. Du jour au lendemain, espaces verts, lieux de baignade intra- ou extra-urbains sont devenus le théâtre d'exhibitions nues, mais dans des limites mieux cernables qu'à l'Est. Néanmoins, on peut affirmer avec E. Jaurand qu'à ce stade le «modèle allemand de naturisme» fut effectivement allemand (/ – «panallemand»!) comme il l'avait déjà été en 1925-1932. En revanche, une disjonction se fait sentir depuis une dizaine d'années. Le nudisme est en reflux à l'Ouest, en particulier dans les sites intra-urbains comme le Jardin anglais à Munich. Outre les nouvelles formes de mise en valeur du corps, par le vêtement «sexualisé», le modelé muscu-

4 Les plaignants qui s'offensaient d'un «nudisme sauvage», en espace public, étaient généralement déboutés dès lors qu'il n'y avait pas de dimension sexuelle «objective».

5 Autant la nudité «de bonne race» est massivement présente dans l'art du Troisième Reich, autant le nudisme fut réprimé. Les associations furent contraintes à se refonder sur des bases athlétiques et racistes auxquelles l'immense majorité d'entre elles ne put se conformer. Alors que 139 associations locales avaient participé à la confédération (quasi) générale du nudisme weimarien en 1932-1933 [*], l'organisation unique du nudisme hitlérien (très exactement: himmlérien) comptait seulement 40 sections locales (hors Autriche) en 1945 [**]. Le nudisme «hors les murs» tombait toujours sous le coup du décret de Franz von Papen sur la décence aux bains. Sans doute des nudistes discrets surent-ils faire avec jusqu'à ce que leur position vis-à-vis de la loi s'améliore en juillet 1942 à la faveur d'un nouveau décret qui, en fait, validait la jurisprudence libérale des années 1925-1932. Néanmoins, le nudisme invasif de ces années ne put ressurgir faute de candidats. Il n'est d'ailleurs pas sûr que, le cas échéant, le nouveau décret n'eût pas été tourné à l'encontre de celui-ci comme ce sera le cas aux débuts de la RFA et de la RDA. (*Cf. infra* dans le corps du texte).
[*] Chiffre établi par nos soins: *cf.* Marc CLUET, *La «libre culture». Le mouvement nudiste en Allemagne depuis ses origines au seuil du XXe siècle jusqu'à l'arrivée de Hitler au pouvoir (1905-1933). Présupposés, développements et enjeux historiques*, thèse d'Etat, Paris IV-Sorbonne, 2000, p. 925.
[**] D'après Arno VOSSEN, *Sonnenmenschen. Sechs Jahrzehnte Freikörperkultur in Deutschland*, Hamburg-Großflottbek 1956, p. 29.

laire, les tatouages et les piercings, par rapport auxquels le nu intégral semble dater «d'un autre âge»,[6] on a pu invoquer la gêne que constitue pour les nudistes leur statut de «bêtes curieuses» aux yeux de certains touristes étrangers, les spectacles de percussions improvisés, nuisant à la quiétude des lieux, les promeneurs de chiens, les cyclistes…[7] En revanche, dans l'ex-RDA le «modèle allemand de naturisme» reste largement d'actualité, et constitue même un enjeu identitaire pour ses adeptes autochtones, en particulier ceux nés et socialisés sous le régime communiste. Ce nudisme informel est un élément de la fameuse «ostalgie». Une dizaine d'années après la réunification, la *tageszeitung (taz)* livrait ce commentaire, teinté d'humour: «Que les citoyens de l'ex-RDA aient commencé par bouder leurs cornichons aigres-doux locaux (ainsi que leurs socialistes), mais non leurs coutumes balnéaires révèle en premier lieu un indice de satisfaction élevé quant à ce produit.»[8]

D'innombrables articles de presse, des reportages télévisés,[9] une exposition itinérante de photographies d'amateurs[10] et un livre[11] corroborent l'appréciation de la *taz*. Le nudisme était le meilleur de la RDA aux yeux de ses pratiquants d'alors et fidèles d'aujourd'hui. – Ce qui fait problème: en effet, comment peut-on valoriser au nom de la RDA quelque chose qui existait ou a existé en parallèle à l'Ouest – à moins que ce soient les rapports réels (ou fantasmés) que ce nudisme entretenait avec le régime qui soient le véritable

6 *Cf.* JAURAND, «Les espaces du naturisme: modèle allemand et exception française?» (note 1), p. 32.

7 *Cf.* «Freikörperkult. ‹Erst verfemt, dann begafft›», *in: Der Spiegel*, 2002/29, disponible en ligne sous http://www.spiegel.de/spiegel/print/d-23215489.html, et «Flucht der Nackerten stürzt Englischen Garten in die Krise», *in: Spiegel online*, en date du 26/07/2002, accessible sous: http://www.spiegel.de/reise/staedte/,206672,00. html (Sites consultés le 18/02/2012 à 17:30).

8 «Dass die ehemaligen DDR-Bürger nach der Wende zwar zunächst auf ihre heimischen Gurken (und ihre Sozialisten) pfiffen, nicht aber auf ihre Badegepflogenheiten, ist vor allem ein Zeichen höchster Produktzufriedenheiten.» Reinhart KRAUSE, «Magisches Auge», *in: taz* en date des 27-28/07/2002.

9 Pour les reportages télévisés: «Nu et libre. Histoire du naturisme», 55 mn, diffusé la première fois sur ARTE le 7/11/2001, et «Spiegel TV Extra: Die nackte Wahrheit – FKK in Ost und West», 55 mn, diffusé la première fois sur VOX le 3/10/2002.

10 *Cf.* exposition «Die nackte Republik. Aktphotographien von Amateuren aus 40 Jahren Alltag im Osten» présentée à partir de 1993 dans différentes villes dont Berlin, Hambourg, Dresde, Rotterdam.

11 Thomas KUPFERMANN (éd.), *FKK in der DDR. Sommer, Sonne, Nackedeis* [2. korrigierte Auflage], Berlin 2008.

objet de nostalgie. Cette hypothèse est confirmée par les déclarations de nudistes est-allemands,[12] tel B.W., de la génération d'avant-guerre:

> Les Allemands de l'Est étaient enfermés, c'est bien ça, il nous était interdit d'aller dans les pays de «l'étranger capitaliste», comme on disait [...]. Alors les Allemands de l'Est s'étaient cherché une *niche*. Nous parlions d'une *niche*, là où nous pouvions nous retirer, là où nous n'avions plus rien à faire de toutes ces foutaises du Parti et de l'Etat.[13]

B.W. n'est pas isolé. L'idée d'un nudisme constituant une «niche» était apparemment répandue dès les années 1970 dans la génération des «enfants de la RDA» (nés après 1949).[14] Cependant, il est peu probable qu'ils aient employé ce terme de «niche», dont l'usage s'est répandu seulement plus tard à propos de la RDA. – Très exactement, suite à la parution en 1983 d'un volume d'essais de Günter Gaus: *Wo Deutschland liegt: eine Ortsbestimmung (L'Allemagne là où elle est: repérages)*. Dans ce livre qui visait à corriger les opinions reçues sur la société est-allemande, l'auteur, célèbre pour avoir dirigé la Délégation permanente de la RFA à Berlin-Est, depuis sa création en 1974 jusqu'à 1981, désignait la RDA de «société des niches» [«Nischengesellschaft»]. La société est-allemande n'était pas un «monolithe», homogènement imprégné de politique. Les personnes se ménageaient des «niches», en retrait du Parti et de l'Etat, et en deçà de l'alternative dramatique de la résistance et de l'adhésion inconditionnelle. Ces «niches» étaient «le séjour préféré des gens de l'autre côté [de la frontière], [un séjour] où les responsables politiques, les planificateurs, les propagandistes, la collectivité, la grande cause, l'héritage culturel, – toutes ces choses leur étaient complètement

12 Le nudisme de la RDA aura été le premier nudisme allemand sans support ni même accompagnement théorique. L'étude ne peut s'en faire qu'à partir de photographies, de «documents du moi» et d'interviews. La présente contribution à l'étude du nudisme de la RDA aurait été impossible à réaliser pour l'auteur si celui-ci n'avait pas pu s'appuyer sur un mémoire de maîtrise préparé sous sa direction en 2002-2004 selon des méthodologies qualitatives: Elsa MASSON, *Regards portés sur la nudité est-allemande: Le cas des nudistes ayant participé au camp de vacances d'une «entreprise du peuple» à Ückeritz sur l'île d'Usedom*, Travaux du Département d'allemand de l'Université Rennes 2, 2004, 184 p.

13 «Die Ostdeutschen waren eingesperrt, wir durften ja nicht in das sogenannte kapitalistische Ausland [...]. Da hatten sich die Ostdeutschen die *Nische* gesucht, haben wir von einer *Nische* gesprochen, wo wir mit der ganzen Partei, mit dem ganzen Regierungsmist nicht zu tun haben wollten.» MASSON, *Regards portés sur la nudité est-allemande* (note 12), p. 67. Italique M.C.; trad. E. Masson, modifiée.

14 *Ibid.*, p. 14.

indifférentes, – Dieu le Père leur était complètement indifférent».[15] Les exemples concrets indiqués par G. Gaus touchent aux activités de loisir auxquelles on s'adonne dans la sphère privée la plus étroite: soigner ses plantes, bichonner sa voiture, jouer aux cartes, discuter en groupe, organiser des fêtes. Plus probants seraient peut-être les innombrables cercles de loisirs qui existaient en RDA, depuis les associations de minéralogie et de géologie à celles de randonnée ou de pêche, sans oublier celles de cowboys et d'Indiens (/ – d'Indiens surtout!).[16] L'historienne Sandrine Kott considère que l'Eglise protestante a fourni les «niches» qui répondaient le mieux au concept, en ce qu'elles cultivaient des activités spirituelles et culturelles en décalage par rapport au communisme.[17] S'y mêlaient intimité, altérité voire subversion, et… une indéniable fonction de soupape à l'intérieur du système, déjà signalée par Gaus.[18] – Le nudisme est-allemand qui n'avait rien d'une «chapelle», et s'exerçait en masse et «à découvert», à tous les sens du terme, est-il vraiment éligible parmi les «niches», qui plus est «profondes», comme l'affirme B.W.? Voilà la question qu'on aimerait clarifier.

Le parfum de subversion qui émane du nudisme de RDA, même dans l'idée de ses fidèles actuels,[19] tient certainement, pour partie, au transfert et à l'amplification intergénérationnelle du souvenir des «combats» qu'il a fallu mener pour le «nudisme sauvage» au début du régime. Quand au sortir de la Seconde Guerre mondiale le nudisme reprit en Allemagne sa forme invasive des années 1925-1932, les autorités de la RFA et de la RDA [depuis 1949] réagirent différemment. Le même décret sur les activités de baignade, datant de 1942 (!),[20] était utilisé à l'Ouest pour restreindre le nudisme aux camps ou à des lieux dédiés,[21] et à l'Est pour… l'éliminer complètement: au printemps 1954 Karl Maron, Directeur général de la «Police du Peuple» [«Volkspolizei»], se référa au décret de 1942 (sans en rappeler la date) pour

15 «Der bevorzugte Platz der Menschen drüben, an dem sie Politiker, Planer, Propagandisten, das Kollektiv, das große Ziel, das kulturelle Erbe – an dem sie das alles einen guten Mann sein lassen, Gott einen guten Mann sein lassen». Günter GAUS, *Wo Deutschland liegt: eine Ortsbestimmung*, Hambourg 1983, p. 117.

16 *Cf.* Friedrich von BORRIES et Jens-Uwe FISCHER, *Sozialistische Cowboys. Der wilde Westen Ostdeutschlands*, Francfort-sur-le-Main 2008, *passim.*

17 *Cf.* Sandrine KOTT, *Le communisme au quotidien*, Paris 2001, p 15.

18 *Cf.* GAUS, *Wo Deutschland liegt* (note 15), p. 115.

19 C'est sensible dans les reportages télévisés du début des années 2000. *Cf.* note 9.

20 *Cf.* note 5.

21 *Cf.* «Nacktbaden. Abessinien auf Sylt», *in: Der Spiegel*, 1950/27, disponible en ligne sous http://www.spiegel.de/spiegel/print/d-44448851.html (Site consulté le 25/02/2012 à 12:00).

interdire tout nudisme sur le littoral.[22] La raison invoquée était «des violences et des faits de mains commis par les adeptes de la soi-disant ‹libre culture du corps›».[23] Il fallait éviter que cela se reproduise de sorte à ne pas gêner le repos estival des travailleurs, des écoliers et des pionniers. Ce qui paraît pure idéologie avait quelque fondement. En effet, certains nudistes s'étaient montrés «agressifs» les années précédentes. Ainsi, par exemple, en 1953, à la plage de la Schaabe sur l'île de Rügen, les nudistes arrachaient les culottes aux non-nudistes osant s'aventurer sur leur territoire et, par ailleurs, essayaient d'étendre ce territoire chaque jour à nouveau...[24] L'«insolence» nudiste, qui ponctuellement avait son équivalent à l'Ouest,[25] était induite à l'Est par des facteurs spécifiques. Tout d'abord, l'envie, plus ou moins consciente, de n'être pas de reste par rapport au soulèvement populaire du 17 juin 1953 à Berlin-Est (et ailleurs en RDA). Ensuite, la frustration de n'avoir pas vu réactualiser (dans le cadre communiste) les associations locales du nudisme weimarien, ni même les sections locales du nudisme du Troisième Reich, pourtant prêtes à être «cueillies». Un décret de janvier 1949 de la Commission économique allemande [de la Zone d'Occupation soviétique], sur l'intégration des «associations d'intérêt populaire» [«volksbildende Vereine»] dans les «organisations de masse», non seulement avait expressément exclu les groupements nudistes [Freikörperkulturverbände], mais leur avait même dénié toute existence légale.[26] – Un troisième facteur, propre à «exciter» les nudistes, aura été la crainte, logique au vu de ce qui précède, de voir étouffé le nudisme, même informel et spontané (pour ne pas dire «spontanéiste») sous la chape de plomb de la «morale socialiste», comme cela s'était produit en URSS à la fin des années 1930.[27] Les dirigeants est-

22 Le texte d'interdiction est reproduit *in extenso*, mais sans explications sur la date du décret de référence [1942], dans KUPFERMANN (éd.), *FKK in der DDR* (note 11), p. 44.

23 «Nötigungen und Gewalttätigkeiten von Seiten der Anhänger der sogenannten Freikörperkultur.» *Ibid.*, p. 44.

24 *Cf.* Jan KAHLCKE, «Verkehrsamt auf Nudistenfang», *in: Die Zeit*, 2001/35, disponible en ligne sous http://www.zeit.de/2001/35/Verkehrsamt_auf_Nudistenfang. Egalement «Kamerun an der Ostsee», *in: Der Spiegel*, 1954/37, disponible en ligne sous http://www.spiegel.de/spiegel/print/d-28957366.html (Sites consultés le 28/02/2012 à 14:40).

25 *Cf.* «Nacktbaden. Abessinien auf Sylt» (note 21).

26 *Cf.* Ulrike KÖPP, «Nacktbaden in der DDR. Die Legende vom Widerstand am Strand», *in: Deutschland-Archiv*, 2010/3 [n° 43], pp. 511-517, p. 514.

27 Il existe une critique marxiste de la pudeur chez Engels et Kautsky, selon laquelle la pudeur est une composante de l'«idéologie». Rien d'étonnant donc à ce qu'un nudisme révolutionnaire – à distinguer du nudisme traditionnel russo-nordique – ait

allemands avaient pour la plupart passé la Seconde Guerre mondiale à Moscou, et usaient facilement du mot de «décadence impérialiste» pour parler du nudisme.[28] Son interdiction, locale dès 1952,[29] fut étendue d'autant plus vite que les nudistes en fournissaient le prétexte aux autorités. Les contrevenants s'exposaient à une amende de 150 marks (Est) ou à 15 jours de détention.[30] Si les faits se produisaient dans le cadre d'un séjour en centre de vacances d'entreprise ou de syndicat, le séjour était interrompu. Voilà qui était dissuasif. Toutefois, aussi étonnant que cela puisse paraître, au bout de deux saisons d'interdiction complète, les autorités cédèrent sur le nudisme non-organisé et accordèrent l'autorisation aux communes de permettre le nudisme dans certains secteurs balisés. Par ailleurs, il était précisé dans le décret afférent, de juillet 1956, que le nudisme «sauvage» était acceptable dès lors que les pratiquants se savaient «hors de la vue de tierces personnes dans les circonstances données».[31] Le nudisme invasif qu'avait connu la République de Weimar dans les années 1925-1932 était en principe exclu, mais une brèche pouvait s'ouvrir vers une évolution de ce type, dans la mesure où les «circonstances données» à une certaine heure de la journée ne le sont pas forcément à une autre heure de la journée. L'ambiguïté était partagée avec le décret de 1942 que celui de 1956 venait remplacer à l'échelon de la RDA.[32] La «victoire» de 1956, sans laquelle le nudisme est-allemand n'aurait jamais pu trouver sa forme «canonique», dans les années 1970, a été «romantisée».

été lancé en Russie dans le sillage de la Révolution: un bain nu mixte fut institué en plein Moscou, au pied du Kremlin, par une ligue dont les membres prenaient aussi le tramway avec un simple ruban en bandoulière, portant l'inscription «A bas la pudeur!», leur slogan et dénomination. Ces excès furent réprimés au plus tard avec le retour à l'ordre moral imposé par Staline en 1934. *Cf.* Alfred FABRE-LUCE, *Russie 1927*, Paris 1927, p. 28, et Herbert BRAUNE, «Freikörperkultur im neuen Rußland», *in: Licht-Land* (Egestorf), 1932/7.

28 *Cf.* Lutz THORMANN, «Schont die Augen der Nation!› Die DDR-Freikörperkultur in den Jahren 1949-1956», *in:* Ulrike HÄUSSER, Marcus MERKEL (éds.), *Vergnügen in der DDR*, Berlin 2009, pp. 385-404, ici p. 388. Egalement p. 390.

29 Précisément sur l'île de Rügen à la plage de la Schaabe, sur la portion comprise entre les localités de Prora et de Binz. *Cf.* KUPFERMANN (éd.), *FKK in der DDR* (note 11), p. 41.

30 *Cf.* note 22.

31 – «[V]on unbeteiligten Personen unter den gegebenen Umständen nicht gesehen». *Cf.* texte du décret de juillet 1956 reproduit par Judith KRUSE, «Nische im Sozialismus», *in:* Hans Walter HÜTTER, Petra RÖSGEN (éds.), *Endlich Urlaub! Die Deutschen reisen*, Begleitungsbuch zur Ausstellung im Haus der Geschichte (6. Juni – 13. Oktober 1996), Cologne 1997, pp. 106-111, ici p. 111.

32 *Cf.* texte du décret de 1942 reproduit dans Oliver KÖNIG, *Nacktheit. Soziale Normierung und Moral*, Opladen/Wiesbaden 1990, p. 200.

Ainsi, par exemple, un «mode d'action», tout à fait décisif, aurait été le maintien de la tradition des fêtes de plage dites «fêtes camerounaises» – qui consistaient en variations ludiques, carnavalesques, sur les mœurs indigènes dans l'ancienne colonie allemande (Deutsch-Kamerun 1884-1919).[33] Des nudistes, portant des pagnes de rafia et des colliers de coquillages, peints sur tout le corps, dansaient autour de totems; les jeunes femmes rendaient hommage à un chef de tribu, préalablement choisi.[34] Ce ne sont certainement pas ces fêtes, des plus «incorrectes politiquement» dans une République socialiste à la ligne tiers-mondiste, qui ont fait fléchir les autorités, mais peut-être davantage une manifestation nue de personnalités du régime (!) à Ahrenshoop sur la péninsule de Fischland-Darss-Zingst en 1954.[35] En termes généraux, la cause nudiste aura été dynamisée, non pas par des nudistes anonymes, comme ceux de Rügen, mais par des «acteurs de la vie culturelle» [«Kulturschaffende»] qui fréquentaient les villégiatures maritimes à tradition artistique et littéraire,[36] et qui, à l'instar du défunt dramaturge et «Roi de Hiddensee» Gerhart Hauptmann († 1945), pratiquaient, sinon un nudisme extensif, du moins les bains de mer nus. Parmi ceux-là, on relève le compositeur Hanns Eisler, le dramaturge Friedrich Wolf, le poète Stephan Hermlin, ou encore Rudolf Bernstein, directeur de la société d'Etat de distribution cinématographique...[37] Le revirement de 1956 tient donc surtout à la volonté du régime de ne pas s'aliéner ses élites qui, le cas échéant, pouvaient passer à l'«ennemi de classe». Par ailleurs, une volonté de se démarquer de la RFA qui, pour sa part, préconisait le nudisme associatif, pourrait également avoir facilité la formule initiale de la RDA – consistant à délimiter des secteurs nudistes plutôt que d'homologuer des associations nudistes. Ces secteurs ont été étendus par les nudistes au-delà des limites initialement tracées à mesure que leur nombre croissait avec le développement du tourisme interne en RDA, et cela jusqu'à ce que le nudisme devienne quasiment la norme est-allemande dans les années 1970. Sur ce «front», il y a bien eu conquête citoyenne, mais, là aussi, consentie voire «accompagnée» par les autorités dans l'intérêt du régime. Le sentiment de douce subversion que ressentaient les nudistes est-allemands sous le régime communiste – et que ressentent

33 *Cf.* «Nackter Widerstand», *in: Der Spiegel*, 1995/27, disponible en ligne sous http://www.spiegel.de/spiegel/print/d-9200795.html (Site consulté le 25/02/2012 à 18:25).

34 *Ibid.* Egalement KRUSE, «Nische im Sozialismus» (note 31), p. 110 *sq.*

35 *Cf.* KÖPP, «Nacktbaden in der DDR» (note 26), p. 516.

36 *Cf.* Unda HÖRNER, *Auf nach Hiddensee! Die Bohème macht Urlaub*, Berlin ²2004, et Friedrich SCHULZ, *Ahrenshoop. Künstlerkolonie an der Ostsee*, Fischerhude 2005.

37 *Cf.* KÖPP, «Nacktbaden in der DDR» (note 26), *passim*, et KUPFERMANN (éd.), *FKK in der DDR* (note 11), p. 41.

encore partiellement aujourd'hui les anciens et fidèles! – permettait à ce nudisme d'assurer d'autant plus efficacement une fonction de soupape, assurément escomptée.

Le parfum de subversion qui flottait autour du nudisme de RDA était opiacé, mais ô combien agréable! – et demeure même plaisant dans le souvenir vécu ou simplement transmis. L'idée d'une marginalité, fabriquée de toutes pièces, en était un ingrédient essentiel. Significativement, les nudistes étaient régulièrement visités par une équipe de la Première Chaîne de la Télévision d'Etat de RDA (DDR – F1) pour l'émission «Außenseiter – Spitzenreiter», littéralement: «Marginaux – champions». Cette émission lancée en juin 1972, qui est encore diffusée aujourd'hui [2012] par la chaîne régionale MDR, s'intéressait, comme son nom l'indique, aux «originaux» de la RDA qui se distinguaient par un hobby ou une aptitude rare. On peut dire que l'émission était une véritable invitation à s'inventer sa «niche», de l'ordre de l'activité de loisir. Celle des nudistes fut «sanctuarisée» par l'émission, à un moment où le nudisme était déjà un phénomène de masse, grâce à des «trouvailles» faisant ressortir la singularité nudiste. Ainsi, en 1978, le reporter Hans-Joachim Wolle alla interviewer les nudistes, non pas «ordinaires» des centres de vacances ouverts l'été, mais proprement «fanatiques» qui poursuivent leur pratique pendant l'hiver. Et ce n'était pas tout: le reportage, enregistré le 23 décembre sur l'île d'Usedom, constitue, de l'avis persistant du reporter, un «sommet de la désobéissance» [«Höhepunkt des Ungehorsams»] (!) parce qu'à son instigation les nudistes entonnèrent devant la caméra la chanson «Morgen, Kinder, wird's was geben» («Demain, les enfants, il se produira quelque chose»).[38] De façon générale, les nudistes de RDA et leurs héritiers actuels, pratiquants de toujours ou convertis, avaient tendance ou ont tendance à considérer que leurs us et coutumes, au sens large, relèvent (/ – relevaient) d'une «subculture» de la RDA, distincte de la «culture officielle», voire – ce qui est encore plus illusoire – distincte d'une (prétendue) «culture dominante». En tout état de cause, l'avis d'un nudiste d'Ückeritz sur l'île d'Usedom, recueilli en 2002-2004, paraît typique: «Nous la fais[i]ons nous-mêmes notre culture.»[39] A quoi ce nudiste peut-il songer, qui soit plus probant qu'une chanson comme «Demain, les enfants [...]», dont il n'est même pas sûr qu'elle ait été entonnée avec des sous-entendus politiques, une veille de Noël 1978? Les éléments de «culture nudiste» est-allemande sont ténus. La première chose qui vienne à l'esprit

38 *Cf.* Hans-Joachim WOLLE, «Ja, hätten Sie mich nackt angesprochen...», *in:* KUPFERMANN (éd.), *FKK in der DDR* (note 11), pp. 6-11, p. 10 *sq.*

39 «Die mach[t]en wir selber, unsere Kultur.» *Cf.* MASSON, *Regards portés sur la nudité est-allemande* (note 12), p. 100.

sont les fêtes de plage dites «fêtes de Neptune» qui prirent la relève des «fêtes camerounaises» après que celles-ci eurent été éradiquées, au nom de la morale socialiste, et sous prétexte qu'elles faisaient insulte aux «peuples nègres» [«Negervölker»] (sic), qu'il fallait, au contraire, inclure dans «l'amitié des peuples».[40] Les «fêtes de Neptune», qui existent encore aujourd'hui, et qui ne se célèbrent pas forcément nu, ni ne se limitent forcément au littoral, prenaient généralement cette forme: un groupe d'hommes déguisés en créatures marines arrive en barque sur le rivage nudiste; l'homme qui tient le rôle du dieu des mers brandit un trident en direction de la foule agglutinée et s'en sert pour désigner au hasard un certain nombre de femmes et d'enfants qui devront s'agenouiller devant lui pour se faire «baptiser» et/ou «adouber».[41] Cette manière d'«initiation» a ceci en commun avec les anciennes «fêtes camerounaises» que des liens de subordination sont temporairement établis, «pour de rire», dans une société communiste censée ne connaître que des «hiérarchies de compétences», et aucunes «hiérarchies essentielles». L'hypothèse d'une rémanence des mouvements de jeunesse «bündisch» des années 1920 et 1930, qui s'organisaient selon le principe du serment et de l'allégeance au chef, n'est pas à exclure puisque aux débuts de la RDA certaines traditions de même origine étaient reprises ponctuellement chez les nudistes, par exemple celle des feux de la Saint-Jean.[42] Des «hiérarchies essentielles», en particulier hommes/femmes, se retrouvent encore ailleurs dans le nudisme de RDA. Ainsi, un centre de vacances d'entreprise sur le lac de Parstein [Parsteiner See] dans le Brandebourg – dont il sera encore question – célébrait une «Journée des Hommes» [«Männertag»] en début de saison, sans doute autour de l'Ascension, non fériée en RDA (à partir de 1967), mais traditionnellement associée à la Fête des Pères dans les régions du nord et de l'est de l'Allemagne. Ce jour-là, les hommes faisaient démonstration de leur vigueur par des exercices collectifs et célébraient leur fraternité par des tournées de bière, certains d'entre eux se paraient le «membre viril» de rubans, enfin les femmes étaient tenues d'apparaître seins nus au moment du dîner aux chandelles, non-nudiste, – à vrai dire totalement «anti-nudiste».[43] Des poèmes drôles célébraient l'événement, entouré de secret, et dont on peut retenir qu'il bafouait – plus encore que la morale nudiste – la morale socialiste: le sexisme allait à l'encontre de la parité hommes/femmes que la RDA était fière de réaliser

40 *Cf.* WOLLE, «Ja, hätten Sie mich nackt angesprochen…» (note 38), p. 9.

41 *Cf.* MASSON, *Regards portés sur la nudité est-allemande* (note 12), p. 55 et p. 63 (photographie).

42 *Cf.* KÖPP, «Nacktbaden in der DDR» (note 26), p. 513.

43 *Cf.* MASSON, *Regards portés sur la nudité est-allemande* (note 12), pp. 130-132.

mieux que la RFA; l'érotisme, à l'encontre de l'interdiction frappant indistinctement toute «pornographie». Il serait cependant erroné de vouloir déduire de ces transgressions ponctuelles un statut de «niche» subversive, «contre-culturelle», pour les groupements qui organisaient ce genre de réjouissances: tout comme les anciennes «fêtes camerounaises», elles avaient un caractère carnavalesque prononcé, c'est-à-dire d'exception confirmant le quotidien et l'ordinaire, à la manière des Saturnales antiques.

Une chose est sûre: le vécu nudiste de RDA, conservé dans les mémoires, associe au nudisme un sentiment très exalté de liberté. L'explication que nous avons pu donner, à ce stade, touche à une prétendue subversion nudiste: le nudisme fut conquis, à ce qu'on veut croire, «de haute lutte» sur le régime en 1956, et cela sous une forme juridique qui non seulement autorisait à «pratiquer» immédiatement, mais allait également permettre l'expansion indéfinie observée ultérieurement; et puis, le nudisme aurait développé une «culture» transgressive par rapport à la morale socialiste. La catégorie de la «niche», que les nudistes appliquent eux-mêmes à leur pratique – certes seulement depuis qu'ils disposent du concept (1983 *sqq.*), mais sans que cela parle contre son utilisation, dès lors qu'ils l'emploient dans les limites qui sont les siennes – semble recouvrir deux aspects principaux: l'oubli du discours officiel, produit à longueur d'années par l'Etat et le Parti; l'oubli de l'enfermement dans les frontières de la RDA et des Républiques sœurs (la Tchécoslovaquie principalement). Cette définition purement négative de la liberté nudiste paraît mal s'accorder au culte qui lui était et lui est encore voué, mais c'est bien la définition qui ressort des propos de B.W., rapportés *supra* et que rejoignent les propos d'autres anciens et fidèles. Une nudiste est-allemande se remémore: «Même le *Neues Deutschland* [l'organe officiel du Parti, M.C.] devenait plaisant! Pendant des années nous avons lutté pour une version nudiste du *Neues Deutschland*, mais malheureusement on en est resté à l'édition non-nudiste.»[44]

Les communiqués convenus, tout le discours officiel sombrait dans une plaisante indifférence tant que duraient les vacances nudistes. L'oubli de l'enfermement allait manifestement de pair. Une autre nudiste est-allemande se remémore: «Je n'ai jamais bien compris pourquoi on parlait du rideau de fer, mon rideau [c'est-à-dire son coupe-vent de plage, M.C.] était et est rouge.»[45] Une parcelle de sable blanc équivalait au vaste monde; l'appel

44 «Selbst das Neue Deutschland war uns damals ein Genuss! Jahrelang haben wir für eine FKK-Version des ND gekämpft, nur leider blieb es bei der textilen Ausgabe.» KUPFERMANN (éd.), *FKK in der DDR* (note 11), p. 110.

45 «Ich habe es nie so richtig verstanden, warum von einem eisernen Vorhang gesprochen wurde. Meiner war und ist rot.» KUPFERMANN (éd.), *FKK in der DDR* (note 11), p. 90.

romantique «voir Capri et mourir» s'évanouissait à Hiddensee, Capri du Nord ou Capri de Poméranie… et de même partout ailleurs sur le littoral oriental… Le chansonnier originaire de RDA Mathias Wedel (né en 1953) ironise sur ces effets de magie, qu'il n'a apparemment jamais ressentis, en affirmant sur un ton faussement coupable avoir honte, rétrospectivement, de s'être senti «terriblement libre» dans la tente familiale défaite par une marée nocturne, mais avec vue dégagée sur un Danemark «à portée de main».[46] (En réalité hors d'atteinte du fait du «mur invisible» déployé en mer par les garde-côtes de la RDA). Le principe de réalité se sera insinué chez plus d'un dans la «niche» nudiste, n'empêche qu'un consensus semble s'établir sur le fait qu'elle était au moins aussi agréable que ne l'aurait été un séjour dans un «hôtel de masse» du sud de la Méditerranée. Le charme spécifique en aura été celui du nudisme, où qu'il soit pratiqué, pour qui est accessible à ce charme. (On reviendra sur les réfractaires). Quand ils ne thématisent pas la RDA, les propos des nudistes est-allemands se recoupent complètement avec ceux de nudistes actifs sur d'autres rivages, y compris de «l'étranger capitaliste», et même avec ceux d'autres époques, notamment des années 1925-1932. Les stéréotypes du Jardin d'Eden, de la contrée vierge, du «matin du monde» sont récurrents. A l'entrée du centre de vacances de l'entreprise Kreisbetrieb Landtechnik Angermünde sur le lac de Parstein un panneau précisait «A partir d'ici tu peux être Eve ou Adam».[47] Une nudiste du littoral évoque l'avant- ou l'arrière-saison en ces termes: «Certains jours nous avions la plage pour nous tout seuls. Ça nous donnait des sensations à la Robinson Crusoe.»[48] Significativement, les nudistes est-allemands «se jou[ai]ent volontiers la scène des sauvages», comme dit Elsa Masson, sociologue et cinéaste qui a enquêté sur le nudisme est-allemand à 15 ans de distance de l'ouverture de la frontière.[49] Ils s'adonnaient volontiers à la pêche, se construisaient des embarcations rudimentaires en bois de grève [Treibholz], se faisaient photographier parmi les cygnes sauvages… Un motif récurrent dans la photographie nudiste à ambitions «artistiques» est la trace dans le sable (empreintes de pieds, de paumes, de corps allongés…) qui suggère que la personne individuelle voire le genre humain ne sont que des hôtes de passage sur terre. Un véritable imaginaire «cosmique» lie, par ailleurs, l'homme dans sa nudité originelle, «tel qu'il est sorti des mains de la nature», aux éléments

46 *Cf.* Matthias WEDEL, «Das Telegramm», *in:* KUPFERMANN (éd.), *FKK in der DDR* (note 11), pp. 73-75, ici p. 73.

47 «Ab hier kannste Eva oder Adam sein.» *Cf.* MASSON, *Regards portés sur la nudité est-allemande* (note 12), p. 127, p. 134 (photographie), pp. 160-161 *(idem)*.

48 «Es gab Tage, da hatten wir den Strand für uns ganz allein. Das war ein Robinson-Crusoe-Gefühl.» KUPFERMANN (éd.), *FKK in der DDR* (note 11), p. 17.

49 *Cf.* MASSON, *Regards portés sur la nudité est-allemande* (note 12), p. 95.

naturels: soleil, vent, mer/lac, sable – qui, de surcroît, correspondent assez exactement aux éléments primordiaux de la physique antique (le Feu, l'Air, l'Eau, la Terre). Une nudiste d'Ückeritz, de la génération des «enfants de la RDA» (nés après 1949), thématise cette «coappartenance» dans un propos recueilli en 2004: «Tout comme le sable appartient à la mer, il appartient à l'homme de se mouvoir librement dans le vent, à l'air et au soleil.»[50] Tous ces stéréotypes nudistes escamotent comme par enchantement les contingences historiques et sociales. La société historiquement advenue de RDA s'évanouit, comme toute autre société d'ailleurs, et seule demeure la nature environnante, englobante. La thèse fut émise selon laquelle ce type de vécu et de discours nudiste procéderait certes du romantisme allemand, mais s'enracinerait peut-être «plus fondamentalement» dans une foi protestante «dégradée». En l'absence de prêtre médiateur entre Dieu et soi, le fidèle serait porté à vouloir vérifier la gloire du Créateur dans la création qui l'entoure.[51] La déduction est peut-être hardie, – en tout cas, Magnus Weidemann (1880-1967), pasteur luthérien sans «sainte fonction», mais théoricien nudiste et peintre et photographe de nus à Keitum sur l'île de Sylt, a développé autour de 1925, par l'écrit et en images, les thèmes «cosmiques» chers aux nudistes de RDA.[52] Le retrait de la société, auquel Magnus Weidemann parvint à donner pour sa personne une forme permanente, viable,[53] est également l'ingrédient essentiel de la «joie» nudiste dont il se fit le chantre dans

50 «Wie der Sand zum Meer gehört es so dazu [sic], dass der Mensch eben frei sich bewegt im Wind, Luft und Sonne». MASSON, *ibid.*, p. 95. Trad. E. Masson, modifiée.

51 *Cf.* JAURAND, «Les espaces du naturisme: modèle allemand et exception française?» (note 1), p. 28 [Réf. à Jean VIARD, *Le Tiers-Espace: essai sur la nature*, Paris 1990, p. 28].

52 A titre d'exemple, on pourra retenir cet échantillon de la prose de l'ex-pasteur, inspiré par l'île de Sylt: «Les forces du ciel et de la terre et de la mer (qui pour partie est ciel et pour partie terre), les forces primordiales du cosmos contribuent, jour après jour, au champ des corrélations d'un univers presque vierge. Leur activité inentravée, leur noble symphonie non seulement insufflent à l'homme le sentiment de faire un, à sa modeste échelle, avec la nature, mais lui procurent la plus délicieuse santé physique et morale.» [«Die Mächte des Himmels und der Erde und des Meeres (das halb Himmel und halb Erde ist), die Urmächte des Kosmos wirken hier täglich am Gewebe einer fast unberührten Welt. In ihrem ungehemmten Walten, in ihrer erhabenen Symphonie empfängt der Mensch mit dem Gefühl seiner Kleinheit und Natureinheit die köstlichste seelische und körperliche Gesundung.»] Magnus WEIDEMANN, «Deutschland und Sylt», *in: Die Freude* (Egestorf), 1925/11. Trad. M.C.

53 L'ex-pasteur vivait de la vente de ses productions diverses – sur place, à Keitum, dans sa maison-atelier, mais aussi par correspondance.

un mensuel paraissant sous ce nom précisément (*Die Freude*, 1923-1929). La situation insulaire, le caractère du paysage entre ciel et terre, les prémisses romantiques et luthériennes, – tout cela additionné aura permis à Weidemann de mettre au point dès avant la crise de 1929 un nudisme escapiste prêt à ressurgir en toutes circonstances, – pas forcément par filiation directe, mais plutôt par diffusion, et pour son attractivité. Cette dernière augmente sans doute dans des contextes historiques et sociaux «pesants», comme la crise de 1929, la guerre de 1939-1945, le régime communiste, mais le quotidien et l'ordinaire suffisent déjà à le valoriser par contraste. L'imaginaire «cosmique» associé au nudisme conditionne, bien plus encore que le mythe de la conquête citoyenne ou le fantasme d'une certaine transgressivité antisocialiste, l'aptitude du nudisme «à donner le change» sous un régime communiste de société industrielle avancée. (On imagine mal, en effet, la même euphorie nudiste chez les Cubains). L'étonnant en l'affaire est que la RDA ait ainsi permis à ses citoyens de quitter la réalité du socialisme, à édifier de toutes ses forces, pour rejoindre un «cosmos» vaguement panthéiste voire fabuleux.[54] La dénonciation marxienne de la religion, «opium du peuple», aurait pu valoir contre ce nudisme.[55] Pourtant, à l'opposé de cette critique possible, plausible, la RDA a, au contraire, permis la diffusion de photographies de nu à ambitions «artistiques», propres à nourrir l'imaginaire «cosmique».[56] Le paradoxe s'évanouit, cependant, dès lors qu'on envisage la fonction stabilisatrice d'un nudisme qui faisait oublier les contraintes du régime communiste – et, plus spécialement, les carences de l'industrie vestimentaire est-allemande. Cette explication, fournie entre autres par le journal de tendance «libérale» *Frankfurter Allgemeine Zeitung*,[57] est

54 On se souvient des «fêtes de Neptune», mais ce n'est pas tout: à l'entrée des secteurs nudistes, des sculptures de sables étaient réalisées à forme de dragon et assorties d'injonctions du type: «Déshabille-toi ou je te dévore». MASSON, *Regards portés sur la nudité est-allemande* (note 12), p. 98 et p. 108 (photographie).

55 – Encore que Marx et Engels aient peut-être été accessibles à l'imaginaire «cosmique»: ils fréquentaient la station balnéaire d'Eastbourne avec sa célèbre falaise de Beachy Head, du haut de laquelle les cendres d'Engels furent, selon sa volonté, dispersées dans la mer.

56 Le mensuel berlinois *Das Magazin*, dont l'origine remonte à 1924, fut relancé à Berlin-Est en 1954 pour s'établir comme le «*New Yorker* de l'Est». Chaque livraison comportait une photographie de nu – parfois, il est vrai, «en alcôve». La revue de photographie *Fotokino* livrait aussi des photographies de nu. Une exposition itinérante au titre évocateur de «Nu et paysage» fut organisée en 1975 par Klaus Ender.

57 Frank PERGANDE, «Nackedeis. Neuer Streit: Was begeistert den Osten so an FKK?», *in: Frankfurter Allgemeine Zeitung* en date du 8/09/2009, disponible en ligne sous

suspecte d'«anticommunisme primaire» et d'arrogance ouest-allemande, mais elle paraît néanmoins assez plausible au vu de certains dessins humoristiques, parus en RDA même. Ces dessins laissent filtrer que le nudisme ne permettait pas d'oublier toutes les servitudes et carences du régime. De fait, en saison et plus particulièrement en période de vacances scolaires, les réalités rencontrées par les nudistes sur le littoral et sur les lacs différaient tant des attentes alimentées par le régime ou «auto-entretenues» que pour certains cette «niche» ne se constituait jamais, ou s'effondrait sitôt entrevue.

A ce qu'on sait aujourd'hui, une personnalité du régime comme Johannes R. Becher, poète expressionniste, passé au communisme, et devenu ministre de la culture de la RDA en 1954, a combattu le nudisme jusqu'en 1956 parce que… lui-même le pratiquait en petit comité à Ahrenshoop et craignait de se retrouver au milieu d'un «troupeau».[58] Le grand nombre a effectivement atteint Ahrenshoop au plus tard dans les années 1970. A ce stade, les îles de Rügen et d'Usedom étaient déjà gagnées par un tourisme de masse. Au moment de la réunification, Usedom possédait le plus grand camping d'Europe, étalé sur cinq km de plage entre Ückeritz et Bansin et capable d'accueillir 16 000 personnes, issues de 350 entreprises d'Etat.[59] Officiellement, il y avait un secteur nudiste et un secteur non-nudiste, séparés par une zone de contact flou. Grâce à Elsa Masson, des informations précises peuvent être livrées sur le secteur nudiste (et ses «marges»), qui n'avait rien d'idyllique en haute saison. En tête de secteur nudiste, proprement nudiste, se trouvait l'un des deux centres de vacances de l'entreprise Kreisbetrieb Landtechnik Angermünde *(cf. supra)*, en l'occurrence le plus ancien des deux, qui a particulièrement retenu l'attention d'Elsa Masson.[60] Celui-ci pouvait accueillir 1 000 à 1 200 personnes alors que l'entreprise comptait 500 à 600 employés.[61] Le ratio entre places et candidats était très favorable, même si on tient compte de ce qu'on venait là en couple ou en famille. Différents facteurs étaient pris en considération pour l'éligibilité à un séjour, pour la période du séjour et sa durée: donner satisfaction dans son travail, être employé à des tâches pénibles ou difficiles, être affilié au syndicat (unique), avoir été persécuté sous le Troisième Reich, ou être issu d'une famille qui l'avait été, enfin l'ancienneté dans l'entreprise. Le «hasard» jouait également un rôle, ainsi que… l'acceptation de la «formule» propo-

---

http://www.faz.net/aktuell/gesellschaft/nackedeis-neuer-streit-was-begeistert-den-osten-so-an-fkk-1700943.html (Consulté le 2/03/2012 à 18:45).

58 *Cf.* THORMANN, «Schont die Augen der Nation!› Die DDR-Freikörperkultur in den Jahren 1949-1956» (note 28), p. 400 *sq.*

59 *Cf.* MASSON, *Regards portés sur la nudité est-allemande* (note 12), p. 41 *sq.*

60 Idem.

61 *Cf.* MASSON, *ibid.*, p. 34 et p. 40.

sée.[62] Ce centre devait son existence à l'engagement de K.R., directeur, depuis 1949 et pendant près de 40 ans, de l'entreprise à laquelle le centre était dévolu en premier lieu.[63] Personnalité forte, K.R. avait imprimé au centre certaines particularités, dont un nudisme surdéterminé par le lieu d'implantation, mais, de ce fait même, le centre peut être considéré comme représentatif du nudisme est-allemand.

De façon générale, le nudisme, en tant que pratique collective et mixte de la nudité, a ses contraintes propres qui sont celles d'un degré supérieur de civilisation au sens de Norbert Elias: il faut savoir réprimer ses passions, et puis venir au devant des autres, qui doivent pareillement réprimer les leurs, en contrôlant soigneusement les signaux qu'on adresse à la ronde par ses attitudes, ses gestes et ses regards.[64] Par ailleurs, il faut accepter, bien sûr, de s'exposer dans une corporéité révélatrice de détails intimes: habitudes de vie, événements corporels. Ces contraintes inhérentes au nudisme en tant que tel étaient aggravées en RDA par la forte densité d'occupation des rivages nudistes en haute saison, et surtout par l'organisation le plus souvent «collective» des vacances au niveau de l'entreprise ou du syndicat. On avait donc de fortes chances de se retrouver avec ses collègues immédiats, des supérieurs et des inférieurs hiérarchiques. Des situations gênantes pouvaient en résulter. Dans l'ancienne RDA, c'était un sujet de prédilection des humoristes de toutes sortes, amuseurs de la télévision, littérateurs, graphistes… Arwed Bouvier, auteur satirique, et accessoirement auteur de livres d'enfant, a inventorié dans un récit «à choix multiples» toutes les interactions possibles

62 *Cf.* MASSON, *ibid.*, p. 40.

63 En réalité, une partie de la capacité d'accueil était mise à disposition chaque année de la Fédération Libre des Syndicats pour ventilation auprès d'employés d'autres entreprises. *Cf.* MASSON, *ibid.*, p. 40.

64 Ce que Norbert Elias dit des maillots de bain et tenues de sport d'avant-guerre, aux standards de pudicité nettement réduits par rapport au XIXe siècle, vaut *a fortiori* pour la nudité intégrale: «[N]os coutumes sportives et balnéaires, les libertés que nous nous accordons – par rapport aux phases précédentes – sont la marque d'une société, au sein de laquelle la plus grande retenue est considérée comme allant de soi, et où hommes et femmes sont assurés que de fortes autocontraintes et des règles strictes de savoir-vivre limitent l'initiative des individus.» [«Nur in einer Gesellschaft, in der ein hohes Maß von Zurückhaltung zur Selbstverständlichkeit geworden ist, und in der Frauen, wie Männer absolut sicher sind, daß starke Selbstzwänge und eine strikte Umgangsetikette jeden Einzelnen im Zaume halten, können sich Bade- und Sportgebräuche von solcher Art, und – gemessen an vorangehenden Phasen – solcher Freiheit entfalten.»] Norbert ELIAS, *Über den Prozeß der Zivilisation. Soziogenetische und psychogenetische Untersuchungen. Erster Band. Wandlungen des Verhaltens in den weltlichen Oberschichten des Abendlandes* (E.O. 1939), Francfort-sur-le-Main 1976, p. 257. Trad. Pierre Kamnitzer.

entre un employé de bureau et le directeur de son entreprise, tombant nez à nez en l'état de nudité: l'employé aimerait disparaître derrière un rempart de sable, tout comme il disparaît derrière sa pile de dossiers au bureau...; le directeur prétend être là pour herboriser dans les dunes... ou alors il demande l'heure qu'il est...; le directeur fait mine de ne pas connaître l'employé...; l'employé répond en polonais ou en suédois pour dire qu'il doit y avoir erreur sur la personne...[65] Ce qui est ici tourné en dérision était un vrai problème. Certains des employés de la Kreisbetrieb Landtechnik Angermünde préféraient s'abstenir de séjours dans l'un ou l'autre des centres de vacances de l'entreprise plutôt que d'être assignés à des vacances nudistes en présence de «l'ensemble de l'équipe dirigeante» [«die ganze Betriebsleitung»].[66] L'écrivain à succès Uwe Tellkamp, de la dernière génération d'Allemagne orientale à avoir grandi sous le régime communiste, effleure la question de la «pression nudiste» dans son beau roman *La Tour (Der Turm)* de 2008. A Hiddensee, île de vieille tradition nudiste, il était difficile pour un quadra/quinquagénaire, pensionnaire exceptionnel de la villa Lietzenburg, réservée à l'élite culturelle de la RDA, de vouloir enfiler ou ôter un maillot en se tortillant derrière sa serviette sans se sentir devenir aussitôt objet de dérision ou d'«observation savante» [Studienobjekt].[67] Dans les centres de vacances de la Kreisbetrieb Landtechnik Angermünde, semblable velléité de déroger au nudisme était tout simplement hors de question – sauf... si on était une femme et se trouvait en période menstruelle. L'habitude était de garder alors un bas de maillot, révélateur et, par là même, aussi impudique que la nudité obligatoire dans toutes autres circonstances.[68] Effectivement, rejoindre l'un des deux centres de vacances signifiait accepter de vivre sous le régime de l'indiscrétion totale. Sur le littoral, les tentes étaient si proches les unes des autres que les couples qui s'engageaient dans des ébats le faisaient forcément au su des voisins.[69] Les conversations, même chuchotées, s'entendaient. Pire encore: ce qui n'était pas divulgué «volontairement-involontairement» faisait l'objet de questions directes. Ainsi, lors de présentations, en l'état de nudité, il était de coutume de s'enquérir de l'origine des cicatrices visibles sur autrui.[70] La

65 *Cf.* Arwed BOUVIER, «Mein Generaldirektor kommt vorbei. Ein Variantenspiel» (1981), *in:* KUPFERMANN (éd.), *FKK in der DDR* (note 11), pp. 114-117. Pour l'E.O. du récit «à choix multiples» d'Arwed BOUVIER, *cf.* IDEM, *Mein Generaldirektor kommt vorbei und andere Geschichten*, Berlin(-Est) 1981.

66 *Cf.* MASSON, *Regards portés sur la nudité est-allemande* (note 12), p. 44 et p. 68.

67 *Cf.* Uwe TELLKAMP, *Der Turm* (E.O. 2008), Francfort-sur-le-Main 2010, p. 674 et p. 675.

68 *Cf.* MASSON, *Regards portés sur la nudité est-allemande* (note 12), p. 90.

69 *Cf. ibid.*

70 *Cf. ibid.*, p. 86.

transparence – pour ne pas dire la radiographie mutuelle – des corps, cœurs et esprits, le regroupement spatial, l'égalité des conditions de vie, sur site, entre personnels éloignés dans la hiérarchie étaient valorisés à travers tout un discours sur la coappartenance à une seule et même «famille» ou «tribu» [Stamm].[71] Le revers de la médaille était, pour les subalternes, de devoir se plier à une logique clientéliste et paternaliste, favorisée par la pénurie d'autres possibilités de vacances. Des formes spécifiques de subordination touchaient manifestement les femmes. Un calendrier d'entreprise, vendu à l'interne, était produit avec des clichés de nu pris sur le personnel féminin en vacances.[72] Apparemment l'accessibilité photographique des femmes allait de pair avec la multiplication des contacts sexuels au sein de la «famille» et «tribu».[73] L'hypothèse d'un «harcèlement» en douceur, qui, en définitive, était quasi consenti, n'est pas à exclure dans un pays où les rapports sexuels étaient statistiquement plus précoces et plus fréquents qu'en Allemagne de l'Ouest. La «niche» avait quelque chose d'une cage. D'ailleurs, la dictature s'invitait même en toute franchise. Des rondes de nuit étaient organisées.[74] Les hommes qui restaient quinze jours ou plus y étaient astreints. On ne sait pas s'il s'agissait de bannir les visites de l'extérieur ou… vers l'extérieur, mais, en tout cas, ici, la plage n'était pas interdite dès huit heures du soir comme c'était le cas à proximité de la frontière interallemande.[75] En revanche, ici, comme partout en Allemagne de l'Est, des indics de la police politique (Stasi) étaient actifs. La chose est tellement évidente que K.R., l'ancien directeur de la Kreisbetrieb Landtechnik Angermünde, a même «confié» à une journaliste de *Libération* que sans l'engagement «compréhensif» du chef de district de la Stasi, le second de «ses» deux centres de vacances n'aurait sans doute jamais vu le jour.[76] La Stasi savait que le personnel souhaitait majoritairement ce centre de proximité, accessible le week-end, en

71 *Cf. ibid.*, p. 89.
72 *Cf. ibid.*, p. 145.
73 *Cf. ibid.*, p. 66 et p. 129.
74 *Cf. ibid.*, p. 43.
75 *Cf.* Heike WOLTER, «DDR-Bürger auf Reisen. Zwischen Privatsache und Staatsangelegenheit», *in:* HÄUSSER et MERKEL (éds.), *Vergnügen in der DDR* (note 28), pp. 424-443, ici p. 434.
76 *Cf.* MASSON, *Regards portés sur la nudité est-allemande* (note 12), p. 68. [Réf. à Lorraine MILLOT, «Allemagne. A l'Est, le nu se sent menacé. Les adeptes de la ‹culture du corps libre› raillent la ‹pudibonderie› des vacanciers de l'Ouest», *in: Libération*, en date du 3/08/1996, accessible sous http://www.liberation.fr// 0101189671-allemagne-a-l-est-le-nu-se-sent-menaceles-adeptes-de-la-culture-du-corps-libre-raillent-la-pudibonderie-des-vacanciers-de-l-ouest] (Vérification faite le 23/03/2012 à 18:00).

complément du centre estival, et a aidé à le créer en bonne gestionnaire du moral des troupes. Non seulement la «niche» nudiste n'était pas retranchée du système, mais elle avait même une fonction stabilisatrice qui entrait dans le calcul politique des dirigeants et décideurs.

La question de savoir comment un nudisme, aussi contraignant, pour ne pas dire coercitif, qui plus est quadrillé par les indics, pouvait donner satisfaction à tant de citoyens de la RDA, au point qu'ils en redemandaient et que ce nudisme pouvait effectivement remplir sa fonction stabilisatrice, n'a rien d'une énigme insoluble. La culture de la «niche» entrait dans un pacte que les citoyens avaient passé avec le système. On leur offrait de jouer le «jeu de la ‹niche» et ils s'y prêtaient tant que les gratifications l'emportaient sur les inconvénients. Les ressorts de la stabilisation par le nudisme, à savoir la fiction de la subversivité et transgressivité, l'imaginaire «cosmique» n'étaient pas simplement les éléments de construction d'une mécanique d'auto-entretien du système, mais eux-mêmes délectables et à ce titre entretenus par les nudistes «stabilisés». Significativement, après que le système eut implosé, le nudisme de masse de l'ancienne RDA fut défendu de toutes forces par les adeptes locaux contre des conseils municipaux qui, sensibles à la gêne des touristes de l'Ouest face au sans-gêne ambiant, cherchaient à reconfiner le nudisme, de préférence sur les extrémités du front de mer. La «guerre des petites culottes» [«Höschenkrieg»] se solda par une floraison de panneaux «FKK verboten» et l'encensement «ostalgique» du nudisme d'antan. Outre le réflexe identitaire face à l'Ouest, la mythologie de la «niche» qui avait toujours été en décalage par rapport aux réalités, mais s'était toujours montrée «résistante» de par son charme propre, explique cet attachement difficile à comprendre de l'extérieur. Il est vrai que d'autres facteurs jouent également: on sait que le souvenir – quand il ne nie pas le passé – l'enjolive ou le dramatise; or, s'agissant de vacances, période privilégiée de rupture avec le quotidien, d'ajournement des obligations, d'«auto-déresponsabilisation», de relâchement…, la tendance à idéaliser domine forcément. Le camping ou le centre de vacances avaient beau être placés sous surveillance, être régulés, bondés…, une (très large) liberté d'organiser son emploi du temps, le spectacle du coucher de soleil sur le rivage nudiste, le plaisir cutané du contact avec les éléments,[77] les «amours d'été» faisaient la différence.

77 L'hypothèse selon laquelle les nudistes seraient portés sur un «érotisme cutané», d'essence auto-érotique, a été émise par Ulrich Linse pour la période des pionniers (avant et après 1914) à partir de passages typiques de leurs «textes-manifestes». Cette hypothèse peut être élargie sans hésitation à tout nudisme. Ulrich LINSE, «Zeitbild Jahrhundertwende», *in:* Michael ANDRITZKY, Thomas RAUTENBERG (éds.),

Résumé

Bien que le nudisme ait pris en RDA à partir des années 1970 la forme d'un nudisme de masse, envahissant l'espace public, la notion de «niche» – qui *a priori* évoquerait plutôt une pratique confidentielle, souterraine... – lui est régulièrement associée, tant du côté des pratiquants d'alors et fidèles d'aujourd'hui que de certains commentateurs rétrospectifs.

La contribution revient sur l'origine du concept de «niche» et en confirme l'intérêt heuristique dès lors qu'on en use sans emphase et dans le cadre d'approches systémiques.

Le nudisme paraît effectivement éligible parmi les «niches». Il est resté entouré d'un parfum de subversion et de transgressivité jusqu'à la fin de la RDA malgré une reconnaissance officielle, manifeste dans le salut complice que Honecker lança aux nudistes lors de la parade des 750 ans de Berlin. (Berlin-Est, 4 juillet 1987). Ce paradoxe, caractéristique des «niches», s'explique par l'histoire du nudisme est-allemand depuis 1956. Il fut accompagné par le pouvoir communiste lui-même dans sa prétendue «atypie». La présence récurrente de nudistes dans l'émission de télévision «Außenseiter – Spitzenreiter» («Marginaux – champions»), dont le nom condense le statut d'une «niche», et invite à s'en construire de nouvelles, clame haut et fort la fonction systémique du nudisme en RDA.

Une dernière partie montre que le nudisme de RDA était assorti de contraintes nombreuses, non seulement celles inhérentes au nudisme en tant que tel («civilisation» au sens de Norbert Elias), mais aussi et surtout celles dues à un encadrement bureaucratique et règlementaire. Pour peu qu'on ait pratiqué le nudisme l'été, et dans un cadre institutionnel (centre de vacances, camping communal, etc.), comme c'était le cas pour la plupart des citoyens de la RDA, la «niche» était assortie de chaînes d'attache et de colliers de chien...

Le paradoxe de l'idéalisation persistante de la «niche» nudiste chez les pratiquants vétérans de l'ancienne RDA trouve sa solution plausible, d'une banalité confondante, dans le fonctionnement sélectif de la mémoire. Le souvenir – quand il ne nie pas le passé – l'enjolive ou le dramatise; or, s'agissant de vacances, période privilégiée de rupture avec le quotidien, d'ajournement des obligations, d'«auto-déresponsabilisation», de relâchement..., la tendance à idéaliser domine forcément.

«Wir sind nackt und nennen uns Du». Von Lichtfreunden und Sonnenkämpfern. Eine Geschichte der Freikörperkultur, Gießen 1989, pp. 10-26, p. 20.

Zusammenfassung

Obwohl sich die FKK in der DDR ab den 1970er Jahren zu einer im öffentlichen Raum unübersehbaren Massenbewegung entwickelte, wird sie öfters, sei es von früheren Anhängern oder treuen Nachfahren oder rückblickenden Kommentatoren, mit der Idee einer «Nische» verknüpft, was eher an eine vertrauliche, öffentlichkeitsscheue Gepflogenheit denken ließe.

Der Beitrag kommt auf den Ursprung des «Nischen»-Begriffs zurück und bekräftigt dessen forschungspraktische Bedeutung, insoweit er ohne falsche Romantik und innerhalb systemkritischer Analysen angewandt wird.

Tatsächlich kann die FKK den «Nischen» zugerechnet werden. Sie war bis zum Ende der DDR von einer Aura der Subversion und Transgressivität umgeben und das trotz ihrer offiziellen Anerkennung, wie sie auch aus Honeckers freundlichem Gruß an die Nudisten auf der Parade zur 750-Jahr-Feier Berlins offenkundig wurde (Ost-Berlin, 4. Juli 1987). Dieses für «Nischen» typische Paradox erklärt sich durch die Geschichte der ostdeutschen FKK seit 1956. Die FKK wurde von den kommunistischen Machthabern gerade in ihrer angeblichen «Unkonventionalität» mitgetragen. Die wiederholte Gegenwart von Nudisten in der Fernsehsendung «Außenseiter – Spitzenreiter», deren Titel das Statut der «Nischen» auf den Punkt brachte und zur Schaffung neuer «Nischen» einlud, bestätigt überdeutlich die stabilisierende Funktion der FKK in der DDR.

Abschließend wird im Beitrag gezeigt, dass die FKK in der DDR mit zahlreichen Zwängen einherging – nicht nur solchen, die der FKK an und für sich anhaften («Zivilisierung» im Sinne von Norbert Elias), sondern vor allem auch solchen, die sich aus den bürokratischen und reglementarischen Zusammenhängen ergaben. Sobald man der FKK im Sommer und innerhalb eines offiziellen Rahmens nachging (Ferienlager, kommunale Zeltplätze usw.), wie es die meisten DDR-Bürger taten, war man dazu angehalten, seine Lebensgestaltung der «Nische» anzupassen im vorgegebenen Format.

Das Paradox der andauernden Idealisierung der FKK-«Nische» bei Nudisten, deren FKK-Erfahrungen in die ehemalige DDR zurückreichen, findet eine glaubhafte, denkbar einfache Auflösung in der selektiven Vorgehensweise des menschlichen Gedächtnisses. Wenn die Vergangenheit in der Erinnerung nicht gerade negiert wird, dann wird sie verschönert oder dramatisiert. Geht es aber um Ferien, um jene herausragende Zeit, in der Entspannung angesagt ist, in der mit dem Alltag gebrochen wird, Verpflichtungen vertagt und Verantwortungen ausgeklammert werden, so wird naturgemäß Idealisierung vorherrschen.

La contre-culture à l'épreuve du quotidien dans les BD de Chlodwig Poth

Ingeborg RABENSTEIN-MICHEL
Université Claude Bernard-Lyon 1

Que deviennent les convictions après la lutte? La question traverse *Mein progressiver Alltag* (1975), *Unser täglicher Frust – Mein progressiver Alltag 2* (1978), *Elternalltag* (1977), *Taktik des Ehekrieges* (1978) et *Wie man das Volk vertritt* (1980),[1] cinq bandes dessinées que Chlodwig Poth consacre entre 1975 et 1980 à la difficulté de concilier théorie et pratique une fois descendu des barricades. En confrontant le retour au quotidien du «militant moyen» de la contre-culture aux fondamentaux d'un mouvement qui avait si profondément marqué les années soixante/soixante-dix, Poth présente l'inventaire satirique d'une «vie après» inévitablement émaillée de concessions, mais contribuant malgré tout à un changement significatif de la société allemande.

Le terme de contre-culture («Gegenkultur»), non pas forgé – il apparaît chez Parsons *(The Social System)* dès 1951 et, en 1960, à peine varié chez Yinger dans le titre de son ouvrage *Contraculture and subculture* – mais popularisé en 1968 par Theodor Roszak (1933-2011) dans *The Making of a Counter Culture*, ne fait alors que depuis peu partie du vocabulaire allemand. Il sera ici compris littéralement, comme l'élaboration d'un contre-modèle de société par une génération majoritairement née après 1945 en opposition à une culture dominante dont les normes et valeurs conservatrices et restauratrices – «poussiéreuses», pour reprendre le lexique de l'époque – héritées de l'ère Adenauer sont considérées comme dépassées et vécues comme autant de contraintes arbitraires. Engagé et progressivement fortement politisé, le mouvement entend repenser le fonctionnement d'un pays qu'il considère s'être fourvoyé, au fil des années de reconstruction et de reconquête économique, en singeant le modèle américain. L'exigence va vers une réforme en profondeur des institutions et une redéfinition des schémas relationnels dans les sphères publique et privée, dans une perspective très éloignée des objectifs souvent purement matériels qui semblaient l'avoir emporté au cours du

1 Les deux premiers albums publiés chez Rowohlt, les trois derniers chez Fischer. Abréviations utilisées par la suite: *MPA, UTF, E, TE, WVV*. Les chiffres indiqués renvoient au numéro de l'épisode. Citations traduites par IRM.

«miracle économique» qui avait façonné l'Allemagne de l'Ouest au cours des deux précédentes décennies.

Si la diffusion de ces idées passe au début par des canaux plutôt confidentiels et des circuits parallèles, elle saura bientôt s'appuyer sur des circuits plus institutionnalisés voire grand public (par exemple la presse conservatrice) susceptibles de leur assurer, même si c'est en les diabolisant, une large publicité. Entre les deux, des vecteurs comme le mensuel satirique *pardon*[2] dont les thèmes rencontrent souvent ceux de la contre-culture: mise en question de l'Etat-providence à l'américaine glorifiant la performance et le consumérisme sur fond de déresponsabilisation du citoyen, critique d'une démocratie dévoyant sans scrupules apparents les idéaux qui avaient présidé à sa création après 1945, dénonciation du conformisme sociétal sur base d'occultation du passé du pays, de l'acceptation de la division du monde en blocs susceptible de mener à un affrontement nucléaire entre les deux superpuissances ou encore l'acceptation de guerres néocoloniales comme celle du Vietnam.

C'est dans *pardon*[3] que Chlodwig Poth (1930-2004), dessinateur-écrivain né à Wuppertal, formé successivement à l'Ecole des Arts appliqués et aux Beaux-Arts de Berlin, membre de l'équipe fondatrice du mensuel et futur membre de la «Neue Frankfurter Schule»,[4] publie bon nombre des œuvres qui contribueront à sa renommée d'activiste graphique. Dans les BD citées, il se focalise sur le retour à la «normalité» – à la norme? – des anciens militants et mesure le grand écart entre (bonne) volonté de changer la

2 Créée en 1962 et parrainée par Robert Neumann et Erich Kästner, la publication tire, au sommet de sa notoriété, à 320 000 exemplaires. Son emblème, le diablotin au chapeau melon conçu par F.K.Waechter, la rend immédiatement identifiable.

3 Dès son premier numéro, le mensuel ouvre ses pages à des contributeurs dont la liste se lit aujourd'hui comme un Who's who de la scène littéraire allemande de l'après-guerre: Martin Walser, Günter Grass, Hans Magnus Enzensberger, Gerhard Zwerenz, Gerhart Hermann Mostar, Kurt Kusenberg, Werner Finck, Loriot, Kurt Halbritter, Robert Gernhardt, Hans Traxler et bien d'autres. Günter Wallraff et Alice Schwarzer y publieront leurs premiers reportages et déclencheront de belles polémiques. Poth se trouve donc en excellente compagnie, au moins jusqu'à la fin des années soixante-dix, où des désaccords avec Hans A. Nikel et Erich Bärmeier le poussent à rejoindre *Titanic* (le récit de cette séparation apparaît en trame de fond dans son roman *Die Vereinigung von Körper und Geist mit Richards Hilfe*, Frankfurt/Main 1980).

4 Hommage à connotation satirique à Horkheimer et Adorno, la «Neue Frankfurter Schule» réunit à partir des années quatre-vingt des écrivains, dessinateurs et caricaturistes pour la plupart issus de l'équipe de *pardon.*

société et (mauvaise) conscience de faillir bien souvent aux postulats de la contre-culture censés y mener.

La cohérence des cinq ouvrages[5] est assurée par un graphisme identique, un inventaire commun de personnages principaux et secondaires et la récurrence des thèmes. Chromatiquement traitées en noir et blanc, les planches non cadrées en format page ou demi-page (portrait ou paysage) sont regroupées en épisodes pour la plupart non titrés, parfois numérotés. Poth suit globalement la définition classique de la BD telle qu'elle avait été fixée dans la première moitié du XXe siècle aux Etats-Unis (dessin + bulles comme support de texte), mais ne dédaigne pas des retours occasionnels à la narration en images classique héritée de Busch où le texte, placé sous l'image, complète et/ou commente le dessin. Une troisième variante se retrouve dans *Taktik des Ehekrieges*, conçu comme un manuel de la guérilla conjugale où alternent passages de texte et dessins d'illustration.

La catégorisation quelque peu simplificatrice mais efficace des personnages de Poth[6] permet au lecteur d'identifier immédiatement leur appartenance à deux camps distincts: d'un côté les «Progressiven»[7] porteurs-défenseurs des nouvelles idées, aux corps longilignes qui renvoient à l'action. De l'autre les «Etablierten», représentants du «système» dont les physiques en général enrobés expriment l'immobilisme et la sédentarité d'une société qui refuse de bouger. Cette opposition assez binaire est reprise pour les codes vestimentaires. Les «Progressiven» apparaissent le plus souvent en mode unisexe qui impose le jean pour tous[8] comme le montrent les couvertures de *Mein progressiver Alltag* et *Unser täglicher Frust* où les trois personnages portent le même «uniforme» de la contestation – un style qui a par ailleurs comme effet de gommer la différence entre hommes et femmes voire entre parents et enfants du camp des «Progressiven».

5 Les trois derniers pouvant être considérés comme des extensions développant de manière plus ciblée les thématiques famille, couple et Etat abordées de manière plus transversale dans *Mein progressiver Alltag I* et *II*.

6 Notons l'une des particularités du trait de Poth, le traitement assez spécial des yeux qui semblent apposés, plaqués sur les visages des personnages, ce qui leur donne parfois un air passablement ahuri (ils semblent tous porter des lunettes). Un détail que l'on pourrait considérer comme une sorte de signature graphique.

7 Terme fortement connoté, désignation des adeptes du mouvement contre-culturel des années soixante – soixante-dix et pour lequel toute traduction s'avère réductrice. Je le reprendrai par conséquent tel quel dans le texte.

8 Des exceptions sont accordées aux personnages féminins avec des concessions à la mode hippie ou aux prescriptions du Swinging London (Kings Road, Carnaby Street): maxi-robe, «hot pants», chemisier transparent et bien sûr la mini-jupe inventée par Mary Quant.

Illustration n° 1: © Copyright Rowohlt Verlag[9]

A l'opposé, les tenues correctes (costume-cravate, tailleur, blouses, corsage à fleurs…) propres à la génération des parents, supérieurs hiérarchiques etc. ayant pour la plupart grandi sous le nazisme, subi ou fait la guerre, vécu la défaite du Troisième Reich et œuvré à la reconstruction du pays. Ces signes extérieurs de leur appartenance à l'establishment[10] renvoient à leur engluement dans le mode de vie bourgeois si fortement récusé par les «Progressiven». Le passage du premier de ces deux codes vestimentaires à l'autre – jamais l'inverse – est au mieux vécu comme une concession douloureuse imposée par la dure réalité quotidienne, au pire comme une tragique récupération par le système.

Les décors complètent cette opposition des conceptions de la société. Aux intérieurs rangés et douillettement coincés (salons en velours, napperons, voilages, tableaux de genre…) des uns s'opposent les canapés déstructurés, matelas sur estrades, meubles bas, coussins de sol sous l'inévitable poster de Che Guevara et/ou Mick Jagger des autres. Les extérieurs – bistro, bureau, voiture, rue, lieux de vacances – sont plus rares, mais tout comme les inté-

9 Reproduction des illustrations et planches de C. Poth avec l'aimable autorisation de Dr. Hans A. Nikel.

10 Les (rares) Allemands de l'Est appartiennent graphiquement à cette deuxième catégorie de personnages, détail curieux qui ne manque pas de susciter des commentaires acerbes dans la BD sur le port de la cravate dans le «Erster Arbeiter- und Bauernstaat».

rieurs susceptibles de se transformer à tout moment en théâtres d'affrontement entre ou à l'intérieur des camps.

Les «Progressiven» que Poth met en scène sont d'anciens soixante-huitards rescapés des «barricades de juin»[11] qui vivent dorénavant en couple, ont des enfants, travaillent dans la publicité et passent des vacances en Yougoslavie (tout en rêvant de la Grèce où la dictature des colonels leur interdit le séjour). Tous se vantent d'avoir préservé leur capacité à résister à la récupération par un système dont ils sont pourtant déjà devenus des rouages, et c'est ce besoin viscéral de continuer à se croire en opposition avec la culture dominante qui les distingue à leurs yeux de la famille bourgeoise traditionnelle. Un sentiment qui s'est, comme le démontre Poth, le plus souvent transformé imperceptiblement en la nostalgie d'un passé représentant leur «folle jeunesse».

Les fondamentaux au quotidien selon Poth

Le nouveau couple

En 1975, année de parution de *Mein progressiver Alltag*, Rowohlt publie *Die Zweierbeziehung*, gros succès de librairie plusieurs fois réédité de Jürg Willi, psychiatre et psychothérapeute suisse spécialisé dans la psychologie et la thérapie de couple. Sa «théorie de la collision» («Kollusionskonzept») en quatre étapes – identification des facteurs de tension («Spannungsursachen»), typologie des perturbations («Störungsmuster»), processus d'élucidation («Klärungsprozesse») et modélisation des possibles schémas de résolution («Lösungsmodelle») – deviendra le vade-mecum du «nouveau couple», défini par l'auteur comme la cohabitation librement choisie de deux partenaires adultes et égaux soucieux de leur mutuel épanouissement. L'ouvrage se termine fort à propos par l'analyse de quelques extraits du film *Scènes de la vie conjugale* d'Ingmar Bergman, sorti dans les salles en 1973 avec le succès que l'on sait.[12]

Le passage du modèle conjugal traditionnel fondé sur une hiérarchisation stéréotypée des rôles et des tâches (l'homme travaillant et par conséquent chef de famille, la femme s'occupant du foyer et des enfants) à la nouvelle configuration est décrit par Willi comme une source de tension permanente

11 *Cf.* la définition de la «Freak-Aristokratie» chez Gerhard SEYFRIED, *Invasion aus dem Alltag*, Berlin 1980, pp. 12-13.

12 Allusion directe au film dans *UTF* 5.

pour des partenaires facilement dépassés par leur désir «de mettre en pratique de manière trop radicale les idéaux de cette nouvelle vie commune»,[13] tout particulièrement dans le domaine de l'émancipation féminine puisqu'elle demande à casser des schémas mentaux fortement intériorisés. En publiant, toujours en 1975, *Der kleine Unterschied und seine großen Folgen: Frauen über sich – Beginn einer Befreiung*,[14] Alice Schwarzer,[15] étudiante de Michel Foucault, proche du MLF français, réalisatrice d'une série d'interviews avec Simone de Beauvoir entre 1972 et 1982, était devenue la figure de proue du féminisme allemand en dénonçant de son côté violemment la place de la femme dans la société patriarcale et leur oppression par et dans le mariage, construction culturelle et sociale arbitraire destinée à perpétuer le principe de cette domination masculine théorisée en 1998 par Bourdieu. Cette manipulation fondée sur un arrangeant déterminisme biologique lui paraissait moins que jamais tolérable à une époque où les femmes jouissaient officiellement des mêmes droits que les hommes et accédaient de plus en plus massivement aux études supérieures, à la qualification professionnelle et par conséquent au travail rémunéré, condition première de leur libération.[16]

Le thème de l'émancipation féminine dans et hors du couple est l'un des premiers abordés par Poth. Il apparaît dans *Mein progressiver Alltag* dès l'épisode 5 où des protagonistes masculins appartenant tous au camp des «Progressiven» et approuvant bien entendu totalement les postulats du livre de Schwarzer, qui était devenu comme celui de Willi l'un des fondamentaux de la contre-culture, débattent de l'indispensable indépendance économique

13 Jürg Willi, *Die Zweierbeziehung*, Reinbek bei Hamburg 1975, p. 7, «Sie tun sich dabei schwer und neigen oft dazu, sich in der Radikalität, mit der sie die neuen Ideale des Zusammenlebens in die Tat umsetzen wollen, zu überfordern.»

14 Frankfurt/Main 1975. Traduit de l'allemand par Marthe Wendt et Leslie Gaspar, *La petite différence et ses grandes conséquences,* Paris 1977.

15 Comme Poth, Schwarzer avait été collaboratrice de *pardon* avant de fonder en 1977 son propre magazine *Emma, das politische Magazin von Frauen,* qui paraît encore aujourd'hui et dispose dorénavant aussi de son blog (http://www.aliceschwarzer.de/publikationen/blog/). Un engagement qui lui avait valu des attaques virulentes qu'elle décrit dans son autobiographie *Lebenslauf,* parue en 2011 chez Kiepenheuer&Witsch. Dans l'article qu'elle lui consacre dans la *Literarische Welt* du 10/9/2011, Ruth Klüger rend hommage à Schwarzer qui avait écrit, souligne-t-elle, une page importante de l'histoire allemande de l'après-guerre. En 2002, Schwarzer avait déjà publié chez Kiepenheuer&Witsch un bilan intermédiaire intitulé *Alice im Männerland. Eine Zwischenbilanz.*

16 Schwarzer avait déjà abordé la question dans *Frauenarbeit – Frauenbefreiung*, Berlin 1973. Elle y avait repris et actualisé les arguments formulés par Simone de Beauvoir dans *Le deuxième sexe*.

de la femme. Mais curieusement, seuls les hommes semblent avoir voix au chapitre. Leurs femmes, a priori les premières concernées, sont exclues/s'excluent de la discussion et se contentent de se livrer à des tâches on ne peut plus traditionnelles: nourrir, servir… Acte manqué ou stratégie? La réalité que dessine Poth contredit les convictions théoriques affichées, une situation que ne sauvent ni l'analyse (le problème de l'intériorisation des rôles)[17] ni les conseils prodigués (la préconisation de l'indispensable prise de conscience).[18] Pis encore: en fin d'épisode, un ultime et assez pathétique recours à Hegel[19] sert de justification ironique pour le maintien du statu quo et permet provisoirement aux hommes d'échapper à une pratique concrète de l'égalité qui semblait devoir aller de soi.

Mais les femmes ne se contentent pas très longtemps d'ironiser sur ces militants d'une nouvelle société qui entendent les libérer tout en se défilant devant la corvée de vaisselle. Très vite, elles se montrent autrement plus virulentes. Dans un autre épisode, le conflit a atteint son point culminant et elles s'en prennent violemment à leurs partenaires qu'elles soupçonnent de sympathiser avec Esther Vilar dont le livre *Der dressierte Mann*[20] avait fait fureur en 1971. Prenant à contre-pied le combat des féministes, vomissant l'émancipation et les femmes émancipées («Emanzen»), Vilar avait de son côté avancé la thèse d'un asservissement caché des hommes, donc de leur exploitation organisée par les femmes depuis des siècles et tue par les représentants du patriarcat par souci de garder la face et de préserver leurs prérogatives.[21] La diatribe contre le «livre de merde» («Scheißbuch») de Vilar résume les griefs des féministes:

> Nous, les femmes, avions tout juste réussi à attirer l'intérêt public sur nos problèmes et voilà qu'arrive cette conne qui détruit tout! Avec sa minable guimauve du pauvre mec asservi […]. Et bien sûr, les pachas boivent ça comme du petit lait! Et un torchon

17 «Das ist es eben, die Rolle der dienenden Hausfrau sitzt so tief drin […]» («Le vrai problème, c'est qu'elles ont complètement intériorisé leur rôle de ménagère et de servante […]»).

18 «Das muss vom Bewusstsein kommen […]» («C'est une vraie prise de conscience qu'il faut à la base […]»).

19 Cité par les hommes: «Denk mal an Hegel, wenn man dem Zeitgeist vorgreift, unterbricht man die Kette von These, Antithese und […]» («N'oublions pas ce que dit Hegel, en anticipant l'esprit du temps, on interrompt la succession de thèse, antithèse […]»).

20 Traduit de l'allemand par Raymond ALBECK sous le titre *L'homme subjugué*, Paris 1972.

21 Schwarzer et Vilar s'étaient affrontées en février 1975 sur WDR, dans un débat télévisé houleux, s'accusant mutuellement de pervertir la cause de l'autre.

pareil devient un bestseller! En comment pourrait-il en être autrement? Tous ces vieux boucs se ruent dessus pour l'acheter![22]

Devant tant de violence, les ex-héros des barricades battent lamentablement en retraite pour méditer au troquet du coin, avec d'autres amis tout aussi traumatisés qu'eux, la dérive «fascisante» du féminisme… qu'ils n'oseront jamais affronter directement: obligé d'approuver la décision de sa partenaire de (re)travailler (postulat de l'indépendance féminine par le travail rémunéré), mais catastrophé par la perspective de devoir accepter pour de bon une redistribution des tâches ménagères (postulat de l'égalité dans le couple jusque dans les plus rébarbatives activités du quotidien), l'homme ne donnera libre cours à son ressentiment qu'une fois seul aux toilettes: «Saloperie, saloperie, saloperie de merde!»[23]

La libération sexuelle

De semblables contradictions compliquent la vie sexuelle des «Progressiven» qui s'accordent là encore sur la nécessité d'en finir avec le principe de propriété (la possession-oppression des corps), l'hypocrisie du double discours bourgeois qui accorde une liberté sexuelle illimitée aux hommes tout en enfermant les femmes dans un carcan d'interdits, et l'importance d'une sexualité décomplexée et libérée de toute inhibition.

Les travaux scientifiques de Kinsey et de Masters & Johnson[24] parus aux Etats-Unis à partir de la fin des années quarante avaient démontré à l'aide d'impressionnantes séries d'interviews et de tests cliniques l'arbitraire de la polarisation traditionnelle sexualité masculine active voire conquérante – sexualité féminine (auto)contrôlée, (auto)censurée et passive ne pouvant s'épanouir que dans le mariage. Mais la pierre la plus dévastatrice dans le

22 «Kaum haben wir Frauen ein wenig öffentliches Interesse für unsere Probleme erkämpft, da kommt dieses Arschloch und macht alles kaputt. Mit ihrer dämlichen Schnulze da vom armen armen geplagten Mann […]. Und natürlich ist das Wasser auf den Mühlen der Paschas! Und sowas wird Bestseller! Weil die alten Böcke das Buch kaufen wie verrückt», *in: MPA* 34.

23 «Oh verdammte, verdammte, verdammte Scheiße!» *MPA* 35.

24 Alfred KINSEY, Wardell POMEROY, Clyde E. MARLIN, *Sexual Behavior of the Human Male*, Philadelphia 1948. Alfred KINSEY, Wardell POMEROY, Clyde E. MARLIN, Paul GEBHARD, *Sexual Behavior in the Human Female,* Philadelphia 1953. William MASTERS, Virginia JOHNSON, *Human Sexual Response,* Toronto – New York 1966.

jardin de la «sexualité de papa» sera apportée par Shere Hite[25] qui décrira, au milieu des années soixante-dix, à travers 600 interviews apportant des informations non plus d'un point de vue clinique et statistique mais individuel et émotionnel, une nouvelle sexualité féminine[26] indépendante et basée sur le droit de la femme à l'orgasme.[27] Un impératif qui déclenche chez ceux qui se réclament volontiers des slogans de 68 – jouir sans entraves! – une véritable guerre de positions: le conflit se politise, et le combat pour avoir le dessus, dans tous les sens du terme, fait rage dans les nouveaux couples.

Illustration n° 2: *MPA* 7 © Rowohlt Verlag

La sexualité libérée et le principe de propriété («Besitzeranspruch») théoriquement évacué, l'infidélité ne devrait également plus poser problème. Elle continue pourtant à faire des ravages dans les nouveaux couples qui se résignent – après l'incontournable prise de conscience bien entendu – à la pratiquer comme les générations précédentes dans la dissimulation et le mensonge, dans le souci affiché de préserver l'autre des affres de la jalousie – et bien plus souvent pour l'empêcher de prendre sa revanche. En ce qui concerne les inhibitions, radicalement proscrites, Poth montre qu'elles ont la vie dure à travers un groupe d'amis fermement décidé à se lancer dans l'amour

25 Shere HITE, *The Hite Report. A Nationwide Study on Female Sexuality*, New York 1976.

26 «Auf dem Weg zu einer neuen weiblichen Sexualität», *ibid.* pp. 475-477, ici p. 476.

27 C'est autour de cette revendication que se cristallisent le désarroi et la colère des bien-pensants: «Des problèmes pour atteindre l'orgasme, quand j'entends ça, je vois rouge!» («Orgasmusschwierigkeiten, wenn ich sowas schon höre!» s'écriait en 1972 déjà le petit-bourgeois exaspéré dans la chanson *vatis argumente* de Franz DEGENHARDT…).

collectif («Gruppensex»). L'expérimentation s'arrête au déshabillage, chacun trouvant de bonnes raisons pour ne pas avoir à passer à l'acte devant les autres. A moitié nus et mal à l'aise, ils s'accordent cependant en se rhabillant pour considérer cette tentative avortée comme «un premier pas encourageant».[28]

Illustration n° 3: *MPA* 38 © Rowohlt Verlag

Mais les vraies limites de l'impératif d'une sexualité décomplexée pour tous, indépendamment de l'âge, apparaissent quand il s'agit d'affronter leurs propres enfants élevés dans l'idée que faire l'amour était un acte aussi naturel que boire et manger et qui finissent inévitablement par vouloir savoir pourquoi, dans ce cas, ils ne pourraient pas regarder.[29] Les arguments avancés par les «Progressiven» pour justifier leur refus reprennent alors tous les éléments du discours traditionnel sur la vie intime en tant que tabou: nécessité de préserver la sphère privée, pudeur, intériorisation d'une éducation bourgeoise etc. Seulement, en 1975, la discussion ne s'arrête plus là et chez Poth les rôles vont s'inverser. Le fils qui surprend ses parents faisant l'amour dans la classique position du missionnaire leur propose un porno pour parfaire leur éducation sexuelle – «Vous devriez regarder. Vous pourrez apprendre des choses!»[30] – les reléguant ainsi d'un seul coup dans la catégorie des réactionnaires qui s'ignorent. Hors de question aussi de laisser seuls deux ado-

28 «Na immerhin, es war ein Anfang.» *MPA* 38.

29 «Warum darf ich eigentlich nicht mal zusehen, wenn ihr bumst?» *MPA* 4.

30 «Dacht ich mir doch, dass ihrs stinknormal bürgerlich macht. Einer aus unsrer Klasse hat'n Film. Solltet ihr euch mal ansehen. Da könnt ihr was lernen.» *MPA* 16.

lescents de sexe opposé (un manque de confiance que les jeunes avaient d'ailleurs prédit en pariant sur le temps que les parents mettront pour venir contrôler) ou d'accepter sans discussion la contraception pour les jeunes filles. La lecture assidue de Masters & Johnson et Kinsey (les deux sont cités à plusieurs reprises, et l'épisode 31 montre les parents plongés dans Wilhelm Reich) ne saurait en l'occurrence suffire pour vivre – et laisser vivre – au quotidien une sexualité conforme aux prescriptions de ces fondamentaux de la contre-culture.

L'éducation antiautoritaire

Les années soixante-dix voient fleurir les ouvrages contestant les méthodes éducatives traditionnelles. L'école avec sa hiérarchie verticale classique professeur-élève est rejetée comme un instrument de formatage au service de la culture dominante, une machine à décérébrer visant principalement à produire le citoyen-consommateur docile que réclame la société industrielle.

Jean Piaget, *Theorien und Methoden der modernen Erziehung*, Paul Lengrand, *Permanente Erziehung*, l'Initiativgruppe Solingen, *Schule ohne Klassenschranken* (les trois 1972) ou encore Mosse Jorgensen, *Schuldemokratie – keine Utopie* (1973) ne sont que quelques exemples des nombreuses contributions à une discussion initiée au tout début de la décennie par Ivan Illich,[31] qui avait théorisé dès les années soixante une société sans école («deschooling society»).[32]

Mais la bible de la nouvelle éducation sera sans conteste *Summerhill – A radical Approach to Child Rearing* d'Alexander Sutherland Neill, paru en 1960[33] et dont la traduction allemande d'abord simplement intitulée *Summerhill* sera accessible à partir de 1965. Devant le succès de l'ouvrage, le titre de l'édition de poche de 1969 sera plus explicite: *Theorie und Praxis*

31 Fondateur, en 1961, du CIDOC (Centre Interculturel de Documentation de Cuernavaca, Mexique) où il avait mis en pratique ses théories sur une éducation déscolarisée.

32 *Cf.* «Schulen helfen nicht», *in:* Ivan ILLICH, *Schulen helfen nicht. Über das mythenbildende Ritual der Industriegesellschaft.* Avec une introduction d'Erich FROMM. Traduit de l'anglais par Helmut LINDEMANN, Reinbek/Hamburg 1972, pp. 23-37. Titre original: *Celebration of Awareness*, Doubleday and Company, Chicago 1970. Traduction française publiée sous le titre «L'école, cette vache sacrée», *in: Les temps modernes* 280 (1969), pp. 673-683.

33 New York 1960. Egalement préfacé par Erich FROMM.

der antiautoritären Erziehung. Das Beispiel Summerhill.[34] L'expérience de Neill, qui avait débuté dans le Suffolk en 1921 et qui reposait sur le double impératif d'une éducation intellectuelle et émotionnelle adaptée aux besoins et au rythme de chaque enfant et du refus de la discipline et de la sanction comme outils de régulation, devient alors le modèle pédagogique à suivre. A l'éducation répressive visant à produire du conformisme social s'oppose ainsi le modèle antiautoritaire formant en toute liberté[35] le futur citoyen épanoui et capable d'affronter le monde – la société – sans angoisse ni hypocrisie. Cet objectif pas totalement nouveau car déjà visé par d'autres pédagogues[36] devra bien entendu aussi se réaliser dans la sphère privée.

La question de l'éducation antiautoritaire au sein de la famille ouvre presque naturellement les BD de Poth, à commencer par cet épisode qui montre un «nouveau père» reprochant à son adolescent de fils de l'avoir ridiculisé par ses bonnes manières. La réponse cette fois-ci satisfaisante du rejeton («Va chier, espèce de vieux con»)[37] vient trop tard pour le consoler: c'est devant ses amis qu'il aurait fallu apporter la preuve d'une éducation strictement antiautoritaire («streng antiautoritär») et par conséquent contre-culturellement correcte. L'association des deux termes déconstruit alors le projet éducatif, le fait apparaître comme une posture quelque peu naïve et annonce un échec que confirme l'épisode construit en miroir où le fils entretemps majeur explique à ses parents médusés qu'un Franz Josef Strauß l'impressionne («Lui au moins il sait ce qu'il veut»),[38] que l'université ne le tente pas trop et qu'il envisage sérieusement de devenir officier de carrière dans la Bundeswehr. Le père désespéré se réfugie cette fois-ci dans la bible pour y relire la parabole du fils prodigue (Saint Luc 15, 1-32).[39] Poth consa-

34 Reinbek/Hamburg 1965. L'édition de poche paraît chez le même éditeur en 1969. Traduction française (*Libres enfants de Summerhill*) par Micheline LAGUILHOMIE, Paris 1971.

35 Et non pas «licence» comme le rappelle Bruno BETTELHEIM dans *Pour ou contre Summerhill* (dossier collectif paru chez Hart Publishing & Co, Oxford 1970), qui met en garde contre la confusion volontairement entretenue par les opposants (mais aussi certains partisans) de Neill. Traduction française chez Payot (Collection «Petite bibliothèque»), Paris 1970.

36 Par exemple Freinet, Montessori ou Steiner que l'on (re)découvre dans la foulée…

37 «Leck mich doch am Arsch, Du alter Scheisser!» *MPA* 1.

38 «Der weiß was er will.» *MPA* 44.

39 Dans un affrontement mère-fille construit de manière analogue, la fille, tout en profitant des principes éducatifs de sa mère pour se défiler devant les corvées, annonce sans complexes son propre projet éducatif: «Moi, quand j'aurai des enfants, pas de connerie antiautoritaire et tout ça. Pas avec moi, ça ne me fait ni chaud ni froid. Moi, je ne voudrai voir qu'une seule tête.» («Wenn ich mal Kinder hab, anti-

crera un volume entier, *Elternalltag*, à cette difficile pratique de l'éducation antiautoritaire qui demande une révision quotidienne de la relation parents-enfants. La vie de famille s'en trouve en tout cas considérablement compliquée: comment sanctionner les mauvaises notes quand on a manifesté contre une société célébrant la performance? Comment obliger son enfant à ranger sa chambre quand en principe on se refuse d'imposer? Comment faire taire, après 10 heures du soir, les Rolling Stones qui dérangent le voisin quand on a prêché que les règles – y compris de la vie commune – étaient à considérer comme autant d'entraves à la liberté individuelle? Comment imposer l'heure de rentrer quand on s'est interdit d'interdire? Comment, dans ces conditions, intéresser ses rejetons à la culture classique, refuser d'augmenter leur argent de poche, décider d'un lieu de vacances… sans passer pour des suppôts de l'establishment? Bref, comment être cool et copain (solution contre-culturellement correcte) plutôt que parent-tyran (solution de facilité)? Les enfants adolescents de ces ex-militants ne sont en tout cas pas dupes et savent parfaitement manipuler des adultes en plein désarroi en flattant leur désir de rompre avec la hiérarchie générationnelle: en les laissant jouer aux parents antiautoritaires, ils obtiennent bien souvent ce qu'ils désirent.

Illustration n° 4: *MPA* 33 © Copyright Rowohlt Verlag

autoritär und so'n Kack ist bei mir nicht drin. Da bin ich eiskalt, echt, zack, zack geht das und dann spuren die.») Cette fois-ci, la mère l'emporte au moins provisoirement en défendant une démarche éducative basée sur le respect de la dignité de l'autre. *E*, épisode *«Zack, zack und dann spuren die»*.

Le leurre de la «Great society»

Au début des années soixante, Herbert Marcuse décrit l'individu moderne vivant dans une société de type capitaliste comme un homme «unidimensionnel»,[40] un prisonnier plus ou moins conscient et/ou consentant des libertés illusoires que semblent lui offrir la démocratie et le progrès technologique, et encore la victime d'un mirage qui dissimule la réalité d'une dictature du conformisme politique, économique et social. Dix ans plus tôt, Erich Fromm avait pour sa part souligné la menace de marginalisation, pathologisation voire criminalisation institutionnelles pesant sur les anticonformistes revendiquant des modes de vies alternatifs basés sur le refus de l'uniformisation de la société et du monde, la résistance à la course effrénée à la consommation, l'aliénation par le travail etc.[41]

Poth retient les thèmes de la société de consommation et de l'aliénation par le travail pour illustrer le mécanisme de récupération qui finit par avoir (presque) raison de ses «Progressiven». Il choisit Noël comme l'exemple par excellence de la capacité de la société capitaliste à vider une fête religieuse de son sens spirituel pour la transformer en un simple prétexte à la consommation. A travers trois épisodes, on pourrait dire en trois actes, il décrit un processus banal d'assimilation, qui va du refus à l'acceptation en passant par le compromis. Acte 1: la manipulation capitaliste est catégoriquement refusée, ce qui engendre un sentiment de frustration chez certains membres de la famille («Tous les autres fêtent Noël, sauf nous»).[42] Acte 2: le principe de Noël est accepté, cadeaux et sapin[43] compris, mais le folklore – décoration kitsch de la maison, fils d'ange («Lametta») sur l'arbre de Noël, repas traditionnel etc. – est banni. Acte 3: un Noël en tout point conformiste est fêté dans le cercle familial élargi, décorations, chansons et repas compris. La séduction-pression de la société de consommation a parfaitement opéré et s'étend à d'autres domaines. Une DS (la Mercedes trop emblématique de la

40 Herbert MARCUSE, *One-dimensional Man,* Boston 1964. Traduction française de Monique WITTIG, *L'homme unidimensionnel*, Paris 1968. Traduction allemande par Alfred SCHMIDT, *Der eindimensionale Mensch*, München 1967.

41 *Cf. Société aliénée et société saine: Du capitalisme au socialisme humaniste, psychanalyse de la société contemporaine.* Traduction française de Janine CLAUDE, Paris 1971. Titre original: *The sane society*, NewYork 1955.

42 «Alle anderen feiern Weihnachten, nur wir nicht.» *MPA* 14.

43 A son corps défendant, puisque la plante est considérée comme corrompue et inventée dans le seul but de faire faire des bénéfices aux marchands: «Eine ganz widerliche korrupte Pflanze, ein Profitmacher übelster Sorte, ein Tränendrüsendrücker zum Zwecke der Umsatzsteigerung.» *UTF* 8.

réussite des classes moyennes est évitée de justesse) remplace la «Döschövo» (2 CV), un canapé moelleux les inconfortables coussins de sol… Un retour à la normale/à la norme qui va de pair avec l'insertion professionnelle de protagonistes qui n'hésitent dorénavant plus à forger des plans de carrière. Ils[44] exercent volontiers des métiers créatifs dans des milieux décontractés (ultime tentative de se distinguer des emplois monotones des autres), par exemple dans des agences de publicité. Problème: l'imagination y est entièrement au service de la consommation abhorrée, paradoxe qui provoque un dédoublement quotidien de la personnalité qui est illustré dans l'épisode 3 de *Mein progressiver Alltag* où le protagoniste désespéré d'avoir contribué toute la journée à la bonne marche du système[45] ne peut s'empêcher de vanter sa dernière trouvaille, un slogan d'enfer («Trop dommage de laisser le champagne aux papis!»)[46] destiné à séduire un nouveau public de très jeunes consommateurs. Oscillant ainsi perpétuellement entre autosatisfaction et dépression, les «Progressiven» voient la récupération gagner du terrain, et le drapeau de la contestation fièrement levé sur la couverture de *Mein progressiver Alltag* et désormais en berne sur celle de *Unser täglicher Frust* annonce bel et bien la capitulation.

Les protagonistes de Poth se heurtent ainsi à une variante allemande de la «Great society», terme qu'avait choisi Lyndon B. Johnson, trente-sixième président des Etats-Unis de 1963 à 1969, pour décrire une société américaine de l'abondance, de la croissance économique éternelle, de la liberté et de l'épanouissement pour tous, une société qui aurait réglé les problèmes de la pauvreté, du racisme et de l'oppression. Image d'Epinal de l'Etat-providence que Marcuse avait aussitôt déconstruite[47] en démontrant le cynisme d'un discours destiné à masquer la réalité d'une société fondée sur des objectifs essentiellement économiques et, surtout, sur des inégalités considérées comme des variables d'ajustement indispensables qu'elle est loin de vouloir éradiquer. La «Great society» cache un système poussant ses avantages à l'intérieur de ses frontières et dans le monde sous le prétexte d'un louable combat pour la démocratie et la paix. Chimère au service de la propagande capitaliste, elle finit par dévorer les enfants de la contre-culture.

44 Les hommes surtout. Les femmes, rappelons-le, sont encore en pleine lutte pour la reconnaissance de leurs compétences professionnelles.

45 «Acht Stunden habe ich heute den Konsumterror angeheizt.» *MPA* 3.

46 «Sekt ist viel zu schade für Opa», *ibid.*

47 *Cf.* «The Individual and the Great society», *in: Alternatives* 1 (1966), pp. 14-16 et *Alternatives* 2 (1966), pp. 29-35. Marcuse y reviendra dans «Das Ende der Utopie», *in: Vorträge und Diskussionen in Berlin 1967*, Berlin 1967. Consultable en version originale («The End of Utopia») sur le site officiel de Marcuse, www.marcuse.org.

La contre-culture au quotidien

Une société affranchie des tutelles sociales, économiques, institutionnelles, politiques, est-elle possible? Après avoir montré les limites de l'articulation théorie-pratique dans les domaines de l'éducation, de la famille et du travail, Poth consacre sa dernière BD (*Wie man das Volk vertritt*, 1980) au quotidien de l'un de ceux qui ont cru pouvoir changer le système de l'intérieur. Contaminé par le virus politique en 68/69, décidé à dépasser la discussion stérile («Sinnloses Gequatsche», *MPA* 44), engagé dans les Jusos (Jeunes socialistes), repéré lors de sa «longue marche à travers les institutions»[48] par une cadre/mentor du SPD, M. Möller est maintenant député (son slogan de campagne: «La paix dans la liberté» / «Frieden in Freiheit»). Mais au lieu de pouvoir faire avancer les choses («Die Dinge vorantreiben»), il voit ses initiatives étouffées sous la paperasse et les contraintes. Un douloureux apprentissage des lois non-écrites de son mandat lui a fait comprendre qu'il était préférable de faire une croix sur les idéaux et de toujours viser le compromis pour atteindre le principal objectif d'un élu: obtenir une place éligible sur la liste électorale du prochain scrutin. L'absurdité de cette situation le rendra incapable d'expliquer à son fils en quoi consiste son travail de député.[49]

Möller est-il, comme s'en accusent mutuellement les ex-militants de Poth, un incorrigible utopiste et doux rêveur,[50] victime de la Realpolitik comme son ami publicitaire l'était de la société de consommation? Les deux semblent en tout cas impuissants à infléchir une trajectoire qui leur coûte petit à petit leurs illusions, leurs femmes et famille ainsi que leur santé physique et mentale, et font déjà partie de ces nostalgiques de la contre-culture qui évoquent leurs anciennes manifs comme les anciens combattants leurs exploits de guerre.[51] Ils participent d'ailleurs encore à certaines, la peur au ventre (on pourrait les reconnaître voire les ficher), mais ravis de se plonger occasionnellement dans ce qu'ils considèrent dorénavant comme un «bain de jouvence».[52] En cette fin des années soixante-dix, ces ex-contestataires rangés ne savent même plus très bien s'il est contre-culturellement défendable de soutenir la RFA (capitaliste) dans un match de foot contre la Yougoslavie (socialiste).

48 «Der lange Marsch durch die Institutionen». *WVV*, épisode «Fragen Sie Ihren Abgeordneten».

49 *Ibid.*, épisode «Lauter Blödsinn in Bonn».

50 «Eine pubertäre beschissene Revoluzzerromantik», *MPA* 25.

51 *Cf. MPA* 9.

52 «Jungbrunnen», *UTF* 9.

Illustration n° 5: *UTF* «Durchschaut» © Rowohlt Verlag

La désillusion des «Progressiven» est ainsi à la hauteur des espérances jadis exprimées. Mais loin de les juger avec la sévérité d'un Adorno qui avait pu, à un moment, qualifier la contre-culture de mouvement irrationnel et infantile, Poth leur reconnaît la volonté de continuer à croire en leurs convictions. Des fondamentaux de la contre-culture, ils ont *a minima* retenu l'importance du dialogue et le refus de la solution de facilité que représente la reprise des mécanismes autoritaristes et autoritaires de la société bourgeoise. Les cinq BD peuvent ainsi aussi se lire comme un hommage un peu désabusé à celles et ceux que Poth crédite à travers son état des lieux satirique du mérite de contribuer, malgré les difficultés qu'ils rencontrent, à introduire les principes de la contre-société dans leurs quotidiens. Après deux chocs pétroliers et dans le climat social durci des années de plomb, ces «militants moyens» veulent continuer de croire à la possibilité de s'opposer malgré tout à la reproduction non distanciée et stéréotypée des schémas conjugaux, parentaux, professionnels et institutionnels. Leurs tâtonnements, erreurs et doutes deviennent dès lors les moteurs de l'évolution des rapports sociaux dans une société allemande qui ne ressemble plus beaucoup, en 1980, à celle des années cinquante.

Résumé

Entre 1975 et 1980, Chlodwig Poth, satiriste graphique et critique de la société issu de l'équipe du mensuel *pardon*, consacre cinq BD au difficile retour du militant moyen de la contre-culture à la vie quotidienne. En rapprochant les situations décrites de certains fondamentaux du mouvement, Poth mesure l'écart entre théorie et pratique et met en évidence les compromis voire compromissions de protagonistes qui continuent de se croire immunisés contre les tentatives de récupération d'un «système» dont ils sont pourtant devenus déjà les rouages. Les BD se concentrent sur les thèmes sociétaux les plus importants de l'époque (émancipation et place des femmes, nouvelle éducation, relations à l'autorité dans les sphères privée et professionnelle etc.). Poth souligne ainsi la difficulté de vivre les préceptes de la contreculture au quotidien, mais également que l'inévitable retour à la normale – à la norme? – a malgré tout provoqué des changements de société qui ont définitivement balayé les valeurs restauratrices de l'ère Adenauer.

Zusammenfassung

Zwischen 1975 und 1980 widmet Chlodwig Poth, Zeichner, Satiriker und Gesellschaftskritiker aus dem Team der Monatszeitschrift *pardon*, fünf Comics dem Thema der problematischen Rückkehr des durchschnittlichen Revoluzzers und Ex-68ers in den Alltag. Der Vergleich der leitgebenden Werke der Gegenkultur mit der von Poth skizzierten Gegenwart zeigt den Spagat zwischen Theorie und Praxis und enthüllt, dass seine Figuren zwischen Kompromiss und persönlicher Realpolitik schon längst ein Rädchen eines «Systems» geworden sind, gegen das sie sich nach wie vor gefeit wähnen. Die Comics beschäftigen sich mit den wichtigsten Themen der gesellschaftlichen Diskussion der siebziger Jahre: Emanzipation und Stelle der Frau, die neue Erziehung, die Beziehung zur Autorität in den privaten und beruflichen Sphären usw. Poth belegt so das Problem, die Postulate der Gegenkultur im Alltag umzusetzen, unterstreicht die unvermeidliche Rückkehr in die «Normalität» / in die Norm, aber ebenfalls die Leistung all derer, die trotz allem dazu beigetragen haben, Abstand von den restaurativ-verstaubten Werten und Zwängen der Ära Adenauer zu gewinnen.

Liste des publications de la collection Convergences

Michel Grunewald (éd./Hrsg.) en collaboration avec Helga Abret et Hans Manfred Bock: *Le discours européen dans les revues allemandes (1871-1914) / Der Europadiskurs in den deutschen Zeitschriften (1871-1914).* Berne: Peter Lang (Convergences, vol./Bd. 1) 1996.

Paul Distelbarth: *Das andere Frankreich. Essays zur Gesellschaft, Politikund Kultur Frankreichs und zu den deutsch-französischen Beziehungen 1932 bis 1945.* Eingeleitet und mit Anmerkungen versehen von Hans Manfred Bock. Berne: Peter Lang (Convergences, Bd. 2) 1997.

Michel Grunewald (éd./Hrsg.) en collaboration avec Hans Manfred Bock: *Le discours européen dans les revues allemandes (1918-1933) / Der Europadiskurs in den deutschen Zeitschriften (1918-1933).* Berne: Peter Lang (Convergences, vol./Bd. 3) 1997.

Pierre-André Bois, Roland Krebs et Jean Moes (éds/Hrsg.): *Les lettres françaises dans les revues allemandes du XVIIIe siècle / Die französische Literatur in den deutschen Zeitschriften des 18. Jahrhunderts.* Berne: Peter Lang (Convergences, vol./Bd. 4) 1997.

Catherine Julliard: *Gottsched et l'esthétique théâtrale française: la réception allemande des théories françaises.* Berne: Peter Lang (Convergences, vol. 5) 1998.

Helga Abret et Ilse Nagelschmidt (Hrsg.): *Zwischen Distanz und Nähe. Eine Autorinnengeneration in den 80er Jahren.* Berne: Peter Lang (Convergences, Bd. 6) 1998, 2000.

Michel Grunewald (éd./Hrsg.): *Le problème d'Alsace-Lorraine vu par les périodiques (1871-1914) / Die elsaß-lothringische Frage im Spiegel der Zeitschriften (1871-1914).* Berne: Peter Lang (Convergences, vol./Bd. 7) 1998.

Charles W. Schell et Damien Ehrhardt (éds/Hrsg.): *Karl Ristenpart et l'orchestre de chambre de la Sarre (1953-1967) / Karl Ristenpart und das Saarländische Kammerorchester (1953-1967).* Berne: Peter Lang (Convergences, vol./Bd. 8) 1999.

Frédérique Colombat-Didier: *La situation poétique de Peter Rühmkorf.* Berne: Peter Lang (Convergences, vol. 9) 2000.

Jeanne Benay et Gilbert Ravy (éds/Hrsg.): *Ecritures et langages satiriques en Autriche (1914-1938) / Satire in Österreich (1914-1938).* Berne: Peter Lang (Convergences, vol./Bd. 10) 1999.

Michel Grunewald (éd./Hrsg.) en collaboration avec Hans Manfred Bock: *Le discours européen dans les revues allemandes (1933-1939) / Der Europadiskurs in den deutschen Zeitschriften (1933-1939).* Berne: Peter Lang (Convergences, vol 11) 1999.

Hans Manfred Bock und Ilja Mieck (Hrsg.): *Berlin-Paris (1900-1933) – Begegnungsorte, Wahrnehmungsmuster, Infrastrukturprobleme im Vergleich.* Berne: Peter Lang (Convergences, Bd. 12) 2006.

Pierre-André Bois, Raymond Heitz et Roland Krebs (éds): *Voix conservatrices et réactionnaires dans les périodiques allemands de la Révolution française à la Restauration.* Berne: Peter Lang (Convergences, vol. 13) 1999.

Ilde Gorguet: *Les mouvements pacifistes et la réconciliation franco-allemande dans les années vingt (1919-1931).* Berne: Peter Lang (Convergences, vol. 14) 1999.

Stefan Woltersdorff: *Chronik einer Traumlandschaft: Elsaßmodelle in Prosatexten von René Schickele (1899-1932)*. Berne: Peter Lang (Convergences, Bd. 15) 2000.

Hans-Jürgen Lüsebrink et Jean-Yves Mollier (éds), avec la collaboration de Susanne Greilich: *Presse et événement: journaux, gazettes, almanachs (XVIIIe-XIXe siècles). Actes du colloque international «La perception de l'événement dans la presse de langue allemande et française» (Université de la Sarre, 12-14 mars 1998)*. Berne: Peter Lang (Convergences, vol. 16) 2000.

Michel Grunewald: *Moeller van den Brucks Geschichtsphilosophie: «Ewige Urzeugung», «Ewige Anderswerdung», «Ewige Weitergabe»*. Band I. Michel Grunewald (Hrsg.): *Moeller van den Brucks Geschichtsphilosophie: Rasse und Nation, Meinungen über deutsche Dinge, Der Untergang des Abendlandes. Drei Texte zur Geschichtsphilosophie*. Band II. Berne: Peter Lang (Convergences, Bd. 17) 2001.

Michel Grunewald (éd./Hrsg.) en collaboration avec Hans Manfred Bock: *Le discours européen dans les revues allemandes (1945-1955) / Der Europadiskurs in den deutschen Zeitschriften (1945-1955)*. Berne: Peter Lang (Convergences, vol./Bd. 18) 2001.

Patricia Brons: *Erich Kästner, un écrivain journaliste*. Berne: Peter Lang (Convergences, vol. 19) 2002.

Dominique Lingens: *Hermann Hesse et la musique*. Berne: Peter Lang (Convergences, vol. 20) 2001.

Valérie Chevassus: *Roman original et stratégies de la création littéraire chez Joseph Roth*. Berne: Peter Lang (Convergences, vol. 21) 2002.

Raymond Heitz et Roland Krebs (éd./Hrsg.): *Théâtre et «Publizistik» dans l'espace germanophone au XVIIIe siècle / Theater und Publizistik im deutschen Sprachraum im 18. Jahrhundert*. Berne: Peter Lang (Convergences, vol. 22) 2001.

Jeanne Benay und Gerald Stieg (Hrsg.): *Österreich (1945-2000). Das Land der Satire*. Berne: Peter Lang (Convergences, Bd. 23) 2002.

Michel Grunewald (éd./Hrsg.) en collaboration avec Hans Manfred Bock: *Le milieu intellectuel de gauche en Allemagne, sa presse et ses réseaux (1890-1960) / Das linke Intellektuellenmilieu in Deutschland, seine Presse und seine Netzwerke (1890-1960)*. Berne: Peter Lang (Convergences, vol./Bd. 24) 2002.

Martine Carré: *Les* Elégies de Duino, *tomes 1 et 2. Essai de lecture*. Berne: Peter Lang (Convergences, vol. 25) 2002.

Michel Durand und Volker Neuhaus (Hrsg./éd.): *Die Provinz des Weiblichen. Zum erzählerischen Werk von Clara Viebig / Terroirs au féminin. La province et la femme dans les récits de Clara Viebig*. Berne: Peter Lang (Convergences, Bd./vol. 26) 2004.

Michel Grunewald et Uwe Puschner (éds/Hrsg.) en collaboration avec Hans Manfred Bock: *Le milieu intellectuel conservateur en Allemagne, sa presse et ses réseaux (1890-1960) / Das konservative Intellektuellenmilieu in Deutschland, seine Presse und seine Netzwerke (1890-1960)*. Berne: Peter Lang (Convergences, vol./Bd. 27) 2003.

Christina Stange-Fayos: *Lumières et obscurantisme en Prusse. Le débat autour des édits de religion et de censure (1788-1797)*. Berne: Peter Lang (Convergences, vol. 28) 2003.

Jeanne Benay, Alfred Pfabigan und Anne Saint-Sauveur (Hrsg.): *Österreiche Satire (1933-2000). Exil – Reemigration – Assimilation*. Berne: Peter Lang (Convergences, Bd. 29) 2003.

Régine Battiston-Zuliani (Hrsg./éd.): *Funktion von Natur und Landschaft in der österreichischen Literatur / Nature et paysage: un enjeu autrichien.* Berne: Peter Lang (Convergences, Bd./vol. 30) 2004.

Pierluca Azzaro: *Deutsche Geschichtsdenker um die Jahrhundertwende und ihr Einfluss in Italien. Kurt Breysig, Walther Rathenau, Oswald Spengler.* Berne: Peter Lang (Convergences, Bd. 31) 2005.

Michel Durand: *Michael Georg Conrad à Paris (1878-1882). «Années d'apprentissage» d'un intellectuel critique.* Berne: Peter Lang (Convergences, vol. 32) 2004.

Maurice Godé et Michel Grunewald (éds): *La volonté de comprendre. Hommage à Roland Krebs.* Berne: Peter Lang (Convergences, vol. 33) 2005.

Jeanne Benay und Alfred Pfabigan (Hrsg.): *Hermann Bahr – Für eine andere Moderne. Anhang: Hermann Bahr,* Lenke. *Erzählung (1909) / Korrespondenz von Peter Altenberg an Hermann Bahr (1895-1913) (Erstveröffentlichung).* Berne: Peter Lang (Convergences, Bd. 34) 2004.

Claire Moreau Trichet: *Henri Pichot et l'Allemagne de 1930 à 1945.* Berne: Peter Lang (Convergences, vol. 35) 2004.

Friedrich Albrecht: *Bemühungen. Arbeiten zum Werk von Anna Seghers 1965–2004.* Berne: Peter Lang (Convergences, Bd. 36) 2005.

Anne Feuchter-Feler: *Le drame militaire en Allemagne au XVIII*e *siècle. Esthétique et Cité.* Berne: Peter Lang (Convergences, vol. 37) 2005.

Pierre Béhar et Michel Grunewald (éds): *Frontières, transferts, échanges transfrontaliers et interculturels. Actes du XXXVI*e *Congrès de l'Association des Germanistes de l'Enseignement Supérieur.* Berne: Peter Lang (Convergences, vol. 38) 2005.

Jeanne Benay et Jean-Marc Leveratto (éds): *Culture et histoire des spectacles en Alsace et en Lorraine. De l'annexion à la décentralisation (1871-1946).* Berne: Peter Lang (Convergences, vol. 39) 2005.

Michel Grunewald et Uwe Puschner (éds/Hrsg.) en collaboration avec Hans Manfred Bock: *Le milieu intellectuel catholique en Allemagne, sa presse et ses réseaux (1871-1963) / Das katholische Intellektuellenmilieu in Deutschland, seine Presse und seine Netzwerke (1871-1963).* Berne: Peter Lang (Convergences, vol./Bd. 40) 2006.

Stéphanie Dalbin: *Visions croisées franco-allemandes de la Première Guerre mondiale. Etude de deux quotidiens: la* Metzer Zeitung *et* L'Est Républicain. Berne: Peter Lang (Convergences, vol. 41) 2007.

Raymond Heitz et Roland Krebs (éd./Hrsg.): *Schiller publiciste / Schiller als Publizist.* Berne: Peter Lang (Convergences, vol. 42) 2007.

Stefanie Müller: *Ernst Robert Curtius als journalistischer Autor (1918-1932). Auffassungen über Deutschland und Frankreich im Spiegel seiner publizistischen Tätigkeit.* Berne: Peter Lang (Convergences, Bd. 43) 2008.

Julia Schroda: *Nationaler Anspruch und regionale Identität im Reichsland Elsass-Lothringen im Spiegel des französischsprachigen Elsassromans (1871-1914).* Berne: Peter Lang (Convergences, Bd. 44) 2008.

Jean Schillinger et Philippe Alexandre (éds): *Le Barbare. Images phobiques et réflexions sur l'altérité dans la culture européenne.* Berne: Peter Lang (Convergences, vol. 45) 2008.

Françoise Lartillot und Axel Gellhaus (Hrsg.): *Dokument / Monument. Textvarianz in den verschiedenen Disziplinen der europäischen Germanistik – Akten des 38. Kongresses des französischen Hochschulgermanistikverbandes.* Berne: Peter Lang (Convergences, Bd. 46) 2008.

Michel Grunewald und Uwe Puschner (Hrsg.) in Zusammenarbeit mit Hans Manfred Bock: *Das evangelische Intellektuellenmilieu in Deutschland, seine Presse und seine Netzwerke (1871-1963) / Le milieu intellectuel protestant en Allemagne, sa presse et ses réseaux (1871-1963).* Berne: Peter Lang (Convergences, Bd./vol. 47) 2008.

Sabine Kremser-Dubois: *Dramaturgie de la provocation. Carl Sternheim.* Berne: Peter Lang (Convergences, vol. 48) 2008.

Christian Bank Pedersen: *Le suicide de Don Quichotte. Récits de Franz Kafka.* Berne: Peter Lang (Convergences, vol. 49) 2009.

Olivier Dard et Michel Grunewald (éds): *Charles Maurras et l'étranger – L'étranger et Charles Maurras. L'Action française – culture, politique, société II.* Berne: Peter Lang (Convergences, vol. 50) 2009.

Friedrich Albrecht: *Klaus Mann der Mittler. Studien aus vier Jahrzehnten.* Berne: Peter Lang (Convergences, vol. 51) 2009.

Françoise Lartillot et Axel Gellhaus (éds/Hrsg.): *Années vingt – Années soixante. Réseau du sens – Réseaux des sens / Zwanziger Jahre – Sechziger Jahre. Netzwerk des Sinns – Netzwerke der Sinne.* Berne: Peter Lang (Convergences Bd./vol. 52) 2009.

Didier Musiedlak (éd.): *Les expériences corporatives dans l'aire latine.* Berne: Peter Lang (Convergences, vol. 53) 2010.

Christine Aquatias et Catherine Desbois (Hrsg./éds): *Turbulenzen in Deutschland zu Beginn des 21. Jahrhunderts: Was bleibt von der deutschen wirtschaftlichen Identität? / Allemagne, début XXIe siècle: une identité économique en pleine transformation.* Berne: Peter Lang (Convergences Bd./vol. 54) 2010.

Michel Grunewald und Uwe Puschner (Hrsg.): *Krisenwahrnehmungen in Deutschland um 1900. – Zeitschriften als Foren der Umbruchszeit im wilhelminischen Reich / Perceptions de la crise en Allemagne au début du XXe siècle. – Les périodiques et la mutation de la société allemande à l'époque wilhelmienne.* Berne: Peter Lang (Convergences Bd./vol. 55) 2010.

Philippe Alexandre et Reiner Marcowitz (éd./Hrsg.): *La revue «Die Hilfe», un laboratoire d'idées en Allemagne, 1894-1944 / Die Zeitschrift «Die Hilfe», ein Ideelabor in Deutschland, 1894-1944.* Berne: Peter Lang (Convergences Bd./vol. 56) 2011.

Olivier Dard et Michel Grunewald (éd.): *Jacques Bainville – Profils et réceptions.* Berne: Peter Lang (Convergences vol. 57) 2010.

Olivier de Lapparent: *Raymond Aron et l'Europe. Itinéraire d'un Européen dans le siècle.* Berne: Peter Lang (Convergences vol. 58) 2010.

Olivier Dard (éd.): *Georges Valois: itinéraire et réceptions.* Berne: Peter Lang (Convergences vol. 59) 2011.

Jean Bonnet: *Dékantations. Fonctions idéologiques du kantisme dans le XIXe siècle français.* Berne: Peter Lang (Convergences vol. 60) 2011.

Dorle Merchiers et Gérard Siary (éd./Hrsg.): *Transmission de la mémoire allemande en Europe centrale et orientale depuis 1945 / Spuren deutscher Identität in Mittel- und Osteuropa seit 1945.* Berne: Peter Lang (Convergences vol. 61) 2011.

Olivier Dard, Michel Grunewald, Michel Leymarie et Jean-Michel Wittmann (éds): *Maurice Barrès, la Lorraine, la France et l'étranger.* Berne: Peter Lang (Convergences vol. 62) 2011.

Michel Grunewald, Roland Krebs, Jean Mondot, Roger Sauter (éd.): *Visages de la modernité. Hommage à Maurice Godé.* Berne: Peter Lang (Convergences vol. 63) 2011.

Michel Grunewald, Hans-Jürgen Lüsebrink, Reiner Marcowitz, Uwe Puschner (éd./Hrsg): *France-Allemagne au XXe siècle – La production de savoir sur l'Autre (vol. 1) / Deutschland und Frankreich im 20. Jahrhundert – Akademische Wissensproduktion über das andere Land (Bd. 1)*. Berne: Peter Lang (Convergences Bd./vol. 64) 2011.

Ulrich Pfeil (éd./Hrsg): *Mythes et tabous des relations franco-allemandes au XXe siècle / Mythen und Tabus der deutsch-französischen Beziehungen im 20. Jahrhundert.* Berne: Peter Lang (Convergences vol. 65) 2011.

Olivier Dard (éd.): *Le corporatisme dans l'aire francophone au XXe siècle*. Berne: Peter Lang (Convergences vol. 66) 2011.

Roland Krebs: *De Gottsched à Goethe. 24 études sur le théâtre allemand / Von Gottsched bis Goethe. 24 Untersuchungen zur Geschichte des deutschen Theaters.* Berne: Peter Lang (Convergences Bd./vol. 67) 2012.

Olivier Dard (éd.): *Doctrinaires, vulgarisateurs et passeurs des droites radicales au XXe siècle (Europe-Amériques)*. Berne: Peter Lang (Convergences vol. 68) 2012.

Michel Grunewald, Hans-Jürgen Lüsebrink, Reiner Marcowitz, Uwe Puschner (éd./Hrsg): *France-Allemagne au XXe siècle – La production de savoir sur l'Autre (vol. 2) / Deutschland und Frankreich im 20. Jahrhundert – Akademische Wissensproduktion über das andere Land (Bd. 2)*. Berne: Peter Lang (Convergences Bd./vol. 69) 2012.

Anne-Laure Briatte-Peters: *Citoyennes sous tutelle. Le mouvement féministe «radical» dans l'Allemagne wilhelmienne.* Berne: Peter Lang (Convergences vol. 70) 2013.

Françoise Lartillot et Ulrich Pfeil (éd.). *Constructions de l'espace dans les cultures d'expression allemande.* Berne: Peter Lang (Convergences vol. 71) 2013.

Landry Charrier, Karine Rance, Friederike Spitzl-Dupic (éd.). *Circulations et réseaux transnationaux en Europe (XVIIIe-XXe siècles). Acteurs, pratiques, modèles.* Berne: Peter Lang (Convergences vol. 72) 2013.

Olivier Dard (éd.): *Supports et vecteurs des droites radicales au XXe siècle (Europe-Amériques)*. Berne: Peter Lang (Convergences vol. 73) 2013.

Ana Maria Alves: *Guerre et exil chez Louis-Ferdinand Céline*. Berne: Peter Lang (Convergences vol. 74) 2013.

Michel Grunewald, Hans-Jürgen Lüsebrink, Reiner Marcowitz, Uwe Puschner (éd./Hrsg.): *France-Allemagne au XXe siècle – La production de savoir sur l'Autre (vol. 3) / Deutschland und Frankreich im 20. Jahrhundert – Akademische Wissensproduktion über das andere Land (Bd. 3)*. Berne: Peter Lang (Convergences Bd./vol. 75) 2013.

Ingrid Lacheny, Henning Fauser, Bérénice Zunino (éd./Hrsg.): *« Le passage ». Esthétique du discours, écritures, histoires et réceptions croisées / « Der Übergang ». Diskursästhetik, Schreibverfahren, Perspektiven und Rezeptionen.* Peter Lang (Convergences Bd./vol. 76) 2014.

Gabriela Antunes, Sonia Goldblum, Noémi Pineau (Hrsg.): *Rationalität und Formen des Irrationalen. Vom Mittelalter bis zur Gegenwart.* Peter Lang (Convergences Bd. 77) 2013.

Jean-René Maillot: *Jean Luchaire et la revue* Notre Temps *(1927-1940)*. Peter Lang (Convergences Vol. 78) 2013.

Friedrich Albrecht: *Streiflichter. Deutsche Literatur und Publizistik zwischen Kaiserreich und sechziger Jahren.* Peter Lang (Convergences Bd. 79) 2014.

Reiner Marcowitz et Andreas Wilkens (éd.): *Une «Europe des citoyens». Société civile et identité européenne de 1945 à nos jours*. Peter Lang (Convergences Vol. 80) 2014.

Cécilia Fernandez & Olivier Hanse (éds./Hrsg.): *A contre-courant. Résistances souterraines à l'autorité et construction de contrecultures dans les pays germanophones au XXe siècle / Gegen den Strom. Untergrundbewegungen und Gegenkulturen in den deutschsprachigen Ländern des 20. Jahrhunderts.* Peter Lang (Convergences Vol./Bd. 81) 2014.

www.ingramcontent.com/pod-product-compliance
Ingram Content Group UK Ltd.
Pitfield, Milton Keynes, MK11 3LW, UK
UKHW021901290926
8980IPUK00015B/998

9 783034 314930